A IRA DIVINA

5ª edição
Do 11º ao 13º milheiro
2.000 exemplares
Agosto/2019

© 2019 by Boa Nova Editora

Capa
Rafael Sanches

Projeto gráfico e diagramação
Juliana Mollinari

Revisão
Alessandra Miranda de Sá

Tradução
Dimitry Suhogusoff

Assistente editorial
Ana Maria Rael Gambarini
Roberto de Carvalho

Coordenação editorial
Ronaldo A. Sperdutti

Impressão
Expressão & Arte

Todos os direitos estão reservados.
Nenhuma parte desta obra pode ser
reproduzida ou transmitida por qualquer
forma e/ou quaisquer meios (eletrônico ou
mecânico, incluindo fotocópia e gravação) ou
arquivada em qualquer sistema ou banco de
dados sem permissão escrita da Editora.

O produto da venda desta obra é
destinado à manutenção das
atividades assistenciais da e da Sociedade
Espírita Boa Nova, de Catanduva, SP.

Livro 3

A IRA DIVINA

J.W. Rochester
WERA KRIJANOWSKAIA

Instituto Beneficente Boa Nova
Entidade coligada à Sociedade Espírita Boa Nova
Av. Porto Ferreira, 1.031 | Parque Iracema
Catanduva/SP | CEP 15809-020
www.boanova.net | boanova@boanova.net
Fone: (17) 3531-4444 | Fax: (17) 3531-4443

Dados Internacionais de Catalogação na Publicação (CIP)
(Câmara Brasileira do Livro, SP, Brasil)

Rochester, John Wilmot, Conde de (Espírito).
  Ira divina / J. W. Rochester ; [obra psicografada
por Wera Krijanowskaia] ; [tradução Dimitry
Suhogusoff]. -- Catanduva, SP : Instituto Beneficente
Boa Nova, 2019.

  Título original: божественный гнев
  ISBN 978-85-8353-125-8

  1. Espiritismo 2. Romance espírita
I. Krijanowskaia, Wera. II. Título.

19-27222   CDD-133.9

Índices para catálogo sistemático:

1. Romance espírita : Espiritismo   133.9

Cibele Maria Dias - Bibliotecária - CRB-8/9427

"Desconhecem, não entendem, andam em trevas; todos os alicerces da terra sacodem..."
Salmos LXXXI, 5.

"E ouvi uma voz alta, vinda do templo, dizendo para os sete Anjos: vão e despejem os sete cálices da ira Divina sobre a terra."
Apocalipse, XVI, 1.

SÉRIE
J.W. ROCHESTER

Livro 1 - O elixir da longa vida

Livro 2 - Os magos

Livro 3 - A ira divina

Livro 4 - A morte do planeta

Livro 5 - Os legisladores

SUMÁRIO

CAPÍTULO I _____ 11

CAPÍTULO II _____ 28

CAPÍTULO III _____ 41

CAPÍTULO IV _____ 60

CAPÍTULO V _____ 72

CAPÍTULO VI _____ 88

CAPÍTULO VII _____ 105

CAPÍTULO VIII _____ 121

CAPÍTULO IX _____ 132

CAPÍTULO X _____ 144

CAPÍTULO XI _____ 161

CAPÍTULO XII _____ 174

CAPÍTULO XIII _____ 188

CAPÍTULO XIV _____ 202

CAPÍTULO XV _____ 221

CAPÍTULO XVI _____ 235

CAPÍTULO XVII _____ 251

CAPÍTULO XVIII _____ 268

CAPÍTULO XIX _____ 283

CAPÍTULO XX _____ 302

CAPÍTULO XXI _____ 321

CAPÍTULO XXII _____ 339

CAPÍTULO XXIII _____ 354

CAPÍTULO XXIV _____ 369

CAPÍTULO I

Os primeiros raios do sol nascente inundaram em ouro e luz purpúrea a neve eterna dos picos do Himalaia. Depois, o astro vivífico iluminou o profundo vale ladeado de rochedos escarpados e pontiagudos que pareciam recortados por abismos insondáveis.

Por uma vereda íngreme e estreita, serpenteando as montanhas de difícil acesso até para os cabritos-monteses, em passadas vagarosas mas firmes, caminhavam três homens em trajes hindus.

Na frente ia um homem alto, magro, de tez brônzea. Era uma pessoa de idade mediana; em seus enormes olhos negros fulgia uma vontade inflexível aliada a uma tal serena e poderosa força, que qualquer um que lhe cruzasse o caminho se imbuía involuntariamente de respeito e até de um certo temor. Seus dois acompanhantes eram jovens e belos, sérios e pensativos.

Quando a vereda entontecedora os trouxe a uma pequena plataforma, todos os três pararam para recuperar o fôlego e recostaram-se no rochedo.

– Em que está pensando? – perguntou sorrindo o homem moreno.

– Estou fascinado com esta paisagem agreste, incrivelmente grandiosa, com estas escarpas negras e estranhas e com aquele sombrio e estreito desfiladeiro que parece ser um precipício insondável. Poder-se-ia imaginar que ali é uma das entradas para o inferno, narrado por Dante. Mesmo o lápis de Doré[1] não teria conseguido transmitir algo mais fantástico que essa impressionante paisagem. É por este diabólico caminho, verdadeira personificação da esterilidade e da morte, que estamos indo à fonte da vida do nosso planeta?!... Falta muito para chegarmos lá, Ebramar?

– Oh! Temos ainda uma travessia bem difícil adiante – respondeu este. – Precisamos contornar aquela corcova. Logo atrás dela encontra-se uma fenda que serve de entrada ao mundo subterrâneo, objetivo de nossa viagem. Então, a caminho, amigos! Estou vendo que Dakhir arde de impaciência[2].

Aquele para quem se dirigiam tais palavras corou levemente, mas não protestou.

Com agilidade e firmeza, eles contornaram a escarpa e adentraram uma estreita e escura greta do outro lado. Estavam agora numa passagem apertada e sinuosa que, aos poucos, foi alargando. Assim que tiveram condições de se mover e ficar de pé, acenderam as tochas que traziam penduradas na cintura e, cheios de disposição, retomaram a caminhada.

---

[1] Alusão a Auguste Doré, desenhista e gravador francês do século XIX, que se notabilizou por suas ilustrações dinâmicas, cheias de fantasia e humor. Ilustrou obras de Rabelais, *Gargantua e Pantagruel*; Balzac, *Contos Engraçados*; Dante, *A Divina Comédia*; Cervantes, *Dom Quixote*; entre outras. (Nota do Tradutor.)

[2] Os que leram as duas primeiras partes desta série – *O Elixir da Longa Vida* e *Os Magos* – já reconheceram, provavelmente, o mago hindu Ebramar e seus dois discípulos, membros da Irmandade dos Imortais: o jovem médico Ralf Morgan, que, ao ingressar na irmandade misteriosa, tornou-se príncipe Supramati, e Dakhir – o legendário capitão do navio-fantasma. Ao término da primeira etapa de iniciação, os amigos retornaram à Índia para prosseguirem os estudos sob a direção de Ebramar. (Nota do Autor.)

Agora eles iam lépidos pela passagem arqueada que se ia ampliando e tornando-se mágica à luz das tochas.

Do alto pendiam estalactites insólitas; gotas graúdas tinham se solidificado feito brilhantes nas paredes, e tudo, gradativamente, ia adquirindo uma tonalidade esverdeada.

Subitamente, atrás da curva, viram-se numa gruta de proporções médias que, à luz dos archotes, fulgia à semelhança de uma gigantesca esmeralda.

Os companheiros de Ebramar soltaram uma exclamação de admiração.

— Meu Deus! Que espetáculo! Mil vezes mais bonita que a gruta azul em Capri! — admirou-se Dakhir.

— Se este local é de agrado, podemos parar para descansar e recuperar as nossas energias — propôs Ebramar, cravando sua tocha numa fenda da rocha e sentando-se num bloco de pedra.

Os outros lhe seguiram o exemplo. Enquanto eles tiravam da sacola alguns pães redondos e garrafas com leite, Ebramar puxou de trás do cinto uma caixinha de cristal, apanhou uma pílula aromática cor-de-rosa e a engoliu.

— Estou curioso em saber como é que alguém descobriu esta passagem para a fonte do elixir da longa vida. Chegar até ela já é difícil para um imortal, que diria para um simples mortal! — observou Supramati.

— Se quiserem, enquanto descansamos eu lhes conto a lenda da descoberta da substância primeva — prontificou-se Ebramar.

Ao perceber o interesse vivaz que se estampou no rosto dos discípulos, o mago principiou a narrativa...

Numa época remota — da qual não se encontra nenhum tipo de registro na história —, numa certa cidade, onde hoje vicejam florestas virgens seculares, vivia Ugrazena, um sábio hindu. Era um ancião santo, de vida exemplar e conhecimentos profundos.

Apesar disso, ele não era muito apreciado em sua cidade natal, e muitos até nutriam um enorme ódio por ele, visto que este censurava, sem poupar ninguém e com demasiado rigor, os vícios de seus concidadãos, denunciando impiedosamente as suas faltas e defeitos. Residia numa casinha humilde, perto de um grande templo, lugar que as pessoas evitavam cruzar, temendo as severas invectivas do sábio.

Somente uma bailadeira jovenzinha, que trabalhava no templo, tinha por ele um apreço respeitoso. Em suas visitas, ela lhe trazia comida, roupa limpa, prestando-lhe assistência da melhor forma possível, principalmente depois que Ugrazena sofreu a perda total da visão em consequência de uma prolongada doença ocular. Os inimigos do santo ancião acharam então aquele momento dos mais oportunos para perpetrar uma vingança, decididos a expulsá-lo primeiro da cidade e, depois, matá-lo.

Casualmente a bailadeira descobriu os intentos, preveniu o ancião e fugiu com ele, decidindo dedicar a vida para servir à causa do sábio. Ainda que o cego e a jovem tivessem se escondido nas montanhas, os inimigos, ao descobrirem a fuga, caíram em seu rastro e puseram-se em sua perseguição. Quando os fugitivos conseguiram temporariamente se pôr a salvo num local de difícil acesso, o cego dirigiu glórias a Brahma e pediu-lhe ajuda. Deus trouxe-os à greta de uma montanha, onde eles se esconderam, vindo parar mais tarde neste mesmo caminho subterrâneo que estamos atravessando. Caminhando na mais completa escuridão, eles não tinham a menor ideia de onde estavam. O ancião permanecia calmo; a moça, entretanto, chorava tanto, que seus olhos incharam e ela ficou praticamente cega.

De súbito, eles ouviram o ruído surdo de uma cascata e, quando a bailadeira estendeu a mão para frente, sentiu um líquido a correr-lhe pelos dedos. Uma vez que ambos estavam morrendo de sede, ela encheu uma caneca de barro com aquilo que julgava ser água, deu de beber ao ancião e saciou também a sua sede. No mesmo instante, ela teve a sensação de ser atingida por um golpe na cabeça; seu corpo parecia ser devorado por fogo. Ela imaginou estar morrendo e desfaleceu sobre a terra...

Quanto tempo se passou, ela não tinha condições de dizer. Quando voltou a si, pensou estar vivenciando um sonho mágico.

Estava deitada junto a um riacho de fogo líquido. A alguns passos dela se divisava uma enorme gruta, inundada de luz, e, ali, vertia do alto uma corrente do mesmo líquido ígneo.

Mal recuperada da surpresa, divisou um belo jovem desconhecido a inclinar-se sobre ela. Soltando um grito, ela se pôs de pé muito assustada, mas o jovem disse-lhe:

– Eu sou Ugrazena, porém não consigo entender o meu rejuvenescimento.

No início ela teimou em não acreditar; mas, ao reparar que ele vestia a mesma roupa que ela lhe havia costurado, e depois de ouvir dele coisas das quais só ela tinha conhecimento, convenceu-se da verdade.

Ao entrarem na gruta para ver mais de perto aquele espetáculo mágico, eles divisaram, numa depressão, um majestoso ancião que lhes indagou o que queriam.

Depois de relatarem toda a verdade, o guardião da fonte disse:

– Afortunados ou infelizes – não sei como chamá-los –, vocês foram trazidos por obra de Brahma. Tomaram da substância primeva – o elixir da longa vida –, que os fez imortais, e assim viverão por muito tempo, quase eternamente. Encham a caneca com o líquido milagroso e deem-no somente àqueles a quem amarem de todo o coração.

A bailadeira encheu a sua caneca; eles se retiraram e voltaram para o convívio das pessoas. Ninguém reconheceu Ugrazena. Pouco depois, ele e a sua companheira se mudaram para as montanhas, onde fundaram a Irmandade dos Imortais.

Ebramar calou-se e com tristeza contemplou os seus discípulos a ouvi-lo compenetrados.

– Podemos, realmente, considerar-nos afortunados? – perguntou Supramati.

– Não! – concluiu Dakhir. – Já uma vida curta, de uns sessenta ou setenta anos, consegue aborrecer e desiludir um homem mortal e fazê-lo ansiar pela morte. Imagine o nosso sofrimento, condenados a arrastar uma existência infinita no meio de seres incultos, maliciosos, mesquinhos, falsos e devassos, sem termos, inclusive, nada em comum com a sociedade no seio da qual temos de conviver e cuja destruição temos de assistir! Charadas andantes vindas do além, ocultando na alma exausta as lembranças e as impressões de tantas civilizações passadas, seres solitários e estranhos no meio da humanidade pululante, à qual se sucedem as novas, somos triplamente infelizes!

Em sua voz sentia-se uma indescritível amargura e aos olhos de Supramati afloraram lágrimas.

– Só há uma coisa de que vocês se esquecem. Para tornar mais atraente a sua vida duradoura, meus filhos, e imprimir-lhe um objetivo, foi-lhes concedido o conhecimento: um bem puro e grandioso que os eleva acima da humanidade ignorante, que assim permanece em consequência de seus vícios. A vocês descerra-se a possibilidade de compreenderem com maior nitidez e perfeição a Divindade, e descortina-se o mundo invisível, oculto a outros; e vocês, finalmente, têm acesso aos mais surpreendentes e grandiosos mistérios da natureza, como os que verão em breve.

A voz de Ebramar soava severa e ao mesmo tempo encorajadora.

Suas palavras produziram efeito imediato. Os jovens se animaram e empertigaram-se.

– Perdoe-nos, mestre, pela fraqueza não condizente com os nossos conhecimentos – desculpou-se Supramati.

– Assim como pela ingratidão, apesar de todas as benesses que nos proporcionou o destino – ajuntou Dakhir.

– Noto que a pusilanimidade, fortuita e passageira, foi por vocês dominada; aquilo que irão presenciar os fará se reconciliarem

com a sua condição de imortais. A caminho, meus amigos! –
conclamou Ebramar, com um sorriso afetuoso, e levantou-se.

Todos os três se puseram novamente a caminho. A passagem
subterrânea ia se alargando, as abóbadas tornavam-se mais altas,
a descida ficava menos íngreme. Pelas laterais abriam-se corredores que se perdiam ao longe, e as tochas logo se tornaram
desnecessárias com o surgimento de uma meia-luz de matiz
indeterminado. E, subitamente, diante deles se abriu um espetáculo mágico tão surpreendente, que Dakhir e Supramati emudeceram de admiração e estacaram, respirando com dificuldade.

No primeiro plano havia uma enorme arca, talhada na rocha
pela própria natureza, à semelhança do portal de uma catedral
gótica. Atrás da entrada, estendia-se uma gigantesca gruta,
cuja abóbada se perdia na altitude inacessível. Tudo ao redor
estava iluminado por uma luz quase ofuscante, mas, ao mesmo
tempo, surpreendentemente suave, parecida com a luz elétrica;
as estalactites e as estalagmites cintilavam naquela misteriosa
iluminação em luzes multicolores, como se as paredes estivessem
salpicadas por brilhantes e pedras preciosas. O piso da gruta ia
se elevando em largos degraus inclinados, e atrás do patamar
superior jorrava para o alto um imenso jato de fogo líquido, de
alguns metros de diâmetro, cujo vértice se perdia no topo invisível da abóbada.

Numa nuvem de respingos cintilantes caía o líquido misterioso, formando uma corrente ígnea com matizes dourados e
purpúreos, cujas ondas borbulhantes rolavam pela escadaria
para um enorme reservatório natural; o excedente escoava-se
em regatos e fios de diversos tamanhos através de inúmeras
galerias laterais, umas altas e largas como corredores, outras
baixas e estreitas como tocas. Acima do reservatório, como
também no cume e sobre toda a gruta, pairava um vapor dourado
em forma de nuvem.

Supramati e Dakhir quedaram-se fascinados pela beleza
feérica do quadro; seus olhares encantados admiravam ora a
cascata ígnea, ora as insólitas rendas que cobriam as paredes,
pendendo em grinaldas ou formando nichos ou colunetas. E

tudo aquilo brilhava, cintilava, reverberando tons multicolores: azul-escuro feito safira, vermelho feito rubi, verde feito esmeralda, ou violeta feito ametista.

– Ó Deus Todo-Poderoso! Que maravilhas criou a sua sabedoria, e a sua bondade concedeu-nos a felicidade de admirá-las! – sussurrou Supramati, apertando as mãos contra o peito.

– Sim, meus filhos, é infinita a graça do Criador, que nos deu a oportunidade de nos aproximarmos de um dos maiores mistérios da criação. A emoção de vocês é bem natural, pois o que veem diante de si é a fonte da vida, a ama de leite do planeta, foco de conservação e renovação das forças criadoras atuantes. Antigamente, nove fontes semelhantes a esta alimentavam a terra; agora, seis delas estão exauridas, e as três restantes perderam um terço de sua energia. Quando a última delas desaparecer, o frio e a morte tomarão conta do nosso planeta.

– E então?... – alarmou-se Supramati.

– Então nós abandonaremos a Terra, condenada à morte, e iremos buscar um porto seguro num outro mundo para lá cumprirmos a nossa última missão de iniciados e depositar, finalmente, o nosso fardo carnal, após o que retornaremos ao mundo do além-túmulo. Entretanto, isso ainda irá demorar tanto, que não vale a pena nem pensar – acrescentou Ebramar ao notar que os seus companheiros tinham estremecido e ficado lívidos. – E agora, meus filhos, oremos!

Só então Dakhir e Supramati perceberam que diante do reservatório havia uma espécie de altar. Era um bloco de pedra grande e transparente, de forma cúbica; em cima, sobre um pedestal do mesmo material, divisava-se um cálice de cristal cheio da essência primeva, emitindo um vapor ígneo. Acima do cálice pairava uma cruz diáfana e fulgurante.

Os três prostraram-se de joelhos e de suas almas verteram-se preces ardorosas ao Criador de tudo o que existe, ao Supremo e Inconcebível Ser, do qual emana toda a misericórdia, toda a sabedoria e toda a força.

Ao beijarem o altar, Supramati e Dakhir levantaram-se.

– Agora, meus filhos, vocês viram o que os homens em vão procuraram e procuram: a "pedra filosofal", o "elixir da longa vida", a "fonte da juventude eterna". Seus instintos e lembranças sugerem a existência deste tesouro, contudo não conseguem encontrar o caminho para ele.

– Esse altar e o cálice são obras de mãos humanas? – indagou Supramati.

– Sim, tudo foi construído por adeptos que aqui viveram em sucessivas épocas. São eles que protegem a fonte, e sua obrigação é vigiar-lhe a força e medir com exatidão o seu enfraquecimento, ainda que lento, porém constante. Este trabalho é exaustivo e exige tanto conhecimento como grande precisão; mas, por outro lado, contribui imensamente na purificação da alma dos guardiões. Assim, durante todo o tempo da permanência aqui, eles não precisam de alimento, visto as emanações da fonte suprirem as energias a contento. Mas, continuemos nossa jornada.

Pela derradeira vez, os viajantes olharam, cheios de veneração muda, para a fonte mágica de vida e seguiram Ebramar, entrando numa das passagens laterais da gruta. O caminho subia íngreme e vez ou outra se viam os degraus abertos na rocha. A trilha perigosa era iluminada por luzes pendentes da abóbada ou instaladas nas reentrâncias do rochedo.

Depois de algumas horas de caminhada, eles chegaram finalmente a uma enorme gruta irradiada de luz azul-celeste. Diante deles, estendeu-se a superfície especular de um lago subterrâneo. Sobre um poste, na margem do lago, pendia um sino metálico.

Ebramar deu três badaladas no sino e algum tempo depois apareceu um pequeno barco com um remador em trajes brancos. Quando este encostou, os três viajantes embarcaram; Supramati e Dakhir tomaram os remos, e o jovem que tinha vindo de barco assumiu o leme. Era um moço esbelto, de rosto melancólico e compenetrado; em seus olhos fulgia aquela expressão estranha com que se distinguiam os imortais.

O barco, feito uma flecha, partiu deslizando pelo lago, depois pelos canais, ora estreitos, ora largos, serpenteando em zigue-zagues esquisitos. De repente, o canal subterrâneo fez uma curva fechada, e Supramati soltou um "ai" de admiração.

A IRA DIVINA

Suavemente, como uma gaivota, o barco deslizou para uma fenda estreita, aberta na escarpa, e adentrou um lago inundado de raios solares.

O lago espalhava-se no meio de um vale profundo, fechado por todos os lados. Por onde a vista alcançava, divisavam-se, perdendo-se no alto, os cumes pontiagudos de montanhas escarpadas, branquejadas por neve eterna. Somente beirando o lago, via-se uma faixa de terra, alternada por altos terraços cobertos de vegetação exuberante. Num dos pontos, a faixa era proeminente e ali, sobre uma elevação, via-se encostado à montanha um palacete totalmente branco que se destacava, como uma pérola, no fundo verdejante que o envolvia.

Pouco depois, o barco atracou à base de uma escada de mármore, cujos degraus afundavam na água.

Dakhir e Supramati apertaram cordialmente a mão do timoneiro e, em seguida, os três se dirigiram ao palácio, que de perto era ainda mais bonito.

Construído de uma rocha estranha, mais branca que o mármore, ele tinha um estilo bem inusitado. Delicados entalhes, finos como uma renda, decoravam suas paredes; altas colunas sustentavam a laje de ampla varanda e o teto de uma espaçosa sala, antecedida por saguão.

Conduzindo os discípulos através de algumas salas, Ebramar levou-os para o terraço instalado a céu aberto, diante do qual se estendia um jardim. Sobre o prado verde-esmeralda, vagavam, mordiscavam a grama, saltitavam ou estavam simplesmente deitados, tomando sol, os mais diversos tipos de animais: um grande tigre, um leão e um urso, misturados a ovelhas, gazelas, cachorros, aves enormes, entre outros.

Supramati lançou um olhar surpreso para aquele ajuntamento; a proximidade dos terríveis predadores, a bem da verdade, provocava nele um certo receio.

– Não tenha medo – observou Ebramar, respondendo aos seus pensamentos. – Estes animais ainda não conhecem o homem em seu papel de carrasco ou inimigo e só veem nele um amigo. Da mesma forma, eles não se maltratam entre si; sua presença aqui é necessária e proposital.

"Esta moradia, meus amigos, servirá a vocês de preparação. Aqui, inicialmente, desfrutarão de majestosa tranquilidade; depois, aprenderão a concentrar-se melhor, a fazer com que os seus pensamentos e a vontade fiquem mais ágeis e flexíveis, como um instrumento aperfeiçoado. Por fim, vocês aprenderão a língua das criaturas inferiores – o que é imprescindível – e, para chegar a tanto, há necessidade de paz e harmonia absolutas. Suas almas se desvencilharão dos grilhões carnais e irão haurir forças espirituais.

"Eu os deixo agora, porque vocês precisam de descanso. O dia foi cheio de emoções e exaustivo até para os seus corpos singulares. Virei visitá-los e farei a orientação de seus estudos. Mais uma coisa: na sala, contígua ao terraço, vocês encontrarão diariamente um almoço pronto; na outra sala, adaptada para o banho, vocês irão banhar-se pela manhã e trocar de roupa, que ali ficará sempre pronta. Acompanhem-me; eu não quero segurar mais o remador."

Na margem do lago, Ebramar se despediu dos discípulos e pulou para dentro do barco que o aguardava.

Desta vez, foi ele a pegar no timão; o barquinho leve, com a rapidez de um pássaro, partiu deslizando pelo lago e desapareceu ao longe.

Retornando ao terraço, Supramati e Dakhir se debruçaram no corrimão e puseram-se a admirar pensativos o panorama mágico, envolto no silêncio profundo. Nenhuma brisa agitava a superfície do lago, transparente e lisa como espelho. Cisnes negros, brancos e azuis como safira deslizavam silenciosa e soberbamente pelo espelho das águas, e somente o chilrear dos passarinhos, a esvoaçarem ao redor feito gemas preciosas vivas, quebrava o silêncio majestoso.

Interrompendo, por fim, os seus devaneios, os amigos deram uma volta pela nova moradia e examinaram-na detalhadamente. O palácio não era de proporções grandes; mas, por seus ornamentos, constituía-se numa obra de arte estranha e original, totalmente desconhecida e insólita. A mobília sem luxo, mas valiosa, adequava-se ao estilo da casa; os tecidos grossos de seda, que guarneciam as portas e as janelas e cobriam os sofás, parecia serem feitos para durarem séculos inteiros.

– Que raça desconhecida teria talhado na pedra essa renda, aqui, neste vale perdido e isolado? – interessou-se Supramati, examinando os nichos da janela.

– Quando estivermos em condições de penetrar nos reflexos do passado e pesquisar os arquivos do nosso planeta, então saberemos – assegurou sorrindo Dakhir.

Uma verdadeira satisfação foi-lhes proporcionada pela descoberta da biblioteca, abarrotada de rolos de papiro, manuscritos, tábulas, placas de barro, in-fólios antigos e até livros modernos.

– A coletânea desta biblioteca parece abranger obras desde a criação do mundo; o suficiente para satisfazer as necessidades intelectuais por muitos séculos – observou Dakhir.

– Graças a Deus, problemas de tempo nós não temos! – ironizou Supramati. – E agora – ajuntou ele – vamos, amigo, procurar pelo almoço. Estou com um apetite deveras indecente para a estética ambiente, mas a insolente carne não quer se adaptar ao alimento que consiste unicamente de emanações astrais.

Ambos riram de gosto e dirigiram-se ao refeitório de que lhes falara Ebramar, onde encontraram uma mesa posta. Junto a cada talher havia um pedaço de pão, uma jarra com leite e um prato de arroz com manteiga e hortaliças em cima.

Não é muito auspicioso – notou Supramati, torcendo o nariz. – Sem o querer, começo a sentir falta do meu cozinheiro parisiense e de seus almoços.

– E da *mademoiselle* Pierrete? – troçou Dakhir. – Mas acalme-se! Para a sobremesa, apanharemos algumas frutas no pomar. Eu já descobri que aqui crescem árvores frutíferas de todo o mundo, até algumas que nunca vi antes, e todas elas se vergam ao peso das frutas.

– Confesso que de Pierrete é que menos lamento, mas a visão de um patê seria bem mais agradável; ainda que a sua ideia da sobremesa seja excelente – assegurou com sinceridade Supramati, sentando-se à mesa.

Ao término daquele modesto almoço, Supramati notou junto ao bufê algumas cestas com pedaços de pão, arroz e diversos tipos de grão.

– O que é isto? É difícil imaginar que seja para nós. Não só dois discípulos do mago, mas até uma dúzia de operários vigorosos não teria condições de dar cabo destas provisões – observou ele.

– Provavelmente os cestos se destinam aos animais. Vamos levá-los ao terraço! Caso os animais estiverem acostumados a ser alimentados pelos antigos moradores desta casa, eles irão se reunir assim que virem os cestos – arriscou Dakhir.

A sua suposição se confirmou. Mal eles apareceram com a carga, todos os animais, que aparentemente observavam o terraço, juntaram-se em frente dele; até o elefante branco resolveu sair de seu bosque. Pelo visto, eles viviam em completa harmonia, pois não abriam o caminho à força, nem disputavam a comida, aguardando pacientemente a vez de cada um.

A visão daquela confiança dos animais em relação a eles proporcionava a Supramati e Dakhir um excepcional contentamento. Os pássaros, sem demonstrarem qualquer medo, pousavam-lhes nos ombros ou se aproximavam ao alcance da mão; até nos olhos dos terríveis predadores – leão, urso e tigre – não se lia uma mínima expressão de hostilidade ou atitude selvagem. O leão, vindo atrás de seu quinhão, recebeu de Supramati, encorajado com a docilidade do bicho, um afago em sua exuberante juba e retribuiu-lhe o carinho com uma lambida na mão.

Após a distribuição dos petiscos, os animais se espalharam em paz pelo jardim, alguns se deitando sob a sombra de frondosas árvores.

– Os animais daqui parecem obedecer ao mesmo princípio de abstinência que o nosso; duvido que uns punhados de arroz e alguns pedaços de pão sejam suficientes para satisfazer o apetite do urso, leão ou elefante! – observou rindo Supramati.

– Com toda certeza, o bondoso gênio que cuida de nosso apetite alimenta também, não com tanta parcimônia, os nossos irmãos quadrúpedes; o que nós lhes demos, no mínimo, foi um petisco para ganhar a confiança – aventou Dakhir. – E agora – acrescentou ele – vamos atrás de nossa sobremesa!

Eles desceram ao viçoso pomar, farto de magníficos e extraordinariamente saborosos frutos de todas as partes do mundo; algumas espécies lhes pareceram totalmente desconhecidas.

Ao saciarem-se, os amigos retornaram ao palácio para descansar. Para dormir, eles optaram por uma pequena sala com dois sofás estofados. Em meio a um profundo e total silêncio, somente se ouvia o murmurejar do chafariz na piscina de ônix. Supramati e Dakhir se deitaram e logo estavam dormindo um sono profundo e restaurador.

Já era tarde quando acordaram; porém, lembrando as instruções de Ebramar, eles se banharam e vestiram os leves trajes de linho, já preparados. Ao término de um frugal jantar, os amigos se sentaram no terraço com vista para o lago. De início, conversaram entre si; mas, aos poucos, cada um foi entregando-se aos seus próprios devaneios.

Na memória de Supramati, despertaram com incrível nitidez as imagens do passado. Ele se via como médico, pobre e tísico, em sua casinha londrina, onde fora encontrado por Narayana, que lhe fizera uma estranha proposta. Depois, diante dele, começaram a se desdobrar as circunstâncias daquela misteriosa existência, à qual ele se fizera sentenciado. Feito um caleidoscópio, iam se alternando em sua mente os diferentes quadros de sua vida em Paris, Veneza e Índia, ou se reavivando as imagens esquecidas de Pierrete, Lormeil e de outras pessoas que tinham cruzado seu caminho.

Logo, seguiu-se a primeira iniciação e sobreveio a hora de sua separação de Nara, uma mulher incomum, encantadora, que fora sua esposa e agora era sua amiga, companheira fiel da longa existência e da difícil ascendência deles à perfeição. Como se fosse real, ergueu-se diante dele a imagem da jovem mulher, e um sentimento de pungente saudade e solidão comprimiu-lhe o coração.

Neste ínterim, seu rosto foi bafejado por uma fragrância; ele sentiu na testa o contato meigo da mão acetinada, e uma voz querida e familiar sussurrou:

– Afaste de si as lembranças perturbadoras do passado. Abra os olhos, admire, prostre-se e agradeça ao Ser Inescrutável pelas dádivas de ver as maravilhas criadas por sua sabedoria. Veja como as nossas almas continuam ligadas e o meu coração sente qualquer inquietação sua!

A voz extinguiu-se, mas Supramati voltou à habitual tranquilidade. Ele passou a mão pela testa, aprumou-se e estremeceu. Seu olhar, como enfeitiçado, não conseguia se despregar do espetáculo deslumbrante à sua frente.

Mergulhado nas lembranças do passado, ele perdeu a percepção do mundo exterior e não percebeu a aproximação da noite; a lua inundou tudo com sua luz suave e opaca. Sob o luar da rainha da noite, a superfície calma do lago brilhava tal qual um disco prateado; através das folhagens escuras das árvores entreviam-se as colunatas brancas do palácio, os salpicos do chafariz dardejavam. O silêncio profundo envolveu a natureza adormecida e, de repente, no meio daquela quietude, ouviu-se uma melodia indefinida e suave, como um som longínquo da harpa de Éolo.

Dakhir também se levantou, abraçou calado o amigo, e ambos ficaram a admirar o firmamento, escutando atentos aquela estranha e maravilhosa música, jamais ouvida antes.

Paulatinamente, uma serenidade límpida dominou as suas almas. A inquietação, a dúvida, a angústia, tudo se dissipou; obliterou-se até qualquer recordação do passado e cessou o medo diante do futuro. Só o presente os extasiava. Como era maravilhoso, belo e grandiosamente tranquilo aquele lugar, longe de gente, da azáfama febril mundana, de intrigas e egoísmo selvagem! Se aquela cega e ignorante turba, ébria de paixões animalescas, manchada de vícios, corroída por doenças, pudesse, nem que fosse por um instante, experimentar a bem-aventurança que proporciona a paz espiritual, a contemplação da natureza, o conhecimento de uma existência profícua e salutar, talvez teria acordado do horrível pesadelo, por ela chamado de vida.

Naquela época, as metrópoles com as suas populações a fervilharem em meio de desavenças mesquinhas e miséria vergonhosa pareciam a Supramati simplesmente repartições do inferno, um local onde os homens tinham sido condenados a viver como forma de punição. Ele recordou-se vivamente das palavras ditas certa vez por Nara, antes de sua iniciação: "Você não pode imaginar ou entender o estado de deleite que experimenta aquele que alcança um determinado grau de purificação, porquanto as emanações das correntes caóticas e impuras ainda o dominem. Quando abandonamos o templo da luz, onde reina a harmonia, tem-se a impressão de que as pessoas que nos cercam são uma manada de animais selvagens, dispostos a dilacerarem-se uns aos outros. E nada pode deter a sua dança da morte. Elas sabem que a morte as espreita a cada passo e que, a todo minuto, esta subtrai-lhes um ente querido e próximo; mas, a despeito de tudo, isso não lhes desperta a consciência da fragilidade das coisas terrenas. De manhã elas choram alguém junto ao túmulo; e à noite festejam, riem e dançam. São monstruosos e nojentos esses animais em forma humana, e o mago estaca impotente sem saber que artifício utilizar para tirá-las da embriaguez da carne que as arrasta para a morte!"

Agora Supramati compreendia Nara. Ele se sentia aliviado de um peso nas costas como se a sua alma tivesse adquirido asas. Um sentimento de repugnância dominou-o, quando ele se recordou do visconde de Lormeil, de Pierrete e de tantos outros insetos humanoides – presas fáceis da morte, já varridos pelo tempo para dar lugar a outras criaturas, da mesma forma efêmeras e viciosas. Oh! Como ele era feliz e abençoado pelo destino em comparação com os outros!

Ele sentiu a necessidade de orar, louvar e agradecer ao Grandioso Criador por todos os milagres cuja contemplação fora a ele concedida. Quase sem se darem conta, ele e Dakhir prostraram-se de joelhos. Não era uma oração que pudesse ser descrita por palavras: de todo o âmago de seus seres se extravasava um extasiado e apaixonado agradecimento.

Quando, após aquele ímpeto ao Eterno, ele e Dakhir novamente se sentiram na terra, notaram que neles se operara uma mudança. Sentiam-se mais leves e flexíveis; a visão e a audição haviam adquirido maior acuidade. Ou seja: incapazes de explicar o que estava acontecendo, concluíram terem sofrido uma estranha reação, o que se confirmou em seguida.

Ao lançar um olhar casual para o jardim, Supramati arrepiou-se: ele viu o que jamais tinha enxergado antes. De todas as plantas se desprendia um rosado vapor fulgurante e nos cálices das plantas, que entrelaçavam o corrimão e as colunas do terraço, cintilavam luzes.

– Veja, Dakhir – disse ele –, a luz emitida pelos cálices das flores. É a alma da planta, a divina e indestrutível centelha que ascende do estado inconsciente em direção à mesma perfeição que nós buscamos.

Dakhir suspendeu com cuidado da balaustrada uma grande flor branca e começou a examiná-la demoradamente.

– Talvez a alma de um futuro mago repouse neste cálice, sem se dar conta de seu grandioso papel no futuro – observou ele pensativo, recolocando a flor com cuidado.

Eles se sentaram de novo, sem forças para despregarem os olhos do magnífico espetáculo da noite mágica, e, subitamente, pareceu- lhes que no ar puro e cristalino da noite se moviam seres espectrais em longas vestes esvoaçantes. Flutuavam suavemente sem tocar a terra, subiam até as alturas inacessíveis dos píncaros glaciários, desapareciam de vista como se derretidos na névoa esbranquiçada. Seriam eles anjos ou magos de grau superior, cujos corpos tinham alcançado a leveza necessária para pairarem no espaço e só com a força de sua vontade se dirigirem ao objetivo desejado?

Quando os primeiros raios despertaram a natureza adormecida, só então é que Supramati e Dakhir abandonaram o terraço.

– Meu Deus, como nós ainda somos ignorantes! Quanta coisa ainda não entendemos! E aqueles conhecimentos parcos, objetos do meu orgulho? Eu não sei sequer como empregá-los! – lastimou-se suspirando Supramati.

– Tudo tem seu tempo. Não se esqueça de que a pressa é inimiga da perfeição – consolou sorrindo Dakhir.

CAPÍTULO II

Muitas semanas tinham se passado desde a chegada de Dakhir e Supramati ao vale mágico, sem que tivessem visto Ebramar ou qualquer outra alma viva.

Nada porém lhes anuviou o límpido e sereno humor ou os deixou entediados. O tempo foi dedicado a passeios, estudos interessantes da fauna e da flora desconhecidas, que os cercavam em profusão, e trabalhos na biblioteca, repleta de verdadeiros tesouros da ciência, ainda que contendo inúmeras obras que lhes eram totalmente incompreensíveis.

Certo dia, depois de passar um longo tempo debruçado sobre um antigo manuscrito, sem conseguir compreender-lhe o teor, Supramati exclamou impaciente:

– Isso é de dar nos nervos! Fico sentado feito um bobo diante deste fóssil da antiguidade e nem ao menos consigo descobrir de que ele trata! E, no entanto, a julgar pelos sinais cabalísticos, isto deve ser bem interessante. Estou louco para trabalhar, mas Ebramar não dá o ar de sua graça, nem manda alguém em seu lugar para assumir a direção de nossos estudos.

– Por que é que você não se contenta em estudar aquilo a que temos acesso? Graças a Deus, material é que não nos falta! Ebramar, sem dúvida, não nos trouxe para ficarmos ociosos; no momento oportuno ele virá pessoalmente ou enviará alguém para orientar-nos. Enquanto isso, vivamos o presente! Nada nos falta: mãos invisíveis satisfazem as nossas primeiras necessidades; os nossos amigos quadrúpedes, de tão apegados, vêm saudar-nos de manhã. Estou fascinado em estudar-lhes a variedade de temperamentos e habilidades. Depois... não terá você notado que, desde que viemos para cá, estamos passando por estranhos fenômenos? Eu, pelo menos, consigo enxergar como de seu corpo se desprende uma espécie de vapor pretejado...

– Tem razão – interrompeu-o Supramati. – Eu pude notar esse tipo de evaporação em você; as túnicas que nós encontramos todas as manhãs no dormitório também estão diferentes. Antes elas eram de linho, e agora – veja – são de um tecido que jamais vi, e ainda fosforescente. De manhã, quando a visto, ela é prateada, e à noite, quando a tiro, ela está desbotada, amassada, cheia de manchas negras. Da mesma forma, a água da piscina, transparente e azulada, torna-se turva e cinzenta depois de eu me banhar. Ao que tudo indica, os nossos corpos ainda estão impregnados por emanações impuras e não podemos começar a nova iniciação enquanto não nos purificarmos.

– Quer dizer que devemos ser pacientes e viver em harmonia no nosso paraíso – concluiu rindo Dakhir.

Finalmente, para grande alegria deles, chegou Ebramar.

– Apraz-me saber, amigos, que vocês me aguardam impacientes; isso é um bom indício para os nossos estudos – observou o mago sorrindo. – Estou com intenção de lhes dar uma tarefa difícil: estudar o infinito a partir de uma visão utilitária.

"Com o tempo, teremos de saber utilizar as forças da natureza, para vir em socorro da humanidade e ampará-la nos momentos de sofrimento que ela mesma prepara para si em sua insensata cegueira. E serão bem mais importantes os nossos conhecimentos, quando desembarcarmos no novo planeta, onde a nossa função será a de iluministas e mentores. Tudo que agora estamos colhendo, à semelhança de abelhas, todos os frutos de nossa obra, nós deveremos passar em benefício da humanidade nascitura. Estabelecer a ordem, instituir as leis, doutrinar a humanidade para a realização judiciosa de suas necessidades tanto morais como espirituais, infundir nela os fundamentos de aperfeiçoamento e compreensão da Divindade – é uma tarefa grande e difícil!"

– Não evoque diante de mim esse futuro, mestre. Eu o imagino tão medonho que fraquejo, fico tonto, e uma enorme angústia me comprime o coração! – murmurou Supramati em voz trêmula.

Ebramar colocou a mão na cabeça curvada de Supramati e fitou com olhar reluzente o rosto lívido do discípulo.

– Eu não teria evocado o quadro desalentador do porvir se não estivesse convicto de que você e Dakhir têm forças suficientes para suportar o que os aguarda. Habituem-se a encarar com coragem a predestinação, estimem toda a sua grandiosidade, assim ficarão livres do medo inútil e pusilânime. Aliás, essa meta final da nossa existência ainda está muito longe; a nossa tarefa agora é bem mais modesta e – tenho certeza – irá absorvê-los totalmente.

Supramati se recompôs; seu semblante iluminou-se, e nos belos e expressivos olhos reacenderam-se a força serena e a firmeza inabalável.

– Agradeço, mestre, e peço perdoar-me a fraqueza imprópria. O que eu posso temer, contando com sua ajuda e orientação, e Deus me dando forças para cumprir a tarefa?

– É assim que gosto de você! Tenha fé, seja ativo, resignado, e você será forte. E agora vou lhes passar uma lista de tarefas que devem ser realizadas até a minha próxima vinda.

Eles se sentaram. Ebramar abriu uma gaveta na parede, tirou de lá alguns rolos de pergaminho e começou a desenrolá-los em cima da mesa.

– Seus primeiros estudos serão dedicados ao aprendizado da língua dos animais. Aqui vocês têm notas explicativas e chaves que lhes darão uma noção sobre o linguajar desses seres, posicionados abaixo de vocês. Coisa importante para um mago, porque, caso contrário, vocês não terão condições de pesquisar todas as formas da origem da indestrutível centelha através dos três reinos inferiores, as corporações dos espíritos primários, seu trabalho, educação, preparação para seus propósitos futuros, assim como o papel que eles desempenham na economia da natureza.

"Depois vocês irão desenvolver os seus sentidos para que cada um deles fique, por assim dizer, em sintonia com o reino da quarta dimensão, ou seja, os seus olhos deverão enxergar com a mesma facilidade tanto o mundo material como o extraterreno; os seus ouvidos deverão apreender tanto o canto dos pássaros no jardim como o movimento da seiva na haste da planta, ou a oscilação do ar com a passagem de um espírito. Além das instruções que lhes vou passar, vocês encontrarão neste manuscrito todos os conselhos imprescindíveis.

"Finalmente, aqui – ele desembrulhou um antigo papiro, cheio de letras estranhas e sinais cabalísticos –, estão contidos todos os princípios da magia branca e as fórmulas que lhes darão o poder de ordenar sobre as moléculas do espaço; integrá-las ou dispersá-las, de acordo com a necessidade."

Três dias passou Ebramar com os seus discípulos, ministrando-lhes os fundamentos e as primeiras noções do difícil mister. Ao partir, ele ordenou que trabalhassem com afinco, porém sem precipitação, pois não teriam de se preocupar com o tempo para cumprir as tarefas.

Supramati e Dakhir iniciaram o trabalho com a energia que lhes era característica. Não era fácil decifrar os textos intrincados dos antigos manuscritos, aprender a distinguir e utilizar os inúmeros sinais cabalísticos da magia branca; mas a aplicação e boa vontade ajudaram-nos a superar as dificuldades. De tempos em tempos aparecia Ebramar para verificar os seus conhecimentos, dar conselhos ou instruções, estimulá-los ou vibrar com os seus êxitos.

Os progressos rápidos na área do estudo da língua das criaturas inferiores e o aprimoramento de seus sentidos eram

A IRA DIVINA

para eles um motivo de satisfação. Já conseguiam conversar com os seus amigos quadrúpedes, compreendiam o sentido do canto dos pássaros, do zunido dos insetos e do ruído imperceptível das formigas.

Era com um misto de surpresa e admiração que observavam e estudavam o novo mundo que se lhes descortinava, reconhecendo nele as bases solidamente alicerçadas do "homem do futuro". Ficavam fascinados com a grandiosidade da sapiência divina, que conduzia a indestrutível centelha, através do aperfeiçoamento planejado, desde o torpor sonolento de um mineral até o despertar da instintividade na planta e uma vida já consciente no reino animal. E, quanto mais eles aprendiam a entender as almas inferiores, tanto mais nelas descobriam as voragens estranhas, o ódio entre as raças, cuja raiz, provavelmente, perdia-se no reino vegetal, ou até, talvez, no mineral. Bem diante dos próprios magos, arquitetavam-se confrontos em que as duas energias – o bem e o mal – já se enfrentavam entre si e parecia medirem as forças.

Em uma de suas visitas, após um minucioso exame do trabalho dos discípulos, Ebramar anunciou ter chegado a hora de incluir nos exercícios o estudo aprofundado do elixir da longa vida.

– Sigam-me ao laboratório!

Vivamente interessados, os discípulos seguiram o mago até uma galeria lateral, aberta na montanha e sustentada por colunas. Ali, dentro de um nicho, havia um baixo-relevo representando uma cabeça humana de olhos fechados. Já por inúmeras vezes eles se haviam surpreendido com aquela obra, sem acharem nela qualquer destinação especial; e, agora, observavam curiosos Ebramar colocando as mãos sobre os olhos do baixo-relevo. Imediatamente, as pálpebras de pedra se soergueram e por baixo delas dois olhos esmeraldinos sondaram os visitantes. De pronto, a parede do fundo do nicho girou sobre os gonzos invisíveis, deixando antever uma escadaria.

Os três subiram a escada, depois a desceram, atravessaram um pequeno corredor abobadado e, no fim dele, Ebramar levantou uma pesada cortina negra, deixando-os passar para uma pequena gruta. Numa das laterais divisava-se um pequeno pátio, cercado por todos os lados por rochas e paredes. No fundo da gruta, havia uma porta de ferro trabalhada – uma obra de grande valor artístico – que Ebramar abriu com uma chave de ouro.

Agora eles estavam no interior de uma gruta enorme, alta como uma catedral. As paredes eram cobertas por estalactites verdes e a iluminação era tão intensa, que se podia ler uma carta em letras miúdas. Numa depressão da fenda na parede, jorrava um filete cintilante de líquido dourado, caindo num reservatório natural da cor do rubi, escoando em seguida para uma outra fenda, aberta na superfície da terra. No centro da gruta estavam postas duas mesas e duas cadeiras de cristal; ao longo das paredes, perfilavam-se mais algumas mesas e estantes com aparelhos de forma inusitada e destinação desconhecida. Entre outras coisas, ali havia lupas de diferentes tamanhos, uma espécie de lanterna mágica, uma grande tela e alguns instrumentos astronômicos, já conhecidos de ambos os discípulos.

– Aqui, meus amigos, vocês terão de passar algumas horas por dia – disse Ebramar – para estudar, especificamente, a matéria primeva, aquela substância, divina e terrível, que, com a mesma força, tudo transforma, provê de vida, mas também destrói.

"De início, vocês terão de estudá-la em sua forma bruta e depois aprenderão a decompô-la para extrair as partículas primárias, por assim dizer – os germens de minerais, plantas e animais. Primeiro devem ser separados, um por um, os elementos; depois, cada uma das espécies em separado; vocês terão que saber distingui-los e utilizá-los, uni-los e separá-los. Confesso que é um trabalho muito demorado e difícil, mas ele será de muita utilidade no futuro."

– Mestre, você disse que a substância primeva tanto proporciona a vida como pode destruí-la. Eu sempre achei que, devido à sua natureza, ela serviria exclusivamente para proporcionar a vida e a manter. Não é isso? – indagou Supramati.

– Sem dúvida. Estando espalhada por todo o organismo do planeta e em tudo o que nele habita, a substância primeva mantém a vida onde quer que seja; mas ela poderá destruir qualquer

A IRA DIVINA

organismo que entre em contato direto com a força desmedida deste terrível elemento, ou seja, este organismo se pulverizará em seus átomos primitivos.

"Além disso, o elixir da longa vida, cumprindo a sua destinação, pode matar ou destruir de outras formas. Vocês se lembram do caso da pobre Lorenza[1], quando Narayana intentou o capricho criminoso de ressuscitá-la quase três séculos depois de sua morte natural. Você lembra, Supramati, com que rapidez fantástica foi animado e restabelecido o organismo, e atraído o espírito que antes habitava nele? Mas, para alcançar tal resultado, foi destruído o corpo que então habitava a alma de Lorenza. Uma família inteira foi levada ao desespero, chorando aquela morte inexplicável.

"O elixir da longa vida é uma faca de dois gumes; e, ainda que ao mago, nos interesses da ciência, seja permitida a prática das mais variadas experiências, da mesma forma ele é obrigado a tomar todas as precauções para não abusar de seus conhecimentos e não se deixar entusiasmar por experimentos cruéis."

– Supramati me contou o caso, e eu conheço o método que Narayana empregou; mas, apesar de minha curiosidade em assistir a uma ressurreição, eu me recusaria a participar de uma prática como essa – disse Dakhir.

– Sua curiosidade é muito natural, e o cuidado é um ponto de honra seu – disse Ebramar. – Venham comigo ao pátio e lhes mostrarei uma experiência nesse gênero.

Ao chegarem ao pátio, o mago abriu uma gaveta embutida na parede e tirou de lá uma colmeia muito velha, a julgar pelo seu aspecto. Suas aberturas estavam vedadas e, quando Ebramar as abriu, em seu interior havia corpos ressequidos de abelhas, que ali tinham perecido por não terem podido sair.

Ebramar ordenou que lhe trouxessem do laboratório, de um lugar indicado, o pulverizador e o vaso de porcelana com uma cinzenta substância gelatinosa. Tirando de trás do cinto o frasco com o elixir da longa vida, ele colocou algumas gotas no vaso e a substância gelatinosa tornou-se instantaneamente

---

[1] Romance *Os Magos*.

líquida, adquiriu um matiz rosado e começou a se fosforizar. Então Ebramar transferiu uma parte do líquido para dentro do pulverizador e borrifou com ele o interior da colmeia. Crepitando, jorraram respingos ígneos e subiram nuvens de fumaça, recortados por zigue-zagues flamejantes feito raios.

Sem perder o interesse, Dakhir e Supramati acompanhavam as extraordinárias imagens da transformação. Alguns minutos depois, ouviu-se um zumbido surdo, a fumaça se dissipou, e as abelhas, animadas e cheias de força, começaram a sair da colmeia; algumas voaram para trabalhar, outras pairavam e andavam pela sua habitação devastada, tentando, aparentemente, restabelecer a ordem.

– Agora eu lhes demonstrarei uma ressurreição semelhante no reino vegetal – prosseguiu Ebramar. – Estão vendo naquele canto uma árvore velha e ressequida; suas raízes mortas parecem com pernas de uma aranha gigante. Vamos fazê-la lançar sua sombra ao centro do pátio!

Desta vez, Ebramar verteu algumas gotas da poção misteriosa diretamente no tronco, onde começavam as raízes. Imediatamente subiu em colunas uma densa fumaça negra e, crepitando e silvando, encobriu a árvore morta. Após algum tempo, a fumaça negra tornou-se cinza e, depois, adquiriu uma tonalidade esverdeada. O estranho silvo continuou, o ar agitou-se por bafejadas de vento, em seguida ressoou um forte estalido e, quando a fumaça se dissipou diante dos atônitos discípulos, ergueu-se uma colossal árvore, cuja folhagem densa e exuberante lançava sombra no pátio , e poderosas raízes revolveram o piso de pedra, enterrando-se fundo no solo.

– Que força miraculosa e ao mesmo tempo terrível! Estes milagres fascinam, mas também me deixam assustado! – exclamou Supramati.

Dakhir cobriu os olhos com as mãos, como se ofuscado.

– Sim, as manifestações desta substância enigmática são tão profusas e maravilhosas! Ela age não apenas sobre uma matéria orgânica, mas também sobre as impressões deixadas por pessoas ou acontecimentos. Voltemos à gruta e eu lhes mostrarei este fenômeno.

A IRA DIVINA

Eles retornaram ao laboratório e, misturando uma gota da substância com as outras, o mago prosseguiu:

Há muitos séculos, um dos nossos trouxe para esta gruta um grupo de romeiros hindus. Eles não tinham uma noção exata do mistério, que veneravam, nem suspeitavam de que tinham o elixir da longa vida ao alcance de suas mãos. Foram embora daqui e tempos depois morreram, à semelhança de todos os mortais, ainda que até o fim de suas longas vidas jamais adoecessem. Entretanto, as impressões de sua estada aqui ficaram gravadas, e eu as mostrarei para vocês.

Ele acendeu na fornalha alguns pedaços de carvão, lançou nela uma substância preta de odor resinoso e, por cima, colocou um pouco da mistura preparada. Novamente se levantou uma fumaça e, quando esta se dissipou, assistiu-se a um espetáculo incrível.

Cerca de dez pessoas em trajes de linho se apinhavam junto do reservatório: alguns de joelhos, outros em pé, em fascinação muda e com os braços erguidos para o céu; todos os olhares se dirigiam para a fonte miraculosa. O grupo parecia real; só que todos pareciam estar tingidos por cor amarelada, que lembrava terracota. Minutos depois, tudo embaciou e derreteu-se no ar.

– Neste sentido, utilizando de artifícios, quando for o caso, é possível animar com a essência primeva as cinzas de um planeta extinto e fazer voltar à vida os seus habitantes – continuou Ebramar. – Não muito longe daqui, soterrada durante uma catástrofe, jaz uma cidade morta, há muito tempo coberta por uma floresta impenetrável; no entanto, através de caminhos subterrâneos, que conheço, é possível chegar até lá. Talvez uma hora eu a mostre para vocês. Eu poderia, se quisesse, devolver a vida à população daquela pobre cidade. Seria grandioso, mas para que praticar uma experiência tão cruenta?

"É interessante notar que o elixir e seus poderes ficaram na memória até dos não iluminados, ora em forma da fonte da eterna juventude em contos de fada, ora no cálice do Santo Graal, supostamente cheio com o sangue de Cristo. Por todos os lugares exaltaram e tentaram descobrir o princípio desconhecido com o qual se poderia evitar a morte e transformar um metal rude em ouro.

"Um cientista europeu – Paracelso[2], se não me engano – também tentou encontrar a substância primeva para, com apenas uma gota, criar um homem sem a ajuda humana, simplesmente juntando as moléculas com a concentração de sua mente. Ele imaginava que, através de um trabalho árduo, poderia substituir a 'cega' força criadora – invisível e imperceptível – que gera a mais perfeita das criaturas: o ser humano. Será que uma criança, assim como um animal pequeno, não se constituem numa obra das mais artísticas do laboratório da natureza, de cujo desenvolvimento o homem nem sequer participa? Mas Paracelso não tinha a chave para este mistério, e seus sonhos permaneceram utópicos[3]."

No dia seguinte, à tardezinha, os três conversavam no terraço. Sombras noturnas já começavam a envolver a natureza e, olhando para o firmamento, Ebramar disse:

Assim que surgirem as estrelas, vocês irão tomar um banho, colocando na água o conteúdo deste frasco, e, depois, nós faremos uma pequena excursão aérea. Quero que vejam algumas das camadas que envolvem a Terra e vou aproveitar a oportunidade para lhes mostrar as corporações de espíritos inferiores, como eles são educados e preparados para serem futuros povos.

Supramati e Dakhir levantaram-se imediatamente e dirigiram-se para cumprir a ordem do mestre.

No quarto de banhos, encontraram duas vestes em forma de malha sedosa, feitas de um tecido cinzento bem singular, muito fino e levemente fosfóreo. O traje aderiu tão bem ao corpo, que parecia incorporar-se à pele, cobrindo inclusive a cabeça.

Ao voltarem junto de Ebramar, viram-no vestido com um traje semelhante, só que mais claro e brilhante. Diante deles, sobre

[2] Dito Philippus Aureolus Theophrastus Bombastus von Hohenheim (1493-1541), médico e alquimista suíço-alemão. Fundou a teoria de archee – princípio espiritual superior –, que regularia a atividade do organismo. Anunciou ter possuído e experimentado o elixir da longa vida. (N. T.)

[3] A descrição de como os adeptos analisam e decompõem a essência primeva não faz parte deste resumo panorâmico. Além do que, isto seria incompreensível para a maior parte dos leitores. (N. A.)

a mesa, estavam dois cálices com líquido vermelho, de onde se desprendia um vapor. Ebramar ordenou que eles o tomassem. Supramati sentiu tontura, mas, tão logo essa sensação desagradável passou, ele teve a impressão de que seu corpo tivesse perdido peso e, sem qualquer dificuldade, alçou-se para o ar atrás de Ebramar, que subia rapidamente para as alturas. Supramati sentiu que seu corpo tomava obedientemente o rumo que ele queria lhe dar.

O espaço por onde voavam agora estava iluminado por uma meia-luz cinzenta, e o ar estava saturado por eflúvios malcheirosos e putrescentes. Ouviam-se ruídos desordenados e, de tempos em tempos, em diferentes locais, acendiam-se e extinguiam-se imediatamente clarões vermelho-sanguíneos, enquanto cintilações multicolores voejavam e pairavam em todas as direções, ora subindo, ora descendo. Olhando atentamente em torno de todas aquelas luzes, podiam-se enxergar as imagens de pessoas e animais. Algumas vezes podiam ser vistos, flutuando no ar, separados ou em grupos, os contornos de plantas.

Em meio àquele caos, esguias e leves, feito colunas de vapor, deslizavam sombras claras com as cabeças nitidamente afiguradas, de enormes olhos fosforescentes e insígnias que definiam o seu grau na hierarquia espiritual: umas portavam a reprodução do fogo, outras, da cruz, de estrela ou flores. Eram os espíritos instrutores.

Por vezes se viam focos de luz dos quais se irradiavam feixes ofuscantes, perdendo-se em direção à Terra. E lá, no meio daqueles focos de luz, podiam ser vistas imagens humanas translúcidas.

– Estão vendo aquelas espécies de sóis, espalhados no espaço? São os repositórios das forças do bem – explicou Ebramar. – Os seres que vocês veem são os espíritos protetores superiores de um determinado país. Com a força de sua vontade e orações, eles concentram e enviam, para uma finalidade preestabelecida, a matéria renovadora, que mantém e fortalece a pobre humanidade tão mergulhada em vícios e sofrimentos. Os homens os denominam de santos e pedem instintivamente por seu auxílio. Amanhã eu os levarei a algum templo para mostrar as correntes fluídicas lá existentes, assim como as impressões do fluido translúcido sobre as pessoas, os objetos sacros, etc.

Continuando a conversar, eles prosseguiam em sua subida.

Aos poucos amainava o caos das vibrações que dilaceravam a alma, provocadas por sofrimentos do corpo; ia desaparecendo o vapor sanguíneo e as putrefacientes emanações de vícios; já não se viam mais as imagens satânicas e os espíritos das trevas; tudo, paulatinamente, turvava-se e ia ficando para trás. O espaço diante deles tornava-se azulado, diáfano e saturado de uma fragrância forte, mas vivífica.

De repente, ouviu-se um barulho estranho, como se provocado pelo bater de numerosas asas ou ruído de máquinas em funcionamento.

– Estamos nos aproximando de um lugar bem interessante: as escolas dos espíritos inferiores – observou sorrindo Ebramar.

Bastante curiosos, seguiam os discípulos o seu mestre num adejo rápido em direção ao espaço límpido que parecia sem fim. Surpreso, Supramati notava algures umas figuras cinzentas, envoltas em auras vermelhas, com cabeças bem delineadas, refletindo inteligência e energia. Em torno de cada um desses entes fervilhavam nuvens de centelhas fosfóreas, comandadas pelos primeiros, que ensinavam a imitar-lhes as formas fluídicas através de linhas ígneas que se desenhavam no ar, representando o processo constante do trabalho a ser feito.

– Vocês estão vendo aqui a população que se prepara para o trabalho na Terra: abelhas, formigas, aranhas, bichos-da-seda; e ali, mais adiante, estão as corporações de animais superiores. Todos estudam sob a orientação de instrutores, aprendem os seus ofícios e adquirem os conhecimentos necessários para sua encarnação.

Agora os três adeptos se moviam devagar, por vezes conseguindo distinguir trabalhadores microscópicos. Entretanto, Supramati pôde divisar, entre os mentores, formas escuras com olhos demoníacos; também ele não deixou de perceber que entre os alunos explodiam discórdias. Nuvens de centelhas férvidas se lançavam contra outras, desprendendo colunas de

A IRA DIVINA

fumaça negra, enquanto que entre os espíritos de animais superiores ocorriam verdadeiras brigas; os fluidos hostis, repletos de ódio, com que eles cobriam um ao outro eram salpicados por zigue-zagues sanguíneo-ígneos.

Supramati quis obter uma explicação para aquilo, mas Ebramar fez um sinal para voltar.

A descida processou-se com velocidade estonteante. De volta ao terraço, os jovens discípulos mal abriram a boca para tentar obter explicações sobre alguns aspectos que os interessavam. Ebramar interrompeu-os:

– Tomem um banho e vão dormir, pois até seus corpos imortais necessitam de descanso, principalmente depois de uma viagem destas. Amanhã conversaremos, já que ainda não vou embora.

CAPÍTULO III

No dia seguinte, após os estudos, os três se acomodaram no terraço e Ebramar disse:

– Agora, meus filhos, perguntem o que vocês queriam saber ontem.

– Ah! Naquele novo mundo que nós vimos ontem há tanta coisa interessante, que não sei por onde começar – iniciou Supramati. – Estou muito agradecido por ter-nos mostrado as escolas astrais. Nunca consegui explicar com a palavra "instinto" a habilidade de animais para o trabalho, positivamente artístico, ou tão produtivo e profícuo, que até um ser humano dele não declinaria.

– Sem dúvida! Que outro fator, além da racionalidade, conseguiria fazer tudo aquilo que faz um animal?! – exclamou Ebramar. – A palavra "instinto" foi inventada pela prepotência dos homens com o objetivo de proteger a sua própria superioridade.

Se as pessoas, pondo de lado a sua vaidade, quisessem abrir os olhos e enxergar o óbvio, o trabalho dos animais lhes teria servido de prova da descendência deles a partir dos degraus mais baixos da criação. Entre os próprios animais, o homem teria descoberto tudo aquilo que ele, desdenhosamente, considera como um indício de sua exclusiva origem divina. Entre esses irmãos menores rejeitados, existem agricultores, construtores, tecelões, pescadores, nadadores, coveiros, contadores, cantores, músicos, guerreiros, etc. Resumindo: todas as artes e os ofícios têm os seus representantes. A mesma coisa ocorre com a organização social e formas de governo: ali vocês encontrarão monarquias, repúblicas, sociedades trabalhadoras, reis e rainhas, haréns e gineceus; numa proporção menor, neles já se observam estágios de desenvolvimento pelos quais atravessam as civilizações humanas: castas, guerras e campanhas militares para a captura de prisioneiros. Desta forma, a sociedade humana se reflete integralmente no mundo animal.

– Você se esquece de discórdias e rivalidades – interrompeu-o Supramati. – Ontem eu assistia a batalhas entre aqueles escolares microscópicos, e a missão dos professores não deve ser uma das mais fáceis.

– Oh! Sem dúvida a missão deles é muito difícil. Quanto mais baixa for a espécie, mais fácil influenciá-la e sugestionar-lhe a obediência; mas, à medida que os seres evoluem, neles começa a prosperar a insubmissão, a indolência e o rancor. Esses minúsculos seres – indolentes, insubordinados e egoístas – começam a achar que o seu mentor é um opressor, que os obriga a executar um trabalho a eles odioso. E os elementos mais difíceis de serem disciplinados e dirigidos são os espíritos de animais que, durante a sua encarnação, tiveram um contato direto com o homem ou experimentaram na pele a sua crueldade. Eles partem para o mundo do além repletos de ódio e sede de vingança em relação aos homens.

"São enormes os crimes do homem praticados contra os indefesos seres inferiores, de cujo direito de vida e morte ele se apropriou autoritariamente; ele os mata, extermina e tortura com crueldade inigualável. Cego e impiedoso, o homem, em sua arrogância, não entende que cria para si inimigos ferozes. O espírito do animal habitua-se a considerar o espírito do homem como o seu inimigo mais ferrenho e, à medida de suas forças, retribui-lhe o mal por sofrimentos causados. Não é à toa que se diz: 'O animal sente quem gosta dele'; mas, normalmente, ele evita os seres humanos. Somente os espíritos excelsos, já purificados, tentam granjear as simpatias de seres inferiores, orientam-nos com amor, tentam não maltratá-los e fazem amigos em seu seio; aqueles que, entretanto, tratam com brutalidade os animais e os torturam geram com isso uma população insubmissa, hostil e biliosa. Pela imutável lei do aperfeiçoamento, de tempos em tempos, esses bilhões de seres encarnam e, ao desencarnarem, todas as suas qualidades negativas afloram. Como eu já disse, é muito difícil dirigir essas massas."

– Eu entendo o ódio que os animais têm em relação ao homem; mas por que motivo eles lutam entre si, como nós pudemos verificar ontem? – perguntou Dakhir.

– Muitos motivos pessoais e genéricos fazem com que eles invistam uns contra os outros – prosseguiu sorrindo Ebramar. – Entre essas espécies inferiores existem ódios raciais, tal qual acontece entre os seus irmãos superiores, ou seja, os homens; e, além do mais, temos que considerar ainda um outro fator importante. As duas forças hostis – o bem e o mal –, que reinam no Universo, cada uma contestando-o para si, já se manifestam desde o início. O outro mundo é dividido em duas facções: o translúcido exército celestial e as hostes do inferno, que planejam tomar de assalto o céu e atravessar a muralha, atrás da qual se oculta o supremo mistério. Cada lado em confronto tenta arregimentar para si o maior número de correligionários e criar novas armas de guerra: é por esta razão que vocês assistem, em todo o mundo animado, a atividades dos servidores do bem e do mal.

"Já entre os minerais, existem alguns que contêm dentro de si venenos mortíferos; outros parece serem sempre ligados a algum tipo de desgraça. No reino vegetal, há muitas plantas infernais, usadas especialmente nas sessões satânicas e cultos lúgubres da magia negra; esses malfadados vegetais sempre causam dano a um homem de bem, um animal útil, uma planta nutrimental. Outro exemplo são as plantas assassinas, que, enrolando-se numa árvore, acabam sufocando-a.

"No mundo animal, a divisão entre as duas facções é ainda mais acentuada. Há inúmeras espécies nocivas, de modo que, às vezes, você se pergunta – e com razão: para que elas servem? Ainda que esses seres sejam inferiores, são dotados de uma maldade refinada. Matar é o objetivo da vida deles; fazer mal a homens e animais da facção adversária é a sua principal atividade.

"Tomemos, por exemplo, os sórdidos insetos, tais como pulgas, percevejos, piolhos, brocas; ou ratos e hienas – normalmente, todos esses animais se alimentam de carniça. Todos eles se escondem em fendas, covis e buracos, rastejam à noite evitando a luz; e, se vocês observarem atentamente, irão convencer-se de que todos os animais da espécie superior e úteis ao homem evitam, temem e detestam aquelas criaturas do inferno."

– Então os espíritos cinzentos com o olhar demoníaco são os instrutores do mal? – indagou Dakhir.

– Justamente! As hostes satânicas se esforçam ao máximo para ampliarem os seus campos de batalha. Da mesma forma que os pioneiros da luz incutem em seus alunos as noções do bem, da beleza e da utilidade, os servidores das trevas ensinam aos seus pupilos a arte de fazer o mal, destruir e causar sofrimentos.

"Eu já mencionei que, em consequência da sua extrema crueldade em relação aos animais, os homens acabam expulsando para o mundo invisível milhões de seres roídos de ódio, bílis e sede de vingança; estes se tornam presas fáceis dos espíritos maléficos. Esquecendo os ensinamentos de seus instrutores da luz, esses seres se infiltram no meio pacífico de seus irmãos, corrompem-nos, infundem rebeldia e dificultam ainda mais o trabalho dos mentores. Com o passar do tempo, os espíritos baixos renascem em legiões de demônios – inimigos obstinados de tudo o que é puro, útil e límpido.

"O homem é cego e não entende o que ocorre em torno do espaço que o cerca, o qual lhe parece vazio e transparente;

ele não tem noção do inferno que ebule, crepita e tempestua em redor. Em sua ignorância vulgar e leviana, zomba ele ao ler num livro de magia que este ou aquele demônio comanda um determinado número de legiões satânicas; para um iluminado, o significado daquilo é que esse espírito maléfico lidera as legiões de espíritos inferiores – os espíritos dos animais – e orienta as suas ações, segundo a sua vontade ou movido por um sentimento de vingança.

"Ninguém ainda explicou 'cientificamente' as causas da invasão repentina de milhões de ratos, vindos não se sabe de onde, a dizimarem os campos; ou de nuvens de gafanhotos a devorarem as plantações. Que sopro obscuro os dirige, assim como uma infinidade de outros inimigos, a devastarem e reduzirem a nada o trabalho humano?

"O homem se vangloria de algumas frações de seu conhecimento e, por certo, está trilhando o caminho ao progresso, descobrindo com o trabalho árduo inúmeras verdades úteis. Um cientista, digno deste nome, reconhece a sua ignorância; não obstante, com o seu bisturi e cálculos, ele sai em busca do 'infinito'. Por outro lado, os pseudocientistas refutam em tom de zombaria a existência do mundo invisível. No entanto, eles baseiam as suas observações exclusivamente nas causas derivadas deste mundo.

"Quem, por exemplo, conhece a verdadeira razão das epidemias e doenças incuráveis, surtos de suicídio, demência, assassinatos, que, feito um furacão, atingem repentinamente a humanidade? Qual é a origem de bilhões de micro-organismos que contaminam o ar, causam enfermidades desconhecidas, infiltram-se no organismo humano e o destroem, devorando-lhe os tecidos, ou então cegam espiritualmente o homem e contaminam o seu espírito? E por que então acontece frequentemente que essas doenças incuráveis, que não cedem à ciência médica, são curadas por milagres, orações, água benta? Já não foi provado, de modo irrefutável, que algumas epidemias, estiagens e outras calamidades se interrompiam após as procissões religiosas e as orações conjuntas?

"Na época, então, de degenerescência, quando diminui a fé e desintegra-se a família, quando a devassidão e os vícios subjugam a sociedade, é justamente quando enraivecem com maior força as piores epidemias. Assiste-se, então, ao esmigalhamento das defesas, criadas por emanação dos fluidos puros e límpidos, e toda espécie de abusos e desregramentos gera micróbios letais de epidemias, físicas e espirituais, resultantes de atos criminosos. E estes micro-organismos, em nuvens incontáveis, voejam no espaço à procura de um meio favorável para o seu desenvolvimento, pois não existe contágio onde o vício não encontra para si o material apropriado.

"Um homem devasso, à semelhança de um monte fumegante de estrume, atrai para si os bacilos nocivos, que de início penetram em sua aura, depois se infiltram em seu organismo, através dos poros, e invadem justamente aquela parte do corpo que se constitui no instrumento dominante de sua paixão. Se o homem é ávido e guloso, devasso e lascivo, o contágio então atinge os órgãos correspondentes. Se o cérebro dissoluto gera apenas pensamentos criminosos, anseios impuros, imagens cínicas, então o bando destruidor se agarra a este servo mais importante da inteligência, dominando, subjugando-o e gerando fluidos mortíferos do mal, até que a vítima resvale ao precipício da demência, do suicídio ou assassínio. E, quando as armas de defesa corpórea ficarem despedaçadas, a exemplo de um vaso que explode sob a ação de uma forte pressão de vapor, então o bando de inimigos invisíveis lança-se sobre o cadáver em decomposição, devora-o e, por sua vez, morre também, para renascer no outro mundo e subir mais um degrau na hierarquia do mal.

"Ah, meus amigos! Se fosse possível fazer com que os homens compreendessem o quanto é importante vigiar os seus pensamentos, gerar com o seu auxílio somente imagens boas, puras e belas, para que da fonte das reflexões irradiassem apenas correntes de luz que pudessem erguer em volta do homem uma espécie de muralha sagrada, intransponível para as criaturas medonhas do espaço! Se eles pudessem ouvir o nosso clamor: 'Mantenham a pureza do coração, e vocês serão invulneráveis!'

"Cristo tinha aquela chama e luz que curava os leprosos, devolvia a visão aos cegos ou expulsava os demônios. Ele conhecia o segredo dos infortúnios humanos; Ele sabia que pela oração se podia diminuir ou até fazer cessar aquelas epidemias.

"Quanto mais a população do planeta estiver invadida por criaturas do inferno, tanto mais rápido ela será atingida pela destruição e pelo cataclismo parcial ou total que vem se avizinhando. O equilíbrio está quebrado, as emissões do mal, que se tornam predominantes, sobrecarregam a atmosfera, impedem a permutação correta de oxigênio e nitrogênio, provocam desordens atmosféricas. A exploração desmedida – ou, sendo mais incisivo –, a rapinagem de todas as riquezas terrestres exaure o solo; o clima se modifica; o frio, as secas ou o excesso de água acabam com a fertilidade do solo e levam à fome. Os nutrientes vão se esgotando, levando a uma troca incorreta das substâncias entre os diversos reinos da natureza; a vegetação depaupera-se e enfraquece; a população gera pessoas doentias, nervosas, que envelhecem antes do tempo, predispostas a vícios e enfermidades que a própria humanidade gerou. Resumindo: o planeta está morrendo, e o inferno comemora a vitória, alegre por ver aniquilada a maravilhosa flor da criação divina.

"Por esta razão, quando um novo planeta começa a viver, os legisladores – espíritos eleitos, conhecedores das leis básicas da criação – estabelecem normas severas para preservar o bem, instituem o culto à Divindade e cercam com auréola sagrada a agricultura e tudo o que cresce e nasce na terra, para protegê-la, na medida do possível, contra a influência demoníaca.

"O homem tem uma necessidade inata de orar, venerar o Ser Supremo – forças desconhecidas e misteriosas que dirigem o seu destino, para a veneração das quais ele reserva um lugar especial. A criatura sente inconscientemente que a oração lhe serve de ligação com o seu Criador, e esse elo de salvação, unindo-a com o céu, protege-a de inúmeros perigos e traz-lhe em auxílio protetores invisíveis. O mesmo inabalável instinto popular infundia nas pessoas a necessidade de benzer os campos, os frutos, o gado e as moradias, para atrair-lhes as benfazejas correntes, os límpidos e puros fluidos que espantam os demônios.

"É um grande equívoco enraizado imaginar que a humanidade presta um favor a Deus e a seus enviados ao erguer os templos em sua homenagem, orando para eles. Nem o Supremo Ser Inefável, nem os executores de sua vontade necessitam disso. Os homens erguem os templos exclusivamente para si, para terem um lugar especial, uma muralha sagrada, um santuário contra a invasão dos espíritos do mal. Ali, eles colocam um altar para que nele possa ser concentrada toda a bem-aventurança atraída pela oração, enquanto os cânticos sagrados, que enchem uma igreja, provocam as vibrações que mantêm o afluxo da chama sagrada e colhem a fulgurante substância, não maculada por demônios, da qual os homens haurem forças físicas e espirituais. A defumação em templos e cultos, que sempre acompanha as cerimônias, espalha os aromas que varrem e dispersam as emanações impuras trazidas pelas pessoas ao templo.

"Tudo isso foi exaustivamente estudado na antiguidade e era empregado com pleno conhecimento de causa. Moisés, por exemplo, enumerava detalhadamente todos os materiais necessários para a construção do santuário e fabrico dos objetos dos ofícios religiosos, tais como: ouro, prata, marfim, madeira de cedro e sândalo; para as defumações: ambrósia e ládano[1], óleo de oliveira, cera pura, esta fabricada tanto por abelhas como por insetos puros, que acompanham os ofícios com o canto em seu linguajar. Os sacerdotes, obedecendo às normas draconianas quanto ao asseio, deviam trajar unicamente vestes de linho; enquanto os diamantes, os rubis, as safiras e outras pedras preciosas, que adornavam o peitilho do sumo sacerdote, todos tinham um significado mágico, místico e simbólico. As pérolas, que, por sua vez, eram muito apreciadas na época pela sociedade e custavam caro, não faziam parte destas joias apesar de sua beleza, pois eram consideradas impuras e de mau agouro.

"Sob todos os pontos de vista, o homem necessita de Deus, de grandes protetores do planeta e daqueles que vocês chamam de santos. Tal é a essência de todas as religiões autênticas, como um legado de grandes iluminados e enviados de

---

[1] *Ládano*: resina que se extrai da planta lada e que encerra um óleo muito aromático.

Deus. Todas essas crenças reconheciam os protetores invisíveis; uma criança recém-nascida, por exemplo, era consagrada a uma divindade ou um santo. Tais crenças, ultrajadas e tidas como superstições hoje em dia, possuem seus fundamentos profundos e legítimos, enquanto a sua origem se perde na escuridão da remotíssima antiguidade e apresenta-se como um dos grandes mistérios da doutrina. O nome une o homem ao espírito superior e a um verdadeiro grupo de espíritos, que o primeiro dirige e protege; a voz do povo o chama de anjo protetor, o anjo do nome da pessoa.

"Exatamente igual é com as imagens dos santos, estátuas, despojos, até ídolos, que se constituem, para uma pessoa perspicaz, de fonte de luz; pois qualquer oração, qualquer pensamento beato, qualquer clamor ardente resulta na luz da matéria fulgurosa, que adere a esta imagem simbólica, penetra nela e, de uma certa forma, anima-a. Os locais consagrados à veneração divina – os templos e as igrejas –, uma vez que estão repletos de representações da deidade, aromas benéficos, vibrações harmônicas, iluminados por lâmpadas inextinguíveis, constituem-se, no sentido lato da palavra, em abrigos do homem. Lá, diante de cada foco da luz radiante, na solidão com as misteriosas e poderosas forças, encontra-se o repositório de auxílio moral e físico, sempre pronto a ser prestado a quem é capaz de pedi-lo.

"Quanto mais houver nas igrejas esses focos de luz e quanto mais poderosos eles forem, tanto mais pura e benigna será a luz por eles irradiada, tanto mais a oração do homem será eficaz, aliviando-o e purificando-o mais rápido. Daí, justamente desses fundamentos é que decorre a certeza da ajuda dos ícones e estátuas milagrosos, como por exemplo a da Nossa Senhora de Lourdes – um lugar sagrado, cujo poço e fonte possuem propriedades curativas inescrutáveis, que debelam doenças consideradas pela 'ciência' como incuráveis e restabelecem a vitalidade no organismo."

Ebramar estava excitado em sua conversa. Uma fé ardente e exaltada soava na voz do mago, e, na escuridão noturna, as suas vestes alvas pareciam salpicadas por orvalhos de brilhantes.

A IRA DIVINA

Em torno de sua cabeça formou-se um largo disco translúcido: três fachos brilhantes de luz cintilavam acima de sua fronte em forma de estrelas e todo o seu corpo parecia irradiar uma luz fosforescente. Ele aparentava ser todo de fogo e luz; até a voz soava incrivelmente suave e harmônica, e, nos olhos radiosos, refletiam-se maravilhas de um outro mundo, cujo direito de contemplação a ele fora concedido.

Um tremor de respeito reverencioso e temor apoderou-se de Dakhir e Supramati. Quase inconscientemente, eles se prostraram de joelhos e reverenciaram o mentor divino que os orientava e, aos poucos, descortinava-lhes os divinos mistérios da criação.

Ebramar estremeceu e aprumou-se.

– O que estão fazendo, meus amigos? Que reverência imerecida vocês me prestam! – admoestou ele, erguendo-os de imediato. – Como eu ainda sou insignificante em comparação com os grandiosos archotes do espaço celestial! Entretanto, para ilustrar o que lhes falei, vou mostrar alguns locais consagrados à oração. Primeiro iremos a um pagode[2], que fica aqui na Índia; depois iremos a um país longínquo situado ao norte. Lá, a fé permaneceu ainda mais forte do que alhures, mas, por outro lado, o exército satânico lançou-se enfurecido ao ataque, sufocando a consciência e semeando profusamente o mal, a criminalidade e a devassidão.

– Vamos então fazer uma viagem, mestre? – surpreendeu-se Supramati.

– Uma viagem astral, meu filho. Que míseros magos seríamos se para nos deslocarmos tivéssemos que ter tempo e carruagem! – replicou sorrindo Ebramar. E continuou: – Já que nós tocamos nos demônios, deixe-me completar uma coisa que me esqueci de dizer. Uma das causas que facilita o acesso dos espíritos do mal ao corpo humano, e que contribui para a degenerescência dos povos, é a vacinação contra a varíola; poder-se-ia dizer que este estranho remédio, cuja função é eliminá-la, é pior que a própria doença.

---

[2] Templo ou monumento memorial da Índia e de outros países do Oriente.

"No corpo sadio de um adulto ou criança é injetada uma substância em decomposição e, o que é pior, tirada de um animal. Por meio dessa operação, praticada abusivamente, é introduzida no organismo humano não só uma matéria putrescente, mas, junto com ela, fluidos e partículas de um animal, o que aos poucos vai transformando a espécie, tornando-a feia e rude, instalando-lhe instintos animais, conferindo às feições expressões animalescas e, frequentemente, retardando o desenvolvimento mental devido à introdução de elementos inferiores. De qualquer forma, isso tem um efeito negativo sobre o corpo físico e astral, constituindo-se fonte de diversas enfermidades, tanto corpóreas como espirituais. Sem dúvida, esse invento bárbaro é o melhor caminho para fazer retornar o gênero humano ao seu estado animal e abrir um amplo campo de ação para os carrapatos do inferno. Mas, agora, meus filhos, voltemos à nossa viagem. Tomem um banho, vistam a roupa que vocês usaram na noite passada e depois voltem aqui."

Quando os discípulos retornaram, Ebramar ordenou que eles se sentassem, aplicou-lhes alguns passes, em seguida pôs a mão em seus olhos e soprou neles com as palavras:

– Abro seus olhos carnais para as maravilhas celestiais. Agora, vamos!

Leves, feito flocos de neve, eles subiram para o espaço e pouco tempo mais tarde desceram junto à entrada de um pagode antigo. Era ainda noite. Festejava-se uma solenidade religiosa e muitos fiéis estavam entrando no templo, sobre o qual pairava um amplo clarão dourado.

– Não temam, somos invisíveis para os olhos de mortais comuns disse Ebramar, respondendo ao pensamento de Supramati.

Misturando-se no meio da multidão, eles entraram sob as abóbadas do pagode. Bem no fundo do templo, onde se erguia uma estátua de Brahma, ardia, feito uma fogueira, um foco de luz clara e ofuscante, difundindo calor. Crepitando, dele oejavam centelhas multicores, iluminando por um instante um vulto humano quase imperceptível. Bafejos de um aroma maravilhoso e inebriante partiam daquela confluência de luz, envolvendo todos que dela se aproximavam com fé, postando-se de joelhos. E, à medida que o arrebatamento da oração, em forma de maior ou menor radiação límpida, ascendia-se do coração de um fiel, toda ela caía numa cascata de fagulhas e envolvia-se num vapor aromático prateado, causando uma transpiração abundante; então, as sombras negras que o rodeavam empalideciam, a respiração tornava-se mais fácil e todo o seu aspecto purificava-se e rejuvenescia.

Muitos dos que se destacavam por orarem com ardor mais intenso ficavam por longo tempo de joelhos, gozando do deleite celestial que deles se apossava, que os tranquilizava e animava, renovando-lhes as forças físicas e espirituais.

– Vamos! Agora visitaremos um outro foco de luz – disse Ebramar, fazendo um sinal com a mão para que seus discípulos o seguissem.

Eles se ergueram ao espaço e como se arrastados por um turbilhão voaram com a velocidade do pensamento. Logo diante deles, divisava-se um local montanhoso e uma meia-luz, incrivelmente azul e fosfórea, à semelhança de cúpula azulada, que se estendia abaixo sobre o vale.

– Estamos em Lourdes, local de numerosíssimos milagres – explicou Ebramar, descendo sobre a terra.

Eles se juntaram à procissão que, entoando orações, dirigia-se à gruta. Ao chegarem à fonte, a multidão pôs-se de joelhos e as orações ardentes de tantos corações elevaram-se em ondas ao céu.

O quadro era fantástico. Raios dourados e prateados fulgiam em todas as direções; da fonte parecia sair um vapor límpido, e a estátua da Virgem era envolta por feixes de chama, difundindo calor. No ar ressoava uma extraordinária harmonia, ora suave e tranquila, ora poderosa feito um furacão, mas sempre sem qualquer nota destoante.

Subitamente, do espaço, começaram a cair gotículas ígneas; em seguida, crepitando, desenrolou-se uma larga faixa cintilante dourada, caindo sobre uma mulher deitada em maca, aparentemente paralítica. Zigue-zagues magnéticos percorreram todo o corpo da enferma; ele pareceu inflamar-se como se de seu organismo começassem a sair colunas de fumaça negra, que se desintegrou no ar em milhares de miçangas, e a mulher ergueu o corpo soltando um grito. Um minuto depois ela já estava de pé, radiante de felicidade. Caindo de joelhos, ela gritou alegre:

– Eu estou curada!

– Vocês acabaram de presenciar o lado oculto dessa cura maravilhosa: a descida do fogo sagrado, vindo graças à força de uma intensa oração conjunta – disse Ebramar. – Agora, adiante, meus amigos! Eu quero lhes mostrar mais dois lugares de bênção celestial, ambos muito interessantes.

Ele tirou de trás do cinto um bastão e começou a girá-lo no ar: feixes de fagulhas caíram dele em cascata. De repente, sentiu-se uma forte rajada de vento; sua tépida corrente vermelho-fogo agarrou os três e começou a arrastá-los com tal velocidade estonteante, que Supramati achou que ia sufocar.

Quanto tempo voaram naquela velocidade extraordinária, ele não teria condições de dizer. Quando a velocidade diminuiu, Supramati divisou embaixo de si uma cidade que se espalhava ao longe. As ruas e os telhados estavam cobertos de neve; numerosas igrejas erguiam em sua direção cúpulas douradas, encimadas por cruzes, e as largas faixas de luz faziam ficar em destaque aqueles abrigos sagrados da humanidade em meio aos prédios que os rodeavam.

Os viajantes do espaço desceram à terra junto a uma pequena capela repleta de fiéis, e envolta numa luz tão intensa, que parecia incendiar-se. Em altos castiçais de prata ardia uma infinidade de velas. Algumas delas eram circundadas por uma larga faixa dourada, e as velas ardiam vivamente, suas chamas esticando-se e parecendo fundirem-se com o foco de fogo e luz no fundo da capela; outras velas ardiam toscamente, crepitavam, e a cera derretia-se para fora.

Centralizado no foco de luz podia ser visto um grande ícone sob uma guarnição de ouro, incrustado de pedras preciosas, e da antiga pintura sobressaía-se o semblante de beleza celestial, respirando misericórdia divina e tristeza contemplativa.

A IRA DIVINA

Os olhos, incrivelmente vivos, fitavam compenetradamente a multidão ajoelhada com uma expressão de amor e pena indescritíveis. E, para cada um que se aproximasse do ícone, o olhar radioso lançava um jato ígneo que perpassava, aquecia e fortificava o fiel naquela morada de luz celeste, calor e harmonia.

– Vocês veem aqui uma das imagens da Virgem Santíssima! – disse Ebramar, pondo-se de joelhos diante do ícone.

Ambos os discípulos seguiram-lhe o exemplo, e de suas almas elevou-se uma prece ardente à Consoladora de todos os que sofrem e choram no vale de lágrimas clamando por sua misericórdia.

Quando eles entraram, uma nova multidão de homens, mulheres e crianças, ricos e pobres, sem distinção de posição social, irrompeu na capela; logo apareceu o sacerdote e teve início um hino de louvação. À medida que a prece, conforme a pureza moral do fiel, ascendia-se menos ou mais em brilhantes espirais douradas, presenciava-se um espetáculo extraordinário.

No centro da luz que envolvia o ícone fervilhava crepitando uma espécie de lava, da qual se desprendiam largas ondas de chamas multicolores, caindo sobre as cabeças abaixadas reverentemente, deixando nelas claras manchas fosforescentes. Toda a capela parecia estremecer sob as poderosas vibrações da extraordinária harmonia, que não se constituía de nenhuma determinada melodia, mas que era a conjugação dos mais diferentes acordes que se fundiam numa tempestade de consonâncias: aquilo eram as vibrações da prece conjunta.

– Vocês veem, amigos, o grandioso mistério da força divina, invocada e trazida pela prece humana. Ela cura, fortalece, renova, oferece tempo para esquecer as paixões e infortúnios terrenos. Vejam: alguns choram, outros parecem subitamente acometidos de perspiração: essa é a tépida e pura irradiação do bem que expulsa do organismo os miasmas nocivos – observou Ebramar, quando eles saíam da capela.

Junto da entrada, Ebramar deteve-se de repente e apontou com o dedo para um homem jovem, muito magro. Ele caminhava cabisbaixo, olhando para o chão, e em seu rosto, mortalmente pálido, congelara-se a expressão de ódio furioso.

– Olhem para aquele homem. Ele está prestes a acabar com a vida; em seu bolso ele carrega um frasco de veneno. Faltam-lhe forças e vontade de levar sua existência, enfrentar os problemas cotidianos e a matilha de demônios que o molestam. Olhem como as sombras negras pairam sobre ele, sugerindo-lhe rancor, atiçando amargura e aversão à vida. Mas não foi fortuitamente que o espírito protetor desse coitado o trouxe a esta fonte de salvação.

O mago ergueu a mão e, debaixo dela, fulgiu um raio brilhante de luz. O desconhecido parou como se fulminado por um golpe; o bando do inferno começou a recuar, sibilando e contorcendo-se. Um raio dourado envolveu feito serpente o desconhecido e arrastou-o junto da capela, que ele adentrou praticamente inconsciente, e, sufocando-se em correntes puras, agudas e penetrantes, ele caiu pesadamente sobre o chão.

Por alguns minutos ele permaneceu aturdido, exausto, como se paralisado. Mas os olhos de Nossa Senhora já estavam voltados piedosos para o infeliz; correntes de luz e calor jorraram atingindo seu corpo, perpassando-o com fagulhas, e dele começou a sair uma fumaça negra, que se espargiu em chuva de esferinhas multicolores, estourando e espalhando mau cheiro, imediatamente abafado pelo ar puro da capela. À medida que se purificava o seu organismo, diminuía a sua apatia mortificativa, e o olhar baço e exausto do infeliz deteve-se no semblante da Virgem Santíssima. Pausadamente, denotando esforço, pronunciou uma oração; levantou quase maquinalmente a mão e persignou-se por três vezes. Imediatamente diante dele e ao seu lado, surgiram três crucifixos fulgurantes, e ele foi envolto numa branca névoa brilhante. Ao verem tudo aquilo, os demônios que se apinhavam junto da saída agitaram-se zumbindo, assoviando e lançando fluidos fétidos. Eles sabiam que a vítima lhes havia escapado e, quando o infeliz saiu da capela, arremessaram-se furiosamente sobre ele, mas já estavam impotentes ao darem de encontro com as cruzes, iluminando o caminho do pecador e protegendo-o juntamente com o espírito puro que para ali viera. A matilha negra de demônios recuou; um pouco depois, o desconhecido tirou o frasco com o veneno e o quebrou, jogando-o ao chão. Sob a sua fronte pairava uma tremeluzente luz.

A IRA DIVINA

Ele já não mais perecerá, pois readquiriu a fé, e esta couraça faz com que um homem seja invulnerável – disse Ebramar.

Os três viajantes invisíveis se alçaram ao espaço. Um sorriso de satisfação iluminava o rosto do mago: ele acabava de orientar uma alma humana.

– E para onde iremos agora, mestre? – indagou Supramati.

– Vamos até um dos maiores e magníficos protetores deste infausto país, contra o qual o inferno está conduzindo agora uma invasão cruenta.

Desta vez, foram suficientes apenas alguns minutos para eles chegarem ao destino.

Avistaram um muro dentado e as cúpulas douradas de um antigo mosteiro. Os viajantes invisíveis entraram num amplo templo de paredes maciças. À esquerda da porta sagrada, sobre uma elevação, erguia-se o sepulcro de um santo, junto à cabeceira do qual se postavam em fila alguns monges.

Mas lá não repousava nenhum finado, às relíquias do qual se reverenciava; sob o sepulcro avolumava-se a figura alta e majestosa de um ancião. Uma imensa claridade envolvia sua cabeça e dele partiam feixes de luz; atrás dos ombros, dois largos fachos de brancura e brilho ofuscante, reluzindo feito a neve sob o sol, subiam como asas enormes, perdendo-se nas alturas das abóbadas. Erguendo as mãos sobre aqueles que dele se aproximavam, o espírito inundava-os com luz prateada.

Ebramar também se pôs reverencioso de joelhos e obteve em troca uma corrente de respingos dourados, que imediatamente foram absorvidos pelo corpo puro e límpido do mago.

– É difícil a missão deste grandioso espírito! – observou Ebramar. – Graças à sua pureza, sabedoria e força, ele poderia ter se elevado às esferas radiantes; no entanto, permaneceu, voluntariamente, acorrentado à Terra, a esta atmosfera pegajosa cheia de miasmas, e, a cada minuto, é obrigado a se tocar com todas as chagas humanas.

"Mas o grande amor ao povo, no meio do qual ele viveu, infunde-lhe tanto compadecimento profundo, tal quantidade inesgotável de misericórdia, que o seu fardo não lhe parece penoso.

Vejam como ele sem cessar ou cansar-se verte sobre todos os que se aproximam a radiação vivífica e giratória. Sua força é incrível, e tudo ao redor está inundado de luz; até o óleo que queima nas lamparinas junto ao sepulcro está saturado de luz e aromas milagrosos.

"De fato, quão felizes nós somos em comparação a ele! Fugimos das trevas, de qualquer contato com o impuro; estudamos e saboreamos na quietude de nossos palácios as maravilhas da ciência, enquanto ele, que poderia estar gozando de todos os esplendores das esferas superiores, da harmonia e tranquilidade, da plenitude da bem-aventurança de um justo, permanece aqui. Nada consegue abalar a sua misericórdia infinita; ele cura e fortalece, e o seu ouvido, tanto como o coração, está aberto a todos os que lhe levam os seus pecados, dúvidas, desgraças ou esperanças. Ele chora e ora com eles, dá-lhes apoio, incute neles a vontade de viver para que possam levar até o fim a sua provação terrena. Como somos insignificantes diante destes grandiosos espíritos que se sacrificam em prol da humanidade, protegendo-a da malícia e do ódio de demônios, que não respeitam nem esses espíritos em seus ataques! Se os homens soubessem o quanto poderiam ajudar esses amigos e protetores de cima, chamados de santos; se eles vissem a força que existe na oração, não pereceriam tantos infelizes."

– Mestre, o arrependimento e a oração após a morte não conseguem salvar uma alma? – perguntou Dakhir.

– Sem dúvida que podem. Por meio da prece e do arrependimento foi salvo um número incontável de almas; só que, para aquele que caiu no fosso, é necessário ter muita paciência para sair dele, e nem todos são fortes. Sobre essas almas hesitantes, pecaminosas, normalmente caídas em desespero, lançam-se furiosos os espíritos do mal e atraem-nas, seduzindo com os encantos de uma vida luxuosa, impunidade de crimes ou gozo de tudo o que se constitui de prazer para uma alma devassa. Com muita frequência, esses espíritos se tornam servos do inferno e por longos séculos desviam-se do caminho translúcido do aperfeiçoamento. Isso serve para explicar um trecho no Evangelho, que, para um ignorante, parece ser injusto: "Haverá maior júbilo no céu por um pecador que se arrepende, do que por noventa e nove justos que não necessitam de arrependimento".

– Durante a minha última estada entre as pessoas, observei que o espírito religioso se extinguia cada vez mais e mais. O que vai acontecer se um sentimento tão imprescindível, como a fé, desaparecer por completo na humanidade? – indagou Supramati.

– Naturalmente que a primeira consequência disso para a humanidade será um enorme aumento da criminalidade; e, à medida que os homens avançarem no caminho de vícios, crimes e outras torpezas, a espécie humana vai se desfigurar, degenerar-se e diminuir rapidamente. Por outro lado, em proporções terríveis crescerá aquela úlcera do mundo invisível, a qual, já presentemente, transforma a primeira camada atmosférica num verdadeiro purgatório – se não num inferno – para qualquer espírito que abandonou o seu corpo. Falo de exércitos de abortados, de espíritos infelizes que estão pregados à atmosfera terrestre.

"Introduzidos na carne pela lei cósmica da reencarnação e, mais tarde, sendo arrancados à força desse meio durante a formação do corpo físico, eles permanecem no espaço com o astral coberto por uma espécie de grosso invólucro, juntamente com seus fluidos vitais, acumulados durante um expressivo número de anos de existência terrena. Então ocorre para o espírito uma situação muito estranha e penosa: o corpo astral, ao nutrir-se com estas reservas vitais, que ficaram sem uso, cresce, desenvolve-se de uma forma artificial, e torna-se uma espécie de anfíbio – semi-homem, semiespírito; pregado, entretanto, à Terra e sentindo as necessidades terrenas.

"Esses seres se transformam normalmente em demônios, a espreitarem os homens e animais para sugar-lhes a força vital; às vezes, eles se imantam em uma pessoa viva para saciar-se com ela dos prazeres carnais. Sendo espíritos geralmente possessivos e maléficos, eles empurram o homem para o crime ou levam-no a sofrer uma desgraça para saciarem-se de sangue derramado, cujo cheiro os inebria e proporciona um prazer indescritível. O povo, em sua intuição infalível, chama-os de *quiquimoras*[3]; mas as pessoas nem imaginam o terrível poder dessas criaturas larvais e vampíricas. Bem, meus filhos, está na hora de voltarmos" – acrescentou Ebramar.

E suavemente, feito nuvens carregadas por vento, os três se dirigiram ao palácio isolado no Himalaia.

---

[3] Termo que, em russo, significa o demônio em forma de gente.

CAPÍTULO IV

Ebramar foi embora, e os discípulos começaram o trabalho com novo ímpeto.

Agora eles se dedicavam, sobretudo, ao desenvolvimento da visão, olfato, audição e tato; surpresos, convenciam-se de como iam se desenvolvendo, aos poucos, os sentidos, até então desconhecidos para eles.

Diante de seus olhos, agora abertos, descortinava-se a vida misteriosa de seres vivos e da natureza. Eles podiam ver, sem nenhum esforço, como as corporações de espíritos operários aspiravam no espaço os eflúvios vegetais nutritivos; já podiam observar o emurchecer ou a morte de plantas; seus olhos podiam distinguir a mancha escura absorvendo a última gota da matéria primeva que se desprendia de um organismo vegetal. Não com menor interesse estudavam todas as fases de encarnação de animais – esses irmãos menores do homem –, cuja língua eles haviam aprendido. Finalmente, o estudo das inúmeras propriedades do elixir vital e das diversas formas de sua utilização apresentava-se-lhes como um campo infinito de trabalho.

Essa atividade mental apaixonante os absorvia tanto, que eles não tinham, praticamente, uma vida particular.

Certa vez, quando estavam descansando no terraço após um trabalho particularmente exaustivo, Dakhir perguntou de chofre:

– Quanto tempo você acha que passou desde que nós chegamos aqui? Deve ter passado bastante.

– Oh, claro! Mas para que contá-lo? Somente a humanidade ordinária conta os anos medíocres de sua vida efêmera, a metade da qual, aliás, ela passa dormindo, comendo e pecando. O tempo não tem nada a ver conosco – respondeu sorrindo Supramati.

– Em sua última visita, Ebramar disse que nossos conhecimentos avançaram tanto, que nos permitem testá-los na prática – observou Dakhir após um breve silêncio. – Mas confesso que isso me deixa nervoso. O que ele vai querer que a gente faça? A que prova nos submeterá? Não poderá acontecer que nossos sentidos e paixões, que julgamos dominados, despertem novamente e comecem a nos atormentar?

Supramati suspirou.

– Você tem razão. Por certo teremos pela frente várias batalhas morais. Em cada um de nós, o "mundano" está profundamente enraizado. Mas para que sofrer por antecipação? O mistério terrível do nosso extraordinário destino ordena que avancemos, e é o que vamos fazer.

Ele estendeu a mão ao seu colega de infortúnio e labor; o outro apertou-a calado.

Dois dias depois dessa conversa, quando estavam terminando o frugal almoço, eles viram um barco aproximando-se. No início acharam que era Ebramar, mas depois viram que eram dois adeptos desconhecidos.

Após atracarem, eles foram até o terraço e apertaram as mãos dos exilados, que os receberam cordialmente. Eram dois jovens belos; em seus olhos espreitava-se uma expressão de profunda introspecção, o que fazia trair-lhes o fardo secular.

A IRA DIVINA

– Viemos buscá-los, irmãos – disse um dos adeptos. – Vistam seus melhores trajes e dentro de uma hora partiremos.

– E para onde iremos? – indagou Supramati.

– Para a reunião de irmãos – respondeu o enviado.

Uma hora depois, Dakhir e seu amigo já se estavam acomodando no barco.

Trajavam agora vestes solenes; do pescoço pendia um amuleto de substância primeva, e seus dedos eram ornados com o anel dos cavaleiros do Graal.

Tomando o mesmo caminho pelo qual tinham vindo ao palácio, eles retornaram à gruta da fonte da vida eterna. Desta vez uma numerosa multidão reuniu-se em semicírculo junto da rocha onde estava o cálice. De um lado postavam-se os homens; de outro – as mulheres, cobertas por véu. No centro, diante do cálice, estava Ebramar, que com um sinal chamou para junto de si Dakhir e Supramati.

Logo, todos os presentes entoaram um cântico em coro, e a maravilhosa melodia, ouvida pela primeira vez, impressionou-os profundamente.

Quando os últimos poderosos acordes silenciaram, Ebramar teve a palavra e em seguida recitou uma oração, pedindo que o Ser Supremo desse força, coragem, paciência e proteção a todos ali reunidos, para que eles pudessem percorrer sem vacilar o caminho espinhoso de seu estranho destino, traçado pelo Pai Celeste. Prostrando-se de joelhos, todos proferiram um agradecimento, reverenciaram a fonte da vida e a seguir foram para uma ampla gruta contígua, no fundo da qual estava uma mesa posta com cadeiras em volta.

Mas, antes de sentarem, todos se misturaram, procurando por seus amigos e conhecidos há muito tempo não vistos. Supramati saiu cumprimentando alguns cavaleiros; mas, nisso, seu coração palpitou intensamente. Uma das mulheres, retirando o véu, aproximava-se sorridente em sua direção. Era Nara.

Emocionado, Supramati abraçou-a fortemente e a beijou.

Ela parecia ainda mais bela. Em sua leve e fosforescente túnica brilhante, envolta em cabelos dourados, ela lembrava uma aparição angelical; seus olhos exprimiam um amor tão ardente, profundo e puro, que o coração de Supramati se invadiu de indescritível deleite.

– Que felicidade inesperada em revê-la, minha querida – sussurrou ele. – Esta felicidade recompensa todo o meu trabalho e o longo tempo da separação.

– Ingrato! – exclamou Nara sorrindo. – Será que você não tem ouvido a minha voz nem sentido o meu hálito em seu rosto? As nossas almas nunca se separaram. Mas confesso que sinto uma imensa alegria em revê-lo pessoalmente. Depois do almoço teremos muito tempo para conversar; agora dê um abraço em Nurvadi e seu filho. Olhe, eles estão vindo para cá!

Perturbado, Supramati dirigiu-se ao encontro da bela indiana que se aproximava em companhia de um jovem de dezessete ou dezoito anos; os imensos olhos negros fitavam o pai com alegria e amor.

– Sandira, minha querida criança! Estou feliz em saber que as consequências do meu ato ignorante e criminoso vão se atenuando aos poucos. Você é quase um adulto – exclamou Supramati em meio a uma forte emoção.

– Sim, estou crescendo rapidamente e daqui a uns dez anos terei bigode – disse Sandira prazenteiro. – Não se censure, querido pai – ajuntou ele, beijando a mão de Supramati. – Em seu grande amor por mim, temendo perder-me, você me deu de beber o elixir da imortalidade, sem calcular que a dose era muito grande para uma criança de colo. Mas isso é perdoável, e Deus me livre de censurá-lo. Além disso, o seu descuido proporcionou-me um bem valioso: a proteção e o amor de Ebramar. Ele dirige os meus trabalhos, orienta-me e toma conta de mim como se eu fosse o filho dele; e você sabe muito bem o quanto é bom ficar sob o amparo de um espírito tão excelso.

A conversação foi interrompida com o convite para o almoço. Com curiosidade compreensível, Supramati pôs-se a examinar os presentes e a mesa, decorada com muito luxo, pelo visto muito apreciado pela irmandade misteriosa. A louça, os aparelhos, os cestos – tudo era de metal precioso: gravados, com

A IRA DIVINA

incrustações e acabamento em esmalte –, todas aquelas amostras de obras de arte tinham um quê especial, eram de estilo desconhecido e, aparentemente, antiquíssimas.

Quanto às pessoas presentes, faziam parte de diversas classes da comunidade secreta; contudo, naquele repasto fraterno não se observava qualquer distinção hierárquica. Cavaleiros do Graal tomavam assento ao lado dos magos superiores, irradiando fulgores difíceis de serem aguentados. Não lhe fugiu da observação o fato de que as cabeças dos adeptos, inclusive a de Dakhir, também estavam envoltas em fachos radiosos. Sem condições de verificar se o mesmo ocorria com ele, concluiu que a sua mente pura e desenvolvida também emanava idêntica luz – o que o deixou muito feliz.

O almoço em si, apesar do serviço luxuoso, era bem frugal. Consistia de arroz e vegetais, pães de mel e uma espécie de geleia cinzenta e cheirosa, ainda não experimentada por Supramati. Esse estranho manjar foi servido em minúsculos pires, em bolinhos do tamanho de uma noz. Ao saboreá-lo, Supramati sentiu um calor vivificante; todo o seu ser parecia dilatar-se, encher-se de misteriosa energia e concentrar uma enorme força de vontade e sede de atividade.

Após o almoço, todos entoaram uma oração de agradecimento e, divididos em grupos, espalharam-se em grutas adjacentes. Numa dessas, Supramati ficou com Nara, Nurvadi e Sandira.

Só então ele examinou atentamente a jovem indiana. Ela parecia rejuvenescida, e os seus grandes olhos, de expressão humilde e meiga, irradiavam a luz de uma mente desenvolvida.

– Você não está desiludida com sua nova vida, não se lamenta do passado, Nurvadi? – perguntou ele amistoso.

Nurvadi corou.

– Não, eu estou feliz! Trabalho e estudo, e com as descobertas científicas no campo da criação não há tempo para tédio. Sandira tem-me visitado com frequência, o que me proporciona muita alegria; só não paro de pensar em você, a quem devo toda a minha felicidade. Mas agora o meu amor por você é outro. Os receios de ciúme e os desejos terrenos já não me atormentam;

a paz e a harmonia reinam em meu coração, e eu o adoro como a um gênio protetor – concluiu ela, apertando aos lábios a mão de Supramati.

Sandira também falou de si e logo se entabulou uma animada conversa em que Nara trocou, com o marido, as impressões sobre os trabalhos científicos.

– Está ouvindo o sino? – indagou ela. – É o sinal de que o nosso encontro chegou ao fim. Ficaremos separados carnalmente por um longo tempo. Segundo Ebramar, você e Dakhir têm uma tarefa difícil pela frente. Depois disso, iremos dar uma volta pelo mundo e então, senhor mago, novamente transformados em mortais comuns, vamos divertir-nos no convívio com a sociedade. Só não vou permitir que você procure por Pierrete – troçou ela maliciosamente, dando-lhe um puxão na orelha.

Supramati desatou a rir. A ideia de reencontrar Pierrete pareceu-lhe divertida.

– Você acaba de confirmar que o rancoroso espírito de mulher também é imortal! – observou ele sorrindo sagazmente.

A brincadeira veio a propósito para interromper e dissipar a profunda inquietação que se apoderou de Supramati com a ideia de uma longa separação de Nara; ele conscientizou-se, amargurado, de quanto ainda existia de terreno em seus sentimentos em relação à esposa.

Nesse instante, junto da entrada da gruta surgiu Ebramar, que, com um gesto, chamou o discípulo. Supramati beijou apressadamente Nurvadi e o filho, abraçou-se a Nara e, despedindo-se de todos, seguiu o mago.

Na gruta anexa, encontraram Dakhir esperando por eles.

Através de labirintos subterrâneos alcançaram o canal, onde eram aguardados por um barco com remador; Ebramar assumiu o leme. À medida que deslizavam sob as escuras e baixas abóbadas rochosas ao longo do canal, iluminadas por uma luz verde-pálida vinda não se sabe de onde, uma sensação de angústia e cansaço apoderou-se de ambos os discípulos-magos; pouco depois, sem se darem conta, suas pálpebras cerraram-se e eles dormiram um sono profundo.

A IRA DIVINA

Era difícil calcular a duração do sono; acordados por um bafejar de vento frio, estremeceram e se endireitaram, examinando surpresos o ambiente que os cercava.

Por todos os lados se estendia uma superfície aquática; era difícil inferir se aquilo era mar ou um imenso lago. O ar era bem mais frio do que aquele ao qual estavam acostumados; pelo firmamento cinzento corriam nuvens pesadas; a água esverdeada era turva; rajadas de vento eriçavam ondas espumosas que sacudiam violentamente o barco.

Neste instante, no horizonte surgiu uma faixa de terra, da qual se aproximaram velozmente. Diante deles se estendia uma margem rochosa e isolada. Ao longe viam-se escarpas pontiagudas e nuas.

Dakhir e Supramati trocaram olhares de preocupação; seus corações bateram mais forte quando o barco encostou nos degraus de pedra e eles puderam ver melhor o quadro desolador que se abria diante deles. O solo era estéril e pedregoso; ao longe, divisava-se uma cadeia de montanhas e, até onde a vista alcançava, não se enxergava nenhuma árvore, nenhuma vegetação. Diante deles se estendia um verdadeiro deserto.

Ebramar saltou para terra e fez um sinal para que os discípulos o seguissem. Acostumados a obedecerem sem discutir, desembarcaram; mas, à medida que caminhavam, eram dominados por uma angústia dilacerante.

Para onde quer que se olhasse, não se enxergava o menor sinal de vegetação; nem ao menos uma nesga de musgo dava vida ao solo escuro e poeirento ou aos negros rochedos fissurados; nem o menor fio de água murmurejava entre as pedras. Com toda certeza, eles estavam num deserto. Ebramar, entretanto, continuava a caminhar para a frente.

Ao alcançar o penedo mais próximo, ele parou por um instante e depois entrou através de uma larga fenda numa espaçosa gruta, levemente iluminada por um archote fixado na parede. A avermelhada chama fumacenta refletia-se nas estalactites escuras da abóbada, possibilitando-lhes divisarem na penumbra dois leitos, uma mesa de pedra e duas cadeiras.

Supramati e Dakhir empalideceram ao examinarem perplexos a gruta vazia e escura, aparentemente destinada para habitação deles, com apenas dois míseros leitos. O coração palpitou e a cabeça tonteou só com a ideia de ter de morar no deserto, naquele buraco medonho, acostumados que estavam ao luxo e ao conforto do palácio no Himalaia, em meio à exuberante e magnífica natureza que mais parecia com um cantinho do paraíso.

Ebramar, que observava os discípulos, deu um leve sorriso.

– Seus receios, meus amigos, são infundados. Eu não os trouxe para cá de castigo, mas no intuito de vocês exercitarem as suas habilidades. Chegou a hora de praticarem os conhecimentos adquiridos.

"Vocês não terão que morar num local tão inóspito; cabe a vocês mesmos transformá-lo num cantinho de paraíso. Para tanto, dispõem de recursos necessários. A vontade disciplinada governa os elementos, e os sentidos aguçados permitem que vejam e ouçam muita coisa inacessível para um mortal comum; aprenderão a pesquisar a substância primeva, subtrair dela as sementes da vida que ela encerra. Vocês detêm as fórmulas da magia branca, que lhes permitirão juntar e dissipar as moléculas do espaço. Em outras palavras, estão providos de poderes necessários para fertilizar este lugar estéril; utilizem todos os seus conhecimentos neste enorme campo de batalha. De simples e ignorantes mortais, a energia transformou-os em magos; então demonstrem serem dignos da iniciação e cumpram valorosamente esta tarefa. Ela é grandiosa, nobre e útil. Não tenham pressa, vocês têm tempo suficiente.

"E agora, meus filhos, vou embora e só volto quando este lugar selvagem se cobrir de vegetação, quando as árvores fornecerem sombras refrescantes, quando as frutas suculentas tiverem amadurecido para restaurarem-me as forças, e as flores me deleitarem os olhos e o olfato. Não longe desta gruta, numa depressão do penhasco, há um sino colocado no alto, fundido em horas místicas a partir de liga especial de metais, e que detém forças mágicas. Quando o programa que eu tracei for cumprido

A IRA DIVINA

integralmente e suas almas clamarem por mim, o sino repicará sozinho, e seus sons misteriosos me alcançarão; então eu virei para cá com outros magos, meus irmãos, para cumprimentá-los e checar o trabalho. Adeus, meus filhos! Que as forças do bem os ajudem!"

Ebramar abraçou os discípulos, abençoou-os e abandonou a gruta.

Por cerca de um minuto, Dakhir e Supramati permaneceram aturdidos; entretanto, quando pelo esforço da vontade eles sacudiram o torpor e lançaram-se para acompanhar Ebramar, o mago já havia sumido.

Calados, com cabeça pesada e coração oprimido, eles retornaram à gruta, sentaram-se nas cadeiras de pedra e, apoiando a cabeça nos braços, afundaram-se em devaneios profundos.

Jamais os corajosos labutadores se sentiram tão desanimados. A dificuldade do programa fixado parecia-lhes intransponível, e a tarefa de transformar o deserto no paraíso deixava-os desalentados. Era sem dúvida um minuto difícil, um minuto de fraqueza espiritual, aquele em que duvidavam de seus próprios conhecimentos, e o medo do fracasso comprimia-lhes o coração feito tenazes[1].

Supramati teve a impressão de que ele não sabia absolutamente nada, de que todos os seus conhecimentos se haviam evaporado e de que ele estava desarmado diante da tarefa impossível. Por entre os seus dedos caíram algumas gotas de lágrimas cálidas. Por um instante ele lembrou-se com saudade de seu quarto em Londres e da ignorância feliz do pobre médico Ralf Morgan.

Neste ínterim, uma mão acetinada tocou sua testa, e uma voz bem familiar sussurrou:

– O que é isso, Supramati?! Como pode fraquejar tanto? Permanecendo Morgan, você jamais conheceria Nara, enquanto eu me acalento com a ideia de que você jamais se tenha arrependido disso.

---

[1] *Tenaz*: instrumento de metal composto de duas hastes unidas por um eixo, cujas extremidades servem para agarrar e/ou arrancar qualquer corpo; tudo o que agarra e prende com força.

Como se ferroado por uma abelha, Supramati saltou da cadeira e ruborizou-se todo. Em seus olhos fulgiu a energia de sempre. Aproximando-se apressado de Dakhir, ainda sentado e cabisbaixo, Supramati tocou-o no ombro.

– Não desanime, amigo! Nara acabou de repreender-me pela pusilanimidade; e ela está certa! Comportamo-nos como dois colegiais, e não como pessoas que almejam conquistar a coroa de magos. Eu me envergonho só de pensar em Ebramar.

Dakhir aprumou-se e enxugou apressadamente os olhos úmidos.

– Sou grato por você ter-me feito acordar – disse ele com firmeza. – As lamúrias não irão melhorar a nossa situação e, se não quisermos passar por necessidades, teremos de trabalhar.

A Supramati voltou o seu ânimo habitual.

– Vamos dar uma volta pelos nossos novos domínios e examinar o campo da atividade, esta dádiva tão generosa. O ar fresco nos fará bem, pois este buraco nojento com seu fumegante archote fétido está me deixando nervoso.

Rindo, ele pegou Dakhir pelo braço e o puxou para fora.

Não longe dali, encontraram o sino misterioso, futuro mensageiro do êxito deles. Era de um metal que reverberava todas as cores do arco-íris e estava suspenso bem alto, sob um penhasco íngreme. Como fora ele ali pendurado era difícil de saber.

– Oh, meu querido sino, como ficarei feliz quando você repicar anunciando a nossa partida deste maravilhoso cantinho – suspirou Supramati.

O passeio durou algumas horas. Eles chegaram à conclusão de se encontrarem numa ilha de dois quilômetros de circunferência, no máximo, dividida ao meio por uma montanha.

– Nenhuma fonte, nenhum sinal de vegetação. Essa natureza morta é um asco total. Temos de começar a trabalhar depressa. Ebramar tem razão: sob esta escura e poeirenta crosta corre o sangue primevo da criação, e eu ouço o ruído de fontes subterrâneas – observou Dakhir.

Exaustos, voltaram à gruta e deitaram-se nos desconfortáveis e duros catres. Mas, passado algum tempo, Supramati saltou da cama.

– Eu fico possesso, Deus me perdoe, com essa tocha! Ela fumega, fede e, além do mais, aqui está tão escuro que não se enxerga nada. E estou com fome. Custa-me acreditar que nem ao menos para a primeira noite nos deixaram algo para comer! É cruel obrigar-nos a dormir neste leito com estômago vazio.

Dakhir desatou a rir.

É verdade! Também estou faminto, e esta penumbra me irrita. Que tal a gente arrumar uma luz elétrica condensada?

– Eureca! Boa ideia, Dakhir! Vamos providenciar isso!

Eles se postaram um em frente do outro a uma certa distância e, erguendo seus bastões mágicos, começaram a girá-los com rapidez estonteante sobre a cabeça. Logo, na extremidade dos bastões, surgiu uma luz azulada. Zigue-zagues ígneos cintilavam no ar e iam sendo absorvidos por aquela luz que ia crescendo e tomando forma esférica, condensando-se e tornando-se leitosa. Quando a esfera, como se executada de uma massa azulada, alcançou o tamanho de uma laranja, Supramati tirou-a do bastão, recolocado, então, atrás do cinto; amassou-a levemente na mão, encostou na parede e ergueu a mão; por baixo de seus dedos fulgiu um facho ardente que pareceu acender a esfera, dela irradiando-se imediatamente uma luz brilhante.

Dakhir fez a mesma coisa, e, quando a sua esfera se acendeu também, a gruta iluminou-se como se fosse dia, e até os seus cantos mais remotos podiam ser enxergados nitidamente.

Supramati arrancou a tocha, apagou-a e, enojado, atirou-a para fora.

Agora já se podia ver que no fundo da gruta havia dois armários, dois baús de madeira, e sobre eles estavam postas duas caixas de ébano entalhadas com os instrumentos mágicos. Nos baús havia roupa e nos armários eles encontraram alguns livros, papiros, duas grandes ânforas com vinho e duas caixinhas com um pó escuro, muito aromático.

– Vinho e um pó nutrítico? Pelo menos não teremos desarranjo estomacal – observou Supramati em tom azedo.

Nesse ínterim, Dakhir tirou calado os trajes de gala que vestia e colocou uma túnica de lã, cingida por uma faixa de couro.

Supramati seguiu-lhe o exemplo.

Eles tomaram um cálice de vinho e comeram uma colher do pó.

– Por hoje precisamos contentar-nos com este repasto de monges. Amanhã tentaremos arrumar algo melhor – resmungou Supramati, espreguiçando-se na cama.

CAPÍTULO V

No dia seguinte, com o nascer do sol, os amigos se levantaram revigorados, dispostos e bem-humorados. Durante o modesto desjejum, consistente em uma taça de vinho e uma colher do pó alimentício, Supramati observou:

A ilha está dividida em duas partes por uma cadeia de penedos. Cada um fica com a metade: você vai trabalhar uma e eu, a outra. Na hora do almoço nos reuniremos aqui para comentarmos os resultados de nossas experiências.

– Excelente! Uma ótima ideia! Então, vamos nos separar. Com que metade você quer ficar?

– Com a que circunda a nossa gruta, se você não tiver nada contra.

– Absolutamente!

Continuando a conversar, eles foram para fora.

– Por onde você acha que devemos começar? – perguntou Dakhir.

– Vou invocar uma chuva torrencial para umedecer e limpar o ar denso e pesado, que parece prenunciar uma tempestade. Até agora não vi o sol aparecer por aqui. E você, o que vai fazer?

– Procurarei por fontes subterrâneas e tentarei fazer com que elas aflorem à terra. As duas experiências são boas e nos ajudarão a revitalizar o deserto.

Trocando apertos de mão, os amigos se separaram.

Dakhir transpôs o penedo que delimitava os seus domínios, tirou o bastão mágico e, inclinando-o para o solo, foi andando ao longo da montanha em direção ao lugar onde, no dia anterior, ele tinha ouvido o ruído de águas subterrâneas. Subitamente, o seu bastão começou a vibrar e inclinar-se para frente, arrastando o seu dono até uma fenda na montanha. Dakhir apurou o ouvido e à sua audição aguçada chegou nitidamente o borbulhar de uma fonte invisível, presa nas entranhas da terra.

Após guardar o bastão atrás do cinto, Dakhir tirou da bainha a espada mágica. Desenhando com a lâmina brilhante um triângulo ígneo no ar e, a seguir, alguns sinais cabalísticos, pronunciou as fórmulas que invocavam os espíritos dos elementos. Por sobre o fio da espada fulgiu uma chama azulada; Dakhir fincou rapidamente a misteriosa arma dentro da fenda.

No mesmo instante ouviu-se uma explosão. A fenda subitamente se abriu em forma de funil e dela começaram a ser expelidas pedras e terra, jorrando logo depois um jato de água tão forte, que cobriu os pés do mago, e que o teria derrubado se ele não cravasse imediatamente a sua espada no chão. As ondas espumosas dividiram-se em dois braços e começaram a encher a depressão entre os montes.

Feliz, Dakhir acompanhou a corrente por algum tempo; depois virou à direita e examinou o vale. Logo descobriu uma enorme cavidade que parecia o leito seco de uma lagoa. A experiência com o bastão mágico convenceu-o de que a água que havia sumido da superfície, devido a alguma catástrofe, ocupava cavernas subterrâneas e bastava apenas chamá-la para cima.

Sem perder tempo, ele puxou a espada mágica, desenhou com ela no ar um grande círculo e pronunciou as fórmulas. As

A IRA DIVINA

veias em sua testa intumesceram sob o esforço da vontade; nos olhos, agitaram-se chamas. Subitamente, com um silvo ríspido no ar, cintilou uma espécie de relâmpago vermelho feito metal em brasa, que se cravou no centro do círculo desenhado por Dakhir. A terra estremeceu e começou a se fissurar com estalos, formando fendas largas; por todos os cantos começou a afluir água, e as ondas turvas foram enchendo o antigo leito lacustre.

Absorto em seu trabalho, Dakhir não se apercebeu de que o céu se havia coberto de densas nuvens plúmbeas e uma tempestuosa rajada de vento levantara um turbilhão de poeira. Quando rolou um retumbante som de trovão, ele ergueu a cabeça e viu que o firmamento escurecido era sulcado por raios reluzentes.

– Ah! Supramati está cuidando da tempestade – murmurou ele sorrindo.

Sem dar atenção ao trabalho do companheiro, observou como o lago ia se enchendo e a ventania, eriçando as ondas espumantes.

Nesse ínterim, a tempestade foi se transformando em furacão; o rolar dos trovões sacudia a terra, os relâmpagos ferozes iluminavam funestamente o vale estéril e os contornos esdrúxulos e denteados dos penhascos sombrios. O vento revoltoso rugia, assobiava e, de súbito, desabou uma chuva torrencial.

– Começo a achar que ele está exagerando – resmungou Dakhir, sacudindo a roupa encharcada. – Preciso ir até lá para cumprimentá-lo pela tempestade bem-sucedida e chamá-lo para se abrigar dentro da gruta.

Ele correu em direção à divisa montanhosa que separava os seus domínios.

Supramati estava em pé numa saliência da montanha, com o bastão erguido; seu olhar fulgia, ele parecia conduzir a tempestade.

Com alguns saltos, Dakhir viu-se perto dele e o sacudiu pela mão.

– Parabéns! A tempestade foi digna de um mestre. No entanto, eu acho que ela poderá prosseguir sozinha, enquanto a gente retorna à gruta. Você desencadeou um verdadeiro dilúvio.

– Talvez eu tenha utilizado uma fórmula muito forte na minha primeira experiência. Mas olhe como estão trabalhando os espíritos elementais[1]!

Dakhir ergueu os olhos para o céu escuro e ambos ficaram admirando o trabalho que ali se realizava. Em todas as direções, exércitos de sombras cinzentas atravessavam o ar em fileiras cerradas. Seu caminho era marcado por bilhões de faíscas que se fundiam e riscavam o firmamento cor de chumbo. Outras colunas de espíritos empurravam as nuvens acumuladas, como se moldassem e concentrassem algo no espaço.

– Deixe que trabalhem! Eles estão fazendo tudo de acordo – assegurou Supramati. – Vamos voltar à gruta. De fato, está um pouco úmido aqui. Confesso que não é fácil comandar os elementos.

Rindo a valer, ambos correram para dentro de sua moradia.

Após trocarem de roupa e enxugarem os cabelos, postaram-se na entrada da gruta observando como a tempestade ia aos poucos amainando; o vento espalhava as nuvens, e a chuva foi parando. Finalmente surgiu uma nesga de céu azul e brilhou um raio de sol, invadindo a terra com luz e calor.

Fascinado, Supramati ergueu os braços para o céu.

– Saúdo-o, astro-rei, esteio de todas as forças criadoras, fonte vivífica de luz, calor e esperança. Eu sei que os mais sábios dos povos, os filhos do Egito, veneravam-no de joelhos. Onde você aparece, o coração humano se reanima e na alma nasce a esperança; o homem abatido levanta a cabeça, encorajado e fortalecido, e reinicia o trabalho com as novas forças. Para nós, também, o benfeitor celeste, Rá-vitorioso, a fonte da vida e fartura, envia os seus raios e felicita-nos sorrindo pelo nosso trabalho.

Dakhir olhou participativo para o rosto emocionado do amigo.

– Sim, o primeiro dia de nosso serviço foi produtivo – disse ele com um amplo sorriso. – Já temos um lago, uma fonte brotando, céu azul e sol. Espero que logo, com o auxílio de Rá, tenhamos grama e demais utilidades.

---

[1]Elementais (de *élément*) – espíritos das forças da natureza; em oposição aos elementares – espíritos primários. (N. A.)

– Ah, se houvesse ao menos um melão, uma pera ou qualquer outra fruta suculenta! Sinto tal fome, como se ainda fosse o pobre mortal Ralf Morgan! – exclamou Supramati, voltando inesperadamente à realidade.

– Aguente um pouco! Com o surgimento da vegetação, plantaremos frutas de modo acelerado; enquanto isso, contente-se com o pó nutritivo.

– Nem pensar! Agora mesmo providenciarei um almoço bem substancioso – anunciou Supramati, puxando o bastão.

– Você, pelo jeito, está querendo tirar o almoço da cartola! – brincou Dakhir.

– Não! Para um pirata ousado e célebre que foi, você não me parece muito criativo, meu amigo Dakhir.

– Não é para menos; perdi as manhas do meu antigo ofício. Não obstante, começo a entender. Você quer subtrair um almoço pronto! – arriscou Dakhir.

– Ih, que expressões vulgares para um mago imortal! Eu só quero, a título de experiência, ordenar que os espíritos elementais nos tragam do palácio do Himalaia uma refeição mais substanciosa. De acordo com Ebramar, é de nós que depende ter o que quisermos. Ele não proibiu que utilizássemos os poderes mágicos ou as fórmulas cabalísticas. Venha até aqui! Preciso do seu bastão.

Com os dois bastões na mão, Supramati inseriu-os num grande círculo, reverenciou o norte e o sul, o leste e o oeste; pronunciou as fórmulas invocando os espíritos elementais e ordenou-lhes que cumprissem a ordem.

Um barulho ensurdecedor ressoou na gruta; seguiram-se batidas secas e começaram a surgir sombras cinzentas e nebulosas, salpicadas de manchas fosforescentes; luzes multicolores rodopiaram além do círculo em uma dança louca; gritos, alaridos e assobios encheram o ambiente.

Supramati ergueu a mão, pronunciou a fórmula, e um silêncio se fez. A parede pareceu se abrir, fulgiu um largo clarão e naquela luz azul-fosfórea apareceu um ajuntamento espectral de criaturas cinzentas, arrastando e empurrando velozmente um objeto nebuloso, incolor e leve, feito teia de aranha, que tremia e oscilava, e tinha o aspecto de uma mesa cheia de iguarias.

Subitamente uma corrente magnética recortou o ar, a terra estremeceu, como se atingida por um raio, e o volumoso e pesado objeto pôs-se crepitando no centro do círculo. As massas espectrais das criaturas inferiores foram-se dissipando no ar, feito fumaça.

Supramati baixou a mão, recolocou o bastão atrás do cinto e enxugou o suor da testa.

– Bravo! A comida está aí em quantidade suficiente até para um glutão! Você interpretou bem as palavras de Ebramar ao dizer que só de nós dependeria levar uma vida regalada – riu Dakhir.

– Vejamos o que nos trouxeram – disse Supramati, examinando com satisfação a mesa da qual exalava um aroma apetitoso.

No centro, destacava-se um belo melão e uma torta coberta com geleia; em volta, havia alguns pratos com verdura, manteiga fresca, pão, queijo, mel e uma jarra de leite.

– Provavelmente eles surrupiaram este manjar luculiano[2] da cozinha de algum rajá – aventou Supramati, admirado não tanto com o almoço, mas pela maneira como fora conseguido.

Os amigos comeram com grande apetite, e uma parte das provisões foi deixada para o jantar. Ficou decidido que futuramente eles se alternariam no abastecimento das refeições.

Nos dias subsequentes, os magos prosseguiram com a busca e extração de novas fontes subterrâneas, cujas águas eles desviavam para os barrancos. Descobriram também que em alguns lugares a água das fontes e da chuva havia arrastado a areia e desnudado um solo adequado ao cultivo. Graças à clarividência, adquirida ao longo tempo de trabalho de desenvolvimento dos sentidos, eles não tiveram dificuldade em encontrar algumas artérias subterrâneas, vermelhas e abrasantes, ocultas aos não iniciados, que recortavam a terra em todas as direções. Era a substância primeva – o sangue do planeta que fluía procurando uma saída da crosta endurecida.

E então eles se puseram à extração da substância, para dela tirar as sementes da fauna e flora, os germens da vida nela

---

[2] *Luculiano*: relativo a Lúculo, brilhante orador, político e general romano, célebre por sempre sair dos combates com saques e exigências proveitosas; seu nome ficou historicamente ligado à ideia de luxo e ostentação.

contidos, que apenas aguardavam que a umidade terrestre os impregnasse e os fizesse germinar.

Com os conhecimentos científicos, eles aceleraram o longo trabalho da natureza. A poderosa vontade dos adeptos fazia com que as riquezas da terra aflorassem de suas entranhas, indo espalhar pela superfície do solo os princípios vitais, extraídos a partir da substância primeva.

Supramati fez um mapa dos seus domínios, marcando cada ponto com o nome de uma planta que gostaria que ali vicejasse; depois dividiu a terra em lotes, cultivando-os alternadamente. Postado ali com as mãos erguidas, as veias da testa intumescidas devido ao terrível esforço, ele parecia transformar-se. De todo o seu corpo emanavam luzes fosforescentes e ondas de calor; de seus dedos ora dardejavam longos jatos ígneos que atravessavam a terra, ora feixes de luz branca prateada que se espalhava pela superfície e cobria o solo com uma tênue fumaça.

Logo seus esforços se coroaram de êxito. Certa manhã, saindo para o campo, Supramati emocionou-se ao notar que a terra se ouriçara em vapor esverdeado e até as rochas estavam musguentas.

Não vamos vigiar os passos diários dos dois adeptos, nem descrever com detalhes o seu trabalho. Basta dizer que, aos poucos, o programa traçado por Ebramar ia sendo executado, e o deserto estéril e pedregoso transformava-se num vale florescente e frutífero.

Não menos alegria proporcionou aos magos o aparecimento de habitantes vivos: nos galhos frondosos começaram a nidificar os primeiros passarinhos canoros, nas fendas dos rochedos instalaram-se os pombos, no lago cintilaram em escama prateada os peixes, e entre as flores voejaram borboletas e abelhas.

Eles trabalhavam exaustivamente para ornamentar e enriquecer aquele cantinho de paraíso que lhes devia a existência. Era com dedicação ciosa que eles amainavam a força das tempestades, espantavam as nuvens que ameaçavam com granizo, ou aplacavam a fúria destruidora dos ventos tempestivos. E toda vez que os elementos se submetiam à sua vontade, que a natureza reagia segundo as suas intenções e os espíritos do espaço obedeciam-lhes, um sentimento indescritível de orgulho e de consciência de seus poderes despertava na alma dos magos, só de pensar que eles detinham um conhecimento misterioso que os investia de poderes miraculosos, praticamente os da criação. E, nesses momentos, a sua vida, quase infinita, não lhes parecia um fardo, mas, pelo contrário, um bem valioso.

À medida que se desenvolvia o trabalho espontâneo da natureza, Supramati e Dakhir tinham mais tempo livre; mas, acostumados como eram à atividade constante, decidiram se testar também na arte. De início, esculpiram uma coluna representando uma haste de lótus e, da flor desabrolhada, fizeram brotar um busto de Ebramar, extraordinário em sua semelhança e acabamento; mais tarde, com a mesma perfeição, Supramati fez uma estátua de Nara. Ambos os trabalhos foram colocados na gruta e adornados com flores. Não raro, quando os artistas contemplavam as suas obras, parecia-lhes que as cabeças de mármore ganhavam vida e os saudavam com sorriso e olhares afetuosos. Eles se distraíam também com a extração de metais; fundiam cestos, vasos e taças de ouro e prata.

Utensílios de fabricação própria a serviço dos magos – dizia rindo Supramati.

Finalmente tudo estava pronto. Graças à vontade e à arte mágica, o deserto transformou-se num exuberante jardim. Nos campos férteis, agitava-se o mar dourado de espigas maduras, e o tapete verde da grama encheu-se de flores; árvores vergavam-se sob o peso de diferentes tipos de frutas; cascatas cristalinas jorravam murmurejando entre as rochas musguentas; nos arbustos e floreiras, espalhados por todas as partes, as flores raras com suas pétalas de cores vivas exalavam aromas deliciosos; no ar, ouvia-se o canto dos pássaros e, na lagoa, nadavam cisnes brancos e negros, serenos e majestosos. Como que despertado de um sono duradouro, tudo vivia, respirava, trabalhava.

Certa manhã, depois de passar em revista o seu cantinho de paraíso, os amigos foram até o sino misterioso e puseram-se a olhá-lo pensativamente. A planície, antes estéril, que se estendia aos pés do rochedo escarpado, estava agora coberta por gigantescas palmeiras, cujas folhagens frondosas formavam uma copa verde, cintilando feito esmeralda sob os raios solares.

– Acho que tudo está pronto; demos conta da nossa tarefa! Só não entendo por que o sino está mudo, já que ele deveria chamar Ebramar com os outros magos para examinarem o nosso trabalho – surpreendia-se Supramati.

– Também estou achando que a gente empregou em toda a plenitude os conhecimentos recebidos... Será que esquecemos algo? Comparados aos grandes buscadores da verdade nos infinitos e indecifrados mistérios da criação, os nossos conhecimentos são míseros.

– Você tem razão – balbuciou Supramati, esfregando nervosamente o rosto com a mão. – Onde fica a crista daquela onda que nos agarrou e nos arrasta?

Eles calaram-se e baixaram os olhos. Mas o sino permanecia mudo, e assim eles retornaram à gruta, certos de terem deixado escapar alguma coisa.

Depois de examinarem minuciosamente cada partícula de seu pequeno reino, que adornava e animava cada canto que ainda lhes parecia imperfeito, eles retornaram ao sino, mas este permanecia silencioso.

Alarmados e decepcionados, os adeptos se entreolharam.

– Oh, Deus! O que estará faltando aqui para satisfazer os nossos mestres?

– Eu sei – respondeu Dakhir, após um profundo silêncio. – Falta um altar ao Senhor!

– Ah! Como pudemos esquecer a coroação da nossa obra! – exclamou Supramati, e seus olhos fulgiram.

Sem perderem um minuto, começaram o trabalho. Logo, sob a saliência do rochedo, surgiram dois degraus de mármore. Obedecendo à vontade férrea dos magos, da rocha separou-se um enorme bloco cúbico, deitando-se sobre os degraus. Imediatamente, por debaixo da rocha, cintilou uma chama viva, densificou-se e tomou a forma de uma cruz a brilhar como um diamante.

Com veneração, prostraram-se ambos os magos diante do símbolo místico da salvação e eternidade e, de seus corações, verteu-se uma oração cálida ao Pai por todas as coisas existentes, ao Criador inescrutável de todos os milagres com que é povoado o Universo.

Nesse ínterim, o sino começou a repicar, e os seus sons estranhos, poderosos tal qual o trovão e ao mesmo tempo suaves como uma melodia celestial, fizeram vibrar todas as fibras.

Supramati e Dakhir levantaram-se serenos. Nenhuma palavra é capaz de descrever o que eles sentiram naquele minuto. A harmonia que lhes encheu a alma obliterou e dissipou todas as sombras da dúvida e do sofrimento que devoram o coração do homem profano, cujos instintos carnais o prendem em garras afiadas.

O sino silenciou, mas, ao longe, ouviu-se um suave som melódico, como o de uma harpa de Éolo.

– Ebramar está vindo – anunciaram em uníssono Dakhir e Supramati, e dirigiram-se apressadamente para a margem.

O barco já havia encostado e dele saiu Ebramar com mais dois homens em vestes alvas, que carregavam um objeto sobre as almofadas vermelhas; Ebramar segurava um pequeno cofre feito de ouro.

Eles se aproximaram solenemente dos jovens adeptos, inquietos e hesitantes.

– Saúdo-os, obreiros valorosos, que utilizaram condignamente os conhecimentos e os poderes. E agora aceitem a recompensa e os presentes dos magos, seus irmãos – disse Ebramar, abrindo a caixinha.

Dakhir e Supramati ajoelharam-se. Ebramar untou um pincel num líquido azulado que se encontrava no escrínio e desenhou com ele um sinal na fronte de cada um. Imediatamente, em suas cabeças acendeu-se uma chama dourada.

Este é o primeiro pistilo da coroa dos magos: por meio dele vocês serão reconhecidos por todos os adeptos, e as forças do mal os temerão.

Pegando de uma das almofadas duas grandes insígnias de ouro com pedrarias luzidias, ele as colocou nos pescoços dos

A IRA DIVINA

discípulos; de outra almofada, apanhou dois cálices mágicos, que também passou às suas mãos. Depois, fez os discípulos se levantarem, abraçou-os e beijou-os; os outros dois magos repetiram o gesto.

A seguir, após orarem junto ao altar, todos se dirigiram à gruta, onde os anfitriões ofereceram às visitas um almoço, feito exclusivamente dos produtos provenientes da ilha. Encetou-se uma animada conversa, e Ebramar comunicou aos alunos que os irmãos que o estavam acompanhando haviam decidido se instalar na ilha, tornada fértil por eles, e ali construir uma casa para estudos científicos especiais. Esses irmãos partiriam na mesma tarde e retornariam alguns dias depois; Ebramar passaria na ilha todo o dia seguinte para examinar detalhadamente o reino de seus discípulos, retornando à tarde, e todos seguiriam, então, para um dos seus palácios no Himalaia.

No dia seguinte, Ebramar e seus pupilos saíram em inspeção pela ilha. Tudo foi verificado minuciosamente; Supramati e Dakhir fizeram um relatório dos métodos empregados para fertilizar e povoar aquele torrão desértico que a eles fora confiado. Ebramar elogiou, deu sua opinião e explicações, completando a inspeção com instruções teóricas e práticas quanto aos recursos técnicos utilizados.

De volta para a gruta, a conversa prosseguiu sobre o mesmo tema. Supramati mostrou a aparelhagem elétrica com o auxílio da qual ele tinha acelerado o desenvolvimento dos germens dos animais e plantas, extraídos da matéria primeva, e comentou o seu desapontamento em não ter podido utilizar diretamente a substância misteriosa, que poderia, num piscar de olhos, restabelecer ou criar um novo organismo, tal como uma árvore ou até um ser humano.

– Você nos havia prescrito para avançarmos por um caminho científico lento, e nós tentamos cumprir fielmente esta instrução.

– Tal restrição foi necessária para que vocês se consagrassem a todos os detalhes de funcionamento do mecanismo da natureza. Utilizar-se apenas da matéria primeva é relativamente fácil – disse Ebramar sorrindo.

– Não estou protestando contra essa instrução, sábia e profícua como tantas outras – retrucou Supramati. – Eu queria abordar uma questão diferente. Reconhecendo na matéria primeva as propriedades de animar e restaurar, não poderíamos com o seu auxílio simplesmente evitar o fim do planeta, reanimando as seivas exauridas da nossa Terra? Essa substância é tão fecunda, que basta algumas partículas para realizar milagres. Não se poderiam fazer reservas do elixir em locais inacessíveis dos nossos abrigos e, quando minguarem ou se esgotarem as fontes internas, bafejar a vida de um outro modo? Por exemplo: irrigar a terra, reflorestá-la e recuperar a vegetação desaparecida – pelo menos de trigo, para alimentar os deserdados durante uma época de fome?

– Em termos do planeta todo, isso seria difícil; mas em alguns locais tal ajuda seria viável. De qualquer forma, isso não passaria de uma fecundação artificial e, assim que a reserva da substância que fosse colocada ou borrifada num determinado lugar ficasse esgotada, já que não haveria uma fonte de reposição, tudo viraria cinzas e se transformaria em deserto. Seria um simples paliativo. O organismo do planeta não é como o humano; suas exigências são bem mais complexas. Mesmo nós não somos momentaneamente atingidos pela morte ao tomarmos o elixir da longa vida, devido à terrível força absorvida dos elementos? Só depois é que se processa a ressurreição, e o organismo renovado está pronto a nos servir quase infinitamente. Lembra-se da vítima de Narayana, cujo corpo ele mergulhou no líquido contendo a matéria primeva? Lembra como se refez o seu organismo?

– Sim, mestre. Em poucos meses ela se reduziu a uma velha decrépita, achando que ia morrer de apoplexia, mas logo se deu conta de que se havia tornado novamente jovem e forte.

– Justamente. Por uma morte incompleta e ressurreição passam também os planetas. É o que, segundo as tradições hindus, é chamado de "noite de Brahma". As transformações geológicas abalam o planeta, a vida parece sustar-se e, depois de um descanso, a terra, renovada e com as forças recuperadas, retorna ao seu antigo trabalho, até a catástrofe definitiva, que

A IRA DIVINA

pode ser apressada ou adiada, dependendo de os habitantes do planeta terem esbanjado ou poupado as forças de sua ama de leite – concluiu Ebramar.

– Isso está claro, mas o que eu acho é que a ordem estabelecida no nosso planeta é irracional e contribui para a sua destruição. Por que a humanidade que povoa a Terra não pode ser imortal, ou seja, viver uma vida planetária e, dentro de certos limites, adquirir aqui uma educação espiritual? Dando uma dose necessária às crianças de colo, seria possível criar uma nova geração de pessoas e educá-las nas condições desejadas – o que tornaria o seu aperfeiçoamento mais rápido. Pois é por demais triste e perverso observar como a humanidade herda uma da outra as características cada vez piores, mesquinhas e viciosas. A quantas vidas inúteis e nocivas assistimos; por quanta desgraça e sofrimento, perdas difíceis, acontecimentos terríveis, passam os seres humanos, sendo mais tarde substituídos por seres da mesma forma desnecessários e maus. Se o planeta é predestinado a viver por milhões de anos, por que impedir que ele seja povoado por uma geração sadia, forte, bela e iluminada? Um frasco de matéria primeva seria suficiente para milhões de pessoas; falta de espaço também não existe.

"Tomemos por exemplo o nosso planeta. Quantos milhões de pessoas além da população atual ele poderia alimentar? Quantas terras inaproveitadas poderiam ser cultivadas, quantas ilhas ou até pequenos continentes poderiam ser criados, à medida que a população fosse aumentando, pois o espaço ocupado por oceanos é imenso."

Supramati falava com entusiasmo, e Ebramar ouvia-o atentamente, sem interromper. Quando se calou, o mago sorriu e, alisando a barba negra, disse:

– Tudo que você diz parece lógico e justo, entretanto o seu projeto manqueja em muitos aspectos.

"Primeiro, mais cedo ou mais tarde virá o dia em que faltará espaço para todos; segundo, você se esquece de que a nossa Terra nada mais é que uma escola – por sinal de nível bem baixo – que os espíritos frequentam para lutar, trabalhar e aprimorar as suas tendências, quer boas, quer más. Como em qualquer escola, a população do planeta se modifica, pois é preciso liberar lugar para os que vêm de baixo. Terceiro: você não está levando em conta as diferenças individuais, e não é qualquer um que consegue passar por uma iniciação como a nossa, por exemplo. Vocês sabem o quanto ela é difícil. Imaginem o que faria uma pessoa com tendências criminosas, dotada de imortalidade e dos poderes terríveis que dão os conhecimentos científicos?"

– Você tem razão. O meu lindo projeto seria apenas uma utopia balbuciou Supramati embaraçado.

– Por que utopia? Como você pode afirmar que a experiência da qual você fala já não foi tentada em algum lugar do espaço infinito? Devo acrescentar que o pensamento humano não consegue imaginar algo não existente. O impossível não pode nascer no pensamento e, portanto, qualquer ideia, por mais esdrúxula que possa parecer, existe em algum lugar; caso contrário, a mente não poderia formulá-la.

"Assim, aquilo de que você fala existe e, quanto mais o espírito e o pensamento forem desenvolvidos, trabalhados e flexíveis, tanto mais rica será a imaginação sobre o possível; pois para o impossível não existe expressão nem cotejo. Aquilo que pode ser criado e expresso numa ideia pura, já existe de fato. Não aqui, talvez, mas em algum outro lugar do Universo, e – como já disse –, quanto mais elevado e desenvolvido for o espírito, tanto mais ampla será a sua noção sobre o possível e provável, expresso da mesma forma que um artista personifica no quadro a sua ideia."

– Ah! – fez Supramati. – Se fosse possível alcançar todo o mecanismo da criação; compreender e enxergar o objetivo dessa ascensão que parece infinita; conhecer aquilo que se nos afigura estranho e até injusto; triunfar sobre a dúvida e o medo que nos sugere o objetivo final, permanecendo-nos desconhecido . E se esse caminho à perfeição não tiver um limite? E se isso é uma lei de círculo vicioso que nunca interrompe a sua ação: morrer para reviver e viver para morrer?

– Não, meu amigo – respondeu Ebramar animadamente. – A sabedoria divina do Ser Supremo e Inescrutável, do qual tudo

A IRA DIVINA

principia e ao qual tudo retorna, não pode ser inconsequente. Sem dúvida, tudo segue conforme um plano perfeito, só que nós não estamos em condições de entender e apreender o Universo em seu todo. Não se esqueça de que diante de nós o infinito se abre em todas as direções. Quem nos poderá afirmar onde termina o oceano etéreo em que navegam bilhões de sistemas planetários e de nebulosas? Pelo que sabemos, ninguém jamais chegou até os seus limites e, por maior que seja o espaço a nós acessível, ele é nada em comparação com o todo. Nessa imensidão, o nosso pensamento imperfeito sempre esbarra com o invisível, perturba-se e indaga assustado: "afinal, existe um fim"? Mas a lógica responde que, onde reina e governa uma força tão sábia, divina e misericordiosa, também impera a justiça perfeita; e, quando nós triunfarmos sobre a última dúvida e passarmos pelo derradeiro degrau, nossa força e nossos conhecimentos encontrarão, indubitavelmente, uma aplicação condigna.

"Por enquanto, não vamos procurar por aquilo que é impossível de achar; não vamos tentar alcançar o inalcançável, mas trabalhar arduamente em nosso minúsculo reino. Além do mais, vocês não irão subir, mas descer para a esfera da humanidade ordinária. Bem, está na hora de partirmos, meus amigos! Despeçam-se do recanto que lhes deve a vida, e sigamos!"

Supramati e Dakhir obedeceram em silêncio e, sem tardar, puseram nas caixas os frascos com a matéria primeva e as diversas miudezas que queriam conservar como lembrança. Lançando um olhar de despedida para a gruta, moradia de suas vidas estranhas, oraram junto ao altar erguido com a força da mente, sob o qual fulgia uma cruz luzidia – aquela luz misteriosa que emanava das entranhas da rocha, deslocada por desejo deles.

Após uma breve mas ardente oração, eles se dirigiram em passos lentos à margem areenta; um peso comprimia-lhes o coração. Jamais uma árvore, um arbusto ou uma flor pareceram-lhes tão próximos ou caros como agora, no momento em que eles os deixavam para sempre.

– Não entendo por que sinto tanta tristeza de me separar deste lugar. Ele não passou de um local de estudos, no entanto tenho a sensação de que uma espécie de corrente invisível me prende aqui a cada objeto – observou Supramati com lágrimas nos olhos.

Dakhir também enxugou apressado os olhos marejados.

– O que vocês sentem é bem natural, meus amigos. Será que não atinam com a razão disto? – surpreendeu-se Ebramar. – As correntes que sentem foram moldadas a partir de suas próprias forças e emanações, da chama astral da existência de vocês. A cada arbusto, a cada objeto, vocês são unidos pelos fios límpidos de suas aspirações, formando uma espécie de entrelaçamento, e a sua ruptura fluídica faz com que vocês experimentem uma sensação de angústia.

À medida que se aproximavam da margem, aos adeptos achegavam-se numerosos grupos de habitantes da ilha, vindos para se despedir de seus mentores e protetores, que entendiam a sua língua e sempre tinham demonstrado por eles amor e preocupação. Nos olhos inteligentes dos animais, refletia-se o reconhecimento e a tristeza da separação.

Dakhir e Supramati afagaram os sôfregos amigos e beijaram as cabecinhas sedosas dos passarinhos que pousaram em suas mãos; entraram no barco, e este os levou para longe daquele lugar, onde, sobre as suas frontes, reluziu a estrela dos magos – a primeira flor da coroa mística da iniciação superior.

CAPÍTULO VI

Ebramar levou os seus discípulos para descansarem no palácio do Himalaia, onde Supramati vira pela primeira vez o seu mestre e protetor. Ebramar disse-lhes que eles deveriam se ajustar à vida mundana, acostumar-se aos trajes usados na Europa e aprender a língua universal – algo como volapuque ou esperanto –, adotada nas relações internacionais, ou seja: era-lhes imprescindível um grande preparo antes de ingressarem na multidão humana, para não levantarem suspeitas.

A ideia da empreitada consternou visivelmente os amigos. Desabituados à azáfama mundana, sentiam-se tão bem em seu isolamento, em meio à belíssima natureza, exercendo uma atividade mental que os obrigava a esquecer o tempo, que a necessidade de abandonarem aquele tranquilo e fastuoso abrigo lhes era indiscutivelmente desagradável.

Explique-nos, mestre, por que é que a gente deve reingressar ao convívio da humanidade ordinária? Ficaríamos tão felizes em ficar aqui com você. Francamente, só de pensar em me misturar àquela multidão ignorante, torpe e devassa, fico enojado – lastimou-se Supramati, quando, sentados no terraço, todos conversavam sobre a viagem que iam empreender.

– É verdade. Já há muito tempo não vamos à Europa e lá deve ter mudado muita coisa: a moral... os costumes. Ficaremos totalmente deslocados, sem saber como nos comportar – acrescentou Dakhir.

– Você, Dakhir, deveria ser mais consciencioso, visto ter passado por experiências semelhantes ao sair do século XV e parar no século XIX, e sempre, no entanto, conseguiu se arrumar bem. Em vez de dar uma força a Supramati, o mais jovem de nós, você aumenta-lhe o desânimo – redarguiu Ebramar denotando insatisfação. – Entendam, meus filhos, a alma inflexível do mago deverá saber se dobrar e adaptar-se a todas as situações, e, além do mais, não pode se tornar totalmente alheia à humanidade. No papel que desempenharemos no futuro, a condição precípua é que nós tenhamos, até um certo ponto, laços e contatos com as gerações que se vão sucedendo na Terra. É a lei fundamental de nossa irmandade, sempre cumprida fielmente... Os nossos membros iam ao mundo como simples mortais, misturavam-se à multidão e vigiavam o seu progresso físico e intelectual. Assim, este é um compromisso que deve ser cumprido, e eu estou certo de que vocês o honrarão tão escrupulosamente como em relação à ilha estéril – concluiu sorrindo Ebramar.

– Você tem razão, mestre! Eu entendo a necessidade de aparecer de tempos em tempos na sociedade, apenas me é aversivo ter de enfrentar diariamente aquele corre-corre – observou Supramati.

Dakhir, envergonhado com a observação de Ebramar, baixou a cabeça.

– Ah, que dia! Será que eu sempre tenho de lembrar a um mago de primeira iniciação que, antes de encetar alguma coisa, ele deverá expulsar de si a aversão e a dúvida – dois micróbios que minam na raiz qualquer sucesso no empreendimento?

A IRA DIVINA

Ao notar que Supramati também havia corado e baixado a cabeça, Ebramar disse com bonomia:

– Vamos, meus amigos e discípulos, por que encarar a excursão ao mundo passageiro da humanidade terrestre de forma tão trágica? Analisemos seus aspectos positivos e tomemos, por exemplo, o lado moral. A aversão que vocês sentem se deve, em parte, à consciência da sua superioridade intelectual em relação à multidão. É-lhes repugnante enfrentar toda a sorte de torpezas e tolices humanas. Mas, meus filhos, o próprio conhecimento é uma noção relativa. Conheço mais que vocês e, diante de um profano, sou um semideus; entretanto não sou nada – sou um cego e humilde átomo diante de um arcanjo. Tal comparação com os degraus superiores da escada do conhecimento é um balde de água fria para o nosso orgulho e presunção. Mas, da forma que o homem foi criado, às vezes agrada-lhe mais ficar na primeira fila entre os inferiores – isso lhe aumenta a autoestima. Você tem impressão de ser importante e se imbui do sentimento humilde da dignidade própria. Tal realização pessoal aguarda-os também, junto com seus conhecimentos e o elixir da eternidade. Vocês também serão considerados semideuses. Serão capazes de realizar "milagres" e, ao mesmo tempo, de trazer inúmeros benefícios; ninguém os impedirá de se tornarem os benfeitores do gênero humano, cujos nomes serão inscritos nas crônicas populares. Esses nomes poderiam até ser tão imortais como vocês, se não arquitetasse o planeta a traiçoeira conspiração de se desmoronar, desaparecendo com os seus despojos no espaço invisível, juntamente com os nomes de todos os seus heróis, dos quais se orgulham os povos terrestres.

Os discípulos, que ouviam com atenção concentrada, desataram a rir.

– Ah! Você pinta um quadro atraente propositadamente em cores sombrias para que a nossa vaidade não aumente demasiado e não nos ofusquemos com a imortalidade e a glória passageira e frágil! – exclamou Supramati, ao qual tinham retornado a alegria e o bom humor.

– Vocês são ingratos tentando distorcer as minhas palavras – replicou Ebramar, com um riso sincero. – Ainda que a glória de vocês não venha a ser eterna aqui na Terra, ela será mais duradoura no outro mundo. Será que se esqueceram de que terão que sobreviver à nossa Terra e, num outro planeta, nós nos tornaremos os fundadores de nova civilização, cujos nomes serão venerados como o de Hermes, Rama, Zaratustra e os demais mentores da humanidade, os quais nas tradições dos homens são tidos como "reis divinos", contemporâneos ao "século de ouro"?

O chiste de Ebramar dissipou o estado angustiante dos discípulos. A conversa continuou animada, e os jovens magos troçavam de sua estreia na sociedade e das aventuras que por eles aguardavam.

Ultimamente Supramati notara que o alimento servido se tornava cada vez mais substancial e sentiu que seu corpo adquiria mais peso. Ao indagar Ebramar, este explicou que era necessário que o organismo deles se adaptasse às novas condições, para eles terem uma vida livre no meio da sociedade sem chamarem atenção.

– Vocês não podem continuar alimentando-se de pó. Como simples mortais, deverão viver, beber e comer como todos, ainda que usando alimentos vegetarianos. E, quando retornarem, não se preocupem: nós os purificaremos bem rapidinho – acrescentou Ebramar.

Mais tarde, Ebramar proveu-os de livros com regras gramaticais e um dicionário da língua internacional em uso – uma mistura de línguas de todo o mundo, incluindo a chinesa. Tendo se habituado aos estudos mais complexos e abstratos, os adeptos não tiveram qualquer dificuldade em aprender o novo linguajar, que lhes pareceu, francamente, cacófato e vulgar.

– Que língua selvagem! – opinou Supramati.

Decidiu-se que eles iriam ao palácio nas cercanias de Benares, antiga moradia de Nurvadi; lá deveriam ser recepcionados por um jovem iluminado, de grau inferior, que seria o guia e que mais tarde os deixaria no lugar da destinação. Ele exerceria também as funções de secretário, cumprindo tarefas que um simples mortal não teria condições de entender. Algumas coisas ficaram no ar: a data do ano corrente, as transformações ocorridas

A IRA DIVINA

no mundo durante sua vida de ermitões e o local de futuras atividades – o que Ebramar insistia em não revelar.

– Que isso seja uma surpresa; não quero estragar o encanto do inesperado. A simples menção do nome ou da data, de ano ou mês, nada representa sem a realidade que lhes serve de ilustração – ajuntou ele enfático.

Finalmente chegou a hora da partida. Ebramar os abençoou e abraçou-os demoradamente, deu algumas instruções finais e os acompanhou até a saída.

– Não vou me despedir, porque a qualquer hora nós podemos nos comunicar, se for preciso. Boa viagem, meus filhos! Perto da grade do portão, atrás do jardim, aguardam-nos cavalos de montaria com um séquito. Até Benares, vocês irão à moda antiga – aqui há poucas inovações; mais tarde, é por conta da civilização moderna.

Um vagalhão de vida nova arrebatou Dakhir e Supramati, quando a grade dourada se fechou atrás deles. Montaram magníficos cavalos, ricamente adornados, e, acompanhados por alguns hindus, partiram para Benares.

Já era noite quando eles chegaram ao palácio, totalmente intacto, como se eles o tivessem abandonado na véspera. Foram recebidos respeitosamente pela criadagem, menos numerosa que a de outrora; na antessala, aguardava-os um jovem, com aquele olhar surpreendente que distingue os imortais, e que se apresentou como o secretário de Sua Alteza, o príncipe Supramati – Leôncio Nivara.

Foi com vivo interesse que os amigos examinaram o novo secretário em seus trajes hindus. Vestia uma espécie de longa sobrecasaca em tom cinza-claro, com gola virada, e camisa branca de seda com listras azuis, cingida por uma larga faixa de couro no lugar do colete.

"É a nova moda!", pensou Supramati, contendo-se para não rir ao ver o traje e o corte de cabelo de seu secretário. "Deus misericordioso, e eu terei de me enfeitar assim!", atormentava-se ele, lamentando profundamente ter de abandonar suas vestes de linho, leves e confortáveis, às quais já se havia acostumado.

Após um lauto jantar que há muito tempo não saboreavam, o secretário convidou-os para irem ao banheiro para trocarem de roupa.

Nivara sugeriu-lhes que se banhassem no quarto ao lado, onde havia duas banheiras cheias de água rosada, muito aromática. A seguir, o secretário ajudou-os a se vestirem. Ele tirou de um cesto de vime dois trajes completos, constituídos de duas camisas de cambraia com pequenas pregas no peitilho, duas calças pretas apertadas, sapatos de couro, largas faixas negras acetinadas que substituíam os antigos coletes, duas sobrecasacas longas de veludo preto, abertas no peito e com golas largas ricamente bordadas em fios de seda coloridos, formando colarinho em cima e que desciam até a cintura; nos braços, havia o mesmo tipo de canhão, por baixo do qual se viam mangas brancas de linho. Embaixo da camisa, Supramati pendurou numa fita azul a sua estrela de mago; ela brilhava feito um pequeno sol fulgurante, e Supramati escondeu-a atrás da faixa. Sobre o colarinho reversível da camisa, ele atou uma gravata preta de seda macia e fincou nela um alfinete com safira, um presente de Nivara, submetendo-se depois a um exame no espelho.

O traje caía-lhe bem, fora executado com muito gosto e refinação simples, mas do penteado ele não gostou. Nivara cortou-lhe curto os cabelos na nuca e só no cocuruto e nas laterais deixou-lhe madeixas densas que caíam livremente sobre a testa.

Dakhir também estava pronto e, aproximando-se do amigo, bateu-lhe no ombro.

– Bem, chega de se contemplar. Está bonito; não se preocupe, pois não lhe faltarão conquistas. Ninguém saberá que você é um velho pândega – troçou ele.

Supramati se virou e examinou Dakhir.

– Você também está ótimo: o corte à girafa fica melhor em você que em mim. Olhando para você, ninguém dirá que você é quatrocentos anos mais velho que eu – retrucou Supramati caindo na risada. – Quanto às conquistas, acho que você fará mais sucesso. Sou um homem casado e sério.

A IRA DIVINA

– Ah! Está com medo de Nara e inveja a minha liberdade? Pelo menos serei poupado de escândalo; quero ver você, caso saia para procurar a *mademoiselle* Pierrete – troçou Dakhir.

A chegada do secretário interrompeu a conversa.

– Sua carruagem está pronta – disse ele. – Da bagagem, vocês só pegarão esses dois baús? – perguntou ele, apontando para as enormes caixas de sândalo com cantos em prata.

– Sim! – respondeu Supramati.

Os amigos jogaram nos ombros capas pretas com forro de seda, colocaram chapéus de feltro de abas largas, pegaram da mesa luvas de pelica amarela e foram atrás do secretário, que subiu a escada em caracol, dando na plataforma de uma torre alta, cujo teto chato era ladeado por corrimão.

Supramati, curioso, examinou ao redor; pelo visto não iriam pegar um trem.

Subitamente ele viu no ar uma enorme estrela que se aproximava com velocidade estonteante.

– Espero que a gente não vá de estrela! – certificou-se ele, rindo.

– Justamente! É a sua aeronave – replicou sorrindo o secretário.

Um minuto depois, uma caixa comprida em forma de charuto, com duas grandes janelas redondas iluminadas na extremidade, parou na altura da plataforma. Nivara abriu a portinhola no corrimão, uma segunda escancarou-se na lateral da nave e do seu interior foi jogada uma ponte, que o secretário fixou aos anéis de ferro embutidos na parede. O aparelho assoviava e tremia.

Dakhir e Supramati adentraram a nave e, atrás deles, Nivara. Um criado hindu transportou os dois baús.

Na pequena passagem iluminada, eles encontraram um senhor todo de preto, que após uma mesura os levou a um minúsculo salão revestido de cetim dourado, com poltronas baixas e macias e mesinhas pretas laqueadas. Pela decoração de seu interior, o avião lembrava um vagão de três compartimentos. Dois deles eram sala de estar e dormitório, depois vinha um quarto para o secretário, e, nos cubículos, na ponta, eram as instalações do mecânico, criado, e depósito para a bagagem. No dormitório, de tamanho menor do que a sala de estar, havia duas camas baixas e estreitas e uma pia com mesa de toalete – tudo laqueado; no revestimento e acabamento predominavam as cores branca e azul, mescladas com cor dourada. Cada um dos recintos possuía uma janela redonda, fechada naquela hora por uma cortina de seda.

A ponte foi retirada instantaneamente; a porta se fechou e um sacolejar suave indicava que o avião havia partido. Um pouco depois, o criado trouxe chá com biscoitos e retirou-se em silêncio. Nivara não apareceu mais.

Após conversarem um pouco, Dakhir sugeriu que eles dormissem.

– Já é tarde e estou me sentindo cansado. Estão nos levando ao nosso destino e nos acordarão, se for necessário.

A curiosidade, a impaciência e a tensão nervosa não deixaram que eles dormissem por muito tempo, e, tão logo clareou, saíram para o salão; Supramati levantou a cortina.

Bem no fundo, abaixo deles via-se a Terra; vez ou outra podiam ser enxergadas algumas construções e extensões de água; mas a velocidade do voo impedia que vissem os detalhes. Foi então que ele se deu conta de que a carruagem aérea tinha muitos acompanhantes; massas pretas de aeronaves de todos os tamanhos surgiam no ar por todas as direções.

Supramati entediou-se em ficar olhando e se sentou; logo apareceu Nivara e, em seguida, o criado com o desjejum.

Enfastiados, os amigos examinaram detalhadamente o mecanismo da nave espacial. De modo geral, gostaram do novo método de locomoção; o conforto era total, enquanto a viagem era mais rápida e menos cansativa do que de trem.

Veio o dia e o sol brilhava tanto, que eles tiveram de baixar as cortinas.

– Bem! Estamos longe de nosso destino? A propósito, estamos indo a Paris? – perguntou Supramati, esticando-se na poltrona.

Oh, não! Paris não existe há muito tempo: foi destruída pelo fogo.

A IRA DIVINA

Supramati empalideceu.

– Que enorme deve ter sido o incêndio para aniquilar uma cidade tão grande! Provavelmente queimou apenas uma parte dela?

– Queimou tudo; até os fundamentos! Foi uma catástrofe total. Primeiro, do interior da terra irromperam gases asfixiantes que contaminaram a atmosfera; depois o solo cedeu, muitos edifícios ruíram e do interior da terra brotaram as chamas. Todos os gasodutos e fios elétricos pegaram fogo. Era um mar de chamas que devorava tudo. Estou levando Vossa Alteza para Czargrado, antiga cidade de Constantinopla – ajuntou Nivara, tentando aparentemente dissipar a impressão angustiante que se refletia nas feições dos viajantes. – Logo mais estaremos lá.

– Constantinopla ainda pertence ao Império Otomano? – interessou-se Dakhir.

– Não! Os muçulmanos foram expulsos para a Ásia há muito tempo, onde eles fundaram um estado único, muito forte atualmente, apesar da rivalidade com a China, que também progrediu e dominou a América, agora invadida por amarelos. Quanto a Czargrado, a cidade agora é a capital do Império Russo, uma das maiores potências do mundo, liderando a grande Aliança Pan-Eslavista. A Áustria também acabou, desmembrando-se em etnias que a compunham. Uma parte – a dos germânicos puros – juntou-se à Alemanha; os outros, incluindo os húngaros, fundiram-se no mar eslavo. Viena, a propósito, pertence agora aos tchecos... Bem, estamos nos aproximando – interrompeu a sua narrativa o secretário, olhando pela janela. – A nave está aterrissando.

Dakhir e o amigo entreolharam-se atônitos.

– Teremos que estudar toda a Geografia e um bom pedaço da História para não fazer feio na sociedade – observou Supramati, suspirando.

Aproximando-se da janela, ele suspendeu a cortina; Dakhir ficou em pé ao lado.

A nave espacial já havia diminuído a altitude e a velocidade, o que permitia divisar claramente o panorama que se estendia abaixo deles. A enseada do Chifre de Ouro, no Estreito de Bósfo-ro, pouco mudara e, às margens do mar, tranquilo e liso como es-pelho, estendia-se a cidade de proporções colossais, salpicada de edificações em forma de torres de faróis, a sobressaírem-se de outras construções. Em volta daquelas torres comprimiam-se, zunindo feito abelhas junto à colmeia, atracando e partindo, nu-merosas naves dos mais diferentes tipos e tamanhos.

Poucos minutos depois, a aeronave dos magos aproximou-se de uma ampla plataforma apinhada de gente. Agora os nossos viajantes viram-se no topo de um enorme edifício da altura da torre Eiffel; uma ponte comprida unia o local onde eles estavam a um outro edifício de igual tamanho; pela ponte corriam, num vaivém, trenzinhos com passageiros.

Nivara explicou aos magos que uma daquelas construções era o aeroporto de chegada e a outra – de saída; mas, como em ambas havia hotéis e restaurantes, o movimento entre elas era muito intenso.

Ainda que Supramati, Dakhir e o secretário não se distin-guissem em nada de outros por seus trajes, havia algo neles que chamava a atenção, e muitos olhares curiosos detinham-se nos viajantes, enquanto eles, acompanhados de Nivara e do criado, andavam lentamente pela plataforma e depois desciam ao salão pelo elevador.

A descida terminava num amplo salão redondo ladeado de portas em arco e elevadores. Os vãos entre as portas eram ocu-pados por plantas, poltronas e sofás de couro vermelho, mesas e estantes com livros e revistas; no centro do salão brotava o jato prateado do chafariz.

Através de uma das inúmeras portas, eles saíram para uma ampla plataforma de acesso a céu aberto, onde por eles espe-rava uma carruagem parecida com automóvel, ainda que fosse mais leve e elegante.

Decidiu-se entre eles que Dakhir reapareceria na sociedade sob o nome de príncipe Dakhir, irmão mais novo de Supramati. Coisa natural, pois os dois gostavam um do outro e considera-vam-se irmãos.

A IRA DIVINA

Quando os magos se instalaram no carro, Supramati perguntou:

– Para onde iremos agora?

– Para o seu palácio, onde tudo está pronto para a recepção de Vossa Alteza e de seu irmão. Ordenei que não tomássemos o caminho direto, mas fôssemos pela cidade para que vocês pudessem conhecê-la – acrescentou Nivara.

À velocidade lenta, aparentemente proposital, o carro começou a percorrer as ruas arborizadas, repletas de jardins com chafarizes e floreiras: de um modo geral havia muito verde. O aspecto externo das casas pouco mudara; apenas as fachadas, esquisitamente pintadas em novo estilo, pareceram a Supramati pouco elegantes e com pretensões de beleza.

O carro entrou por baixo de uma arca trabalhada em bronze com a inscrição "Galerias Comerciais" e achou-se num belíssimo jardim. Sob as alamedas sombreadas viam-se coretos, quiosques e galerias com lojas. Ali estavam reunidas as mais diversas e valiosas obras de todos os países do mundo. Centenas de carros moviam-se em todas as direções; nas alamedas para os pedestres estavam instalados numerosos bancos ocupados por visitantes.

A Nova Constantinopla tornara-se, sem dúvida, uma cidade magnífica: os velhos quarteirões de estilo oriental, as ruas estreitas, as feiras, com aquela população surpreendentemente típica, já não se viam mais. Indagado sobre isso, Nivara revelou que nos arredores da cidade ainda se preservara um quarteirão tipicamente oriental; sobrara também uma parte de muros bizantinos, preservados e mantidos como uma curiosidade histórica.

O interesse vivo excitado com a visão da cidade, fervendo de vida, da qual Dakhir e Supramati tinham se desacostumado completamente, absorvia-os tanto, que eles não sabiam para onde olhar e suas impressões se embaralhavam. Não obstante, algumas pessoas no meio da multidão surpreenderam-nos sobremaneira; Supramati não conseguiu se conter e exclamou:

– Olhe, Dakhir, para aqueles três! Talvez eu esteja enxergando mal, mas será que em locais públicos permite-se tal sem-vergonhice?

Naquele exato momento eles estavam cruzando a rua, e alguns pedestres pararam dando passagem ao carro. A atenção de Supramati foi chamada para duas mulheres e um homem vestidos, ou melhor, despidos, de uma maneira totalmente despudorada na opinião de pessoas ainda impregnadas de velhos conceitos da decência.

As mulheres vestiam uma espécie de camisa de gaze até o tornozelo, mas tão transparente, que o corpo podia ser visto em todos os detalhes. Na cinta colorida de seda, do lado direito, pendia uma grande bolsa rendada; os pés estavam calçados em sandálias de couro dourado com anéis nos dedos; nas mãos havia luvas de couro até os cotovelos; o chapéu de palha sobre um alto penteado empinado e o guarda-chuva completavam a indumentária. O traje do homem não era menos modesto. A camisa de mangas curtas era do mesmo tecido transparente, cingida por uma faixa de couro, sobre a qual se viam penduradas, de ambos os lados, as mesmas grandes bolsas de couro; do pescoço pendia uma corrente de ouro com relógio e uma agenda de anotações; sobre a cabeça ele vergava um chapéu de abas largas como o de Supramati. Segurando sob as axilas uma pasta, ele fumava e conversava animadamente com as mulheres, que, pelo visto, conhecia bem.

– Que indecência! São doidos ou maníacos? E como permitem que eles apareçam assim nas ruas, ferindo os costumes da sociedade? – indagou irado Supramati.

– Eu já vi esses tipos no aeroporto e dentro das galerias comerciais; fiquei extremamente chocado – observou Dakhir.

O jovem secretário lançou um olhar indiferente para os pedestres e, aparentemente, não deu qualquer importância ao aspecto deles.

– Eles são da sociedade "Beleza e Natureza". Segundo as suas concepções, o corpo humano – a criação máxima da natureza – não pode ser indecente e só a hipocrisia e a falsa moral tentam encobri-lo. Se é permitido que se mostrem as mãos, o rosto, o pescoço, e assim por diante – dizem eles –, então é ridículo ocultar o restante, tão belo, perfeito e útil. A nudez, assim como

A IRA DIVINA

a beleza, é "sagrada" segundo as suas concepções; e, como atualmente há uma liberdade de pensamento, eles são deixados em paz e ninguém lhes dá a menor atenção.

– E são muitos os devotos da "nudez sagrada"? Bem, e no inverno, eles também andam nus pela rua? – perguntou irônico Dakhir.

– Eles são numerosos sobretudo na França e Espanha; normalmente podem ser encontrados em todos os lugares. No século XX foram feitas as primeiras tentativas de incluir no Código Civil o direito da nudez; no início houve muita resistência, que aos poucos foi desaparecendo, e, como os partidários eram firmes em suas convicções, eles conquistaram este status. Primeiro apareciam nus no teatro e no cinema, depois começaram a formar círculos especiais; quando chegou a época da liberdade total, começaram a andar pelos locais públicos. Atualmente todos se habituaram a isso: eles têm seus clubes, agremiações, teatros, etc. No inverno e nos dias frios vestem-se normalmente e, fora disso, permanecem fiéis aos seus ideais.

– Belos ideais! – resmungou Supramati.

Nesse ínterim, um membro da sociedade "Beleza e Natureza" atravessava a rua; Supramati virou o rosto enojado.

Estavam agora percorrendo uma rua arborizada ao longo de uma cidade às margens do Estreito de Bósforo; a carruagem virou para o pátio calçado com piso de mármore e parou junto da entrada com colunas. Dois serviçais se apressaram para ajudar a descer o senhorio e, na antessala, toda a criadagem se reuniu para recepcioná-los. O administrador, com ar majestoso, dirigiu-lhes saudações e os levou aos aposentos internos que ocupavam o primeiro andar.

Ao liberar o criado e anunciar o desejo de ficar a sós descansando até o almoço, Supramati examinou as suas novas acomodações pessoais: o dormitório, o gabinete de trabalho, a biblioteca, a sala de jantar e a de estar.

Tudo era decorado com luxo imperial; o que mais lhe agradou foi o dormitório. As paredes eram revestidas de marfim trabalhado num fundo esmaltado da cor de cereja; a cama, os móveis e o toalete – tudo, se não era de marfim, parecia ser de um material que a este se assemelhava; a roupa de cama e as cortinas eram de seda e da tonalidade carmesim. Mas todo aquele mobiliário deixou de interessá-lo, quando ele viu sobre a mesa do gabinete um monte de revistas e jornais.

Impaciente, pegou o primeiro jornal, abriu-o e procurou pela data: esta anunciava "14 de julho de 2307".

O jornal tremeu-lhe na mão e os olhos embaçaram. Dominado por uma fraqueza repentina, afundou-se na poltrona junto à mesa e agarrou a cabeça com as mãos. Três séculos tinham passado ao largo e ele nem sequer notara isso... Seu coração comprimiu-se por um sentimento, antes estranho, de desespero, medo e consciência da solidão.

Mas a fraqueza foi passageira. A vontade poderosa do mago venceu-a e lhe devolveu a serenidade habitual. O que é tempo? Um gigante escapadiço, apenas percebido pela humanidade terrestre efêmera, que tenta determiná-lo, ao passo que o seu trabalho intelectual fizera com que ele o esquecesse. E que diferença fazia, no final das contas, se duas, três ou dez gerações haviam se sucedido indo embora do palco da vida durante a sua ausência? Todas elas lhe eram estranhas da mesma forma...

Supramati suspirou pesadamente, passou a mão pelo rosto como se tentando afugentar pensamentos enfadonhos e aprumou-se. Ele pegou novamente o jornal e, neste instante, o seu olhar deteve-se em sua mão branca e delgada, com pele acetinada – a mão de um homem com menos de trinta anos de idade...

Abrindo o jornal, intitulado com o nome de *A Verdade*, começou a ler. Antes de qualquer contato com as pessoas, ele deveria situar-se. Percorrendo com os olhos os jornais que tratavam essencialmente dos acontecimentos cotidianos, Supramati achou na biblioteca uma enciclopédia e começou a folheá-la. De imediato ele queria estudar as condições econômicas da vida atual e tentar compreender o sistema monetário. Além disso, precisava saber de que bens ainda dispunha na Europa e verificar as contas junto aos administradores.

A IRA DIVINA

Continuava absorto no estudo das moedas, quando foi chamado para o almoço. Dakhir já estava na sala de jantar e apresentou-lhe o seu secretário particular.

O almoço, ainda que fosse vegetariano, verificou-se excelente. À mesa falou-se de amenidades e depois do almoço os secretários retiraram-se modestamente, enquanto os amigos passaram às acomodações de Supramati.

Ao se instalarem nas poltronas do gabinete, Supramati estendeu calado o jornal a Dakhir, apontando a data.

– Eu já sei que estamos três séculos mais velhos. Um exemplar idêntico aguardava por mim em meu quarto – antecipou-se Dakhir rindo. – Já tive muitas surpresas desse gênero em minha vida. Mas não foi para isso que vim para cá – ajuntou ele. – Amanhã estou pensando em sair daqui...

– Como? Você está querendo abandonar-me? – interrompeu-o Supramati.

– Sim! Vamos nos divertir cada um por si – replicou rindo Dakhir. – Eu conversei com o meu secretário, um jovem magnífico, aliás, e decidi, inicialmente, dar uma passada no palácio do Graal, visitar alguns amigos. Depois, eu e o meu secretário – Nebo – iremos à França e à Espanha, onde espero encontrá-lo, quando você se entediar de Czargrado.

Você irá, provavelmente, a um lugar onde um dia ficava Paris disse pensativamente Supramati.

– Não! Isso é o que menos me interessa! Eu soube que esses países se unificaram num reino judeu; estou curioso em ver como é que se arrumaram esses destruidores de sistemas estatais, esses espezinhadores de todas as leis, e como eles administram a vida de pessoas decentes. Além disso, eu soube de uma coisa que vai deixá-lo triste, se é que sob o invólucro do mago em você ainda vive um inglês.

– Será que também Londres sofreu a mesma catástrofe de Paris? – assustou-se Supramati.

– Bem pior que isso! A terrível calamidade destruiu a maior parte da Inglaterra, logo depois devorada pelo oceano.

Supramati estremeceu empalidecido e debruçou-se sobre a mesa. Neste instante, ele se esqueceu de sua imortalidade, de seus conhecimentos mágicos e de séculos idos; agora ele era Ralf Morgan, um patriota inglês, abatido pela desgraça inédita que acabara com a sua nação.

Seguiu-se um breve silêncio.

– Você conhece os detalhes da tragédia? Quando isso aconteceu? – indagou ele com o seu habitual sangue-frio.

– Há uns cento e oitenta, ou duzentos anos – não sei exatamente –, houve um terrível terremoto; a parte inglesa da ilha desmoronou-se, ficando intacta só a parte montanhosa da Escócia, formando uma nesga de terra. E imagine: Nebo me contou que o velho castelo na Escócia, onde você passou pela primeira iniciação, resistiu no penhasco. Tiveram de fazer apenas algumas reformas, muito pequenas.

– Foram medonhas as desgraças que abalaram o mundo durante a nossa ausência. Eu vou empreender um estudo histórico das transformações ocorridas. Sem dúvida, a superfície da Terra já sofreu enormes mudanças externas; ruíram continentes inteiros e, em vista da destruição definitiva que está por acontecer, essa catástrofe parcial não é nada; de qualquer forma, o "decrépito homem", que vive em nós, é tão obstinado, que a aniquilação da minha velhota Inglaterra me atingiu no coração, e eu não posso aceitar a ideia de que Londres, com seus milhões de habitantes, com todos os seus tesouros históricos e científicos, descanse no fundo do oceano!...

– Temos que nos acostumar a tudo! É uma forma de preparação para outras provações duras que nos aguardam, quando o nosso planeta começar a morrer – retorquiu suspirando Dakhir e, enfiando os dedos por entre a vasta cabeleira negra, acrescentou: – Estamos aqui para viver entre os homens. Assim, sejamos homens e comecemos a viver como mortais felizes. Você vai sair hoje?

– Não, passarei a tarde lendo esta enciclopédia para ter alguma noção sobre Geografia e História. Faça-me companhia! Amanhã falarei com o administrador para acertar a minha situação financeira – disse Supramati.

A IRA DIVINA

– Excelente! Vamos estudar a História Moderna e amanhã, depois do meio-dia, eu viajo. Além disso, precisamos dormir cedo para tentar acalmar os nervos.

– Ah, sim! Dormir, dormir! Todos os dias eu agradeço a Deus pelo fato de que a nossa imortalidade não nos privou da dádiva divina do... sono.

CAPÍTULO VII

No dia seguinte, após um desjejum excelente, Dakhir partiu.

Assim como durante aquele frugal repasto do almoço da véspera, os magos se embeveceram com os magníficos acordes da música instrumental e de canto, tocada – segundo Nivara – por uma espécie de toca-discos aperfeiçoado ao máximo.

Após a partida do amigo, Supramati sentiu-se ainda mais solitário.

O período da manhã ele passou trabalhando com Nivara e uma dúzia de administradores, tomando conhecimento de ainda possuir algumas fazendas, palácios e um bom capital em praticamente todos os cantos do mundo. Impressionado com o fato de deter nas mãos uma parte substancial de seus antigos imóveis, resolveu fazer uma inspeção neles. Entretanto, o contato com as coisas materiais, a que ele estava desacostumado, deixou-o mais exausto do que após um difícil trabalho de magia.

Supramati retirou-se ao gabinete, sentou-se junto da janela aberta e ficou assim por algumas horas, meditando sobre o passado, recordando os velhos tempos e admirando o magnífico panorama de Bósforo com os seus barcos tremeluzentes. Com o bafejar do frescor vespertino, ele decidiu dar uma volta pela cidade: era o melhor meio de ver as pessoas e relacionar-se com elas.

Tocou a campainha. Imediatamente veio o criado que o acompanhava desde Benares e o ajudou a vestir-se. Desta vez, ele pôs um traje também preto, mas não de veludo. O tecido extremamente macio e sedoso lembrava linho fino; o forro era de seda vermelho-escura, e a gola era rendada com os fios da mesma cor.

Supramati colocou no bolso a planta da cidade e já estava prestes a pôr as luvas e o chapéu, quando entrou Nivara; o criado se retirou imediatamente.

O secretário deu-lhe um relógio, uma carteira com moedas de ouro e cartões de crédito.

– Vossa Alteza vai sair sem levar o relógio?

Supramati rompeu em riso.

– Você tem razão, meu amigo! O que eu faria na rua sem relógio e dinheiro? Eu ainda não me acostumei a ver as horas e pagar seja lá o que for.

Passeando sem pressa pelas ruas da cidade, ele estudava atentamente as casas, as lojas e, sobretudo, as multidões. Ao chegar até um jardim, viu nos fundos um luxuoso restaurante. Resolvido a comer alguma coisa, entrou, sentou-se a uma mesa, à sombra de árvores, e pediu vinho, pastéis e frutas. Junto com o pedido atendido, trouxeram-lhe algumas revistas ilustradas.

Saboreando aos pequenos goles o vinho, experimentou as frutas; estas lhe pareceram menos suculentas que as de sua ilha desértica. Pôs-se a examinar o ambiente em volta.

De início, notou que a população, de um modo geral, era mais franzina que em seu tempo; um nervosismo sobressaltado refletia-se nitidamente nos homens e nas mulheres de compleição frágil, de rostos pálidos, marcados por murchamento prematuro. Impressionou-o, sobretudo, o pequeno número de crianças. Turmas alegres e barulhentas de crianças, das mais variadas idades, que na sua época animavam os jardins, agora não se viam. Para ele, um homem de sensibilidade aguçada, o aspecto astral daquela gente era aversivo, e suas emanações pesadas e malcheirosas provocavam náuseas. Ele, porém, dominou-se; para fazer parte da sociedade era necessário se acostumar a ela.

No momento de chamar o garçom para pagar a conta, Supramati sentiu, de chofre, alguém lhe pousar a mão no ombro e ouviu uma voz sonora e debochada:

– Boa tarde, Ralf Morgan! Prazer em vê-lo. Já não nos víamos há mais de trezentos anos.

Supramati virou-se constrangido, dando de frente com Narayana, a fitá-lo sorrindo com seus olhos negros. Ele não havia perdido nem um pouco a sua beleza demoníaca; estava vestido no grito da moda e com graciosidade requintada. Ninguém imaginaria que aquele estranho e misterioso ser era meio homem, meio espírito.

– Pelo amor de Deus, tenha cuidado, Narayana! Alguém poderá ouvi-lo. Vamos para algum lugar reservado, onde poderemos conversar sem testemunhas. Se quiser, podemos ir até em casa, se você não tem onde ficar.

– Não tenho onde ficar? O que você acha que eu sou? Não vivo pior que você! Graças a Deus, na gruta do Monte Rosa há ouro de sobra. Venha, eu vou levá-lo a minha modesta moradia.

Supramati acertou a conta. Narayana pegou-o pelo braço e, quando eles já se dirigiam para a saída, um grupo de jovens entrando aproximou-se deles apressadamente.

– Que sorte em encontrá-lo, príncipe – disse um jovem apertando a mão de Narayana.

– Estávamos à sua procura para convidá-lo ao teatro – ajuntou um outro.

– Antes de tudo, senhores, permitam-me que eu lhes apresente o meu primo, o príncipe Supramati, um jovem magnífico com queda para a ciência. Sejam tão bons para ele como são para comigo!

A IRA DIVINA

E ele recitou rapidamente seus nomes russos.

Após os apertos de mão, um dos homens, o conde Minin, explicou que procuravam por Narayana para convidá-lo para assistir a uma nova peça de teatro, e ficariam felizes caso o primo dele também se juntasse a eles.

– Acreditem, senhores, eu lamento profundamente não poder aceitar o gentil convite – respondeu Narayana. – Já tenho um compromisso para esta noite. Meu primo acaba de chegar de Benares e, como não nos víamos há muito tempo, precisamos discutir alguns assuntos familiares inadiáveis. Amanhã estaremos à sua inteira disposição. Mas devo preveni-los de que Supramati não é dado a farras como eu. Vive mergulhado em livros, e é mais discreto e acanhado que uma donzela, ainda que eu ache que a gente possa dobrá-lo e pervertê-lo um pouquinho – ajuntou Narayana, piscando malicioso e significativamente.

Em meio a um riso geral, todos se despediram.

– Você é incorrigível, Narayana! Sua cabeça continua repleta com as mesmas bobagens de trezentos anos atrás, desde a época de sua morte carnal.

– Absolutamente! O meu lema – mulheres, alegria e vinho – jamais será diferente. Confesso-lhe que, graças ao elixir divino, levei o meu corpo a tal ponto da densidade, que posso gozar de todos os prazeres. Eu sempre fui um químico bastante eficiente e nesse sentido as aulas de Ebramar não foram inúteis – jactou-se Narayana. – Espero que você não tenha vindo para fazer o papel de um monge! Antecipo-lhe que, durante as suas excursões ao mundo, vocês podem fazer o que quiserem, contanto que se adaptem bem à sociedade e a estudem a fundo. Pelo que sei, vocês podem até se casar, e Nara não teria nada com isso! – acrescentou ele maroto.

– De qualquer forma, até agora eu ainda não encontrei nenhuma mulher com quem eu quisesse fazê-lo – disse Supramati com desdém.

Neste momento, Narayana se deteve diante de uma grade dourada, abriu o portão com a chave, e eles adentraram um amplo jardim. No fundo dele, erguia-se um gracioso palacete todo branco. Por uma porta que abria para o terraço, eles entraram numa luxuosa sala rosada, toda com flores, e, de lá, na sala de estar, onde havia uma mesa posta com algumas garrafas de vinho espumante dentro de potes com gelo.

– Você não mantém empregados? – perguntou Supramati, ao notar que em nenhuma das salas vazias havia uma alma sequer.

Nesse instante, seu olhar deteve-se nas iguarias sobre a mesa, e ele perguntou surpreso:

– Você está comendo carne, ou isso é só para enganar os tolos?

– Nem um tiquinho! É mais para ostentar que estou bem de vida; a carne é só para os mais ricos: o preço é proibitivo. Quanto à primeira pergunta, bem... eu tenho empregados, mas não gosto que esses velhacos fiquem rondando por aí. Você entende que, devido a minha existência... um tanto estranha, é desgastante ser perturbado numa hora imprópria. Por isso sempre tenho tudo pronto, e os criados só aparecem quando eu os chamo. Como vê... estamos a sós, ninguém irá perturbar-nos, e podemos falar o que quisermos.

– Tenho muita coisa para perguntar-lhe, já que você é uma pessoa bem relacionada e a minha missão é a de conviver na sociedade.

– Oh, não há nada mais fácil! Sou um frequentador assíduo da alta-roda, não só aqui, mas também em outras capitais. Sou recebido na corte – você deve saber que os russos ainda têm um imperador –, e bem quisto na família imperial; enfim, eu sou mimalho da aristocracia local. Tenho muita popularidade entre as mulheres – aquelas que ainda preferem homens. Possuo amigas por todos os cantos, mesmo as que não gostam de homens, inclusive entre as "amazonas". A única coisa que temo é a concorrência. Belo e rico como o czar, dotado de enormes conhecimentos, você é o próprio semideus. Com seus prodígios, você arrebatará de mim os corações das mulheres, que nem de longe suspeitarão da sua idade venerável – concluiu pensativamente Narayana, cortando um pedaço de torta.

Supramati não conseguiu conter uma gargalhada.

– No que diz respeito a ocultar a idade, você o faz melhor que eu, e, comparado a você, não passo de uma criança de

A IRA DIVINA

colo. Mas acalme-se; não tenho a mínima intenção de concorrer com você diante do sexo frágil. Sou um marido fiel!

– Você é um burro!

– Admitamos que eu fosse. Mas, sinceramente, poderia eu cair na farra e divertir-me feito um homem comum depois de tudo o que sei? Por fim, teríamos este direito? Nós – os iniciados –, entregarmo-nos às diversões torpes, enquanto terríveis catástrofes são iminentes e tantas desgraças e sofrimentos estão por desabarem sobre a humanidade? Fomos chamados para fazermos o bem, utilizar os nossos conhecimentos para aliviar o infortúnio do próximo, dar-lhe o nosso apoio, e não para nos divertir e pensar em bobagens – desabafou Supramati.

Narayana se debruçou sobre a mesa e afastou o prato com a torta.

– Concordo! O nosso planeta está que não aguenta mais, e os seus amáveis habitantes concorrem para acabar com ele. A temperatura na Terra está baixando; lá onde havia calor escaldante já se contentam com 20 °C; nos meses de maior calor, a temperatura não ultrapassa 30°, e muitas regiões se transformaram em desertos; os desastres geológicos vêm aumentando e são cada vez mais terríveis. Por enquanto, aqui, nós temos um oásis de vegetação exuberante e rica; mas, de maneira geral, ela depauperou-se – o que você verificará por si mesmo. Eu disse que a carne é só para os ricos. Isso se deveu, principalmente, ao fato de diversas epidemias terem dizimado o gado, e a "ciência" – observou ele num esgar de riso – não conseguiu estabelecer as causas. Resumindo: o gado diminui a proporções colossais. Algumas espécies, numerosas no seu tempo, estão extintas. Já há muito tempo desapareceram as baleias, focas, lontras, elefantes, bisões, veados, etc. A sobrevivência de algumas aves só foi conseguida em criadouros especiais e zoológicos. É impossível enumerar tudo o que foi extinto ou desapareceu do reino aquático e terrestre. Sim, sim! A nossa Terra está se organizando para a morte. Isso me amargura. Eu gosto desta velhota, ainda que não tenha tido a felicidade de presenciar a sua formação e ajudar na sua civilização. Tenho dela muitas recordações bonitas e agradáveis, mas...

Ele passou a mão pelo rosto como se quisesse afugentar pensamentos tristes.

– Bem, não adianta chorar! Iremos sobreviver ao planeta e vocês me levarão consigo! Lá eu serei muito útil para aumentar a população da nova terra e difundir o gosto pela beleza. Mas, antes, vamos gozar o presente. Viva a vida e a substância primeva!

Ele novamente aproximou o prato com a torta, encheu dois copos de vinho e tomou "à saúde" de Supramati; este, meio sério, meio de brincadeira, também tomou à saúde do outro.

– E agora, Narayana, pare com as palhaçadas e brincadeiras. Interessa-me sobretudo a religião. Qual é o credo dominante? Sei que o cristianismo existe, pois vi muitas igrejas aqui em Czargrado.

– Sim, o cristianismo ainda sobrevive na Rússia, e todos os povos eslavos o professam agora – respondeu Narayana. – A necessidade da coesão política levou à unidade religiosa. Nesta imensa massa popular, que é a Aliança Pan-Eslavista, ainda há numerosas igrejas, locais sagrados, mosteiros, etc. Conservou-se também a maioria de ritos e sacramentos. Quanto ao cristianismo católico romano, cujo declínio se iniciou no século XX, ele perdeu as forças devido à indiferença de seus seguidores e contradições de seus dissidentes. Há mais de cinquenta anos o papado foi extinto, e o Vaticano, hoje, é um museu; mesmo nos antigos países católicos, os templos mais belos e historicamente importantes foram transformados em museus, e aquilo que era chamado de culto religioso já não existe mais. A Alemanha, que se tornou totalmente racionalista e, em consequência disso, descrente, suprimiu Deus. Existem muitas seitas – a propósito, elas são numerosas na Rússia – com seus templos ocultistas, onde se invocam os espíritos, mas, é claro, não de primeira linha. Os judeus, a partir do momento em que constituíram o seu próprio estado, dirigido pela antiga seita de mações franceses, dispensaram o seu velho Yhwh e restabeleceram o culto a Bafonete, o qual veneravam os tamilieros ; assim, eles adoram abertamente o bode satânico e realizam "magníficos" ritos populares, que outrora constituíam morte certa na fogueira para os pobres cavaleiros do templo. Então, é isso! Como você vê, tudo está mudando. Os povos asiáticos são mais firmes em suas convicções. A República da China continua a venerar Confúcio e Buda, e o mundo muçulmano até hoje aclama: "É grandioso o Alá e seu profeta, o Mohamed!" Quanto à religião, acho que estes são os aspectos principais. Devo apenas acrescentar que, apesar da existência dos fanáticos, a indiferença religiosa está se espalhando cada vez mais e mais.

– Obrigado! Já tenho uma noção geral; não é difícil de completar os detalhes. Agora, se possível, fale-me da moral no contexto cotidiano.

Narayana sorriu e coçou atrás da orelha.

– Moral? Humm!... Ela nunca foi forte na nossa Terra, que eu saiba, desde os tempos do Grande Macedônio. Que ela já fraquejava ainda na sua época – isso você sabe; mas, agora, com a evolução, os conceitos mudaram.

"Por exemplo, o matrimônio! Na Rússia, ele permanece como sacramento, abençoado pela igreja, ainda que o ritual religioso em si não seja obrigatório. O divórcio é permitido, desde que sejam transcorridos dez anos do casamento, em vista de grande número de abusos. Além disso, a igreja e a sociedade fizeram uma concessão à tendência da modernidade. Assim, o adultério – como diziam antigamente – é tolerável e ninguém é julgado por essa falta, e, desde que praticado dentro das normas, tudo é feito às claras e legalizado em cartório. Por exemplo, se um homem casado quiser ter uma amante, ele informa sua intenção à sua esposa legal e firma com a sua nova paixão um contrato de dez meses, obrigando-se a depositar uma soma suficiente para garantir o sustento da mãe e de seus filhos, no caso de o relacionamento dele com a outra ter uma sequência. Se a mesma amante assinar, por um descuido, na vigência dos dez meses, um outro contrato, o primeiro se tornará invalidado e todas as despesas e prejuízos correrão por conta do segundo parceiro. Da mesma forma, uma mulher casada não poderá ter um amante, sem antes obter de seu marido dez meses de férias conjugais, em cujo período ele renuncia a seus direitos sobre ela. Uma criança, nascida nestas condições, leva o sobrenome da mãe, a qual, juntamente com o seu novo parceiro, deposita um capital para a subsistência e educação dela. O filho espúrio é educado no seio da família, havendo para tanto um consentimento expresso do marido. A mulher tem o direito de visitar o seu amante durante as férias, mas este é proibido de ir à casa onde ela mora com o marido.

"Como você vê, tudo é feito às claras, mediante um contrato e com garantia monetária. Assim, não há mais parceiros infiéis. Se um homem gosta de uma mulher, ele lhe confessa o seu amor; esta requer do marido uns meses de férias, sem abandonar, a seu critério, o teto conjugal. O marido, por sua vez, não recusa o pedido, pois pode usufruir dos mesmos direitos ao encontrar outras mulheres de que ele venha a gostar. Não é uma coisa original? E que fonte de material para os romancistas! Um gênero literário totalmente novo! – desatou a rir Narayana. – O fato é que agora há poucas separações e bem menos, relativamente, adultérios, pois todas estas transações custam caro, e os que sabem o valor do dinheiro preferem se contentar com a felicidade institucionalizada.

"Entretanto nós ainda não esgotamos a questão matrimonial. Nos países ateístas, o casamento é firmado por cinco, dez, quinze ou vinte anos. Depois de vinte, a união é rescindida automaticamente; se as partes quiserem continuar com ela, é feita a sua revalidação mediante um novo contrato. Para prevenir-se de travessuras extraconjugais, *les coups de canif*, existem leis específicas semelhantes às que acabei de citar."

– E os divórcios por causa de ciúmes? Ou este sentimento, existente até nos animais, está agora totalmente atrofiado? – indagou Supramati.

– Oh, não! Brigas e dramas familiares continuam existindo, só que bem menos que antes. Primeiro, todo o gênero humano está degenerando e tornou-se apático, pusilânime e medroso, incapaz de arrebatamentos de paixão, heroicos e elevados;

segundo, o hábito é a segunda natureza; e, por fim, os crimes tais como sufocar a esposa, cortar a garganta do marido ou da amante são punidos com muito rigor. Isso não evita, contudo, os frequentes homicídios, e – aqui eu destaco – a criminalidade, em geral, é terrível.

– "Mas, voltando às mulheres. Eu ainda não lhe falei de uma categoria de mulheres, as assim chamadas 'amazonas'. Totalmente independentes, elas evitam se prender, quer através de casamento, quer de contrato, ainda que reservem para si o direito de terem filhos à hora que lhes der na veneta, sem dar satisfação a ninguém. É um mundo completamente à parte."

– Mas será que num país cristão, onde se professam, em certa medida, determinados preceitos da moral, tal liberdade é admitida e tolerada? – perguntou Supramati.

– Tiveram de admiti-la por força das circunstâncias, pois foi necessário permitir que as mulheres fundassem suas pró-prias universidades, clubes, abrigos, hospitais, e outras coisas. Entre os cientistas de todas as categorias há representantes fe-mininos e que, por sinal, são de grande destaque. Como você ia querer que tais mulheres, independentes intelectual e financeira-mente – e elas não ganham pior que os homens –, não tivessem o direito de viver do jeito que elas bem quisessem? Elas educam os seus filhos, assumem a maternidade e não exigem nada em troca para mantê-los.

"Oh, as mulheres deram um grande passo em sua emanci-pação! Há algumas que conseguiram entrar no sacerdócio. Aqui, na Rússia, entre os cristãos, não há mulheres clérigas, mas, na maioria das seitas, os ofícios são celebrados por jovens mulheres, ainda que para tanto elas devam ser vestais. Os fiéis vigiam-nas atentamente. Coitadas delas, se começarem a flertar!"

Supramati suspirou.

– Como é duro ter de viver num mundo assim! Sinto-me um alienígena ao deparar com as mudanças que contrariam todas as convicções profundamente enraizadas em minha alma.

– Eu sei como é isso! Recordo o choque que tive ao sa-ber que não havia mais escravos e que os vassalos tinham se transformado em cidadãos.

Narayana deu uma risada.

– Falemos de outra coisa, de algo que não o perturbe! Preciso distraí-lo, meu amigo! Quer que eu o leve até as minhas amigas amazonas? Por sinal, algumas são lindíssimas. Ou você prefere ir ao teatro?

– Então os teatros ainda existem! Iremos sem falta um dia desses. Quanto às amazonas, ainda temos muito tempo. Mas, já que você tocou no assunto, diga-me como progrediram as artes. Você sempre foi um especialista no assunto – observou Supramati, pondo mais vinho em sua taça.

Narayana sorriu.

– Tenho a alma de um heleno e sempre gostei do belo em todas as suas formas. Quanto à arte, sob o aspecto prático, esta fez enormes progressos: as máquinas funcionam com tal perfeição, que parecem espiritualizadas. O homem domou todas as forças da natureza e as explora com uma cobiça febril; as riquezas pessoais aumentam e as naturais depauperam. Alimentar o gado torna-se tão dispendioso, que ele diminui a cada dia. O povo, obrigado a se acostumar ao vegetarismo, é menos sujeito a epidemias, hoje bastante raras; mas, por outro lado, vicejam as doenças fluídicas. E, de demência, suicídios, marasmo e subnutrição prematura, sucumbem não menos pessoas do que antigamente da cólera e da peste.

– Entendo: a higiene física progrediu e a espiritual regrediu – observou Supramati.

– Justamente! E esta decadência espiritual repercutiu, antes de tudo, na arte. A arte, no sentido restrito da palavra, tal como a pintura, a escultura e a música, é toda eivada de cinismo, que caracteriza a época atual.

– Então o teatro também se transformou numa escola de obscenidades?

– Como sempre, ele é o reflexo da sociedade.

– E os artistas continuam presunçosos e exigentes, e tão cobiçosos e insuportáveis como o eram no nosso tempo? – indagou rindo Supramati.

– Oh, essas virtudes nunca mudam! – exclamou Narayana maroto. – Só que agora os artistas têm uma situação mais segura. De um modo geral, o teatro tornou-se tão necessário como a comida; e por isso é que seu número aumentou tanto. Em qualquer cidadezinha há um teatro; nas metrópoles e capitais eles são centenas. Cada cidadão – seja rico ou pobre – deseja ter a sua distração, quer no teatro, quer em casa. Todas as casas particulares são ligadas com diversos templos da arte, o que possibilita, sem sair da sala de estar, assistir a qualquer apresentação de seu interesse.

"Imagine o volume de recursos pessoais necessários para atender esta demanda. Por esta razão há muitas escolas teatrais, verdadeiras universidades, em termos de número de alunos e diversidade de cursos; da mesma forma existe uma enorme quantidade de asilos para os artistas que, em consequência da velhice ou doença, não conseguem mais trabalhar. Essas magníficas e luxuosas instituições proporcionam aos seus abrigados, até o fim da vida, todos os prazeres e conforto a que eles se acostumaram.

"Em outras palavras, isso é uma corporação arquimilionária, em que se permite um luxo incrível. Por exemplo, aqui em Czargrado, os artistas proeminentes abriram uma sociedade para a construção de um palácio próprio, onde cada um terá luxuosas acomodações individuais; lá mesmo haverá salões comuns para reuniões, salas de recepção, bibliotecas e doze anfiteatros, com palcos especialmente projetados para os ensaios. Como você vê, dá-se muito valor ao conforto. Quanto à administração, a mesma se acha totalmente nas mãos do Estado, constituindo-se de um ministério separado. As nomeações para os cargos de chefia são baseadas no critério de talento e de reputação que um determinado artista conseguiu merecer ou granjear junto ao público. Os salários são altíssimos!"

– De um modo geral, eu vejo que a corporação dos artistas conseguiu muita coisa em termos de recursos materiais, privilégios e posição social – observou Supramati sorrindo. – Pena que o fim do mundo esteja próximo e que nem eles, nem a pobre humanidade desconfiem – ajuntou ele num tom mais sério.

– Aí que você se engana! A intuição sugere às pessoas que algo de nefasto está por acontecer. Profetas vaticinando o fim do planeta estão por toda a parte; eles só não se entendem quanto ao tipo da catástrofe. Uns arriscam que seremos aniquilados por um cometa; outros – que nós morreremos congelados; terceiros dizem que as erupções vulcânicas implodirão a Terra. Resumindo: são previstas as formas mais diversas de morte, mas a opinião dominante é a de que haverá um novo dilúvio arrasando a Terra, sem, no entanto, destruí-la por completo. Cientes destas previsões, os empreendedores ingênuos projetam prédios que supostamente possam resistir ao dilúvio. Eu, entretanto, sou mais pela construção de uma arca como a de Noé, que pode ser mostrada na próxima exposição – concluiu Narayana às gargalhadas.

Supramati também não conseguiu se conter do riso.

– Sou de opinião que as consequências da catástrofe serão imprevisíveis – acrescentou ele, novamente em tom sério. – Eles não têm ideia da exaustão da Terra e não dão a devida atenção aos diversos avisos da natureza.

Ambos se calaram, ocupados com as suas reflexões. Olhando distraído para a mesa, Supramati notou um cesto de frutas, onde havia uma enorme pera com duas ameixas do tamanho de uma grande laranja; as uvas, da dimensão de ameixas normais, completavam o conteúdo do recipiente; ao lado, num prato de cristal, havia um morango do tamanho de uma maçã.

– Será que agora só se cultivam frutas enormes? Ainda em casa, quando para mim e Dakhir serviram de sobremesa quatro cerejas, eu julguei que aquilo fossem romãs, e, há pouco, no restaurante, deram-me um cassis de tamanho anormal.

– Justamente, anormal! Os legumes, frutas e cereais alcançam hoje dimensões enormes; são simplesmente gigantes – e tudo graças ao novo método de tratamento com o auxílio da eletricidade – explicou Narayana. – Eu já lhe disse que a Terra se depauperou e glebas imensas se transformaram em deserto: o cultivo de frutas e legumes é feito em gigantescas estufas.

A IRA DIVINA

– Mas como é possível cultivar trigo, aveia e outros cereais em estufas? – interrompeu Supramati.

Um sorriso enigmático surgiu nos lábios de Narayana.

– Amanhã eu o levarei para a cidade das amazonas e mostrarei as suas estufas; elas são célebres por seus magníficos produtos, uma das principais fontes de riqueza da comunidade das damas emancipadas. Por enquanto apenas lhe adianto que graças à eletricidade são obtidos vegetais de tamanho colossal, mais bem adaptados às atuais condições de vida e às necessidades humanas. Essas condições mudaram radicalmente, enquanto você trabalhava para ganhar a sua estrela de mago; mas fique tranquilo, logo você assimilará tudo.

– Vamos esperar; no momento eu estou totalmente perdido – disse Supramati suspirando e, depois de ver as horas no relógio, acrescentou: – Já é tarde; está na hora de voltar para casa! Estou tão cansado que parece que fiquei o dia inteiro trabalhando com enxada. E ainda quero pegar a enciclopédia para me situar melhor na História. Não posso passar por um estúpido no meio dessa gente.

– Você está assim porque perdeu o hábito de estar em contato com os fluidos dos seres humanos materiais e devassos, ainda piores que na nossa época – observou Narayana. – Mas, espere! Vou lhe dar um livro em que você encontrará descrita, de maneira sucinta e clara, a história dos três últimos séculos, de modo que você se familiarizará com ela em linhas gerais.

Narayana se levantou e um minuto depois retornou com o livro, que deu ao amigo.

– Agora vamos, eu o levo para casa na minha máquina e amanhã passo para pegá-lo para o nosso primeiro passeio – disse ele.

Eles foram até o quarto contíguo e, pela escada em caracol, subiram à plataforma da torre. Lá se encontrava amarrada ao corrimão, feito um barco no cais, uma aeronave pequena, com painel elétrico semelhante a um relógio, equipado com bússola e alavanca. O assento macio, revestido com tecido de seda escuro, estava calculado para duas pessoas; na frente havia um banquinho baixo para o mecânico. O leve tejadilho de couro estava levantado, mas Narayana baixou-o; fez Supramati se sentar, sentou-se também e, soltando o cabo, pôs o veículo em funcionamento.

Suavemente, como um pássaro, o barco aéreo alçou voo e tomou a direção necessária.

– Você não mantém mecânico? – perguntou Supramati.

– Tenho dois: um para o carro terrestre, outro para o aéreo; mas isso não impede que eu saia muitas vezes sozinho. Confesso que hoje em dia o número de serviçais está diminuindo e mantê-los é um custo fabuloso. Só os muito ricos podem se permitir o luxo de ter um cozinheiro, criados, camareiros; mesmo assim, estes não são empregados de carreira, mas antigos funcionários públicos. Conheço famílias numerosas e muito ricas que se contentam apenas com uma empregada, no máximo duas, e, honestamente, isso já basta, pois o trabalho de casa é feito por máquinas. Você precisaria ver isso! A propósito, que tal a gente visitar amanhã um amigo meu, o doutor Pavel Pavlovitch Rantsev? Gente finíssima! Presentemente ele está sozinho; a sua esposa requereu "férias". Lá você poderá verificar as instalações da casa dele.

Narayana levantou uma tampa junto ao motor, deixando escancarado um aparelho redondo e chato, no qual se enfileiravam diversos botões metálicos.

– Veja, Supramati! Este aparelho é uma versão aperfeiçoada do antigo telégrafo de Marconi. Por ele posso comunicar-me com quem quer que seja. Vou perguntar ao doutor se ele pode nos receber.

Ele pressionou alguns comandos e, pouco depois, do centro do aparelho surgiu uma fina folha de papel enrolado, no qual eram vistos sinais fosforescentes.

– Viu só? O doutor aguarda por nós no almoço. Depois, as amazonas!

A aeronave pousou suavemente junto a uma torre, semelhante à da casa de Narayana. Supramati saiu, os amigos se despediram, e a carruagem espacial desapareceu na escuridão.

A IRA DIVINA

Ao entrar em seu quarto, Supramati ordenou que lhe trouxessem o roupão e depois dispensou o camareiro. Ele queria ler o livro de História que Narayana lhe dera, mas, depois de folheá-lo e de ler um pouco sobre a invasão da Europa pelos amarelos, no século XX, sentiu-se tão cansado que largou o livro e foi dormir.

Aparentemente, as emanações maléficas e os pesados e fétidos fluidos prodigalizados pela multidão, contaminando a atmosfera, haviam se refletido dolorosamente sobre o organismo purificado do mago, estafando-o mais que um trabalho mental pesado e as mais complexas experiências mágicas.

CAPÍTULO VIII

No dia seguinte, após um refrescante banho, Supramati se sentiu bem mais revigorado e disposto, mesmo contando ainda com um leve peso, do qual não pudera se desfazer desde que tinha chegado a Czargrado.

Sem vontade de sair de casa, passou a manhã lendo História e ao mesmo tempo pesquisando na enciclopédia a biografia de pessoas famosas, cujos nomes ia encontrando no livro. Posteriormente, depois de ter recebido o relatório do administrador de uma de suas longínquas propriedades, que lhe trouxe também uma polpuda soma de dinheiro, ele, finalmente, começou a se aprontar para a chegada do amigo.

Já eram cerca de três horas quando chegou Narayana – disposto, sorridente e enfeitado, como sempre.

– Não está muito cedo para o almoço? – indagou Supramati.

– Sem dúvida, a hora para um almoço normal ainda é imprópria. Mas o doutor com quem conversei hoje de manhã sugeriu que a gente tomasse um café bem reforçado com ele. Eu lhe disse que é a primeira vez que você vem à Europa e gostaria de conhecer o que existe de mais moderno em termos de conforto. Assim, ele lhe mostrará a casa dele. Depois iremos até as amazonas.

Desta vez, Narayana veio numa carruagem idêntica à que Supramati havia chegado do aeroporto, e, meia hora depois, o carro parou diante de um edifício de doze andares, com um jardim na frente. Era um verdadeiro palácio, construído num estilo moderno, estranho e pouco acolhedor. Em cada andar havia amplos terraços com flores, ladeados por corrimões entalhados, e, praticamente junto a todos, viam-se amarradas as aeronaves dos proprietários.

– Por que não viemos de nave? Seria mais cômodo, ainda mais que o doutor reside num andar alto – observou Supramati.

– Ele mora no décimo andar, e o porteiro nos levará até lá de elevador; mas antes eu gostaria de lhe mostrar o saguão de entrada.

– Como? Ainda existem porteiros? – admirou-se Supramati, rindo.

– Sim, mas eles pouco se assemelham aos antigos. É um tipo de empregado indispensável em qualquer prédio, que tem de si um alto conceito. Ganha cerca de quinze mil, fora o apartamento; tem quatro ajudantes, que recebem uns seis mil e uma moradia, sendo que cada um serve apenas uma das entradas, cinco no total; esta é a principal.

Conversando, eles galgaram alguns degraus da escadaria e entraram no saguão.

Obedecendo ao gosto do tempo, que visava impressionar em tudo, o saguão era uma enorme sala com colunas de cerâmica esmaltada; no centro, o teto chegava até o ápice do edifício, encimado por uma cúpula de vidro com pinturas coloridas. Naquela espécie de fosso, quatro elevadores corriam para cima e para baixo; não se via, porém, quem operava as máquinas.

As grandes janelas, com vidros coloridos, iluminavam o salão; dois chafarizes dentro das piscinas de mármore espalhavam um agradável frescor; aqui e ali, entre as flores e plantas, viam-se sofás e poltronas rodeando mesinhas com livros e revistas.

Numa das laterais, sobre os balcões e prateleiras, alinhavam-se diversos tipos de alimentos: legumes imensos, frutas, manteiga e queijos – tudo arrumado com muito gosto e parecendo apetitoso, disposto em cestos forrados com folhas verdes, em meio a adornos rendados de papel recortado.

– Que mercado é esse? – perguntou Supramati.

– São mantimentos que se expõem diariamente para que os moradores possam se certificar, com seus próprios olhos, de sua boa qualidade, e escolher o que quiserem. Está vendo ali, sobre o estrado, aquele senhor todo chique sentado à escrivaninha amontoada de livros de escrituração e outros papéis? É o próprio porteiro – explicou Narayana, aproximando-se do homem.

O porteiro, ao vê-los, levantou-se e fez uma mesura.

– O príncipe deseja subir no décimo andar, apartamento doze? Por favor, tomem o elevador número dois.

Ao agradecerem, os amigos tomaram o elevador, e Narayana apertou o botão. A máquina subiu velozmente e parou instantes depois. Eles saíram numa plataforma decorada com flores e um enorme espelho; ao lado, havia duas portas com placas de porcelana, onde estavam escritos os nomes dos moradores.

Narayana apertou a placa. Imediatamente a porta se abriu, silenciosa, e eles se viram num hall de tamanho pequeno. Na parede, estava embutido um armário, fechado por uma porta de cristal. Neste armário, as visitas colocaram as suas capas, os chapéus e as bengalas; neste ínterim, entrou o doutor e os saudou alegremente.

Era um homem jovem, de uns trinta anos, magro e um tanto franzino, como a maioria da população, de aparência inteligente, agradável e bondosa.

– Como vai, senhor Pavel Pavlovitch? Como vê, nós somos pontuais. Eis aqui o meu primo, príncipe Supramati; devo avisá-lo

A IRA DIVINA

de que a sua curiosidade é insaciável. Peço amá-lo e ser bom com ele! Sua ânsia de saber, entretanto, é procedente, já que ele acaba de vir do velho palácio no Himalaia, tendo recebido de sua ciosa mãe uma educação um tanto silvícola.

– Que recomendação! O doutor realmente vai me tomar por um selvagem impertinente e curioso – retorquiu Supramati sorrindo. – No entanto, confesso que, em termos de conforto, os avanços tecnológicos ainda não chegaram ao palácio onde me criei. Assim, eu gostaria de conhecê-los para, mais tarde, incorporá-los em minha casa.

– Terei prazer em mostrar-lhe o que for de seu interesse, príncipe, mas temo que o modesto conforto do meu cantinho não possa satisfazer as exigências de um homem de sua posição e patrimônio – respondeu em tom sincero o doutor, fazendo as visitas entrarem numa pequena sala, decorada com muito bom gosto, adjacente a amplo terraço, servindo de desembarcadouro para as naves.

– Não se querendo ter uma vista do terraço, desloca-se este biombo – explicou o doutor, apertando um botão.

Imediatamente deslizou uma divisória e fechou a porta do terraço tão hermeticamente, que a parede parecia inteiriça.

– Aqui fica o meu gabinete, sem nada de interessante; e aqui é o dormitório – prosseguiu o anfitrião, levando-os a um grande quarto bem iluminado, com paredes laqueadas que brilhavam feito cetim; algumas poltronas e o sofá, revestidos de couro, dois toaletes de madeira com espelhos redondos e uma infinidade de gavetas de madrepérola embutidas, para diversas miudezas, completavam o mobiliário.

– E onde ficam as camas? – interessou-se Supramati. – Em minha casa, elas ocupam um espaço considerável.

– Aqui é diferente. O senhor ocupa sozinho um palácio inteiro, enquanto eu moro num apartamento, onde o espaço é apertado – respondeu sorrindo o doutor.

Ele acionou um comando na parede e imediatamente surgiu uma belíssima cama com acabamento em metal, coberta com uma colcha vermelha de seda.

– Veja, Supramati, o colchão e o travesseiro são de cautchu[1], apenas revestidos por tecido de seda – observou Narayana.

– Oh, sim! O cobertor custa o peso do ouro, pois as aves tornaram-se uma raridade – explicou o doutor.

– E aqui nós guardamos a roupa – acrescentou ele, abrindo um largo armário, também embutido na parede.

Ali se empilhava tudo o que poderia ser necessário no dia a dia de uma pessoa. Ele tirou uma camisa, uma toalha e um lenço, e estendeu a Supramati para que este os apalpasse.

– É tão macio, fino e sedoso! Não parece de cambraia? No entanto, isto não passa de um papel chinês ou japonês, muito prático e higiênico. Hoje em dia já não se lava mais a roupa. Quem é que faria isso? Não há mais lavanderias, e a roupa usada é simplesmente jogada no lixo; não há que ter pena: um milheiro de lenços custa dez rublos.

– Por que é então que tanto a minha roupa como a do meu primo são de linho e seda? – indagou Supramati.

– Isso é capricho de bilionários, com condições de terem suas próprias lavanderias; os simples mortais vestem roupa de papel. Vamos, senhores, quero lhes mostrar o quarto de banho e a cozinha; e depois comeremos algo.

O quarto de banho era um recinto de tamanho médio, cujas luzes se acenderam assim que a porta se abriu; no fundo, havia uma banheira baixa de porcelana e móveis de junco. Andando, o proprietário explicou que eles tinham água quente o dia inteiro e, em seguida, levou-os para mostrar a cozinha, que, apesar do nome sonoro, não passava de um minúsculo cômodo com um fogão elétrico do tamanho de uma travessa para chá.

– Serve apenas para alguns casos excepcionais, quando é necessário cozinhar ou esquentar alguma coisa à noite; a comida vem-nos pronta – explicou Pavel Pavlovitch. – Oh, não precisamos mais daquela parafernália volumosa de nossos antepassados; as donas de casa não têm necessidade, hoje em dia, de se irritarem com a sujeira e a indolência das domésticas ou cozinheiras bêbadas e ladras. Nossas esposas têm mais tempo livre,

---

[1] *Cautchu*: goma ou borracha que resulta da coagulação do látex de diversas plantas.

porque tudo é fornecido já pronto para nós; mesmo a limpeza da casa é feita por uma máquina, que recolhe e absorve a poeira e a incinera imediatamente. Agora vamos até a sala de jantar; mandarei vir comida.

Desta vez o cômodo já era grande, revestido por madeira polida. Dois bufês com prataria e louça cara de porcelana guarneciam o ambiente; no meio, ao redor de um espaço livre, achavam-se as cadeiras, sendo que ao lado de uma, aparentemente destinada ao dono ou dona da casa, havia dois pilares chatos, inseridos num gradeado fino e dourado.

O pedido limitou-se ao aperto de um botão metálico num dos pilares. Enquanto eles conversavam aguardando a comida, o doutor observou:

– Frequentemente me pergunto como os nossos antepassados podiam viver naquelas condições sem o mínimo de conforto. Por exemplo, uma simples mudança para outra casa. Imaginem o trabalho de carregar todos os pertences de uma casa para a outra, ou, ainda pior, de uma cidade para a outra.

– O senhor nunca teve necessidade de se mudar? – perguntou sorrindo Supramati.

– Deus me livre fazê-lo como antigamente. Para mim, a mudança de casa não apresenta dificuldade alguma: eu deixo aqui tudo o que vocês veem e recebo na nova casa tudo de que preciso. O que existe neste apartamento – os móveis, a prataria, a louça, as flores e tudo o mais – é propriedade da empresa locadora; eu só respondo por coisas quebradas ou danificadas. Assim não preciso levar comigo este montão de coisas. Estão tocando! Chegou a nossa comida!

O piso se abriu e de lá se ergueu uma mesa, ricamente posta, adornada de flores e louça de cristal.

Primeiro eles tomaram uma sopa de verduras, acompanhada por pastéis; depois o doutor colocou a louça suja sobre a coluna do lado esquerdo, acionou um mecanismo e a louça desceu; da coluna direita surgiu o segundo prato. E assim, sequencialmente, vieram os outros pratos, incluindo a sobremesa de frutas e o vinho espumante.

A degustação do magnífico almoço procedeu-se com o acompanhamento de uma agradável música melodiosa, cujo volume não atrapalhava a conversa.

Após o repasto, a mesa desapareceu como se por encanto. Eles passaram à sala de estar e sentaram diante do terraço, conversando e tomando o café, enquanto o doutor e Narayana fumavam charutos.

– Permita-me fazer uma pergunta indiscreta, senhor Pavel Pavlovitch: por quanto lhe sai o apartamento, incluindo as refeições e demais serviços? Em vista do luxo que o cerca, acredito que não saia muito barato – disse Supramati.

– Eu pago relativamente pouco. Tudo o que o senhor vê me custa trinta mil ao ano, e, como o meu salário anual é de sessenta mil, sobra-me ainda metade para as outras necessidades e a diversão.

– O senhor então é um médico com muita experiência?

– Posso dizer que sim! Sou médico daqui deste prédio, considerado ainda pequeno, pois conta somente com três mil moradores; outros prédios têm até quinze ou vinte mil moradores. Mas a determinação nestes conjuntos é sempre igual: cada um tem seus próprios médicos, farmacêuticos, dentistas, mecânicos, etc., que assinam com a administração contratos vitalícios ou a longo prazo. Aqui somos em três médicos, e a minha obrigação é atender, a qualquer hora da noite ou do dia, os moradores dos quatro andares, que se encontram sob a minha responsabilidade. Neste sentido, estamos bem melhor que os nossos colegas de séculos passados, obrigados a saírem à caça dos pacientes; uns nadando em ouro, outros morrendo de fome. Ainda hoje, se um médico tiver que depender de uma clientela eventual, também não sobrevive; cada um busca uma coisa fixa que lhe garanta o sustento. É claro que existem diferenças nos salários; assim, os de nível dois e três recebem menos, embora seja uma receita certa. Ah, deixei de mencionar que o meu almoço foi calculado para três pessoas: para mim, minha esposa e filha. A minha esposa atualmente se encontra fora, e a filha está visitando a avó; no entanto, a porção vem

A IRA DIVINA

para três pessoas, e posso convidar meus amigos. Se convidar mais pessoas, tenho de pagar à parte.

Quando o médico mencionou a esposa, Supramati fitou-o curioso, sabendo de Narayana que ela estava de "férias conjugais" com um amante; mas debalde ele procurou no rosto de seu anfitrião, e mesmo até em sua mente, cujos pensamentos sabia ler, qualquer sombra de tristeza, ciúme ou sofrimento moral. As feições joviais do médico emanavam a mais afável serenidade, e seus pensamentos refletiam uma viva e aguçada curiosidade em relação à personalidade de Supramati. O doutor pressentia na visita algo de extraordinário.

– Lá na Índia as pessoas ainda são extremamente conservadoras; disso eu me convenço a cada minuto. De fato, estamos defasados em pelo menos um século – observou Supramati sorrindo. – Com o risco de ser tomado por um homem saído do século passado, meu querido senhor Pavel Pavlovitch, permita-me fazer mais algumas perguntas, objetivando empregar uma parte do meu grande patrimônio para implantar as novíssimas conquistas da civilização europeia.

– Pois não, Alteza! Terei um grande prazer em tirar as suas dúvidas.

– Agradeço. Poderia me dizer alguma coisa sobre a medicina, equipamentos hospitalares, combate a epidemias, mortalidade, etc.? Eu soube que na medicina houve uma grande reviravolta; as antigas doenças contagiosas cederam lugar a outras, mas as informações que tenho são superficiais.

– Isso é natural! O senhor ainda é muito jovem para adquirir conhecimentos em campos especializados da ciência. Tentarei responder às suas perguntas pela ordem. Assim, primeiro falarei da medicina. Esta teve um enorme progresso e mudou muito em função da própria transformação da humanidade, que hoje tem pouco em comum com a de antigamente, conforme eu pude constatar pela literatura. Se o senhor já estudou a história dos séculos idos, sob este aspecto, então...

– Ah, sim – interrompeu Supramati –, eu me esqueci de mencionar que tenho uma verdadeira paixão pela arqueologia, e a antiguidade me absorve a tal ponto que me sinto deslocado no tempo.

– Entendo-o perfeitamente. Também adoro revolver o passado, ler aquelas obras de medicina antiga, fazer as minhas comparações com a vida de antes... Às vezes até acho que as gerações antigas eram mais felizes que as de hoje, apesar das dificuldades e da inexistência das comodidades atuais.

"Aliás, isso é coisa de um sonhador, pois o mundo hoje tem suas atrações para não lamentarmos o passado. Mas, voltando ao assunto... A geração atual é fraca; tudo é artificial. O calor do sol é insuficiente para os seres humanos e as plantas. As frutas, os legumes e demais culturas são privados do impulso natural de crescimento; as plantas desenvolvem-se e amadurecem com o auxílio da eletricidade; nossos organismos saturados estão débeis e extremamente irritados. O atual gênero humano é inquieto, febrilmente excitado e, ao mesmo tempo, intensamente voluptuoso, ainda que tenha perdido o antigo vigor. A eletricidade fez gerar doenças totalmente desconhecidas antigamente. Reconheço que existem menos doenças. Já não se ouve falar de cólera, peste e difteria; a humanidade soube pesquisar e triunfar sobre o mundo dos bacilos, sobretudo após o extermínio de ratos no fim do século XX. Mas, por sua vez, as doenças de fundo nervoso alcançaram níveis alarmantes; a meningite, por exemplo, é hoje o flagelo de homens e mata em algumas horas. Apareceu também uma doença incurável, estranha e terrível: o mal de Santo Elmo. O enfermo começa a soltar fogo, primeiro da ponta dos dedos e depois da boca e das narinas. É perigoso se aproximar dele: por mais estranho que pareça, a doença é contagiosa. Depois de dois ou três dias de sofrimentos medonhos, o infeliz morre; o corpo parece intacto, mas os órgãos internos ficam calcinados.

"De fato, a artificialidade da vida parece se vingar! Os talentos ficam cada vez mais raros, o cérebro enfraquecido suporta a muito custo um trabalho intenso e prolongado. A taxa de nascimentos está decrescendo a olhos vistos; já não se vive mais com os sentimentos, mas com as sensações; aquilo que antes era amor transformou-se em sensualidade. Repito: tudo se vinga. A ociosidade e a apatia dominaram o gênero humano. Assim, os cientistas ou os trabalhadores mais esforçados não raro caem em tal letargia, que só depois de alguns meses de descanso estão em condições de reiniciar as tarefas. Por outro lado, existem pessoas que passam a metade da vida numa modorra, incapazes de despertar e trabalhar. Para estes existem várias instituições especializadas. As doenças, por serem menos frequentes, tornaram-se mais complexas, e, devido às mudanças que ocorreram no organismo humano, os antigos métodos de tratamento já não surtem efeito. As doses alopáticas, tais quais eram administradas antigamente, teriam, hoje, um efeito devastador e matariam os doentes. Assim, às vezes, eu me surpreendo: que gigantes devem ter sido os seres humanos de dois, três séculos atrás, que conseguiam não só sobreviver, mas também se curar, tomando aqueles remédios bárbaros!"

– Então, com a alopatia não estando mais em voga, suponho que agora goze de consideração a nossa medicina hindu à base de plantas e do magnetismo?! – observou sorrindo Supramati.

– Ah! Tenho certeza de que hoje em dia ninguém mais se trata com alopatia. A homeopatia substituiu-a totalmente, e o uso do magnetismo é o que se vê; atualmente, um médico não consegue se diplomar se não fizer um curso de magnetismo e não for um bom magnetizador. Existem magnetizadores especializados que detêm dons exclusivos. Eles têm um regime de vida especial em institutos de medicina, de onde esses curadores são chamados para casos sérios e perigosos.

– O senhor disse, doutor, que a natalidade vem diminuindo em níveis assustadores. Isso explica por que se veem tão poucas crianças nas ruas. É um quadro muito triste para a humanidade! – salientou Supramati.

– Sim! O futuro apresenta-se não só triste mas angustioso – corrigiu o médico suspirando. – As estatísticas comprovam o fenômeno constante da mortalidade superando os nascimentos; o governo tenta velar pela geração que cresce e protegê-la de eventuais ameaças. Em consequência disso, as crianças são levadas a instituições específicas assim que nascem.

– Isto é um ato de violência em relação aos pais! – tornou Supramati.

– Absolutamente! Aos pais carinhosos é permitido que fiquem com os filhos, desde que mandados à escola a partir de seis anos. Um veículo escolar, com um funcionário especialmente treinado, vem buscar as crianças às nove da manhã, trazendo-as de volta às cinco da tarde. No recreio, elas recebem leite quente, ovos frescos e frutas. Mesmo assim, já não há famílias com filhos numerosos, como também inexiste uma "família" na antiga concepção da palavra.

"Aonde isso tudo irá levar, só Deus sabe, pois as condições de vida estão se tornando insuportáveis. Nos países quentes, como por exemplo aqui, ainda é suportável; mas no Norte, nas regiões do frio intenso – e não é qualquer um que consegue sair de lá –, a existência é praticamente artificial. Os infelizes, obrigados a viverem naquele clima inóspito, são acometidos de tal sonolência ou torpor, a ponto de voltarem a si cinco, seis dias depois, apenas para se alimentar um pouco. Quanto aos moradores polares, estes desapareceram por completo."

Neste instante, escutou-se um som melódico, mas tão forte que podia ser ouvido em toda a casa. O médico se levantou e aproximou-se de uma tela de metal, em cuja superfície surgiram sinais fosforescentes.

– Perdoem-me, senhores, estou sendo chamado para atender um paciente – desculpou-se Pavel Pavlovitch, dirigindo-se às visitas.

– Não posso faltar, desculpem! Talvez os senhores possam esperar por mim. Eu volto rápido.

– Mas as visitas agradeceram e declinaram da proposta, dizendo que tinham ainda uma visita às amazonas. Supramati convidou o médico para almoçar com ele num dia próximo, e eles se despediram. O doutor correu até o terraço para pegar a sua nave e voar até o terraço de seu paciente, enquanto os amigos desceram até o carro.

A IRA DIVINA

CAPÍTULO IX

O povoado das amazonas localizava-se fora da cidade, a menos de uma hora de viagem. A rodovia, excelentemente conservada e lisa como um tapete, serpenteava entre prados verdes e jardins; por todos os lados, até onde a vista podia alcançar, viam-se gigantescos hibernáculos e estufas, cujas cúpulas de vidro brilhavam ao sol.

Ao passarem ao lado de um enorme prédio, já nos arredores da cidade, Narayana disse:

— Veja, ali é a fábrica de ovos! Lá são confinados vários milhões de galinhas que põem ovos dia e noite. É um ótimo negócio para a companhia, pois as vendas são garantidas para corporações residenciais, daquele tipo onde mora o médico, que são mais de duzentas mil numa cidade de vários milhões de habitantes. Bem, já estamos nos aproximando da cidadezinha das belas amazonas!

O caminho era uma leve subida e, já no alto do morro, eles divisaram ao longe os muros brancos dos edifícios multicoloridos e pictóricos, e os imensos jardins da bizarra comunidade.

Alguns minutos mais tarde, o automóvel parou diante do portão da entrada. Era um portal alto com colunas de mármore branco, encimado por placas imensas, também de mármore, que representavam a pintura de um homem, deitado de costas, segurando nos dentes a metade da maçã bíblica; uma mulher, com a cabeça erguida altivamente, pisava com um pé o peito do homem dominado; na mão levantada, ela portava um estandarte com uma inscrição em letras vermelhas: "Eva – A Vencedora".

– Eva, que destronou a tirania e expulsou o esposo – explicou Narayana depois de ler, sarcástico, a inscrição. – Homem nenhum pode viver aqui.

– Oh, e você tem a pretensão de entrar e ser recebido! – zombou Supramati.

– Visitas até que elas recebem; o difícil é seduzi-las: grande parte pertence ao "terceiro" sexo. No entanto, se você agradar a alguma, poderá ser recompensado, talvez, por uns dias de amor fugaz, o que não lhe assegurará nenhum direito no futuro. É como uma xícara de chá, servida a uma visita e que não obriga a coisa alguma.

– E estas anfitriãs hospitaleiras aceitam presentinhos? – indagou maroto Supramati.

– Claro, se você quiser dar. Mas quem quiser cair nas graças das amazonas e ser bem recebido deve fazer uma doação para a benfeitoria da comunidade. Aqui se chama "puxar a sardinha para a brasa comum". Comigo, aliás, elas são bem boazinhas. Doei um milhão para a minha "brasa" e tomei muitas "xícaras de chá"...

– Seu pândego incorrigível! – admoestou Supramati.

Narayana deu uma piscada.

– É a força do hábito, meu querido amigo! Devo dizer que algumas são sensacionais, na maioria artistas. As melhores obras são normalmente vendidas nas exposições que elas promovem. Bem, vou tocar a campainha para que nos abram os "portões do paraíso".

A IRA DIVINA

Ele se aproximou da grade e apertou um botão metálico. Alguns minutos depois, o portão se abriu e na entrada surgiu uma mulher vestida faceiramente, de idade indefinida, alta e magra. Calçava botinas de couro laqueadas de amarelo e meias azuis de seda; trajava uma saia curta e pantalonas bufantes escuras, uma blusa da mesma cor e chapéu de feltro com uma pena azul.

– Ah, é o senhor, príncipe? Está acompanhado por quem? – indagou ela, estendendo a mão a Narayana.

Quando este apresentou o primo, a Supramati também foi dada a honra de ser cumprimentado com a mão.

– Entrem, senhores! Quanto ao carro, sabe onde deixá-lo, senhor Narayana – ajuntou ela.

Depois de estacionar o automóvel numa cobertura ao lado do muro, os três dirigiram-se através de uma alameda areenta até um edifício com enorme portão. Ao cruzarem uma antessala circular, encimada por cúpula de vidro multicolor, eles deram num salão aberto – um verdadeiro vestíbulo do reino das amazonas. Dali se abria uma magnífica vista para um parque enorme, entrecortado pelas alamedas; ao longe luzia a superfície lisa do lago; por entre a vegetação densa, aqui e ali, entreviam-se as cúpulas de caramanchões e telhados das casas, espalhadas no fundo do bosque.

Na sala de paredes brancas, decoradas por uma tela de arame fino, serpenteavam trepadeiras com flores e hastes densas; as flores viçosas – com predomínio de rosas – espalhavam um cheiro embriagador; no centro de uma piscina de mármore jorrava alto um chafariz, reverberando em cores do arco-íris.

– Não gostariam de dar uma volta pelo parque, caros senhores? As nossas damas ainda não estão prontas; elas estão se arrumando para o concerto. Será no pavilhão principal; apareçam lá dentro de meia hora. Queiram me desculpar; preciso cuidar de algumas coisas e ainda me trocar.

– Não se preocupe conosco, Praída Petrovna. Cuide de seus afazeres! Nós vamos dar uma volta neste maravilhoso e interessantíssimo parque, e, com a sua permissão, daremos uma olhada nos hibernáculos e estufas.

– Fiquem à vontade! Até breve!

Ela fez um sinal de despedida e desapareceu feito uma sombra numa das veredas laterais.

– De fato, essas mulheres estão bem instaladas – observou Supramati, examinando a magnífica paisagem.

– Sim, elas são muito ricas, apreciam a arte e vivem decorando a sua morada. Vamos, quero lhe mostrar primeiro as grutas e depois os hibernáculos, que, aliás, são famosíssimos – disse Narayana.

Sem se apressarem, caminharam ao longo da alameda. O parque era mantido numa ordem surpreendente. Por todos os lados havia floreiras, pavilhões, como se esculpidos de coral, madrepérola ou lazurita; em enormes viveiros voejavam pássaros raros; bandos inteiros de pavões brancos e negros fulgiam por entre a grama em plumagens multicolores.

Depois de andarem por cerca de quinze minutos, eles se aproximaram de um grupo de rochas. Por entre as fendas cresciam arbustos e do ápice descia uma cascata, formando embaixo um riacho que desaparecia no fundo do parque.

Eles entraram numa abertura estreita e alta, em forma de porta, e Supramati, atônito, viu-se numa linda gruta de estalactites da cor de safira, iluminada por uma suave luz azul-celeste. No fundo da gruta, dentro da depressão, erguia-se a estátua de uma mulher em cristal azul; numa das mãos, ela segurava uma jarra, da qual despencava murmurejando um fio de água para dentro de uma piscina, também de cristal; com a outra mão, segurava um globo azul em forma de lâmpada.

Alguns outros nichos eram ocupados por pequenos bancos de bronze dourado, guarnecidos de almofadas de seda azul e franjas douradas; nas mesinhas, viam-se travessas com xícaras e jarras de porcelana, cheias de um líquido escuro. Bem perto, havia mais duas grutas triangulares, com o mesmo acabamento; apenas as cores das estátuas, da luz e das almofadas eram diferentes: enquanto numa gruta eram cor de esmeralda, na outra eram cor de rubi.

– Descansemos um pouco; aqui é tão bonito! E o que é mais interessante: praticamente tudo aqui é trabalho das próprias amazonas. Por exemplo, as estátuas foram executadas em um material inventado há uns cinco, dez anos; como você vê pelo brilho e reverberação das cores, se parece com cristal de rocha; no entanto, ele pode ser tingido em qualquer cor e talhado como se fosse mármore. As lâmpadas utilizam aquele gás que você já conhece e que dura uma eternidade; a luz é tão intensa que as lâmpadas devem ficar dentro de globos coloridos. Isso permite obter efeitos magníficos. Bem, você deve ter esse tipo de luz em casa.

– Sim, eu vi numa das salas e na biblioteca.

– A propósito, no último *vernissage*, um artista expôs algumas estátuas embutindo nas pupilas dos olhos esse tipo de luz. O rosto tinha uma expressão incrivelmente real; ainda que, confesso, um tanto demoníaca. Bem, está na hora de irmos, se você quiser ver as estufas!

Narayana aparentemente conhecia bem o local e levou rápido o seu amigo até as enormes construções com cúpulas de vidro. Ao entrarem na primeira, verificaram que se tratava de uma larga galeria, infinitamente comprida. Ao longo de ambas as paredes estendiam-se prateleiras triplas, sustentadas por colunas de bronze, à semelhança de terraços, sobre as quais repousavam caixas, recipientes e canteiros de terra com plantas.

– Aqui são cultivados os cereais: centeio, trigo e outros –, explicou Narayana, subindo a escada metálica que levava ao primeiro patamar.

– Ali, em caixas e recipientes, vicejava em arbustos o centeio; as enormes espigas vergavam sob o peso dos abundantes grãos do tamanho de uma ervilha; cada arbusto continha um feixe considerável daqueles tufos monstruosos.

– Quando as espigas amadurecem, são moídas numa máquina elétrica semelhante ao antigo moedor de café. Agora, na cidade, muitas famílias pobres cultivam assim os cereais em caixotes, moendo o trigo em casa. Isso sai mais barato.

– Mas como uma família inteira consegue se sustentar só de farinha de trigo amadurecido no balcão? – observou sorrindo Supramati.

Narayana também riu.

– Talvez porque as pessoas comam bem pouco. Quando eu me lembro de quanto comíamos no século XX e comparo com o que satisfaz uma pessoa agora, fico assombrado. Antigamente – tomemos de exemplo o pão – um homem, em perfeito estado de saúde, sobretudo um operário, comia tranquilo um quilo e meio diariamente; hoje, você não consegue encontrar quem possa digerir meio quilo, e assim vai... Uma batata é suficiente para uma família, uns dois morangos já é uma porção grande. Você viu o quanto comeu o médico hoje? Três ou quatro colheres de sopa, um pastel do tamanho de uma noz, um aspargo – é verdade que do tamanho do antigo pepino –, um bolinho de arroz do tamanho da antiga batata e um morango; o pão ele nem tocou. Servisse você um almoço assim a Lormeil ou mesmo a Pierrete, e eles teriam morrido de fome três dias depois. Há-há...! – desatou a rir Narayana.

Supramati sorriu.

– É verdade! Segundo os nossos padrões antigos, é pouco; mas a diminuição paulatina do apetite dos seres humanos deixou de ser novidade. Você, que presenciou os cavaleiros medievais se empanturrarem de comida nos banquetes homéricos, dos quais também participou, quando se serviam javalis inteiros, pode dizer o quanto são pigmeus, comparados aos gigantes enclausurados em armaduras, os homens do século XX, que não conseguem dar conta nem ao menos de uma torta salgada. Agora, quando o fim está iminente, a queda é ainda mais rápida. Os produtos vão escasseando, seus preços subindo, e o homem, cada vez mais irritado e carcomido pelo excesso da eletricidade, em meio a uma vida de devassidão, tenderá a comer cada vez menos; o seu débil organismo exigirá alimentos mais leves. Aliás, já se deu um enorme passo neste sentido nos três últimos séculos; a própria visão desses vegetais, tão anormais quanto os seus cultivadores, deixa-me intrigado.

– De fato, tudo é enorme e artificial. Dê uma olhada nesta espiga; ela contém cerca de mil grãos do tamanho de uma fava e pesa, no mínimo, algumas libras. Mas, de qualquer forma, as

A IRA DIVINA

condições de vida melhoraram e o trabalho chegou ao mínimo. Olhe, por exemplo, para aquela ducha sobre as diversas culturas. Três vezes ao dia é aberta uma torneira na entrada da galeria; imediatamente, a água, levada pelas inúmeras tubulações, irriga todas as plantas. Dez minutos depois, dependendo da necessidade, um mecanismo automático desliga a torneira. Usam-se as máquinas também para a realização rápida da colheita. A terra nos caixões é substituída no máximo a cada cinco ou seis anos, já que recebe constantemente uma adubação de massa gelatinosa – mistura de produtos derivados do petróleo e de outros elementos, que não tenho condições de dizer agora: os nutrientes são imediatamente absorvidos e mantêm a fertilidade do solo.

– E o que há em outros hibernáculos e naquele imenso pavilhão redondo? – interessou-se Supramati, apontando para as construções ao longe.

– Nos hibernáculos cultivam-se frutas e legumes de tamanho colossal, conforme você já viu; e ali é uma verdadeira floresta de uma espécie de árvore da qual se extrai um leite vegetal, de muita aceitação, sobretudo depois que o preço do leite de gado se tornou proibitivo. Como vê, tudo aquilo se acha protegido por cúpulas de vidro e não teme nem as intempéries, nem outras agruras de um agricultor de antigamente, já que não há mais quebras de colheita. A torre redonda é o moinho de trigo; atrás dele ficam os depósitos de produtos, conservas, frutas desidratadas, etc. As amazonas dedicam-se o dia inteiro às plantações, colheitas e outras tarefas; mas, como são muito ricas, contratam ajudantes e mantêm empregadas. Bem, acho que você já viu o bastante. Vamos até o lago dos cisnes; ali fica o edifício principal e as demais administrações.

Através da alameda, ladeada de floreiras e arbustos, eles tomaram a direção do lago. Na sua superfície especular nadavam imponentes cisnes negros e brancos; no centro, numa ilha verde-esmeralda, erguia-se uma casinha de cisnes e um grande viveiro; na margem estava amarrado um barquinho, brilhando como um brinquedo de ouro esmaltado.

Por entre arbustos e árvores seculares, cingindo o lago, espalhava-se uma série de edifícios. No primeiro plano, erguia-se uma enorme construção de doze andares de tijolo esmaltado: a casa era a residência principal das amazonas. Um pouco depois, via-se um palacete, todo rosado, da dirigente da comunidade – a "rainha das amazonas", como era denominada – e, mais além, dois grandes edifícios, um azul e outro vermelho, com galerias, colunadas e altos pórticos, aos quais se chegava por escadarias.

– O templo azul é o das artes – explicou Narayana. – Ali ficam as oficinas de pintura, gravação em madeira e escultura, biblioteca, escolas de música, declamação, canto, etc. No vermelho fica o teatro, a salas de concertos e reuniões, danças, ginástica e diferentes esportes.

Sons longínquos de música chegavam aos seus ouvidos, enquanto caminhavam pela galeria do palácio azul; já no interior da sala de concertos, viram que esta se encontrava repleta de público. No fundo, drapejado por cortinas vermelhas, elevava-se o palco, ocupado por artistas. As poltronas, revestidas por tecido vermelho, acomodavam os espectadores; bem em frente ao palco, numa depressão arredondada, estava instalado um grande camarote, decorado em vermelho e ouro. Suas poltronas de espaldares entalhados estavam ocupadas pela "chefia" da comunidade: mulheres lindíssimas em trajes leves e chiques, na maioria brancos; os seus pescoços e braços eram cingidos por brilhantes; os cabelos ficavam soltos e enrolados por flores. No centro do camarote, sentava-se a "rainha das amazonas" – uma mulher jovem e muito bonita, de cabelos e olhos negros.

Narayana levou Supramati justamente para aquele camarote. Após apresentar o seu "primo", eles foram convidados a ocuparem os lugares atrás da "rainha", ao lado de dois outros senhores de aparência judaica.

Eram diretores de teatro, vindos para convidar as cantoras da comunidade para apresentação em seu palco, mediante um cachê bem polpudo, é claro.

As jovens artistas cantaram magnificamente, entretanto Supramati não gostou de suas estranhas melodias, às vezes

A IRA DIVINA

totalmente selvagens, que respiravam uma certa sensualidade caótica. Ambos os diretores, ao contrário, ficaram fascinados e no primeiro intervalo acertaram com a dirigente da comunidade que já no dia seguinte, de manhã, viriam para assinar o contrato. Supramati estranhou também que alguns números de canto fossem acompanhados por instrumentos ocultos. Os acordes profundos com modulações suaves secundavam magnificamente as vozes das cantoras. Parecia que aqueles instrumentos inéditos enlevavam. Tudo impecável; Supramati, porém, mal tocou na comida, tão cansado estava. O ar parecia-lhe denso, um peso comprimia seu peito e por vezes tonteava-lhe a cabeça. Das sombras lúgubres, que se cruzavam por entre os presentes, bafejava um frio gélido. Ele foi dominado por uma profunda angústia e admirou-se da desenvoltura de Narayana a palrear alegre e despreocupado com a sua bela vizinha; ele comia com muito apetite e se sentia, pelo visto, bem à vontade.

A sensação de que alguém olhava para ele fixamente tirou Supramati do devaneio. Ele se virou e viu que os olhos negros da mulher sentada à sua frente o fitavam com tanta curiosidade ávida, com tanta admiração incontida, que um sorriso involuntário se estampou em seu rosto. Surpreendida, a dama pareceu embaraçar-se, suas feições transparentes ruborizaram, e ela se virou. Mas, um minuto depois, o seu olhar, como enfeitiçado, deteve-se novamente em Supramati; desta vez, ele estudou-a melhor. Era um ser encantador, muito jovem, de cabelos dourados e tez branca como porcelana; nos lábios purpúreos, denotava-se energia.

Após o jantar, todos foram fazer um passeio pelo parque magnificamente iluminado; Narayana levava pelo braço a "rainha das amazonas", e esta não fazia o mínimo esforço em disfarçar que gostava dele. É claro que jamais lhe viria à mente que o belo jovem – namorando-a como um simples mortal, ser estranho e enigmático – era na verdade um anfíbio entre o mundo visível e o invisível.

Quando Supramati ia descendo pela escada, a bela mulher que o olhava durante o jantar subitamente se postou a seu lado.

— Permita-me, príncipe, mostrar-lhe o nosso jardim! Meu nome é Olga Aleksándrovna Bolótova. Sou sobrinha da presidenta da nossa comunidade – disse ela sem qualquer constrangimento, sacudindo de leve a cabeça.

— Pois não, ficarei muito grato! – respondeu Supramati, fazendo uma mesura e estendendo-lhe a mão.

Repentinamente ela estremeceu e ergueu para ele um olhar perscrutador.

— Que corrente estranha emana do senhor. Ela está me eletrizando até agora; é como se eu tivesse levado um choque! – observou ela um instante depois.

— Foi impressão sua! – disse Supramati, reprimindo imediatamente, com o esforço da vontade, a sensação que sentia a jovem.

— É verdade! Agora já não sinto mais nada.

E ela começou a tagarelar, submetendo o seu cavalheiro a um interrogatório ingênuo: de onde e quem ele era, e assim por diante.

Supramati a ouvia atentamente, mas as suas respostas eram prudentes, descoloridas e um tanto frias. A tagarelice vazia começou a enfadá-lo; flertar como Narayana ele não conseguia. Pesavam-lhe ainda a grandiosidade e a importância de sua posição – como a do mago e do pensador, que acabara de sair do silêncio e da meditação; a harmonia e o êxito da vitória sobre as paixões carnais tinham se gravado em seus traços com uma beleza espiritual ímpar.

Ele sentiu-se aliviado quando Narayana se aproximou e disse-lhe que era hora de partir. Já dentro do automóvel, Narayana começou a troçar de Supramati.

— Meus parabéns pela conquista! Você ganhou o coração da mais bela das amazonas; ela praticamente o comeu com os olhos. Aposto que logo mais virá visitá-lo, depois convidá-lo para sua casa, e tudo terminará com... "xícara de chá"!

— De que eu não estou a fim – replicou em tom calmo Supramati.

— Por que não? Eu já lhe falei, e você também sabe perfeitamente que, durante as suas incursões pelo mundo, as relações amorosas não são proibidas. Ninguém, nem a sua secular esposa Nara, terá alguma coisa contra, pois um mago precisa, uma vez ou outra, mergulhar na vida real. E, assim, por que é que vai recusar o amor daquela encantadora criança que o adora? Até agora, ela é totalmente pura – se é que podemos empregar esta palavra; o que eu quero dizer é que ela não se entregou a ninguém, quer homem, quer mulher, ainda que existam muitas que estão louquinhas por ela. Assim, você é a sua primeira paixão; e, se como lembrança de sua passagem por aqui você ainda lhe deixar um maguinho, isso talvez a livre de outras tentações, e ela se dedicará exclusivamente à criança. Há-há-há! E você ainda praticará uma boa ação...

Supramati sorriu.

– Seus argumentos são ímpares e provam a sua fama de traquinas inveterado. Só não entendo como você, iniciado em parte, não consegue atinar que o grau de purificação que obtive me impede de encontrar prazer em tais andanças. Já a simples presença dessas pessoas, com suas emanações pesadas, impuras e fétidas, prejudica-me. Que dirá se eu começar um relacionamento assim!

"Além disso, ela é praticamente uma criança e só me incita à pena; seus fluidos e pensamentos comprovam que ela é menos devassa que as suas amigas e menos contaminada por vícios que a cercam. Ela é sensível, porque logo no início sentiu fortemente a corrente pura que emanava de mim, que, aliás, não conseguiu perfurar a carcaça fétida e grossa de outras pessoas. Por isso eu vou tentar empregar o sentimento que inspirei para despertar nela anseios mais nobres e arrancá-la daquela imundície em que se encontra. A nossa missão é perscrutar os corações e procurar por aqueles que ainda podem ser salvos; iniciá-los, à medida do possível, para que depois eles sejam levados ao novo planeta enorme e povoado de seres que mal acabaram de sair do estado animal. A tarefa é grande e nós precisaremos de ajudantes e mentores imbuídos de intenções puras. Pense sobre isso, Narayana! Você também irá conosco, não é verdade?"

– Ah, não me fale desse futuro tenebroso! – exclamou ele. – Tenho vontade de chorar, quando penso que a nossa pobre velhota está sentenciada à morte e vive seus últimos dias. Temos de aproveitar a oportunidade de gozar a vida cultural, divertir-nos e dar atenção à moribunda, admirando e papando tudo o que ela nos oferece. No novo planeta haverá tanta coisa para fazer! É fácil falar em civilizar aquele zoológico! Vou me sentir tal qual um gladiador ou domador de feras. Enquanto nós não nos adaptarmos àquelas espécies inferiores, não consigo imaginar como é que vamos passar sem teatros, restaurantes, ferrovias, automóveis, naves espaciais, etc. Nada, a não ser aquele ermo...!

Em sua voz soava tanto desespero cômico, que Supramati desatou a rir. O carro neste momento parou junto do palácio, e um dos criados apressou-se ao seu encontro.

CAPÍTULO X

No dia seguinte, tomando o desjejum no terraço aberto com vista para o jardim, ele viu pousando, junto da pequena torre, uma nave, da qual saltou Dakhir em companhia de seu secretário. Cinco minutos depois, sorrindo alegre, Dakhir apareceu no terraço.

– Como? Você já terminou o seu périplo em três dias? – surpreendeu-se Supramati.

– Só fui até o templo do Graal e passei na Escócia – respondeu, alegre, Dakhir. – Os seus amigos e o dirigente da irmandade mandaram-lhe abraços. Estão com saudade de você. O encontro foi emocionante e me reanimou, principalmente depois de tudo o que ouvi sobre a degeneração física e moral do mundo, quando fiquei muito angustiado.

Dakhir suspirou.

– Além do mais, eu me senti muito sozinho. Acostumei tanto a compartilhar com você os meus pensamentos e impressões, que as andanças por este mundo novo se tornaram detestáveis. Assim, como em Czargrado há muita coisa interessante, e mais, a sua companhia, decidi voltar.

Supramati estendeu-lhe a mão, e o olhar trocado entre eles era uma prova de quão forte e inabalável era o afeto que os unia.

– Mas o que é que você perdeu na Escócia? – interessou-se Supramati.

– Nada de especial! Simplesmente fiquei com vontade de rever o local onde nós passamos pela primeira iniciação. Ah, que sensação deprimente ver que as ondas cobriram o lugar onde antes eram os vales férteis, as cidades e o porto da mais orgulhosa das frotas, a nova Cartago. A parte montanhosa da Escócia sobreviveu, entretanto, à terrível catástrofe, e o nosso antigo ninho ainda se abriga no penhasco; ele parece tão indestrutível como nós. Eu quero até sugerir-lhe, Supramati, passar lá algumas semanas para descansar deste convívio irritante com a sociedade repleta de vícios que temos de aturar. Lá poderemos estudar em liberdade a história dos três últimos séculos não percebidos por nós, e aquele silêncio mudo, com a vista para o oceano, fará muito bem.

Supramati ouviu cabisbaixo, e o seu coração comprimiu-se angustiado; mas dominou energicamente a sua fraqueza e concordou com a proposta de Dakhir, dizendo-lhe que, na primeira oportunidade, eles a poriam em prática. Em seguida, narrou ao seu amigo o encontro com Narayana, assim como tudo o que vira e ouvira durante a sua ausência. Ele terminava de contar sobre a sua visita às amazonas, quando chegou Narayana, mais humorado que de costume.

– Ah, Castor e Pólux[1] estão juntos novamente! – troçou ele, apertando a mão de Dakhir. – Por acaso, ele está lhe fazendo um relatório de suas conquistas junto às amazonas? Continue, continue, Supramati! Se deixar escapar algum pormenor interessante,

---

[1] *Castor e Pólux*: irmãos gêmeos, filhos de Zeus e Leda; transportados para o céu, tornaram-se a constelação de Gêmeos. Simbolizam a amizade.

eu completo. Aposto que ele não mencionou o seu brilhante sucesso. A mais bela das amazonas está a seus pés, palpitando de paixão; enquanto ele, insensível feito um toco de madeira, encerrou-se em sua blindagem orgulhosa de mago.

– Que mago seria eu se me guiasse pelo orgulho, ou pior, se deixasse me arrebatar pela paixão! – atalhou Supramati, dando de ombros.

– Ele simplesmente está com medo de que a ciumenta Nara lhe caia na alma e faça um escândalo, malgrado toda aquela pose dos dois – troçou Narayana, piscando malicioso.

Supramati não conseguiu conter a gargalhada.

– Isso só prova o medo que infundia Nara a você mesmo, se até hoje você lembra bem da disciplina conjugal.

Dakhir começou a rir; Narayana deu de ombros impaciente.

– Brrr! Você precisa lembrar, seu monstro, todos os escândalos, juras e brigas por causa de algumas simples bobagens? Melhor falarmos de outras coisas!

Ele tirou do bolso algumas folhas impressas e abriu-as.

– Aqui estão alguns anúncios que devem interessá-los. Há certos lugares que vocês devem conhecer, por exemplo, o "Templo Espiritualista Neutro". Lá não se professa nem Deus nem o diabo e só se aceitam a ciência pura e o poder das fórmulas. Eles têm as subdivisões: invocação de espíritos, profecias, astrologia, clarividência; resumindo, lá eles mostram no espelho mágico o passado e muita coisa desconhecida aos seres humanos; predizem o futuro, preparam poções mágicas, mandingas de amor ou ódio, fazem horóscopo. Há especialistas para todos os gostos. E, quase que esqueço: lá invocam os mortos, mas só os da primeira esfera e não mais que cinquenta anos após a sua morte.

– Realmente, isso é muito interessante! Vamos hoje mesmo a este templo, Supramati! – disse Dakhir.

– Vamos. Estou curioso em ver como eles profetizam, de que espelhos mágicos dispõem e que tipo de poções fabricam – aquiesceu Supramati.

– Peçam-lhes para fazer o horóscopo e deixem que eles quebrem a cabeça – interpôs Narayana.

Dakhir prometeu seguir-lhe a sugestão.

– Excelente! Agora passaremos à segunda parte do nosso programa. Esta é ainda mais interessante, pois Supramati vai ter um papel ativo, e você também, Dakhir, já que está aqui.

– Você está pretendendo nos exibir por dinheiro? – perguntou Supramati.

– Não, meu amigo! Vou lhe dar um papel mais nobre e quero distraí-lo, dar-lhe algo para fazer. Você, em suas cavernas do Himalaia, transformou-se num inglês decrépito e mal-humorado – retorquiu Narayana. – Agora, ouçam! Aqui existem duas lojas de satanistas, e eles têm muitos partidários. A sede dos satanistas é na França, mas as suas filiais estão espalhadas por todos os países. Daqui a alguns dias, haverá festejos em todas elas e aqui está o programa, deveras interessante.

Narayana abriu uma enorme folha na qual se lia em letras garrafais vermelho-sanguíneas:

– Programa da reunião dos irmãos da loja de Lúcifer, dia tal, hora tal. I. Missa negra, celebrada pelo próprio Lúcifer. II. Vexação da deidade. III. O cálice sanguíneo de Satanás. IV. A dança diabólica. V. Sacrifício de uma criança, distribuição de sangue e carne. VI . Grande banquete com as larvas, íntimas dos membros atuantes, recém-iniciados. VII. Invocação dos mortos.

"E vocês acham que isso é pouco? Acham que é um papel indigno para você ou Dakhir comparecer por lá e salvar, com seus poderes mágicos, os infelizes comprados dos pais pobres, que as respeitosas lojas de Lúcifer ou Baal têm intenção de imolar?" – ajuntou Narayana com ar de satisfação, dobrando o programa.

– Hum! Devo confessar que não estou muito a fim de pisar naquele covil sacrílego; mas, de qualquer forma, você não deixa de ter uma certa razão. Já que nos misturamos à turba humana, o nosso dever é combater as trevas e os crimes por meio do poder puro e límpido de que somos investidos. Então, como é que nós vamos entrar naquelas distintas reuniões? – perguntou Supramati, após uma breve reflexão. – Se eles farejarem a nossa identidade, não nos deixarão nem chegar perto de seu diabólico ninho.

A IRA DIVINA

– Fiquem tranquilos, eu lhes conseguirei as entradas. Amanhã há um sarau de gala na casa do barão Morgenshield – um amigo meu, gente finíssima. Eu prometi levar à casa dele o meu primo ou os primos que chegaram da Índia; assim, vocês encontrarão lá toda a nata da sociedade de Czargrado. Mas, como o barão é um satanista ferrenho, é membro da loja de Lúcifer, e o seu tio é um dos mandachuvas da loja de Baal, vocês podem entender o prazer que eles terão em levá-los a essas reuniões! Claro, numa doce ilusão de convertê-los, homens tão ricos, para sua religião. Meus queridos satanistas nem de longe desconfiam da peça que vou lhes pregar!

Depois de discutirem todos os detalhes, os amigos se separaram. Narayana, segundo as suas palavras, foi fazer umas visitas; Supramati e Dakhir se trocaram e foram ao Templo Espiritualista Neutro.

Era um enorme edifício de basalto, de estilo extravagante. Degraus largos levavam à entrada, sustentada por colunas; junto a uma grande porta de bronze, sobre trempes altas, ardiam ervas que espalhavam um odor acre e forte. Nas almofadas da porta, estavam desenhados enormes pentagramas vermelho-ígneos, que emitiam uma luz fosforescente à noite.

Quando Dakhir apertou um trinco metálico que travava a porta, esta se abriu silenciosamente, e eles entraram numa sala abobadada com teto de vidro azul-celeste. No meio da sala, havia um balcão com duas recepcionistas.

– Para que seção os senhores querem as entradas? – perguntou a mulher à qual eles haviam se dirigido. – Se os senhores são simplesmente profanos, existem seções bem interessantes: espelhos mágicos, horóscopos e a de evocação de mortos. Aliás, aqui está a relação. Tenham a bondade de escolher!

– Não somos totalmente profanos – anunciou modesto Supramati. – Gostaríamos de ver o que há de mais interessante neste templo; queira nos dar as entradas para todas as seções!

Depois de pagarem uma importância bastante elevada, o caixa gritou no aparelho:

Um guia para dois estrangeiros visitarem todas as seções!

Um pouco depois apareceu um jovem bem-apessoado e se apresentou como guia. Ao lançar um olhar nos cartões de visita, ele fez uma respeitosa reverência.

– Vossas Altezas vieram da Índia, o berço de nossas ciências misteriosas. Assim, não podem ser profanos, no sentido lato da palavra. Por qual seção desejam começar? – perguntou ele, assumindo ares de protetor.

– De fato, detemos alguns fragmentos de conhecimentos ocultos. Gostaríamos, primeiro, de ver as invocações – respondeu Dakhir com sorriso irônico.

– Neste caso, vamos às tumbas e poderão invocar, ao seu desejo, as almas de seus parentes falecidos.

Uma escada bastante comprida levava ao subterrâneo. O guia encaminhou-os a uma sala circular revestida de preto, iluminada, não se sabe de onde, por uma meia-luz; no recinto, sentia-se um odor acre.

Junto da porta havia um grupo de jovens, de pé, vestindo longos casacões e discutindo algo com uma moça em trajes de luto. Ela, aparentemente, queria invocar duas pessoas. Um dos jovens anunciou-lhe bem categórico que, neste caso, ela deveria pagar em dobro, pois uma entrada não dava direito para chamar duas almas.

Com a entrada de Dakhir e Supramati, os evocadores fizeram uma mesura respeitosa. O guia levou-os até um nicho onde havia duas cadeiras e perguntou quem eles gostariam de invocar. À dama de luto foi proposto que esperasse, enquanto não acabasse a sessão para os ilustres estrangeiros.

– Oh, não, por favor, continuem com ela! – interveio Supramati.

– Não queremos invocar ninguém, só gostaríamos de assistir a um fenômeno desses. Suponho que aquela dama queira chamar o marido e o filho, perecidos num naufrágio. Será muito interessante para nós.

Os invocadores se entreolharam estupefatos, sem entenderem de que forma o visitante estaria informado das circunstâncias das mortes que eles próprios desconheciam; no entanto, da parte deles, não se seguiu nenhuma objeção. A dama foi convidada a sentar-se numa cadeira em outro nicho, e um dos jovens, cingido por uma faixa desenhada com estrelas – sinal de que era o principal invocador –, ocupou o lugar no centro de um disco metálico, imitando tapete. Os ajudantes trouxeram três trempes acesas e as dispuseram num triângulo fora do disco. Em seguida, o evocador tirou de trás do cinto um papel com as fórmulas escritas e o bastão, com o qual começou a desenhar no ar uns sinais cabalísticos, pronunciando as fórmulas.

Uma leve penumbra envolveu a sala. Ouviu-se o rolar de um trovão remoto, assoviou o vento e ressoou o marulho furioso de ondas; do disco metálico começou a se desprender uma fumaça negra, cobrindo o evocador. Do teto relampejou um raio cintilante; a fumaça se dissipou e escancarou-se o mar aberto. Pelo céu cruzavam nuvens felpudas e junto aos pés dos espectadores rolavam ondas espumosas, perdendo-se na lonjura nevoenta. As ondas batiam e inundavam os fragmentos do navio destruído; não longe, um homem jovem e um meninote de uns dez anos, agarrados a uma tábua, lutavam contra a tempestade, tentando chegar até a margem, vagamente divisada no horizonte.

A dama em trajes de luto gritou apavorada e quis se lançar nas águas, mas um dos ajudantes do invocador conseguiu segurá-la. Por mais algum tempo, as imagens dos náufragos ainda eram vistas, depois se dissiparam e tudo desapareceu. A dama desmaiou.

Aparentemente contente consigo, o evocador saiu do disco e aproximou-se de Supramati, na esperança de receber um provável elogio à sua habilidade e poder.

– O senhor não nos mostrou os espíritos dos falecidos – observou calmamente Supramati –, mas o simples reflexo do passado com os invólucros inertes e amorfos.

O rosto do evocador cobriu-se de rubor.

– Vossa Alteza, só em casos muito raros podemos invocar o próprio espírito.

– Então os senhores devem designar as coisas com o nome certo. Não é muito ético de sua parte – acrescentou Dakhir, dirigindo-se com o amigo para a saída.

Constrangido, o hierofante[2] acompanhou-os com um olhar furioso e desconfiado.

Até o mestre do ritual, que não pronunciara palavra alguma, olhou de soslaio para os estrangeiros.

Eles tiveram mais sorte na seção do espelho mágico, onde contemplaram o terraço e o cantinho do jardim de um dos seus palácios no Himalaia. Mas, na seção de horóscopo, novamente surgiram desentendimentos.

O astrólogo repetiu por diversas vezes as perguntas sobre alguns detalhes, examinou as palmas de suas mãos, mexeu e remexeu no mapa, fez e refez cálculos da tabela e, finalmente, largou tudo.

– Não entendo absolutamente nada em seus destinos, senhores – disse ele desesperado. – Os acontecimentos são tão confusos que, decididamente, estou perdido: não se vê nem o início nem o fim de suas vidas, e as linhas da mão parecem infinitas. Eu não posso fazer seus horóscopos. Quem são os senhores, afinal?

– Somos simples pessoas inofensivas como o senhor. Não entendo o que pode atrapalhá-lo ao fazer o nosso horóscopo – estranhou Dakhir em tom ingênuo, dando de ombros.

– Diabos! Nunca vi uma vida terminar em catástrofe e renovar-se como se nada houvesse acontecido! – justificava-se desesperado o astrólogo.

– Deixe para lá! Provavelmente os nossos fluidos não se batem e agem negativamente sobre a sua clarividência! – disse Supramati.

E, com esta nebulosa explicação, despediram-se. Com as médiuns, porém, foi bem pior.

Algumas mulheres em transe caíram no chão gritando que não conseguiam aguentar a luz ofuscante que irradiava daqueles dois homens.

Este incidente foi sobremaneira desagradável para os magos: eles perceberam que não era tão fácil esconder a sua grandeza

---

[2] *Hierofante*: sacerdote que, nas religiões de mistérios da Grécia, instruía os futuros iniciados.

espiritual. Assim, como já tinham uma noção sobre os rumos do espiritualismo atual, Supramati quis ir embora, enquanto Dakhir insistia em ver o seu futuro. Deixando-o sozinho, Supramati dirigiu-se à saída.

Ao passar pelo corredor, uma porta se abriu repentinamente e, no umbral, apareceu um homem jovem e alto, em trajes brancos justos e com uma capa preta. Do pescoço pendia uma corrente de ouro com um pentagrama, em forma de medalhão, decorado com pedras preciosas.

Ele fitou Supramati com um olhar longo e perscrutador; depois fez uma mesura e, com um gesto, convidou o mago a entrar. Assim que a porta se fechou atrás deles e ficaram sozinhos, o homem, que se verificou ser o dono daquele estabelecimento, pôs-se sobre um dos joelhos.

– Saúdo-o, mestre! Bem-vindo a este teto, e não nos negue a sua graça – disse ele em tom reverente. – Todas as honras lhe são dadas, e os espíritos das esferas protegem cada passo seu.

Supramati entendeu que fora reconhecido.

– Filho meu, você de fato é um iniciado, já que me reconheceu – disse Supramati, colocando a mão sobre sua cabeça. – Mas guarde o silêncio, pois esta é a ordem do Alto. Nada mais sou que um servidor modesto da ciência superior, a quem foi ordenado que viéssemos ao mundo. Estou pronto a aceitá-lo como membro de meus discípulos esotéricos, quando eu voltar para cá novamente, mas você não deve revelar a ninguém o mistério do meu grau hierárquico.

Agradeço-lhe, mestre, a graça recebida: seu pedido é uma ordem – respondeu o adepto, beijando respeitosamente a mão de Supramati.

No caminho, ele relatou a Dakhir aquela conversa.

– Pelo visto – observou este, meneando a cabeça –, os empregados levantaram suspeitas quando apareceram visitantes um tanto incomuns. Estou prevendo sérias ameaças ao nosso anonimato.

Os amigos passaram o dia seguinte todo em visitas. Narayana havia feito uma relação de pessoas ilustres e famílias ricas e hospitaleiras, acostumadas a fazerem muitas recepções em casa, e que, segundo ele, os dois deveriam conhecer.

Estafados com essas andanças mais do que se tivessem ido criar uma sucessão de tempestades, retornaram para casa e tomaram um banho. Ao recuperarem as forças, vestiram suas roupas caseiras de seda e, após o almoço, instalaram-se no terraço do jardim, que se tornara o lugar predileto de descanso para Supramati. As roseiras e outras flores enchiam o ar com o seu aroma; por entre a densa vegetação, reluziam os jatos dos chafarizes, e aquele quadro tranquilo, aquele silêncio da natureza, acalmavam os nervos cansados do contato com a multidão.

Esticados comodamente em suas redes, conversaram tomando café e trocando impressões. De repente, ouviu-se um barulho, e um objeto bastante volumoso foi visto pousando sobre uma pista de areia perto do terraço.

Era uma nave de apenas um lugar. Surpresos, os amigos viram saindo dela a belíssima amazona, Olga Aleksándrovna Bolótova. Ela subiu os degraus e estendeu-lhes a mão.

Supramati estava embaraçado e bravo; Dakhir mal conseguia se conter para não rir.

– O senhor parece não estar muito feliz com a minha vinda, príncipe? – disse ela em tom afável. – Mas eu queria tanto vê-lo!

Supramati, é claro, protestou contra aquela conjetura, explicando que preferia ser avisado antes da sua honrosa visita para recebê-la mais condignamente. Em seguida, apresentou-lhe o seu irmão, o príncipe Dakhir.

A jovem estremeceu ao ouvir o nome, e uma expressão indefinida refletiu-se em seu rosto; mas sem pensar muito dirigiu-se alegremente a Supramati:

– Odeio visitas enfadonhas e cheias de cerimônias; gosto de aparecer de surpresa. Eu os encontrei em casa; o que mais importa? Se querem ser gentis, ofereçam-me então uma xícara de café com biscoito. E depois, senhores, deitem-se em suas redes. Não vim para atrapalhar, mas para conversar, e as formalidades chinesas são simplesmente ridículas neste século iluminado e livre.

A IRA DIVINA

Ela aproximou a sua cadeira de junco para perto da rede de Supramati e saboreou uma pequena xícara de café, mastigando uma torrada crocante que o anfitrião mandara servir.

Iniciou-se uma conversa animada. Olga era mais espirituosa e instruída do que se podia imaginar. Entre outras coisas, ela contou que vinha da casa de uma amiga cuja família recebera os dois príncipes naquele dia.

Todos estão encantados pelos senhores e querem vê-los de novo. A propósito, os senhores irão à festa do barão Morgenshield?

– Sim, nós recebemos um convite muito gentil – respondeu Dakhir.

– Ah, então é verdade! Ele telefonou para todos os seus amigos anunciando a sua presença. Haverá bastante gente.

– Fico lisonjeado, só que não entendo muito bem o motivo de tanta atenção da sociedade em relação a mim e a meu irmão – observou Supramati.

– Pelo visto pressentem nos senhores alguma coisa diferente – arriscou Olga em tom maroto. – Um primo da minha amiga, evocador do Templo Espiritualista, contou que os senhores estiveram lá e armaram a maior confusão. Os senhores criticaram violentamente as evocações, que, segundo eles, foram realizadas com sucesso; as médiuns disseram que dos senhores irradia uma intensa luz, tal qual a do sol, e o astrólogo caiu doente de desespero após passar por um fracasso humilhante com os seus horóscopos.

– Isso prova que aqueles senhores contam principalmente com visitantes totalmente ignorantes e crédulos, falando e predizendo tudo o que lhes vem à cabeça. Nós viemos da Índia, onde sabem a diferença entre uma simples casca e a individualidade psíquica, porque as ciências ocultas são muito desenvolvidas. Entretanto, lamentamos por termos magoado o pobre evocador.

Todos os três riram. Supramati, no entanto, quis dar uma outra orientação à conversa; às suas perguntas Olga respondia com sinceridade ingênua.

Ela contou que era órfã, tinha um patrimônio considerável e se retirara para a comunidade para ter liberdade total.

– Estou muito bem com a tia – acrescentou Olga. – Ela nunca interfere em meus assuntos; vou para onde quiser, recebo quem tenho vontade e, como gosto muito de ler e estudar, tenho à minha disposição uma das melhores bibliotecas do mundo, salas de estudo e belíssimas oficinas. Resumindo: todas as comodidades e liberdade.

Durante a conversa, ela olhou várias vezes para um livro sobre a mesa; finalmente não aguentou e perguntou:

– Posso ver o que o senhor está lendo, príncipe?

– Sem dúvida! O livro parece-me interessante; peguei-o hoje na minha biblioteca – disse Supramati, estendendo-o.

– Ah! *O Passado e o Futuro* – leu ela. – Realmente interessante, ainda que o autor vaticine para o futuro muita desgraça e veja tudo com pessimismo. Ele prediz o fim do mundo, reviravoltas terríveis e a segunda vinda do anticristo; enfim, só horrores. Entretanto, a obra tem umas lacunas. Assim, o autor não menciona a primeira vinda do anticristo, ainda que a lenda seja tão curiosa...

– Segundo a tradição, o anticristo veio há alguns séculos atrás e ocasionou muitos males. Ignoro, entretanto, se quanto a isso existe uma lenda diferente. Não me lembro bem de que fim ele teve – disse Supramati.

– Se quiserem, eu lhes contarei. É bem interessante, juntando-se o fato de que muita gente séria afirma que a segunda aparição do anticristo está próxima.

Os amigos certificaram a sua bela visita de que ficariam agradecidos por isso. Ela pensou um pouco e começou:

– Sucedeu no fim do século XX. Era uma época dura. Os atos de destronamento assumiam proporções gigantescas, e os súditos, também, estavam todos contagiados com o bafejo da insanidade. As traições e revoltas minavam as riquezas e o poderio dos estados; o povo foi acometido pela mania de destruição, impunidade e sacrilégios. A hostilidade a Deus e a Cristo tomou dimensões até então inéditas. Foi nessa época que apareceu o anticristo.

A IRA DIVINA

"Ele viera da América, era filho de uma judia com um monge dissidente católico – um apóstata. Segundo a lenda, era uma pessoa encantadora, de beleza diabólica. Adquiria poder sobre todos os que tivessem contato com ele; sabia excitar as paixões populares, controlava a turba de acordo com os seus objetivos e, onde quer que estivesse, desabavam tempestades de ódio, revoltas sanguinárias e guerras fratricidas.

"O satanismo tornou-se tão poderoso, que qualquer um que ousasse ainda crer em Deus e atravessar o umbral da igreja sofria perseguições. Mas, apesar das grandes vitórias do anticristo, ainda restava muita gente piedosa e crente – pois o cristianismo sempre teve raízes profundas; formaram-se facções, cada qual defendendo furiosamente as suas convicções. Os cristãos instalaram em suas portas escudos com cálice entalhado, encimado por um crucifixo; nas entradas dos templos, defumava-se constantemente o ládano, embutiam-se cálices achatados com água benta nas soleiras das igrejas, que só podiam ser transpostas com os pés descalços, pronunciando-se orações que espantavam os demônios. Os fiéis, para se fortificarem, reuniam-se para as preces conjuntas e comungavam diariamente; para garantir a realização daquelas reuniões, assim como dos ofícios divinos e das procissões, quando eles se arriscavam a sair dos limites da igreja, foi formado um corpo voluntário de cristãos. Por fim, como um sinal diferenciador de um cristão, cada fiel fazia tatuar na palma de sua mão uma cruz e, ao entrar numa reunião, levantava a mão aberta mostrando a Crucificação e assim revelando o partido ao qual pertencia. Os partidários de Satanás não deixavam por menos. Eles faziam representar em suas casas e nas mãos um bode com chifre ou algum outro sinal diabólico. Naquele tempo, os confrontos sangrentos com os fiéis e seus assassínios era um fato corriqueiro.

"O anticristo estimulava todos aqueles crimes, a fé em Deus ia diminuindo, e o inimigo do gênero humano triunfava. E justamente naquela hora, quando o seu poderio alcançou o apogeu e só lhe faltava dar alguns passos para conquistar o cetro mundial, o anticristo desapareceu misteriosamente, e o povo assombrado perguntava debalde o que poderia ter-lhe acontecido. No início ninguém sabia de nada, mas, depois, começou a correr a seguinte versão sobre o fim do anticristo:

"Entre os cristãos havia uma jovem de beleza angelical; sua tez era de alvura liliácea, os cabelos como fios dourados, os olhos azul-celeste. Ao vê-la, o anticristo apaixonou-se perdidamente e, desejando possuí-la de qualquer maneira, empregou todos os artifícios de sedução, mas tudo foi em vão. Na bela cabecinha, então, amadureceu um plano para acabar com o gênio do Mal.

"Ela fingiu se dobrar à paixão do anticristo, anunciando, entretanto, que, por medo do partido, não podia unir-se abertamente a ele, e, desta forma, atraiu-o para uma caverna isolada nos Alpes. Lá, devendo entregar-se, apesar do ódio e horror que ele lhe infundia, colocou-lhe no vinho um soporífero, e, quando este adormeceu, ela o crucificou.

"Os demônios ficaram furiosos e lançaram-se para libertá-lo, mas a jovem defendia-se corajosamente com o crucifixo, chamando em auxílio o Cristo, os santos e o exército celestial. Então a cruz, na qual estava pregado o anticristo, cravou-se por uma força desconhecida no interior da rocha, a caverna se fechou e diante de sua entrada surgiu também uma cruz esculpida em rocha. Os demônios irados recuaram, mas depois agarraram a jovem cristã e a lançaram num abismo da geleira. O Cristo, por quem ela clamara, transformou-a numa rolinha, que desde então sobrevoa a entrada da gruta e vigia o calabouço do anticristo.

"E, quando chegar a hora instituída pelo destino para o triunfo de Satanás, os demônios se lançarão ao ataque da caverna; a rolinha voará para o céu; a rocha se abrirá e o anticristo ganhará a liberdade, aniquilará todos os que permaneceram fiéis a Deus e inundará a terra com o sangue de suas feridas; e este sangue se transformará num dilúvio tão grande, que a humanidade se afogará nele, enquanto a Terra, abandonada até pelos demônios, perecerá..."

– Uma lenda muito curiosa! Mas em que se baseia a suposição de que o anticristo se libertará logo de seu cativeiro? – indagou Supramati, não sem antes agradecer à narradora.

A IRA DIVINA

– Não sei exatamente, mas é um prognóstico geral. Está no ar, se podemos expressar-nos assim. Eu fiquei muito impressionada com as palavras de um velho sacerdote ortodoxo, nosso parente, de quem eu gosto muito. É uma pessoa impressionante: parece de outro século! Ele leva uma vida de eremita, jejua e reza dia e noite; sua fé é tão grande que, às vezes, quando me encontro com ele, começo a acreditar e tento orar. É claro que isso é passageiro, mas é o que acontece. – Ela riu. – De qualquer forma, as palavras do reverendo Filaretos têm um grande significado para mim. Devo acrescentar que esse respeitado ancião tem uma veneração especial por um santo que viveu no início do século XX, de nome João, conhecido como João de Kronchtadt, igual ao nome da ilha que já não existe mais, onde ele foi um sacerdote por muitos anos. Assim, o padre Filaretos tem visões: aparece-lhe o padre João e, pelo visto, faz-lhe predições, pois certo dia ele me disse: "Oh! Como os homens são cegos! Eles dançam à beira do vulcão e não querem perceber que a força de Satanás aumenta a cada dia. Ele, aos poucos, vai agarrando com as suas patas toda a humanidade, e o anticristo já está conseguindo se mexer em seu calabouço; os pregos que o seguram já estão afrouxando. Logo baterá a hora em que ele sairá, fervendo de ódio e orgulho, para esmagar tudo o que restou de bom e puro. Mas a punição não tardará em fulminar essa orgia do Mal, e a mão direita do Senhor baterá tão forte nesse ninho de infelicidade, que ele desmoronará". Ufa! Eu fiquei arrepiada quando ele disse isso, mas depois pensei: o padre está exagerando. O mundo não está assim tão mal; temos muita liberdade, conforto, conhecimento, e estamos bem melhor de vida que os nossos antepassados. Por que é que tudo deve ser criminoso? Talvez o anticristo até venha, e, com ele, todas as desgraças, mas isso ainda vai levar alguns séculos.

– Vamos esperar que sim! – disse sorrindo Supramati. – De qualquer forma, hoje há tantos satanistas, que a repetição daquilo que aconteceu no século XX é possível.

– É verdade! Eles são muitos. Mas professam uma religião como outra qualquer e têm os mesmos direitos de cultuar a

Lúcifer como os outros, que preferem a Deus e a Cristo; não se pode obrigar a alma. Ou o senhor é de outra opinião?

– Não, não tenho intenção de cercear a liberdade de consciência, mas confesso que os veneradores de Satanás não me sugerem qualquer simpatia.

De fato, há entre eles indivíduos bem asquerosos. Principalmente um, que eu não suporto! – exclamou Olga enfática.

– A ofensa dele deve ter sido grave, para a senhora estar tão aborrecida com esse coitado! – disse Dakhir, não sem um tom de brejeirice.

Olga corou.

– Ele que ousasse me ofender! Estou simplesmente farta dele...

Os anfitriões sorriram; riu também a visita.

– Sabem o que está acontecendo? – acrescentou ela decidida. – Ele está apaixonado por mim e quer que eu me case com ele; mas só fico com quem eu amo. O que me deixa louca é que ele não me larga. Vai me estragar a festa que teremos na casa do barão de Morgenshield. Ele é primo do anfitrião e, com toda certeza, será convidado. Isso significa que vai me atormentar com seus cortejos. Bem, está na hora de ir! Temos visitas na casa da tia – concluiu ela, levantando-se.

Despedindo-se dos anfitriões, ela sentou-se agilmente em sua nave, que, pouco depois, ganhou rapidamente a altura e desapareceu.

Assim que os amigos ficaram a sós, Dakhir não se conteve e soltou uma sonora gargalhada.

– Parabéns, Supramati! A sua conquista é impressionante. Se você resistir a essa jovem sedutora, duplamente mais perigosa devido a sua ingenuidade, você será mais firme que Santo Antônio.

– Ah, deixe-me em paz! Nada poderia ser pior que essa conquista! O meu azar é que não foi você o primeiro a conhecer as amazonas; assim, quem sabe... o seu coração amoleceria...

– Por que eu? E para que todo esse orgulho? Você se esquece de que, uma vez misturados à turba, os seus fluidos nos influenciam; e, a despeito do nosso saber, continuamos sendo

A IRA DIVINA

humanos, ainda que "imortais", cujos instintos carnais de um corpo cheio de vida e de energia nem a idade, nem as doenças, conseguem extinguir. Para dominar as paixões que ainda espreitam no âmago de nosso ser, incitáveis pelo ambiente cheio de vícios e luxúria que nos cerca, nós só dispomos da força de vontade. Desta forma, não é à toa que durante as nossas excursões pelo mundo tudo nos é permitido.

– Acho justo, mas será a nossa vontade suficientemente forte para nos preservar de arrebatamentos fúteis? A única certeza é que nada sinto por aquela leviana; o que eu gostaria é de arrancá-la da imundície que a cerca; pois, no fim das contas, a sua índole não é assim tão má – concluiu Supramati meio sério, meio em tom de brincadeira.

CAPÍTULO XI

A casa do barão de Morgenshield, localizada na parte nobre de Czargrado, era um enorme prédio de estilo moderno, com uma entrada monumental e duas torres que serviam de aeródromo.

Os convidados vinham chegando em vários tipos de veículos, congestionando a rua e as torres. As salas já fervilhavam de gente no momento em que Supramati e Dakhir entraram. Centenas de olhares se voltaram para eles, quando estes cumprimentavam o anfitrião e uma velhota – sua parenta –, que fazia as honras de dona da casa, pois o barão era solteiro.

Para os magos, aquela era a primeira grande festa de que participavam e por isso sua curiosidade era natural. Impressiona-ra-os, sobretudo, o imenso salão com o bufê aberto e as mesas, onde as máquinas automáticas serviam às visitas chá, sopa, vi-nhos e outras bebidas, e até sorvete. O número de empregados era escasso; Narayana explicou que os jantares já não estavam mais em voga: cada um pegava o que quisesse no bufê.

Depois, como era de esperar, a atenção dos magos foi despertada para a sociedade representada, e eles se puseram a observar a multidão barulhenta e animada que os cercava. É claro, não faltavam ali bonitos rostos femininos, ainda que, de modo geral, em toda aquela geração franzina, subnutrida e nervosa, de olhar febril e movimentos bruscos, estivessem estampados os sinais da degeneração. As figuras altas de Dakhir e Supramati destacavam-se na multidão baixinha. Todos estavam trajados primorosamente: as mulheres cintilavam em suas joias; a roupa dos homens sobressaía-se pela riqueza e pelo colorido. A presença de muitos membros da sociedade "Beleza e Natureza" apenas deixou Supramati melindrado. Por cima das camisas de gaze, cingidas por largas cintas com joias, as mulheres traziam pendurados enormes colares; na cabeça de algumas, viam-se penachos coloridos; de outras – grinaldas e diademas. As camisas dos homens eram bordadas com fios de seda multicolores; os cintos, as correntes e carteiras eram um trabalho de fino artesanato. A presença daqueles despudorados e a impertinência com a qual eles circulavam expondo a sua nudez revoltava e aborrecia Supramati.

Dakhir foi levado por um grupo de jovens; Supramati, conversando com Narayana, reparou num jovem que discutia animadamente com Olga no fundo do salão. O indivíduo, todo de preto, era indubitavelmente belo. Bastante alto, magro e esbelto, de rosto regular e expressivo, cabelos densos e uma barbicha pontiaguda preto-azulada, destacava-se dentre outros; mas a expressão sombria e cruel dos grandes olhos negros e a palidez cadavérica do rosto denegriam o seu aspecto agradável.

Olga estava belíssima. Seu vestido branco e vaporoso, bordado em prata, cingia-lhe as curvas flexíveis e esbeltas; os maravilhosos cabelos, suspensos por guirlandas de pérolas e rosas, estavam soltos e caíam abaixo dos joelhos; um colar de pérolas enfeitava-lhe o pescoço. Nas mãos, envoltas em luvas brancas, ela segurava um leque rendado, ora o abrindo, ora o fechando impaciente. Dava a impressão de que ouvia displicentemente seu interlocutor, enquanto procurava com os olhos ávidos alguém na multidão. Ao que tudo indicava, o cavalheiro nutria por ela uma intensa paixão, o que transparecia nos seus olhos, que não se desgrudavam da figura da jovem.

Subitamente o rosto de Olga se afogueou ao ver Supramati; mas, ao perceber que ele estava conversando com uma mulher, suas feições cobriram-se de uma expressão de fúria e ciúme. Ela deu as costas ao seu cavalheiro e foi em direção a Supramati. Seu admirador empalideceu de raiva e lançou um olhar sombrio para Olga e Supramati; um minuto depois, ele se misturou na multidão.

Supramati viu toda aquela cena, porém, não querendo que Olga ostentasse a sua emoção, recebeu-a fria e cordialmente, continuando a conversa iniciada. Magoada, Olga embaraçou-se e em seu rostinho entristecido refletiu-se frustração; levemente empalidecida, ela virou-se de costas e, assumindo ares de cansaço e indiferença, caminhou para junto de seus conhecidos.

Neste ínterim, o admirador de Olga passava por perto, e Supramati perguntou à sua interlocutora o nome dele.

– É Chiram de Richville, francês, que há alguns anos se mudou para Czargrado. É muito rico e benquisto na sociedade – respondeu a dama.

Neste momento, aproximaram-se algumas pessoas e a conversa mudou de rumo.

Passou cerca de meia hora. Supramati sentia-se exausto; ele novamente estava acometido por uma sensação de cansaço e opressão que normalmente experimentava em reuniões com muita gente. Saindo da sala, foi a um vasto jardim que ocupava toda a área dos fundos da casa.

O local parecia vazio e só o murmurejar de uma fonte quebrava aquele silêncio profundo. Supramati sentou-se num banco debaixo de loureiros e laranjeiras, coberto por uma pelúcia verde, imitando grama artificial, e suspirou aliviado. Nem poucos minutos haviam transcorrido, quando ele ouviu passos, o farfalhar de uma saia de seda e a voz irritada de Olga:

– Peço-lhe deixar-me em paz! Já disse que estou com dor de cabeça e quero ficar sozinha.

– Desculpa esfarrapada, Olga Aleksándrovna! – refutou uma voz sonora. – A senhora simplesmente está me evitando; mas, se pensa que vai se livrar de mim com essa desculpa, está redondamente equivocada. Estou cheio de seus caprichos sem nenhum fundamento racional. A senhora divertiu-se alcançando o seu objetivo; provocou-me e excitou-me a paixão. Eu a amo e a desejo, por isso pare com esse jogo cruel, essa comédia inútil. A senhora é uma amazona livre, a quem nada impede de recompensar com amor a quem quer que seja; por que é que então a senhora me rejeita?

– Porque eu o odeio! É mentira sua que lhe dei margem para alguma coisa ou que tenha provocado ou estimulado o seu amor; eu, repito mais uma vez, sempre o evitei porque o detesto. Sim, tenho liberdade de amar quem quer que seja, de ter tantos amantes quanto quiser – ainda que não tenha tido algum até agora –, mas o senhor não será o primeiro!

Ouviu-se uma exclamação surda:

– Ah?! A senhora me rejeita porque está apaixonada por aquele forasteiro hindu, que não se sabe de onde veio. E a senhora acredita que cederei a ele a felicidade de ser o seu primeiro homem? – balbuciou em voz rouca, sufocando-se em fúria. – Oh, você ainda não me conhece o bastante! Somente a mim e a mais ninguém você irá pertencer... e bem rapidinho!

Supramati levantou-se, virou para dentro da palma da mão a pedra do anel do Graal e pronunciou uma fórmula mágica. Quase imediatamente, a silhueta do mago esmaeceu e pareceu diluir-se no ar.

Na gruta artificial do jardim de inverno prosseguia, entrementes, uma tempestuosa cena entre Chiram e Olga.

– Como? O senhor ainda ousa abusar de mim? O senhor ficou louco? – bradou furiosamente a jovem, a custo contendo o medo e a angústia que se tinham apoderado dela.

O local, onde eles se encontravam, era isolado e seria necessário conhecer bem o jardim de inverno para, naquele momento, sem a ajuda de alguém, achar a entrada para o salão. Que descuido... ir para lá sozinha!... Ela se virou para correr, mas estacou de repente, soltando um grito surdo, como se atingida por um golpe.

Chiram deu uma sonora gargalhada e ergueu os braços. De seu anel com pedra vermelha, usado no dedo, reluziu uma luz esverdeada, atingindo a cabeça de Olga; esta gritou, cambaleou e espichou o corpo; seus membros penderam, a cabeça caiu exânime para trás, e ela, feito um robô desligado, resvalou sobre a cadeira.

Chiram aproximou-se e, sem deixar de fitá-la, focalizou em seus olhos a luz que se irradiava do anel.

– Ordeno-lhe que me ame e que se entregue voluntariamente a mim, esquecendo e odiando o hindu – pronunciou ele com voz possante.

Agarrando os bastos cabelos da jovem, ele os puxou aos seus lábios.

– E, agora, tire o vestido! – ordenou ele, aprumando-se. – Quero me embevecer com a beleza de suas formas, extasiar-me mentalmente, antes de possuir o seu corpo.

No momento em que os lábios de Chiram tocaram nos cabelos da adormecida Olga, esta gemeu fracamente e esboçou um movimento. Neste instante, seu rosto iluminou-se num sorriso de felicidade e, estendendo as mãos em prece em direção a algo invisível, ela cochichou, quase inaudível:

– Mestre! Salve-me e proteja-me!

Uma luz brilhou entre ela e Chiram; um jato de ar cálido jogou-o com força para trás. Com os olhos esbugalhados, o satanista fitava raivoso e apavorado a figura alta do homem em branco, inesperadamente surgido do ar e se interpondo entre ele e Olga. Uma névoa límpida cobria os seus traços; no peito luzia uma estrela brilhante, sobre a testa ardia uma chama ofuscante. O braço da visão estava erguido, e por baixo da mão e dos dedos jorravam feixes de faíscas.

– Fora, escravo mísero da carne! – pronunciou a voz autoritária.

– Não ouse macular esta jovem com seu sopro pernicioso!

A IRA DIVINA

Eu a protejo com um círculo intransponível, seu profanador imprestável da verdade e da luz!

Ao ver que em volta de Olga se inflamou um círculo fosforescente, Chiram recuou com a boca espumando; ergueu ameaçadoramente os dois braços, desenhou no ar um sinal cabalístico e pronunciou um feitiço satânico. Mas, no mesmo instante, um raio reluzente atingiu-o no peito e derrubou-o no chão.

– De joelhos ante o seu senhor, que governa bestas inferiores como você! – ressoou a voz. – Saia rastejando daqui de quatro, conforme merecem as criaturas demoníacas como você!

Vencido e como se pregado à terra, Chiram uivou queixosamente e rastejou para a saída. Parecia-lhe que golpes de punhal cravavam-se-lhe nas costas – o que não era nada mais que os raios límpidos emanados das mãos do mago.

Supramati virou-se para Olga, ajoelhada, e colocou-lhe a mão na cabeça caída.

– Durma tranquila e, daqui a quinze minutos, acorde! – disse ele, e saiu da gruta.

Um verdadeiro tumulto formou-se na sala. As visitas gritavam agitadas e corriam para a sala ao lado do jardim de inverno. A causa daquela confusão toda era Chiram, que vinha rastejando com rosto desfigurado e gemendo de dor. Algumas pessoas se lançaram para ajudá-lo, mas não havia condições de colocá-lo de pé: ele parecia pregado ao chão e, sempre que tocado, contorcia-se em sofrimentos.

Entre os curiosos que vieram, alertados por gritos nos quartos vizinhos, estava Narayana. Ele percebeu imediatamente a razão do estranho acontecimento, surgindo-lhe na mente uma forma de contornar a situação.

– Richville padece de dores na coluna, um mal com que já me deparei muito na Índia; mas eu posso ajudá-lo – gritou ele. – Só preciso ficar a sós com o doente!

Visivelmente contrariada, a multidão curiosa foi para o fundo da sala. Narayana abaixou-se de joelhos, fez alguns passes, depois tirou de trás da gola um objeto em forma de cruz e encostou-o na testa de Chiram, nas suas costas e no plexo solar.

– Agora, levante-se, vá embora e não diga mais nada! E, daqui por diante, não subestime as forças superiores! – sussurrou ele no ouvido do satanista.

Ajudado a ficar de pé, Chiram continuava cambaleando; Narayana pegou-o pelo braço e levou-o até a porta. Vieram alguns amigos e levaram-no até o carro. Nesse ínterim, Narayana explicava aos curiosos que o doente estava com convulsões nervosas na espinha e que a enfermidade somente minorava com a sobreposição de objetos feitos a partir de uma liga especial de metais.

Como era de esperar, o caso de Chiram virou o centro das conversas. Dakhir, que estava jogando xadrez no quarto vizinho, também soube do ocorrido e logo concluiu que aquilo fora uma punição aplicada por Supramati no satanista, ao ser flagrado, provavelmente, fazendo alguma coisa errada. Narayana, convencido do mesmo e desejando conhecer os detalhes, saiu à procura de Supramati, já há um longo tempo sumido. Como Chiram havia entrado rastejando do jardim de inverno, ele concluiu que a aventura tivesse tido lugar justamente ali, o que o fez dirigir-se para lá.

Não obstante, ele não achou quem procurava, embora Supramati para ele fosse visível. Em vez dele, topou no fundo do jardim com Olga. Pálida e abalada, com lágrimas nos olhos, estava em pé junto a um arbusto.

"Ah! Eu não me enganei! A jovem está no meio da confusão. Meu amigo Morgan defendeu-a e vingou-se cruelmente", pensou Narayana.

Simulando indiferença, ele se aproximou da jovem.

– Estou procurando o meu primo; a senhora não o viu por acaso? Mas... o que eu vejo? Olhinhos cheios de lágrimas, o rostinho pálido! O que há com a graciosa senhorita? Abra-se comigo! Esteja certa de que sou seu amigo e não vou abusar de sua confiança!

Ele pegou-a pela mão e apertou-a amistosamente; Olga lançou-lhe um olhar perscrutador. Aparentemente, seu coração de dezessete primaveras estava transbordando e ansiava por abrir-se. Ela explicou que não entendia como Chiram conseguira levá-la até aquela gruta isolada, de cuja existência não suspeitava; e lá ele havia feito aquela cena terrível, ousando, inclusive, ameaçá-la.

– Depois – prosseguiu ela –, eu senti como se alguém me desse uma pancada na cabeça; aí, não me lembro de mais nada. Quando voltei a mim, Chiram já não se encontrava aqui; a gruta, porém, estava repleta daquele aroma, incrivelmente agradável, que eu sempre sinto na presença do príncipe Supramati, como se dele exalado. Tenho absoluta certeza de que foi ele quem me salvou daquele nojento Richville e depois foi embora. Ele despreza até a minha gratidão, entretanto só Deus sabe como eu o... – ela se embaraçou e corou feito uma peônia.

... amo – completou Narayana, olhando maroto para ela.

– Não! Eu queria dizer que o respeito e admiro muito, pois não só sinto, como sei, que ele é um homem incomum. Aliás, o senhor e o príncipe Dakhir não são o que querem demonstrar; mas, de todos os três, pessoas enigmáticas, Supramati é quem mais me excita. Dele se irradia uma corrente que me arrepia, susta-me a respiração e ao mesmo tempo me atrai, feito um ferro ao ímã. Em seus olhos tranquilos e profundos, como o mar, espreita-se algo insondável; entretanto, tenho a impressão de que eu poderia admirá-los por toda a eternidade sem me cansar. Oh, como devem ser felizes os que podem contar com a sua amizade!

Ela se animou: suas faces ardiam, os olhos brilhavam em êxtase e refletiam um amor tão patente, que Narayana sorriu involuntariamente.

– Juro pela minha barba, bela amazona! A senhora se apaixonou por meu primo! É óbvio que, se encontrasse em seus olhos misteriosos um pouquinho de amor, a senhora não teria nada contra!

– Oh! Eu teria dado minha vida pelo amor dele! – exclamou ingenuamente Olga, mas, ao ver que o seu interlocutor desatou a rir, ela empalideceu e baixou os olhos.

– A situação está preta, minha jovem amiga. Supramati é, infelizmente, um monstro, insensível e teimoso. É uma pena que a senhora não tenha se apaixonado por mim; sou mais jeitoso e... mais inflamável.

– Ah, príncipe, o senhor é tão belo como uma estátua grega; talvez até mais que ele – isso eu sei. Mas do senhor gosta a minha tia, e eu não quero magoá-la. O que fazer?! Cada um tem o seu gosto, e eu dou preferência a ele. Querido príncipe, o senhor é meu amigo: diga-me o que posso fazer para merecer o amor de seu amigo!

– Hum! Realmente não vejo como possa ajudá-la! É difícil de lidar com ele; é muito turrão... E talvez até não esteja disponível...

– Ah! Como eu podia ter esquecido? Ele é o marido de Nara! – soltou-se de chofre do peito de Olga, e ela agarrou a cabeça com as mãos.

Isso foi tão inesperado, que até Narayana ficou perplexo por uns instantes.

– Que coisa! Isso já está passando dos limites! – exclamou ele em tom de pavor cômico. – De que está falando, sua imprudente? Sabe que eu deveria fazê-la silenciar para sempre, para não tagarelar mais de coisas ocultas para os mortais? Agora, confesse-me: quem lhe contou este absurdo?

Olga olhou desconfiada e temerosa para ele.

– Ninguém me contou nada; eu mesma li toda a história dos senhores...

– Está ficando cada vez pior!... – não parava de espantar-se Narayana.

– Bem, já que me traí, contarei de onde tirei estas informações decidiu-se Olga.

– Sou todo ouvidos! – disse Narayana, levando-a até o banco e sentando-se junto.

– Um dos nossos ancestrais era um ocultista obstinado e reuniu ao longo da vida uma vasta e valiosa biblioteca das obras mais raras neste campo de conhecimento. Durante a "invasão amarela", ele conseguiu se salvar e, por sorte, levar consigo uma boa parte da biblioteca, com alguns objetos a que ele dava muito valor. O senhor provavelmente tem conhecimento dos difíceis tempos de então, e de quantas riquezas da arte e ciência foram perdidas para sempre; mas ele teve sorte, como eu disse, e refugiou-se num dirigível com parte de suas riquezas. Naquela época, a navegação aérea ainda não era tão aperfeiçoada como agora, mas, de qualquer forma, podiam-se transportar de quarenta a cinquenta passageiros e mais um bom volume de carga.

"O meu ancestral escondeu-se no Cáucaso, onde tinha uma propriedade num desfiladeiro isolado. Foi lá que ele se instalou; mas, depois da sua morte, jamais alguém conseguiu encontrar um livro sequer de sua biblioteca, e todos ficaram impressionados com o seu desaparecimento. Apesar de todas as vicissitudes do destino, a propriedade acabou voltando para as mãos de nossa família e, no ano passado, foi transferida para mim como herança do meu primo; assim, nós fomos para lá a fim de examiná-la. Gostei da casa; apesar de ser antiga, era feita de pedra e bem resistente; de um dos lados, ela geminava-se com um alto penedo.

"Segundo uma lenda, um dos quartos daquela parte da casa era gabinete do 'feiticeiro' – assim era chamado o meu sábio ancestral. Aquele quarto me despertava uma curiosidade especial; parecia-me familiar. Eu ficava o tempo todo nele a procurar algo, mas não tinha a menor ideia do que fosse. Certa vez, admirando e examinando pela centésima vez um antigo entalhe que decorava as paredes, sem percebê-lo, acionei uma mola e, imagine, na parede abriu-se uma porta, tão bem camuflada que jamais alguém suspeitara de sua existência.

"Entrei numa sala abobadada, esculpida dentro da rocha, e lá – imagine a minha felicidade – encontrei intacta e em ordem a biblioteca desaparecida. Entre as riquezas que lá se encerravam encontrei dois livros do século XX com a descrição de três pessoas enigmáticas: Narayana, Dakhir e Supramati. A cada cem anos ou mais, eles apareciam no mundo, certos de que a nova geração nada saberia deles.

"Agora, julgue o senhor mesmo que estranha coincidência: o aparecimento em Czargrado de três pessoas com aqueles mesmos nomes, e que correspondem totalmente às descrições dos incríveis livros!"

Muito curioso, mas insisto em que isso seja uma mera coincidência contrapôs Narayana.

– Não, não! Coincidências assim não existem. Além do mais, existe uma narração que diz que no Himalaia vivem sábios misteriosos que vez ou outra aparecem no mundo...

– Eu vejo que a senhora bate na mesma tecla. Mas me diga quem é esse escritor patife que ousou, bem ou mal-intencionado – tanto faz –, representar de uma forma duvidosa pessoas tão parecidas conosco?

– Não consigo lembrar agora o nome do autor... mas, se não me engano, é uma mulher.

– Mulher?! Era o que eu imaginava! A humanidade ainda haverá de acabar por causa da língua delas! Mas, voltando ao assunto principal da nossa conversa: a senhora ama Supramati sem se importar com que ele seja um Supramati antigo ou novo? – interessou-se Narayana sorrindo.

– Oh, queria que fosse novo! Neste caso nada impediria que ele se apaixonasse por mim. Se eu pudesse conquistar o coração dele... – suspirou Olga. – Mas, infelizmente, ele é o antigo mago, marido de Nara.

– Se ele fosse o antigo, imagine quão velho seria! A senhora deve estar muito apaixonada – observou maliciosamente Narayana.

– Velho, ele? O senhor é bem mais velho que ele e, ainda por cima, é um defunto ressuscitado – replicou em tom zangado Olga, corando.

– Eu, um defunto? Protesto; muitas mulheres poderão confirmar-lhe que eu estou bem vivo, e o meu aspecto comprova que a sua escritora do século XX não passa de uma vidente, ao prever a nossa existência – exclamou Narayana, fingindo ter sido atingido por aquelas palavras.

Olga empalideceu.

– Suplico-lhe, esqueça as minhas tolas palavras! Agora o senhor está bravo comigo e não vai querer me ajudar.

Ela estava prestes a cair no pranto.

– Não, eu sou indulgente com belas mulheres e estou disposto a esquecer a ofensa. Como, no entanto, poderei ajudá-la?

A IRA DIVINA

– Diga-me: Nara é muito ciumenta?

– Hum! Que mulher não o é?

– Mas ela não pode opor-se a dar umas "férias", se ele pedir. Isso está na lei! – exclamou Olga, animando-se.

– Com os diabos, que ideia! – exclamou Narayana, surpreso com aquela saída. – Espere, minha querida senhorita, acabo de ter uma brilhante ideia! Supramati tem um mentor, o mago Ebramar...

– Ebramar? – interrompeu-o Olga. – É aquele que salvou Nara quando esta era uma vestal e foi emparedada viva? É o que está escrito naquele livro.

– Sabe, essa sua dama do século XX é incrivelmente precisa! Sim, é o mesmo Ebramar! Antigamente, ele não considerava o amor um pecado mortal; e mesmo agora, estou certo, apesar de sua elevada distinção de mago de três fachos, ele não irá recusar um favor a uma dama. Talvez eu a ajude a invocar Ebramar. Vou-lhe providenciar espelho mágico, martelo, disco, e depois lhe ensino certas fórmulas. Que aconteça o que tenha de acontecer! Ebramar é o único que pode arrumar umas "férias" para Supramati e, assim, talvez o outro se apaixone pela senhora... Ele tem que ter, afinal de contas, certas obrigações em relação aos seus contemporâneos!

– Como lhe sou agradecida por este enorme serviço que o senhor me presta! – agradeceu Olga, apertando calorosamente a mão de Narayana. – E quando o senhor me trará aqueles objetos e me ensinará as fórmulas para a invocação? – tremendo de impaciência, acrescentou ela.

– Assim que preparar tudo. Teria a senhora um lugar privado onde pudesse, isolada e fazendo jejum, preparar-se para tão importante ritual?

– Eu tenho, não muito longe da cidade, uma pequena dacha[1] com jardim. Lá só mora um velho caseiro, e eu posso ficar o tempo que quiser.

– Excelente! Eu a aviso com antecedência; por enquanto, um último conselho: nunca revele a ninguém aquelas conjeturas

---

[1] *Dacha*: casa de veraneio típica da Rússia.

baseadas no velho livro do século XX. Caso contrário, poderá haver aborrecimentos que nos obrigarão a ir embora daqui. Quem é que quer ser objeto de curiosidade indiscreta e mexericos ridículos?

Desta vez, o tom de voz de Narayana era severo, e o seu olhar, tão sombrio e autoritário, que Olga se embaraçou por completo.

– Se eu fiquei quieta até agora, ficarei mais muda que um peixe murmurou ela corando.

– Neste caso permaneceremos bons amigos – concluiu Narayana.

Para distrair a jovem, ele lhe contou da desventura de Chiram e de sua súbita partida da festa.

A satisfação que Olga experimentou ao ouvir a humilhação do homem que ousara ofendê-la fez com que ela voltasse ao seu bom humor; e, como ela estava impaciente para conversar com as amigas a respeito daquele inusitado incidente, os novos amigos saíram do jardim, que a esta hora começava a se encher de gente.

Numa das salas, Olga viu Supramati conversando em companhia de homens; o assunto era a política. Ela não se aproximou dele e juntou-se a um grupo de damas que continuavam uma animada conversa sobre uma nova e estranha doença que vitimara o coitado do Richville.

CAPÍTULO XII

A pedido de Narayana, o barão de Morgenshield mandou entregar aos príncipes indianos as entradas para as reuniões satânicas que se realizariam em duas lojas luciferianas: a de Baal e a de Lúcifer.

À noite, um dia depois da festa narrada, os nossos amigos se aconselharam com os secretários, deram-lhes algumas instruções especiais e, em seguida, dirigiram-se, cada um com o seu ajudante, para lados opostos, pois as lojas se localizavam em partes diferentes da cidade.

Acompanhado por Nivara, Supramati foi de aeronave e, minutos depois, pousava numa grande plataforma, no centro da qual se erguia um edifício circular de teto plano, ladeado de colunas. Toda a edificação era negra como ágata. Supramati saltou da nave, subiu pela galeria com colunas que cercavam o templo satânico e bateu três vezes na porta, junto da qual se erigiam duas estátuas de demônios, de basalto preto.

A porta se abriu silenciosamente, e ele adentrou uma ampla sala redonda, de paredes pretas, iluminada por meia-luz avermelhada.

No centro dela, num enorme pedestal, erguia-se uma estátua colossal do Satanás, sentado não numa rocha – como de costume –, mas no globo terrestre. Com uma pata, ele espezinhava a cruz tombada; numa das mãos, o czar das trevas segurava um saco com a inscrição em letras ígneas: "O ouro sufoca todas as virtudes"; na outra, uma taça com a inscrição: "Sangue dos filhos de Deus". Na base, junto aos pés do ídolo, via-se uma portinhola estreita, ladeada por dois demônios com chifres, de rocha preta, com tochas acesas nas mãos.

Com a chegada de Supramati, dele se aproximou um homem envolto em capa. Depois de examinar a entrada, ele lhe estendeu uma máscara e o convidou a segui-lo. Mal abriu a porta no pedestal e Supramati transpôs a soleira, ouviu-se um crepitar sinistro e, em algum lugar remoto, ressoou uma espécie de explosão.

– Coloque a máscara! – disse o guia, lançando para Supramati um olhar perscrutador e um tanto surpreso.

Supramati colocou a máscara e eles desceram por uma escada de mármore preto, iluminada por luzes vermelhas, dando numa grande sala subterrânea, já lotada de público. Todos os presentes – homens e mulheres – estavam envoltos em longas capas negras e se comprimiam na primeira parte do recinto, de modo que a parte dos fundos estava vazia. Ali, numa elevação de alguns degraus, erguia-se um altar de pórfiro vermelho diante da estátua de Bafonete; cinco lâmpadas vermelhas, dispostas em forma de pentagrama sob a cabeça do bode satânico, inundavam a sala com uma luz vermelho-sanguínea.

Diante da estátua, num pesado castiçal dourado de sete braços, ardiam crepitando sinistramente velas de cera pretas. Diante do altar, no chão, engastava-se um grande disco metálico e, ao lado, nas trípodes, ardiam ervas e galhos, espalhando um odor acre de enxofre e resina.

A IRA DIVINA

Ao contato com as emanações impuras da atmosfera, um suor frio cobriu o corpo purificado de Supramati; cada nervo seu tremia; mas, com um esforço da vontade, ele venceu imediatamente a fraqueza. Apertando forte na mão a cruz de magos, que tirou por trás do cinto, ocupou em silêncio um lugar na segunda fileira e concentrou a atenção em três sacerdotes luciferianos, postados no centro do disco, junto a um grande reservatório quase cheio até as bordas de sangue. Do pescoço dos sacerdotes – totalmente nus e com cabelos amarrados em cima com fita vermelha – pendiam no peito insígnias esmaltadas pretas; seus corpos estavam sujos de sangue dos animais que tinham acabado de sacrificar, cujas carcaças estavam estiradas ali mesmo. Nesse momento, eles transferiam para o reservatório o sangue da última vítima – a de um cabrito preto – e iam se postando em triângulo, entoando um dissonante hino selvagem.

Poucos minutos depois , o sangue no recipiente começou a se agitar, e logo – a ferver, exalando uma fumaça negra. Com isso, os presentes começaram a cantar – se é que se podia chamar de canto aquele alarido destoado e selvagem, por vezes interrompido por gritos:

– Gor! Gor! Sabá!

Uma espécie de loucura tomou conta dos presentes. As vozes se tornavam cada vez mais rudes, as capas desceram descobrindo a nudez daquela turba endemoniada; os olhos, como enfeitiçados, pregaram-se no reservatório.

Agora, de lá, erguia-se uma figura humana em trajes negros, corpo transparente, através do qual parecia espalhar-se um fogo líquido; os traços do rosto – mais compacto – eram sinistramente belos, mas a expressão de ódio diabólico o fazia repulsivo.

Assim que o ser enigmático começou a se formar sobre o reservatório, um dos sacerdotes luciferianos ergueu do chão um embrulho vermelho e o abriu. Dele, tirou e colocou sobre o altar uma criança de alguns meses, que pelo visto estava dormindo. Dois outros sacerdotes se postaram nos degraus de ambos os lados do altar; um segurava nas mãos um punhal reluzente; outro, uma taça de ouro.

– Glória! Glória! Glória a você, Lúcifer! – uivaram os presentes.

O espírito lúgubre saltou neste ínterim do reservatório, e o seu corpo era tão denso, que ele parecia real. Por trás de suas costas começaram a surgir sombras cinzentas que logo se iam densificando e materializando-se. Eram larvas-mulheres: de beleza tão surpreendente que apavorava, olhos esverdeados, lábios vermelhos e gestos insinuantes. Mas algo parecia não agradar e incomodar, aparentemente, os visitantes do inferno, pois os seus corpos flexíveis estremeciam e contorciam-se; os olhares alarmados examinavam, perscrutadores, a turba reunida.

Lúcifer agarrou o punhal de sacrifícios e dizendo fórmulas ergueu-o sobre a criança imóvel. Subitamente ele estremeceu, deixou cair o punhal e virou-se rapidamente. Seu rosto deformou-se numa asquerosa convulsão; da boca semicerrada gotejava espuma esverdeada.

– Traição! – urrou ele em voz rouca, agarrando-se na ponta do altar.

Supramati desvencilhou-se da capa e da máscara. Sua cabeça reluzia num clarão azul-prateado, sobre a testa ardia a chama mística do seu poder oculto, e da estrela que pendia no peito se irradiavam feixes ofuscantes, envolvendo toda a sua figura numa larga auréola; na mão erguida, brilhava a cruz mágica. Era uma cruz de ouro puro, consagrada pelos magos de grau superior; de suas pontas vertiam, em feixes, raios de luz; no centro, desenhava-se um cálice.

Erguendo para o alto aquela poderosíssima arma sagrada e pronunciando as fórmulas da iniciação superior, Supramati foi em direção ao altar satânico em passos firmes.

Neste instante, o rolar do trovão fez estremecer o prédio até os alicerces; Lúcifer rugiu feito uma fera selvagem, contorcendo-se em convulsões. As velas e outras luzes se apagaram; as trípodes voaram para o chão; e a sala encheu-se de gritos que dilaceravam a alma. Apenas uma luz brilhante que se desprendia do mago iluminava, como dia, o espetáculo repugnante em volta.

Atrás de Supramati alastrava-se um largo feixe de luz, onde se viam massas agitadas de espíritos inferiores, subordinados a

A IRA DIVINA

ele; seus rostos refletiam inteligência, nos peitos brilhavam chamas azuladas. Evocados por seu senhor, eles tinham vindo em auxílio para enfrentar os espíritos do inferno. E o enfrentamento foi feroz.

A matilha satânica cerrou suas fileiras junto do altar, protegendo Lúcifer, enquanto este, espumando pela boca asquerosa, lançava em direção ao mago feixes de faíscas e colunas de fumaça negra e fétida, indo atingir as vestes claras de Supramati em forma de grandes manchas escuras que, no entanto, logo se dissipavam e desapareciam. Flechas brancas e incandescidas voavam, arremessadas pelas larvas e pelos sacerdotes satânicos.

Mas Supramati, feito uma coluna de luz, continuava a avançar, sereno e corajoso. Ao chegar até o disco metálico, ele ergueu a mão com a cruz mágica e, em voz sonora e límpida, pronunciou alto as fórmulas, cobrindo na sala o barulho medonho que ali se estabelecera. No mesmo instante, da cruz fulgiu um raio que atingiu diretamente o peito de Lúcifer. O espírito ímpio urrou e rolou escada abaixo, contorcendo-se em terríveis convulsões aos pés de Supramati.

– Apodreça, encarnação diabólica, criatura imprestável e criminosa. Eu o expulso da atmosfera terrestre! Vague nos reflexos do passado, contemple seus malefícios ignóbeis e reflita sobre eles a sós!

À medida que o mago falava, Lúcifer parava de se debater e, por fim, espichou-se imóvel. Mas, subitamente, o seu corpo desfez-se com um barulho de tiro de canhão, e, daquela massa ensanguentada e disforme, saiu voando uma criatura apavorante, algo como uma serpente alada com listras pretas e amarelas e cabeça de homem. Aos silvos e urros, o monstro atravessou a sala e desapareceu.

No instante em que Lúcifer saiu derrotado, as larvas começaram a adquirir formas de animais sórdidos; os satanistas, espumando pela boca e uivando, lançavam-se uns contra os outros. Intervieram também as larvas, e teve início uma batalha memorável. Só se viam corpos desnudados a se agarrarem e a rolarem pelo chão, dilacerando com os dentes e sufocando uns aos outros, urrando e uivando em vozes inumanas; os três sacerdotes luciferianos jaziam mortos; seus corpos enegreceram como se fulminados por um raio.

Sem dar a mínima atenção àquele espetáculo horripilante, Supramati pegou do altar a criança ainda imóvel, como se mergulhada em letargia, e abraçando-a ao peito saiu andando de costas para trás, continuando a ler as fórmulas mágicas.

Na antessala, esperava por ele Nivara, lívido e assustado. Supramati viu que a estátua de Satanás, tombada do pedestal, estava quebrada; as grossas paredes do templo do inferno estavam rachadas em três lugares de cima para baixo.

– Pegue a criança, Nivara! Ela ficará conosco, pois seus pais não merecem ficar com ela; para eles, ela desapareceu para sempre! – ordenou Supramati, envolvendo-se na capa que o secretário lhe havia estendido.

Na saída, por eles aguardava a nave, que os levou de volta. Já em casa, Supramati foi com Nivara até os seus aposentos para dedicar-se à tarefa de reanimar a criança.

Era uma linda menininha de uns seis meses, e, quando ela abriu os grandes olhinhos azuis, Supramati afagou carinhosamente a cabecinha encaracolada da inocente pequerrucha, salva de uma morte ignóbil.

Nisso veio Dakhir, também carregando uma criança que ele acabara de salvar. Era um menino de um ano e meio. Quando a criança voltou a si, Nivara retirou-se com os dois; ficou decidido que, no dia seguinte, eles seriam levados a uma das comunidades para serem educados.

Os magos estavam completamente exaustos. Eles tomaram um banho, trocaram de roupa e foram ao refeitório para recuperarem as forças com uma taça de vinho e uma boa alimentação.

Durante o jantar, contaram um ao outro as suas aventuras e trocaram as impressões. Em ambos os casos, o desfecho fora praticamente igual.

– Como cresceu o mal! Que força ele adquiriu enquanto nós ficamos fora durante os três últimos séculos! – observou suspirando Supramati.

Sim, antigamente as reuniões públicas iguais à que nós fomos hoje eram consideradas monstruosas e seriam inviáveis – disse

A IRA DIVINA

Dakhir. – Como é nojento conter estes monstros! Ah ! Fico arrepiado só de lembrar – completou ele com asco.

– Sim, estamos desacostumados destes acontecimentos e emoções desagradáveis – disse Supramati sorrindo. – A luta foi renhida. Apesar da minha força e da poderosa arma que eu segurava na mão, houve um momento em que pensei que os fluidos fétidos me asfixiariam; tive de concentrar todas as minhas forças para rechaçar as investidas satânicas, tão desesperado que estava Lúcifer ao se defender furiosamente junto com seu bando.

– Sim, sim, eu senti o mesmo. Lá, igualmente, as criaturas do inferno fizeram de tudo para fazer-me recuar e abandonar o seu antro. Mas, felizmente, não conseguiram, e Baal f oi derrotado, assim como Lúcifer – concluiu alegremente Dakhir.

Estavam os amigos acabando de tomar café na varanda, no dia seguinte, quando Narayana entrou, satisfeito, mas preocupado.

– Como é que estão, meus modestos heróis? – perguntou ele, apertando a mão dos amigos. – Toda a cidade está arrepiada com a façanha de vocês, enquanto estão aí saboreando com tranquilidade o café.

– Se você chama de "façanha" a nossa visita às lojas satânicas, a aventura não foi das mais engraçadas. Ainda estou totalmente quebrado devido à luta com o bando satânico – retorquiu com humildade Dakhir.

– Pelo jeito, você já sabe de nossa aventura faz tempo, mas o que me intriga é que falam disso por toda a cidade, embora ainda seja tão cedo! – observou Supramati.

– Falam? Não só falam, mas gritam, gemem e tremem de medo. Nunca houve nada igual por aqui desde que o mundo é mundo! – não parava de tagarelar, às gargalhadas, Narayana.

– Hoje pela manhã – não eram nem oito horas ainda – chega em casa o jovem barão de Neindorf, sobrinho daquele que tão gentilmente nos recebeu em casa e deu-lhes as entradas – prosseguiu Narayana, com lágrimas nos olhos de tanto rir. – Mas, meu Deus, precisariam ver o seu aspecto! Todo o rosto estava cheio de hematomas, de esparadrapos; um olho inchado, o braço enfaixado. Ao me ver espantado, ele anunciou que viera

pedir minha ajuda e conselho em vista dos "impressionantes conhecimentos" que eu havia revelado no caso de Richville e, em
seguida, descreveu-me todo o ocorrido sob o seu ponto de vista.
Na opinião dele, eles foram visitados por um feiticeiro muito poderoso, instruído ou mandado por alguém que queria fazer-lhes
uma sujeira, e aquele "patife" fez da reunião pacífica um verdadeiro campo de batalha.

– Então eles ainda não sabem da batalha em outra loja e
que trabalharam dois "patifes"? – perguntou Supramati, rindo a
valer.

–·Sabem. Só que eles imaginam que em ambos os casos
agia um mesmo "canalha".

– Significa que ninguém desconfia da gente? – observou
Dakhir.

– Nem um pouco; pelo menos até agora. Devido ao fato de
que em ambas as lojas foram postos em ação métodos idênticos,
isso os convenceu de que agia uma mesma pessoa.

– E que conselho eles queriam de você? – interessou-se
Dakhir.

– Antes de mais nada, encontrar o feiticeiro a todo custo,
para acertar as contas com ele – riu Narayana. – Eles estão
loucos por vingança e não sabem o que fazer, pois morreram os
seus membros mais poderosos. Devo acrescentar que vinte pessoas na loja de Lúcifer e dezessete na de Baal estão mortas; mais
de cem estão feridas. Os membros das duas lojas que conseguiram se salvar já fizeram uma reunião, presenciada por todos
aqueles vitimados que ainda podiam se mover; foi convidado o
chefe do templo dos espiritualistas, dando-se-lhe a incumbência de revelar, com o auxílio dos clarividentes, o feiticeiro, cujo
rosto ninguém conseguiu distinguir devido à luz ofuscante que
o envolvia. Mas imaginem só: o distinto diretor recusou-se categoricamente a fazer algo nesse sentido e proibiu às médiuns que
participassem ou mesmo que interferissem naquela história; nenhuma exortação, pedido ou ameaça conseguiu fazer com que ele
mudasse de ideia. Foi então que eles pensaram em se dirigir a
mim.

A IRA DIVINA

– E o que você respondeu?

– Disse modestamente que eu, de fato, conheço alguma coisa da medicina indiana e tenho conhecimentos superficiais das ciências ocultas, mas que, infelizmente, eu não tinha competência para ajudá-los num caso tão sério e complicado...

Todos riram.

– E, por acaso, o valente Chiram não estava entre os mortos? Seria muito agradável – perguntou Supramati.

– Ah! Você não consegue perdoar a ofensa à sua fã – provocou Narayana. – Mas, infelizmente, não posso alegrá-lo com esta notícia. Chiram, que tanto lhe interessa, está vivo, mas continua a sofrer das dores com que você o premiou, e por isso não pôde ir à reunião.

– Que pena! – lastimou-se Supramati.

Por algum tempo os amigos continuaram conversando sobre as aventuras da noite passada; Narayana considerou que eles deveriam aparecer na cidade para desfazer de vez qualquer suspeita, e sugeriu-lhes também visitar o palacete teatral, que ainda não tinham visto.

Dakhir concordou de imediato, enquanto Supramati teve que ser convencido quase à força. Havia muito tempo que ele não sentia tanta necessidade de ficar a sós como agora, avesso ao contato com as pessoas.

Depois de se trocarem, pegaram um táxi aéreo e logo chegaram ao lugar. O prédio do teatro era uma edificação de dimensões enormes – um quarteirão inteiro sob o mesmo teto.

– Eis aqui o palácio teatral ou "Labirinto" – apontou Narayana. – Aqui estão reunidos os teatros mais famosos, e só nos arredores longínquos da cidade há outros pontos de espetáculos para o povo. Olhem ali à esquerda, separado por um jardim: é o palácio dos artistas. Um grande número de artistas reside ali em pequenos apartamentos, onde ficam principalmente para pernoitar, pois tudo o mais eles encontram no próprio teatro em que se apresentam. Lá existem restaurantes, salas de leitura e recepção, toaletes, etc. É lá que acontece a maioria das intrigas. É o local dos riquíssimos desfiles de moda e onde as salas estão sempre abarrotadas de gente. As estreias para um público seleto iniciam-se às duas horas da tarde; isso é feito para pessoas muito ricas, que nada fazem na vida, vivem de renda e gostam de frequentar apenas o seu círculo. À tardezinha, vem aquela gente que fica ocupada de dia com o trabalho e os afazeres.

Neste meio-termo, a aeronave pousava num vasto jardim; por entre a densa vegetação espalhavam-se casinhas da mais variada arquitetura; acima das portas de entrada, sobre as bandeirinhas de seda colorida, estavam escritos os nomes dos proprietários.

Todos aqueles bangalôs são refúgios especiais dos artistas ou ricaços que desejam descansar antes do espetáculo, ao qual se pode assistir da própria casa, sem a necessidade de ir ao teatro. Como veem, hoje as pessoas não são do "fim do século", mas do "fim do mundo". Nervosas, franzinas, doentias e fracas de alma e corpo, elas vivem sonhando e procurando aumentar o mais que podem o seu conforto, com o menor esforço possível. Eu tenho aqui também um *pied-à-terre*, que lhes mostrarei antes da apresentação.

A nave estacionou junto a um pequeno pagode hindu de mármore branco, que lhes fez lembrar o seu palácio no Himalaia; junto da entrada, um elefante de alabastro segurava na tromba erguida um escudo com a inscrição: "Narayana – príncipe hindu".

Ao atravessarem um pátio asfaltado, no centro do qual jorrava um chafariz, subiram os degraus da soleira, e Narayana abriu a porta entalhada. Estavam agora numa pequena antessala, onde dois hindus, em turbantes brancos, fizeram uma mesura até o chão e levantaram uma pesada cortina de tecido indiano, bordada a ouro. Viam-se agora numa sala redonda com cúpula de vidro azul-celeste em lugar do teto; a única janela estava fechada com uma cortina de musselina azul; a sala mergulhava-se numa agradável meia-luz. O mobiliário consistia de alguns sofás e poltronas estofados; num dos cantos, numa piscina de cristal, murmurejava uma fonte difundindo um frescor prazenteiro.

– O paraíso de Maomé, ainda que sem as virgens! – riu Dakhir.

– Não por isso: posso arrumar algumas, se o virtuoso e sábio Supramati não se opuser – pilheriou Narayana. – Que tal

A IRA DIVINA

agora a gente recuperar as forças? – acrescentou ele, apertando um botão na coluna.

Por debaixo do piso ergueu-se uma mesa, posta com todo o requinte da época, à qual eles se sentaram.

– Não me oponho a que você convide as virgens – disse Supramati abrindo o guardanapo –, contanto que eu não precise participar da recepção. Diga-me, Narayana, que peças serão apresentadas hoje no teatro e qual é a moda do momento?

– Se quer saber, tudo está na moda; desde o realismo despudorado até o misticismo extremado, porque entre os teatristas há admiradores e fanáticos de toda a espécie – respondeu Narayana. – Espere só; enquanto nós almoçamos, eu lhe mostrarei uma das peças que está passando agora.

Ele se levantou e foi até um quadro embutido na parede, no qual se viam inúmeros botões coloridos, dispostos ao redor de um grande botão central. Narayana apertou primeiro o botão do meio, e uma parte da parede abriu-se silenciosamente, deixando à vista uma tela fosforescente, fina como teia de aranha, que tremia como se a sua superfície fosse agitada por uma brisa. Narayana apertou o segundo comando, a tela escureceu e desenhou-se o interior de um recinto; surgiram as personagens atuantes e tudo tomou um aspecto real, enquanto a apresentação se desenvolvia tão verídica e realisticamente, que se imaginava estar na própria sala do espetáculo.

A ação já tinha começado; no entanto, não era difícil compreender o enredo e acompanhar o desenvolvimento da peça, não complicada, porém extremamente indecente pelo conteúdo. Representavam-se as aventuras de uma mulher casada, de "férias". Ainda que pela lei o marido não pudesse proibir-lhe recrear-se com outro homem, ele era muito ciumento e vivia pregando para os amantes as mais inesperadas e desagradáveis surpresas, à socapa. Embora as peripécias fossem engraçadíssimas, a maioria das cenas era tão forte e indecentemente vulgar, que Supramati e Dakhir, às vezes, não acreditavam em seus próprios olhos.

– É incrível! Não entendo que prazer as pessoas encontram nesses absurdos imundos. Dá vontade de vomitar! – observou com nojo Supramati.

– No entanto você riu – rebateu Narayana, que se divertia abertamente com a apresentação.

– É óbvio que as situações engraçadas provocam o riso, mas os detalhes são asquerosos.

Levantando-se da mesa, Narayana propôs que fossem a algum teatro.

– Por favor, mostre-nos algo diferente; para mim já basta o que vi. Acho que Dakhir também concorda comigo! – disse Supramati.

– Vou lhes mostrar uma peça mística, de moral tão sublime, que vocês vão se sentir no paraíso – gracejou Narayana.

Assim, todos os três se dirigiram ao teatro. A sala era deslumbrante; o camarote deles, revestido por seda rosa, era um verdadeiro *boudoir*[1] de grã-fina, guarnecido de flores, espelhos e estátuas. Quanto à apresentação em si, se esta não correspondeu totalmente à caracterização de Narayana, devido à incompatibilidade das concepções que se tinha antigamente do paraíso, de qualquer forma, era bastante decente, sem que se corasse demasiado ao assistir a ela.

O enredo era a história de uma jovem amazona. Desiludida com tudo, ela se voltou à vida beata, mas os espíritos maus tentavam desviá-la do caminho da verdade e empurrá-la para o pecado; após a morte, sua alma ficou sendo disputada por forças boas e más. Mas o curioso da apresentação ficou por conta dos equipamentos cênicos; nesse sentido, a tecnologia teatral alcançara tal perfeição, que a ilusão era completa. Dakhir e os amigos ficaram fascinados com os quadros, de incrível precisão, em que se representavam cenas do outro mundo, e que eles já haviam visto ao vivo.

A sala estava cheia, mas nem todos os espectadores se interessavam igualmente pela apresentação; as conversas não paravam. No camarote ao lado, tagarelavam em voz alta, e Supramati logo compreendeu que a humilhação dos satanistas

---

[1] *Boudoir*: cômodo pequeno e elegante, em moradias requintadas, reservado à dona da casa, que nele podia isolar-se ou receber pessoas íntimas.

A IRA DIVINA

ocupava todas as mentes. Os rumores haviam crescido, e a questão assumira proporções monstruosas. Uma mulher, conhecedora de todos os pormenores por meio das fontes iniciais, contava que no mínimo haviam morrido duzentas pessoas; que ambos os templos estavam destruídos; que nas paredes se formaram buracos, através dos quais os demônios foram arrastados, e que, por fim, procurar pelo feiticeiro era inútil, pois ele não era um feiticeiro, nem homem, mas um arcanjo.

– Minha prima Lili, que esteve lá, viu como ele abriu as enormes asas ígneas de águia e voou atravessando o teto – concluiu a narradora nervosa.

– E a coitada da Lili conseguiu se safar daquela tragédia? – perguntou solidária a outra mulher.

– Ela, graças a Deus, saiu viva, ainda que um tanto machucada – respondeu suspirando a primeira dama. – Está com os sinais de mordidas no rosto, o corpo cheio de hematomas e marcas, como se ela tivesse recebido uma surra de vara. Agora quer romper com o satanismo e está saindo da comunidade.

Em meio da conversação dos vizinhos, Narayana divertia-se cutucando ora um, ora outro dos amigos, sobretudo quando se falava do arcanjo que saíra voando; Supramati e Dakhir mal se aguentavam para não desatarem em risos.

Durante os dias seguintes, os amigos não paravam de ouvir as mesmas conversas. Por todos os lugares, em restaurantes ou teatros, eram-lhes revelados novos detalhes; queriam saber de sua opinião, discutiam sobre as causas e as consequências daquele acontecimento inédito. Certa vez, ao retornar de um jantar, aborrecido com todos aqueles mexericos, Supramati atirou para o chão o seu chapéu.

– Não, não aguento mais – ele gritou com desespero na voz. – Se eu ouvir mais uma vez falarem de Lúcifer, vou ficar com esplenite. Amanhã mesmo dou o fora daqui e só volto quando esta história ficar esquecida.

– Oh, você está certo! Fico com espasmos quando começam a recontar sobre as caras inchadas, as costelas e os narizes quebrados de nossas vítimas; e, já que muitas testemunhas afirmam que nos viram voando, então voaremos de fato. E para onde vamos? – indagou Dakhir rindo a valer.

– Proponho visitarmos o nosso velho castelo na Escócia e dedicarmos algum tempo para estudar um pouco a História – sugeriu Supramati. – Está vendo aqueles livros perto da janela? São obras que acabaram de ser lançadas; elas me foram enviadas pela livraria. Contêm a história dos três últimos séculos – o que justamente precisamos, pois o que vem antes sabemos bem. Lá naquele isolamento, cheio de recordações sobre o passado, poderemos descansar desta azáfama e trabalhar em liberdade, e daqui a algumas semanas poderemos voltar sem o risco de que comecem a nos perturbar novamente.

– Boa ideia! Darei as ordens para que nos preparem a nave – prontificou-se, alegre, Dakhir.

CAPÍTULO XIII

Com o amanhecer do dia seguinte, os amigos embarcaram na mesma nave que os trouxera da Índia e partiram de Czargrado. Aos secretários – Nivara e Nebo – foi dada a incumbência de visitarem os conhecidos para avisar que o senhorio havia partido inesperadamente, por algumas semanas, para resolver algumas questões inadiáveis.

Supramati ordenou que a nave voasse mais devagar e diminuísse a altitude sobre o local onde antes era Paris, e sobre a parte do oceano onde estava agora submersa a sua pátria.

Abaixo se estendia um panorama que lembrava muito os arredores de Czargrado. Por entre as áreas verdejantes, entreviam-se largas faixas estéreis e desérticas; ao longe viam-se imensos hibernáculos[1], alguns dos quais com vários quilômetros

---

[1] *Hibernáculo*: abrigo onde os animais hibernam; local coberto usado para abrigar plantas durante o inverno.

de extensão. Logo se desenhou uma imensidão monótona de terra não tratada. O solo revolvido, que parecia queimado, estava coberto por ruínas disformes à semelhança de Sodoma, devastada por chamas celestiais. Era difícil enxergar os detalhes; mas o que Supramati viu deixou o seu coração oprimido, e as recordações afluíram. A expectativa de ver o túmulo da velha Inglaterra absorveu-o totalmente.

Abaixo, o oceano rolava as suas turvas ondas espumantes, batendo-as contra as novas margens da França, uma parte da qual desaparecera também, sob a água, durante a terrível catástrofe. Ao longe viam-se duas ilhotas: era a Irlanda – recortada e desfigurada pelo oceano – e uma nesga da Escócia... Então era ali que repousava envolta em savana marinha a orgulhosa rainha dos mares. Nestas revoltas ondas jaziam terras férteis, maravilhosos monumentos e toda a atividade febril, tumultuada e cobiçosa da segunda Cartago...

A respiração de Supramati tornou-se ofegante; seu olhar pensativo e triste estava pregado no oceano, sobre o qual voava lentamente a nave. Sua mente revivia os magníficos quadros do passado, e lágrimas cálidas de profundo lamento brilharam em seus olhos. Neste minuto ele era apenas Ralf Morgan, um inglês que chorava a sua pátria.

Dakhir observava em silêncio o enternecimento que se refletia no rosto impressionável de Supramati. A participação na desgraça do amigo e sua afeição por ele brilhavam em seus olhos, e, só quando os dois estavam se aproximando do destino da viagem, ele apertou a mão de Supramati como se o quisesse desligar do passado e trazê-lo à realidade.

Supramati estremeceu e aprumou-se.

– Oh, quanto ainda estou em poder dos insignificantes interesses terrestres! – disse ele suspirando em tom de culpa. – Eu lamento a destruição de um pedaço, quando, logo, todo o planeta se transformará numa simples lembrança...

– Não choraremos menos pela nossa mãe-Terra. Os fios fluídicos que nos unem a ela são muito resistentes para se romperem sem dor, e a provação mais dura que teremos de passar é, sem

A IRA DIVINA

dúvida, a obrigação de amar aquele novo mundo, onde iremos semear as sementes do bem e da iluminação – disse pensativamente Dakhir.

Eles foram até a outra janela e começaram a contemplar o antigo castelo. Maciço, lúgubre e enegrecido pela ação do tempo, ele se erguia em seu penhasco, tão indestrutível como eles...

Uns dez minutos depois, a aeronave pousava no pátio principal e, é claro, era difícil imaginar um contraste mais estranho que aquele: um aparelho, personificando a nova conquista do intelecto humano, entre os muros grossos do santuário feudal.

Alguns velhos serviçais recepcionaram respeitosamente o senhorio. Não eram, evidentemente, os mesmos que serviam Supramati em sua primeira estadia; mas, pela idade, não eram menos veneráveis.

No interior do castelo praticamente nada mudara. Nos móveis do século XXI não havia sinais de estrago; o revestimento das paredes, os velhos quadros, os utensílios antigos, tudo estava intacto; e na mesma sala, onde Dakhir jantava com Nara e Supramati, quando este viera para a sua primeira iniciação, lá estavam eles novamente jantando e sonhando longamente no terraço suspenso sobre o oceano. Ambos estavam calados. Em suas mentes erigia-se o passado, constrangendo aquela pura e límpida harmonia que normalmente habita na alma dos magos. Supramati retirou-se ao antigo quarto de Nara, onde uma infinidade de detalhes evocava lembranças da esposa.

Na manhã do dia seguinte, os amigos foram ver a torre onde passavam pela iniciação; depois do almoço, foram à biblioteca para começarem os estudos de História. Externamente eles estavam calmos como sempre.

Uma sensação estranha e indefinida sacudiu a alma de Supramati, quando pegou o primeiro volume das obras trazidas:

"Para que se lamentar inutilmente? O inexorável destino apontou-lhe um rumo diferente. Ralf Morgan – um homem comum – morreu; enquanto Supramati está vivo, e a sua tarefa é o conhecimento infinito. Um outro futuro o aguarda no novo lar, naquele planeta desconhecido, onde, conforme está escrito, enterrará os seus ossos após lhe devolver todos os conhecimentos adquiridos".

Ele endireitou-se energicamente e de seu coração perturbado jorrou uma fervorosa prece ao Ser Inescrutável que dirige os destinos do Universo. Aquele que lhe impusera o estranho e misterioso fadário iria conduzi-lo e ajudá-lo a carregar dignamente o fardo...

Acalmado e fortalecido pela oração, pegou novamente o livro e começou a ler o prefácio.

O autor, pelo visto, era um filósofo e pensador, um homem que conservara a fé e que julgava sensatamente tanto o passado como os seus contemporâneos.

"Quanto mais estudo o passado e começo a entender os fenômenos históricos da existência humana", escrevia ele, "tanto mais em mim cresce e fortalece a convicção de que a nossa época é de decadência e que a civilização, da qual tanto nos orgulhamos, leva-nos a uma catástrofe, talvez pior do que aquela com a qual findou o século XX, ou, quem sabe, a uma reviravolta geológica".

Ainda no fim do século XVIII começaram a amadurecer claramente as infaustas ideias e as correntes sociais que, de modo inevitável, deveriam provocar uma catástrofe histórica, ou seja: a "invasão dos amarelos", de que se falou antes.

A decadência moral teve o seu início a partir das obras dos assim chamados "filósofos", que, supostamente, anunciariam as novas verdades, mas que, na essência, verificaram-se uma declaração de guerra à Deidade e às leis estabelecidas em seu nome, as quais levavam até então a humanidade a um progresso consequente, fartura e convicções que determinavam o relacionamento correto entre as pessoas, baseado na honestidade e no dever. Resumindo: havia princípios e regras de vida que, apesar de serem infringidos, assim o eram por fraqueza, ainda que vistos como vergonhosos e criminosos.

Mas, logo que declararam guerra àquele invisível e intangível "inimigo" chamado Deus, retirou-se o freio que segurava as paixões: a moral, abalada em sua raiz, a virtude ridicularizada, todos os vícios louvados e incitados, tudo isso junto criou uma geração sem pudores, honra ou princípios, torpe e ambiciosa, que venerava apenas o bezerro de ouro – este novo "deus", entronizado nas ruínas dos antigos altares.

E a alma dos homens ficava cada vez mais à mercê dos instintos brutos e das paixões torpes; a dignidade humana decaía paulatinamente, enquanto a fera no homem foi se assomando e, por fim, dele se apossou. O intelecto, que não buscava mais o divino, mergulhou no materialismo; os homens se dilaceravam por uma fatia de poder; nenhum crime podia deter aquele que almejava o ouro, vantagem ou prazer. A humanidade, devido à sua ambição e crueldade, começou realmente a se assemelhar ao monstro apocalíptico; e, em sua cegueira, blasfemava e imaginava que, ao rejeitar o Criador, ela o havia vencido. Para um homem pensante e historiador, é doloroso remexer nesse passado marcado com o selo da decadência contínua, que levou a raça branca, a mais dotada de todas, à ruína completa e à humilhação jamais vista na história.

A degradação moral teve por consequência a degradação política. Uma vez que foram eliminados os fundamentos da honra, cada um achava absolutamente normal guiar-se apenas por vantagens materiais próprias. O patriotismo e a honestidade transformaram-se em significados "tolos, ultrapassados"; os chefes de estado, com os seus apaniguados[2] , rapinavam sem pudor os seus países; não havia mais funcionários incorruptíveis; todos, sem qualquer remorso, roubavam e vendiam o máximo que podiam, pois o prestígio na sociedade era avaliado pela riqueza de cada um, não importando qual sujeira ele tivesse feito para adquiri-la.

A vida familiar também se desmoronava, e com ela a educação, que, antes, cunhava grandes caracteres. Tudo se misturou: a antiga aristocracia mesclou-se com a ralé; o isolamento, que antes preservava a pureza da espécie, virou um verdadeiro caos. Princesas e condessas corriam atrás de histriões[3]; os príncipes e os condes desposavam judias ou mulheres de rua; fortunas enormes eram dilapidadas, enquanto os aproveitadores enriquecidos arrematavam os velhos "ninhos" e as propriedades, divertindo-se com a humilhação dos fidalgos arruinados, deles escarnecendo. Mas o fenômeno mais surpreendente da época era que os próprios decadentes festejavam a sua queda,

---

[2] *Apaniguados*: protegidos.
[3] *Histriões*: bufões, comediantes, cômicos.

rastejando vergonhosamente aos pés dos novos "senhores", que lhes infundiam ódio à pátria e desprezo pelo dever, a desmoralização de suas esposas e filhas, induzindo-as à sem-vergonhice, e expondo achincalhadamente a nudez moral daquelas antigas camadas "privilegiadas" e cultas às turbas vulgares e animalescas, porém triunfantes.

E a gangrena moral foi contaminando rapidamente todos os povos europeus; as pessoas foram como que acometidas de loucura. Elas comercializavam tudo: orgulho nacional, honra, respeito e segurança do país. As riquezas nacionais eram negociadas à batida do martelo; todas as etnias se misturaram numa tal mixórdia, que o bom senso se adulterou.

Paralelamente ia crescendo a indolência. Ninguém mais queria cultivar a terra, trabalhar no campo ou na fábrica, ou se ocupar de um ofício; numa proporção gigantesca multiplicavam-se escolas, universidades e diversas espécies de instituições. Não mais existia camponês ou trabalhador – sobraram tão somente os "senhores", as "damas", os cientistas e os artistas, todos querendo viver ostentando o luxo. Máquinas aprimoravam-se para substituir o trabalho pessoal e permitir que cada um fosse seu próprio dono e serviçal.

E, enquanto se desdobrava toda aquela bacanal, das profundezas do sorvedouro saíram os demônios; e isso já não era mais o fruto desarrazoado da fantasia do "clero ultrapassado", que assustava os homens do século XVII e XVIII com o diabo, risível e desacreditado, pois jamais alguém o tinha visto. Então, no fim do século XX, o diabo apareceu, visível e palpável, hostil e zombador, empurrando os povos para a morte.

Agora, trezentos anos depois, fizemos muitos progressos. Os demônios são evocados em público; todos os veem, tocam-nos e os veneram. O Satanás ocupou o trono, dirige o mundo e, em seu ódio, nos levará, sem dúvida, à morte. Quem poderá prever como culminará esse trabalho diabólico? Muitos, assim como eu, acham que algum tipo de catástrofe está para acontecer e que algo de anormal está ocorrendo com o planeta. Qualquer invenção levada ao público e utilizada pela turba, não para o benefício da Terra, mas para devastá-la e destruí-la, apresenta-se para mim como um eco do escárnio do inferno diante da nossa cegueira...

Mas eu me desviei um pouco do assunto e retomo a descrição dos últimos anos do século XX. Naquela época, na Europa, amadurecia rapidamente a degeneração física e moral dos povos brancos; enquanto na Ásia despertava, crescia e desenvolvia-se a raça amarela – ainda sadia, crente, animada de patriotismo arrebatado e daquele ardor aguerrido, que gera heróis e ensina a desprezar a morte. A antiga raça amarela assimilou judiciosamente dos brancos tudo o que lhe poderia ser útil. Ela criou e treinou os exércitos; construiu frotas marítimas e aéreas; melhorou os meios de comunicação e, quando tudo estava pronto, para diminuir o excesso de sua população, avançou para o leste.

Foi uma nova migração dos povos. Feito um vagalhão humano inacabável, milhões de amarelos foram por terra e mar avançando sobre os brancos. A Europa e a América foram tomadas por eles; mas, antes, falemos do infortúnio da primeira.

Naquele tempo, a China ainda era um império, e o trono era ocupado por um imperador jovem e enérgico, rude e astuto, como um genuíno asiático. Antes de empreender a sua grande campanha, ele colheu todas as informações possíveis. Um exército bem organizado de espiões estudou os países a serem conquistados e concluiu que o momento da invasão era excepcional. Primeiro os espiões comprovaram que, devido a vícios antinaturais, existência do terceiro sexo e ódio às crianças, a população da Europa diminuíra drasticamente; ficaram os mais fracos, agastados e pouco capazes para a defesa. O militarismo era considerado amoral, os estandartes nacionais foram fincados num monte de estrume; os exércitos, ainda que tivessem sido totalmente abolidos, representavam uma turba de pessoas indisciplinadas, não imbuídas de espírito guerreiro; em outras palavras: eram cidadãos que desprezavam o seu ofício e viam nele "restos da barbárie", sentenciados ao aniquilamento.

Havia, é óbvio, gente teimosa e um tanto ultrapassada, tentando resistir àquele modo de pensar; no entanto, os inúmeros congressos e conferências de "paz" acusaram-nos de inimigos da humanidade, querendo cobrir o mundo de sangue, ainda mais em uma época em que a guerra seria um despropósito, devido ao enorme poder de destruição das armas, que em poucos minutos poderiam reduzir a escombros uma cidade ou até um país inteiro.

"Não é uma corrida armamentista que devemos incentivar, mas sim a irmandade dos povos!", bradavam os defensores da paz. "Quem é que vai reconstruir as cidades e consertar os estragos, se é praticamente impossível achar operários? E para que tudo isso, no momento em que a civilização alcançou finalmente os seus objetivos e todos são ricos, felizes e possuem direitos iguais?!"

E eis que, no auge do idílio, as hordas armadas dos amarelos chegaram. Teve início uma humilhação inédita dos brancos por parte dos asiáticos, por muito tempo menosprezados, afrontados e maltratados pelos primeiros. A vil e pusilânime população, verdadeira geração da "cultura" apodrecida que ela representava, ficou pasma de terror. Cada um só temia por sua vida desprezível, não se falava da defesa, e os vencidos recepcionavam de joelhos os seus conquistadores, aguardando a sentença e suplicando pela misericórdia.

Sem deixar de demonstrar o seu desprezo à manada de covardes que se prostravam no seu caminho, o jovem imperador percorria em inspeção os países subjugados, detendo-se preferencialmente nas capitais, que em vista de serem densamente povoadas tinham se tornado, literalmente, os corações do país, ali concentrando toda a nata da nação. E, onde quer que o orgulhoso "filho do Sol" passasse, ele estabelecia uma nova ordem. A classe rica era expulsa de suas casas e palácios, seus bens eram confiscados; privada de conforto e luxo, aquela turba de parasitas e covardes, que só sabia trair e matar, humilhar e vender a sua pátria, desprezando um trabalho honesto, foi expulsa da cidade e, sob uma escolta segura, enviada para cultivar a terra a fim de assegurar aos vencedores as reservas de aveia, trigo e outros gêneros alimentícios. Multidões de "cientistas" e ricaços suavam a camisa sob a ameaça do chicote ou da forca. Um novo ânimo adquiriram as usinas e as fábricas abandonadas, que começaram a funcionar para o benefício dos conquistadores.

Encurralados em míseras choças, aqueles "libertários" de qualquer dever, lei ou crença experimentaram na própria carne

A IRA DIVINA

a pena de talião. A "igualdade" utópica, por eles propalada, encontravam-na agora na vergonha geral, na desgraça, na miséria e no duro trabalho sem descanso. Com Deus e religião rejeitados, igrejas destruídas, festejos cristãos em sua homenagem abolidos, eles, nos amargos dias da escravidão humilhante, sob o punho de ferro do novo senhor, começaram a se arrepender e orar, buscando auxílio junto ao Criador invisível: o Único que poderia ajudá-los, quando a ajuda humana então era impossível. Já não se podia pecar como antes, a veneração a Satanás era punida com a morte, assim como qualquer relação amorosa que não fosse natural. Em seu íntimo, muitos dos "cidadãos livres" lamentaram não terem amado e defendido a pátria; seus punhos cerravam-se ao se lembrarem dos "fazedores da paz" e de sua verborragia.

O jovem imperador refletia, entrementes, sobre uma questão que lhe aguçava a curiosidade. Ele não conseguia atinar por que é que os outrora altivos, gloriosos e aguerridos povos haviam decaído até aquele nível de imbecilidade, a ponto de se entregarem sem luta e perderem até os mínimos valores de coragem moral e cívica, que por tantos séculos foram os componentes de seu poder e glória. Ainda que os espiões lhe reportassem que todos os gêneros de vício, venalidade, descrença e falta de patriotismo carcomiam, feito ferrugem, os povos ocidentais e facilitavam a conquista, qual era o motivo real daquela decadência? Qual exatamente era a sua origem?... – ele não conseguia achar a resposta.

Então o imperador convocou alguns conselheiros, expôs-lhes as suas dúvidas, ordenou que eles pesquisassem as causas da derrocada dos povos subjugados e acrescentou:

– É imprescindível que se faça um estudo profundo do mal que ceifou as nações inteiras, já que o nosso povo vive agora entre eles, e a mesma praga poderá também nos contaminar.

Os conselheiros iniciaram o trabalho e alguns meses depois retornaram com os resultados. Depois de exporem as causas da decadência geral, que mencionamos anteriormente, eles completaram:

– O principal causador deste declínio moral e físico é um parasita vindo da Ásia, que acabou por se infiltrar em todos os países, levando ao aniquilamento todos aqueles que o abrigaram por descuido. Trata-se de um povo *sui generis*, inimigo da espécie humana, que se insinuou por todos os lugares com sua habilidade e desfaçatez características, utilizando-se dos fundamentos humanitários da doutrina cristã para usurpar todo o comando e as riquezas.

"A literatura é uma arma das mais perniciosas nas mãos dos judeus. Por meio da palavra impressa, eles desnortearam e perverteram os corações e as mentes; e, finalmente, souberam semear tanta discórdia entre os povos, que, mais tarde, com o auxílio do ouro, os subjugaram.

"Sem terem a sua própria pátria, eles humilhavam a de outros. Torpes, covardes e imorais, eles asfixiavam os escrúpulos, a coragem e a fé. As consequências dessa atividade Vossa Alteza está vendo; a nossa obrigação é alertá-lo quanto a alguns fatos. Eles tentam evitar os trabalhos mais pesados, suportados por outros povos; ultimamente temos notado a sua obstinação em corromper os filhos do Império Central. Sabemos que estão subornando alguns funcionários para obter diversas vantagens e, à socapa, andam professando e difundindo as perversões. Haverão de vir muitas desgraças, se Vossa Alteza não restabelecer a ordem."

– Pensarei nisso – disse lacônico o imperador.

Pouco depois, foi feito um comunicado público aos judeus. Dizia que, com base no levantamento dos conselheiros, ficava patente o quanto os filhos de Israel eram sábios e habilidosos, devido ao talento em questões comerciais e empresariais; ou seja, onde quer houvesse necessidade de energia e experiência, a participação deles fazia-se indispensável. Desta forma, o imperador convocava todos os judeus, poupados das vicissitudes da guerra, a irem às grandes cidades (seguia-se a relação de nomes) para discussão com os funcionários locais sobre as medidas mais eficazes para levantar o comércio e a indústria, abalados com a preguiça e o desânimo inaudito dos vencidos. Havia também a necessidade de procura e alocação de capital suficiente para desenvolver amplamente as atividades industriais, bancárias, de mineração e assim por diante, o que não deveria apresentar nenhuma dificuldade, em face do grande número de operários, mão de obra barata e volta de créditos.

Um estado de euforia apoderou-se dos judeus. Segundo os princípios em que tinham sido educados, estavam certos de que aquela feliz reviravolta se dera graças às propinas generosamente distribuídas às pessoas influentes, e que a estrela de Davi brilharia novamente como nunca. Em breve, o poder seria usurpado, eles se infiltrariam em todos os lugares, mandariam e desmandariam nos novos senhores, como o tinham feito com os imprestáveis e corruptíveis bonecos do governo destronado. Felizes, dirigiram-se para os locais indicados. Feito uma nuvem de corvos, voaram os judeus às pequenas e grandes cidades, já computando avidamente os futuros lucros.

Estavam lá alguns milhões: dos mais ricos, descarados e sagazes, recebidos com honrarias. Foi anunciado então o dia da abertura solene das reuniões, precedidas de banquetes oferecidos pelo imperador em homenagem aos participantes. Os judeus estavam radiantes. Em encontros secretos, eles já haviam discutido as formas de levar a termo as suas maquinações, assassinatos e subornos, que culminariam por subjugar e perverter os conquistadores; já se sentiam soberanos e senhores do destino do mundo. Os banquetes foram magnificamente preparados. As mesas se arqueavam com o peso de iguarias requintadas, vinhos caros, louças luxuosas, e, como desde a época da invasão a alimentação em geral deixava muito a desejar, os convivas estavam extasiados. Iniciando os lautos repastos, foi pronunciado um novo decreto imperial pelo qual os judeus teriam novas regalias: prometeram-se-lhes a devolução dos bens confiscados e todos os direitos civis. Pode-se imaginar a alegria que ali reinava. Comeram de tudo e beberam muito. Os vinhos embriagantes, pelo visto, surtiram o seu efeito; suas cabeças, já pesadas, começaram a pender e, pouco depois, baixaram inertes. Os chineses, nesse ínterim, estavam a postos, escondidos.

Naquela terrível noite, milhões de convidados adormeceram num sono eterno; abandonaram silenciosamente o corpo perecível e se apresentaram ante Jeová, que, é claro, jamais lhes ensinara a desprezar a humanidade e a levar à devastação e humilhação os povos que os tinham abrigado. A lei de talião finalmente os alcançou. Pessoa sem preconceitos, mas também sem piedade, professando como eles a máxima "o fim justifica os meios", ele sacrificou-os para salvar o seu povo da influência nociva.

No dia seguinte, todos os cadáveres foram cobertos com cal virgem, eliminados ou queimados, e, entre o povo estupefato, começaram a correr boatos de que das labaredas das fogueiras saíam voando bandos de corvos, e que esses seriam os demônios aos quais veneravam os mortos, que agora os abandonavam para retornarem ao inferno.

Feita uma inspeção dos documentos dos mortos e uma rigorosa investigação, foi descoberto um engenhoso plano: como confundir e arruinar os novos governantes, e transformá-los em escravos do fatalismo. Em toda parte, os documentos publicados causavam muito barulho e justificavam, até certo ponto, aos olhos do mundo, a forma cruel da reação do enérgico chinês.

A seguir, o relato descrevia os detalhes do domínio da raça amarela e da terrível opressão que exerciam sobre os povos europeus escravizados.

– Meu Deus, que tempos medonhos! Não consigo imaginar tal escravidão de povos inteiros em pleno século XXI e o massacre frio de milhões de pessoas – disse Supramati, interrompendo a leitura.

Dakhir afastou o livro e se espreguiçou na poltrona.

– Realmente! As coisas andaram mal no mundo, enquanto nós reanimávamos a ilha desértica! – observou elé sorrindo. – Mas, com toda a honestidade, não teriam os povos europeus merecido uma lição tão dura? E esta, convenhamos, foi-lhes bastante proveitosa: eles reaprenderam a trabalhar, sua energia latente foi despertada, eles arrumaram forças para se libertarem do jugo e expulsarem os amarelos para a Ásia. É evidente que foi a partir daquela época que começou a verificar-se a diminuição gradativa da população da Europa. É simplesmente incrível o número de gente que pereceu, principalmente mulheres e crianças; por outro lado, os que se salvaram foram tomados por um novo ânimo de energia, fé, e recuperaram o sentimento de dever, então enfraquecido. Há pouco, acabei de ler a descrição deste despertar da raça branca.

"O maravilhoso impulso foi unânime, ainda que breve; mas culminou com a irmandade dos povos. Claro que não poderia ser duradouro, porque o nacionalismo despertado fez com que os povos se fechassem em seus agrupamentos étnicos. Juntaram-se os povos eslavos; a Alemanha se fundiu com a Holanda, Bélgica, uma parte da França e Suíça; a Itália completou a sua aliança, enquanto os turcos foram empurrados para a Ásia. Isso é extremamente interessante. Devemos reler tudo juntos."

– Existem também detalhes curiosos da invasão dos amarelos e da hecatombe dos judeus, terrível pelo número de vítimas – observou Supramati.

– De fato, o massacre simultâneo de alguns milhões de pessoas é um fenômeno bastante raro na História – ajuntou Dakhir. – Fica patente, entretanto, que essa raça obstinada é indestrutível, pois mesmo aquele genocídio não impediu que os judeus, unindo-se novamente, formassem um estado próprio, onde eles, como anteriormente, começaram a adorar a Satanás e contribuíram de modo significativo para a ressurreição dos mesmos vícios que existiam antes da invasão dos amarelos, e que agora campeiam diante de nossos olhos.

– É uma pena – acrescentou Dakhir suspirando – que a sua velha Inglaterra não tenha conseguido sobreviver até aquele tempo e participar do despertar glorioso da Europa. Ela não suportou a sua decadência, a consciência da escravidão inevitável, acostumada que era sempre a comandar, e sucumbiu de vergonha, soterrando no oceano os vencedores e os vencidos.

Supramati somente suspirou em resposta, olhando com tristeza para as prateadas ondas eriçadas que se quebravam no penhasco.

– A bem da verdade – prosseguiu Dakhir, depois de um minuto de silêncio –, a orgulhosa rainha dos mares tem seus pecados. Sem nenhum escrúpulo, ela sempre perseguiu seus próprios interesses, sacrificando os povos e as pessoas, espremendo a seiva de seus aliados, traindo e comandando o mundo num emaranhado de intrigas.

– Tsss!... De mortuis aut bene, aut nihil[4] . A Inglaterra se guiou pelo princípio: Que la charité bien entendue commence par soi même[5]. E assim, sob o ponto de vista humano e político, ela estava certa – refutou Supramati.

Dakhir soltou uma sonora gargalhada e, levantando-se do lugar, bateu no ombro do amigo.

– Bravo, Ralf Morgan! Estou certo de que o inglês que o habita está acima do mago e prevejo que no novo planeta você vai fundar o primeiro império com o lema *La charité bien entendue*, e assim por diante.

Ambos riram prazerosamente e retomaram a leitura.

---

[4] Dos mortos só se fala bem ou não se fala nada.
[5] A caridade sensata se aplica primeiramente a si mesmo.

CAPÍTULO XIV

Os amigos já haviam saído de Czargrado há mais de três semanas, mas se sentiam tão bem no velho castelo, que nem pensavam em abandoná-lo. Eles haviam reencontrado ali o silêncio, a paz e o isolamento aos quais tanto estavam habituados. O estudo de História ocupou-lhes o tempo e servia de inspiração, pois não era tão estafante nem exigia tanta concentração como os estudos iniciáticos...

Dakhir observou, certo dia, que já era hora de eles retornarem ao mundo, no entanto Supramati objetou dizendo que, graças a Deus, eles não tinham problemas de tempo e teriam o suficiente para gozar da encantadora companhia da sociedade moderna.

Uma semana depois daquela conversa, os amigos estavam tomando café após o almoço, quando viram uma aeronave se aproximando do castelo.

– Quer valer que é Narayana? – apostou Supramati rindo.

E não se enganara. Minutos depois, a nave pousou no pátio; Narayana apertou jovialmente as mãos dos amigos, que lhe tinham saído ao encontro.

– Vim ver o que estão fazendo neste velho ninho de coruja – disse ele, quando os três se encontravam no terraço. – Ou vocês estão querendo passar aqui o resto de seu tempo no mundo?

– Não! Apenas queremos concluir os nossos estudos de História. Seu castelo é muito aconchegante e aqui a gente se sente bem. É só escolher: sonhar, estudar ou fazer experiências – disse Supramati.

– Verdade, eu sempre fui um bom patrão... Mas, como atualmente me cabe a honra de ser o cicerone de vocês, devo interromper-lhes a vida de ermitãos e convidá-los a fazer uma viagem bem agradável e profícua.

– Confiamos plenamente na sua experiência. Para onde é que você quer nos levar? – interessou-se Dakhir.

– Ao deserto do Saara.

– E você acha isto agradável?

– Muito! Vocês não reconhecerão o Saara. O grande deserto transformou-se num dos locais mais férteis e ricos do globo terrestre. Há água em profusão e dezenas de grandes cidades cuja população, assim como a das zonas rurais, é uma mistura de raças, o que resultou, de um modo geral, num fenótipo bastante feio. Essa mescla é muito ativa e empreendedora; entretanto, lá, como no resto do mundo, há tantos abusos da natureza, que já se observa o seu esgotamento.

– É estranho; não dá para entender! Por que até hoje os nossos palácios no Himalaia ainda permanecem incógnitos, sem que ninguém os consiga descobrir, numa época em que se conhece qualquer cantinho do planeta, com a navegação aérea transpondo as montanhas e todos os obstáculos, enfim, sem o que antes representava grande dificuldade para o trabalho dos pesquisadores? – observou Supramati pensativo.

– E assim permanecerão até o fim do planeta – assegurou Narayana. – Lembro-me de ter conversado a este respeito com Ebramar. Os palácios dos *mahatmas*, as escolas dos magos e toda a Índia subterrânea com as suas riquezas e segredos, disse-me ele, jamais serão profanados por curiosos, indiscretos e ignorantes. É óbvio que alguns segredos podem ser roubados e vendidos, mas isso não terá importância. Apesar dos abusos, a turba jamais conseguirá utilizá-los e transpor o umbral dos nossos templos de iniciação. A poderosa vontade dos magos superiores tornou aqueles locais para sempre invisíveis aos olhos profanos, e eles jamais enxergarão nada além das inacessíveis escarpas selvagens e precipícios insondáveis; nada perturbará a paz dos nossos afortunados abrigos.

– É o grau supremo do hipnotismo coletivo! – observou Dakhir.

– Mas voltemos à questão! – disse Narayana. – Após um giro pelo Saara, eu os levarei ao Egito. Lá, vocês encontrarão muita coisa curiosa e, se quiserem, poderão ver as cidades de Tebas, Mênfis e Heliópolis restauradas, por empreendedores, para os amantes da cultura. Lá, em Alexandria, eu também tenho um palacete edificado a partir de um projeto paterno – meu pai verdadeiro, amigo e correligionário, Ptolomeu Lago.

– Está decidido! – disse alegre Supramati. – Iremos ao Saara e ao Egito, quando você quiser. E depois, aonde nos levará?

– Pensei que vocês fossem voltar a Czargrado; ainda há muita coisa para se ver lá.

– Contanto que não ouçamos mais falar da desdita dos luciferianos! Só de pensar nisso, eu começo a perder a paciência.

– O acontecimento, na verdade, é ainda comentado, já que houve muitos casos de apostasia[1]; mas esperemos que, no dia de sua chegada, algo novo ocupe a curiosidade ociosa daquela gente – consolou Narayana.

– A propósito, já que você tocou em Czargrado, o que há de novo por lá? O que andam fazendo o simpático Chiram e aquela encantadora amazona, a senhorita Olga? – sorrindo maroto, perguntou Dakhir.

– O virtuoso Chiram se curou finalmente de suas convulsões; mas está louco da vida por não conseguir se aproximar de Olga, por quem está perdidamente apaixonado. Os ciúmes

---

[1] *Apostasia*: renúncia de uma religião ou crença.

aguçaram-lhe os sentidos e ele suspeita, não sem fundamento, de que você, Supramati, seja o causador de seu infortúnio. Ele procura um meio de se vingar de você.

– Que tente!

– Acho que tentará: se não for com você, será com ela. A pobrezinha não pensa em outra coisa a não ser conseguir-lhe umas "férias" junto de Nara – anunciou Narayana.

Ele desatou a rir, vendo a rapidez com que Supramati se endireitou e olhou-o assombrado.

– Que besteira é essa?

Narayana transmitiu-lhe o que a moça lhe contara a respeito do antigo livro, editado trezentos anos atrás, e no qual se falava deles.

– Que história absurda! – observou Dakhir. – Se a mocinha começar a tagarelar, a nossa identidade logo será descoberta e um Barnum[2] qualquer virá com a proposta de exibir-nos como *poodles* ensinados, anunciando: "Eis aqui os verdadeiros imortais".

– Fomos descuidosos ao não mudarmos os nomes. Mas quem iria imaginar que alguém se lembraria da gente três séculos depois...! – resmungou Supramati cerrando o cenho.

– Acalme-se! – ajuntou Narayana. – A mocinha não vai soltar a língua; ela mesma está com medo; além do mais, a sua cabeça está ocupada...

– ... de besteira – completou irritado Supramati.

– Ih! Como alguém pode se zangar com uma criança tão encantadora? Ela o adora como a uma divindade e espera, em sua inocência, aplicar a você e Nara as leis vigentes.

– Não estou zangado. Tudo isso é cômico! – exclamou Supramati, rindo involuntariamente. – Eu só fico furioso, porque nada posso fazer. O tempo das aventuras amorosas já passou para mim; casar-me com ela, para viver da felicidade burguesa em Czargrado, seria... bem enfadonho. Deixemos este assunto para depois e falemos da nossa viagem!

---

[2] Referência a Phineas Taylor Barnum (1810-1891), empresário norte-americano, *showman* e diretor de circo, que se tornou famoso por expor ao público fenômenos curiosos.

Após discutirem o assunto, decidiram ir sem mais delongas ao Saara; no dia seguinte, a aeronave levava os amigos para a costa da África.

De fato, o imenso deserto estava irreconhecível. As antigas extensões mortas e arenosas estavam agora cobertas por palmeiras e toda uma espécie de vegetação própria aos países tropicais. No meio daquele mar verde, viam-se metrópoles que, por sua arquitetura, nada apresentavam de especial e não se diferenciavam de Czargrado.

Numa dessas cidades, os amigos passaram três dias para conhecerem os moradores locais.

Realmente, aquele povo, formado da mistura de todas as etnias do planeta, constituía um tipo curioso, um tanto estranho e antipático. As pessoas eram de compleição baixa, robusta e forte; sua tez era desde o vermelho-pardo até o cinza-escuro, tinham olhos pretos, penetrantes e cruéis, e cabelos castanhos.

Pareciam mais ativos e enérgicos, nervosos e efeminados que os antigos povos orientais; mas, por outro lado, sujeitos a uma estranha e perigosa enfermidade de pele, que se manifestava por fraqueza, surgimento de manchas vermelho-sanguíneas e depois sonolência, rapidamente evoluindo para letargia e, por fim, para a morte. Não existia nenhum remédio para combater aquela doença. Entretanto, na região central daquele antigo deserto, foram descobertas poderosas fontes radiativas que emitiam luz fosforescente no escuro. As fontes foram responsáveis por diversas curas miraculosas, ainda que contra o "mal vermelho" – como era denominada aquela incrível doença – fossem ineficazes.

Finalmente, numa certa manhã, os viajantes desembarcaram na antiga terra egípcia; a nave parou junto a um alto pilar que ali servia de torre de desembarque das aeronaves.

Estavam eles no lugar da antiga Mênfis, restaurada por empreendedores que, ainda que tivessem conservado, na medida do possível, o estilo antigo, haviam se adaptado às necessidades vigentes, o que, às vezes, gerava algumas combinações esdrúxulas, denunciando a decadência de senso e gosto artísticos. Um egípcio da época de Ramsés se sentiria, sem dúvida, um estranho naquela "nova" Mênfis.

Daquelas edificações de tamanho variado, destacava-se por suas formas agradáveis o palácio de Narayana, construído às margens do Nilo num estilo rigorosamente histórico. Do enorme terraço, via-se descendo ao rio uma escadaria, guarnecida de esfinges; embaixo balançava na água um genuíno barco egípcio de proa alta e pontuda, adornada com uma flor de lótus de ouro. O interior do palácio correspondia inteiramente ao seu aspecto externo. As salas, a mobília incrustada de pedrarias, os pesados cortinados de tecido desconhecido – tudo era surpreendente e custara, sem dúvida, um bom dinheiro. Narayana, entretanto, de posses tão inesgotáveis como a própria vida dos "imortais", e detentor de gosto requintado, não suportava nada de vulgar ou simples.

Num pequeno jardim interno anexo ao seu aposento, no meio das numerosas plantas, erguiam-se duas estátuas de mármore branco representando um guerreiro grego incrivelmente belo, com a cabeça de Apolo, e uma mulher esbelta e alta de feições orientais e olhos amendoados.

– São as estátuas dos meus pais, esculpidas através da reprodução das imagens invocadas por mim. Minha mãe era persa, da corte de Dario III Codomano; ela casou-se com o meu pai um pouco antes da morte de Alexandre – explicou Narayana, ficando subitamente sério e pensativo, com um olhar triste parado nas estátuas – o que raramente lhe acontecia.

Mas ele sacudiu rápido o seu entristecimento e levou os amigos para fora, alegando que era hora de comer alguma coisa, pois estava morrendo de fome.

À tardezinha, quando o calor diminuiu, Narayana propôs que fossem dar uma olhada nas pirâmides e esfinges. Supramati e Dakhir aquiesceram prazerosos, e logo um belo automóvel os levou à pirâmide de Quéops; em pé e indestrutível como o pensamento do incrível povo que a erguera para imortalizar o seu rei, ela parecia desprezar o tempo. Mas, em vez do tristonho e monótono deserto que oferecia àqueles originais monumentos um quadro inteiramente condizente, agora a pirâmide via-se cercada por um bosque de palmeiras, estendendo-se ao longo do rio; no vale cintilavam as luzes de uma cidade grande. Sob as palmeiras espalhavam-se quiosques e restaurantes; por todos os cantos viam-se pessoas passeando.

Ao notar que os amigos estavam meio amuados, Narayana ordenou que eles fossem levados à esfinge.

– Vocês estão chocados com as mudanças daqui? O que diriam, então, se vissem Tebas – a cidade de cem portões –, parte reconstruída em estilo modernista e parte em um estilo pretensamente antigo?

Na voz e nos olhos de Narayana lia-se um profundo desprezo.

– Sabem que impressão eu tive? É como se eu conhecesse uma velha e respeitada matrona; de repente, ela me aparece toda afogueada, usando um espartilho apertado, enfeitada e ataviada num ouropel moderno. Mas, por entre o pó de arroz e a maquiagem, entreveem-se rugas respeitosas como que protestando contra aquela máscara indigna e ridícula.

Enquanto ele falava, o carro entrou numa alameda arborizada e estacionou numa grande área que rodeava a esfinge, cercada por grade dourada. Em seu interior viam-se canteiros de flores e densas alamedas; na cabeça do velho colosso estava instalado um café-restaurante, ao qual se subia por escadas de bronze, em caracol, dispostas nas laterais da klafta[3] de pedra. De lá, ouvia-se o som de um toca-discos executando músicas para dançar e trechos de óperas.

– Jamais teria imaginado uma coisa assim. É algo indescritível! – observou Supramati.

– Vamos para cima! Dali se tem uma vista maravilhosa; pode-se ver até uma nesga do deserto, especialmente preservado para os amantes de coisas antigas – propôs Narayana saindo do automóvel.

Os amigos seguiram-no e logo estavam à mesa na cabeça da esfinge.

O sol se punha inundando o firmamento com luzes vivas e exuberantes – uma vista que nenhum outro lugar no mundo poderia oferecer. Supramati bebericava em silêncio o seu vinho,

---

[3] *Klafta*: adorno de cabeça do antigo Egito.

sem tirar os olhos do pedacinho do deserto e das pirâmides que se divisavam através da clareira, envoltos, naquele minuto, em ouro e púrpura do pôr do sol.

– Diga, Narayana, o interior da pirâmide, ou melhor, os seus subterrâneos podem ser visitados? – perguntou ele de chofre.

– Imagine só, não há a menor possibilidade de investigá-los! – respondeu Narayana, sorrindo maroto. – A entrada aos subterrâneos é inacessível. Houve inúmeras tentativas de entrar; contudo os gases tóxicos asfixiam os valentes e, apesar dos esforços, não há maneira de purificar o ar. Por isso, o público tem de se contentar com a visão de velhas paredes e algumas galerias de pouca importância.

– Era o que eu imaginava! – disse Dakhir.

– Mas para os cavaleiros do Graal o ar provavelmente se tornará puro – sussurrou Narayana, inclinando-se em direção aos amigos. – Se quiserem, numa noite dessas, podemos fazer uma visita aos hierofantes da pirâmide.

– Se eu quero?! Não desejo outra coisa senão registrar o meu respeito aos insignes representantes da antiga sabedoria. Considero isso meu dever.

A noite desceu e por todos os cantos se acenderam luzes elétricas. Supramati subitamente foi acometido por uma sede de silêncio e necessidade incontrolável de meditar em isolamento. Ele se levantou e desceu, dizendo que esperaria os amigos embaixo. Depois de dar uma volta ao redor do velho monumento, parou diante de uma placa de pedra com inscrição, colocada entre as patas da esfinge. Recostado na árvore, Supramati entregou-se aos pensamentos com tamanha profundidade, que não ouvia os sons da música e o barulho da multidão.

Ele sabia por Ebramar que nos subterrâneos secretos da velha pirâmide funcionava, há muito tempo, uma escola de magos e havia uma irmandade de hierofantes que chegara a conhecer o Egito no resplendor de sua grandeza. Porém, Supramati ainda não tivera a oportunidade de visitar a vivenda da ciência superior.

Um largo facho de luz verde, que incidiu sobre o rosto de Supramati, tirou-o do devaneio. Ele se aprumou, estremeceu, e

A IRA DIVINA

só então percebeu uma luz clara irradiando da inscrição na placa de pedra; recostado a ela, inundado em clarão esverdeado, estava em pé um homem em vestes brancas. Era um velho alto e magro; seu rosto brônzeo respirava límpida tranquilidade, e nos grandes olhos escuros e profundos brilhavam energia e vontade poderosas. Sobre a sua cabeça assentava-se uma klafta e sob a testa ardia uma estrela; no pescoço cintilava em luzes multicoloridas um grande colar de pedraria preciosa.

Ele estendeu a mão a Supramati e, então, ouviu-se uma voz sonora, como se vinda de longe:

– Bem-vindo, mago, cavaleiro da Távola Redonda da Eternidade e do Santo Graal. A voz do coração nos disse que você estava perto e queria nos ver. Amanhã à noite, esperaremos por você e seu irmão.

O facho apagou-se e com ele sumiu a aparição.

Emocionado, Supramati apressou-se a ir ao restaurante, mas, na escada, cruzou com os amigos, que vinham ao seu encontro. Ele narrou-lhes o ocorrido.

– Que mal-educado! Não me convidou. Talvez aos olhos dele eu não passe de uma espécie de larva de nível superior – resmungou Narayana, meio brincando, meio ofendido. – Aliás – consolou-se ele –, não dou a mínima ao convite. Já visitei inúmeras vezes a irmandade dos hierofantes; para vocês, sem dúvida, será muito interessante visitar os velhinhos.

– Bem, mas como é que iremos lá sem sermos vistos? Por aqui há sempre muita gente! – observou Supramati.

– Eu os acompanharei até lá – tranquilizou Narayana. – Além disso, de tão emocionado, você se esqueceu de que pode se tornar invisível.

– Certo! Como sou ingênuo! – concordou Supramati, e todos os três riram.

Na noite seguinte, os magos vestiram as túnicas prateadas e as alvas capas de cavaleiros do Graal; puseram as insígnias de sua distinção e, enrolando-se em capas pretas com capuzes, dirigiram-se em companhia de Narayana à grande pirâmide.

Naquela alta hora da noite, o bosque de palmeiras e os restaurantes estavam quase vazios. Ninguém deu atenção aos vultos negros que logo se ocultaram na sombra da pirâmide. Sorratei-ramente entraram numa das galerias e acenderam um farolete.

Diante de um desenho representando Osíris e quarenta e dois juízes de Amênti, Narayana estacou e bateu de um jeito especial. Um minuto depois, a pedra se moveu silenciosamente nos gonzos invisíveis, deixando escancarada uma passagem estreita, na qual surgiu um homem trajando veste branca de sacerdote egípcio com uma tocha na mão. Em seguida, a passagem se fechou rapidamente atrás de Dakhir e Supramati, que, acompanhando o guia, desceram por uma escada estreita e muito comprida, que os levou para a margem de um canal subterrâneo onde havia um barco de proa alta dourada representando a flor de lótus. Os três entraram no barco; o guia pôs em funcionamento um mecanismo, e o barco voou pela superfície da água escura e lisa como espelho.

As lâmpadas que pendiam sob as abóbadas inundavam o canal com uma suave luz azulada. De ambos os lados, ali, acolá, viam-se amplos salões, fortemente iluminados; atrás das mesas, abarrotadas por rolos de papiro, livros e instrumentos, estavam sentados homens em trajes brancos, tão absortos no trabalho que nem levantaram a cabeça quando o barco passou por eles.

À medida que o barco avançava, ouvia-se mais nitidamente uma música que, finalmente, pôde ser distinguida como o som de um numeroso coral, entoando um belíssimo hino de perfeição inigualável.

Mas eis que o canal subterrâneo fez uma curva brusca, e o barco aproximou-se da escadaria de um terraço em pedra branca, atrás do qual se estendia uma plataforma com piso de areia, que antes podia ser tomada por um jardim, se no alto houvesse firmamento e não uma abóbada de pedra. Cresciam lá árvores, arbustos e até flores, mas toda a vegetação era de um matiz diferente: ora branco-pálido e cinzento, ora totalmente branco; tudo parecia emitir uma luz fosforescente. Os recantos, nos fundos, eram iluminados por luzes brancas e azuladas; dois pequenos chafarizes de água cristalina davam vida àquele quadro.

Em ambos os lados do terraço e também no jardim, viam-se hierofantes de nível superior, vestidos como os antigos sacerdotes

A IRA DIVINA

egípcios. Por baixo das cabeças ornadas por klaftas, irradiava-se luz dourada, prateada ou azulada, tão intensa que lhes envolvia como uma aura toda a figura. As feições brônzeas transmitiam uma límpida serenidade; das insígnias no peito, salpicadas de pedras preciosas, jorravam luzes multicolores.

Atrás daqueles altos dignitários da secreta irmandade, entre-via-se uma fileira de iniciados de grau inferior, da mesma forma vestidos em branco; no centro, estava em pé o grande hierofante, segurando na mão um cálice de ouro, envolto em luz ofuscante.

Ao tirarem as capas, Dakhir e Supramati apressaram-se em direção ao sumo hierofante, um ancião majestoso cuja cabeça parecia envolta numa espécie de clarão ígneo.

Em traje prateado, com as estrelas de mago no peito, com as chamas de iniciação sobre a testa e rostos serenos e límpidos, eles não se pareciam, de fato, com seres terrestres.

– Bem-vindos ao nosso abrigo, filhos do saber sagrado! Suas distinções indicam que vocês alcançaram o grau de magos e domesticaram a fera no homem; provem, pois, a bebida santificada com as emanações da Divindade – disse o sumo hierofante, oferecendo-lhes um cálice.

Levantando e depois os beijando, ele disse:

– Vocês estão armados de sentimentos espirituais e conhecimentos superiores; assim sendo, eu os levarei ao nosso santuário, onde veneramos o Criador segundo os rituais antigos, utilizados ainda na época de nossa primeira iniciação, e aos quais nós permanecemos fiéis até hoje em nosso abrigo inexpugnável.

Ele pediu que Dakhir e Supramati andassem ao seu lado e dirigiu-se para o jardim. Lá, pararam diante de duas enormes colunas, atrás das quais parecia drapejar uma cortina ígnea.

Na soleira, estava deitada uma enorme serpente, que levantou a cabeça e, sibilando, fitou furiosa, com seus olhos penetrantes e esmeraldinos, os que se aproximavam. Mas, quando Supramati ergueu a sua espada e pronunciou a fórmula sagrada, a serpente se enrolou e rastejou para a esquerda da entrada; a cortina ígnea se apagou, e o hierofante com os visitantes entraram no santuário. Diante deles, sobre o altar, estavam preparados em oferenda o pão, o vinho, o incenso e o ládano.

– Vejam, irmãos, aqui nós veneramos o Ser Superior sob o nome de Osíris – explicou o hierofante. – No mundo em que vocês vivem, este Ser Inescrutável e Indizível, que criou todo o Universo e dirige-o por séculos e séculos, tem outros nomes; mas Ele é um só em sua essência. Só os homens, em sua cegueira, dividiram o Deus Uno, fazendo dele vários "deuses", disputando-o furiosamente entre si e inundando o mundo de sangue em seu nome. É a repetição perpétua do assassinato de Osíris por Tifão (encarnação do Mal), que espalhou pelo mundo as relíquias do Deus Uno e Misericordioso, pleiteadas ferozmente pela turba cega e ignara. O homem não entende que somente com a paz na alma, com respeito, fé e amor no coração, pode-se alcançar Deus; que só depois de triunfar sobre os impuros e revoltantes desejos terrenos, a centelha divina, nele inserida, conseguirá buscar forças para ascender e estabelecer um elo com o Criador. Caso contrário, entre eles se erguerá um muro inexpugnável de carne e trevas que tudo lhes ocultará, pois o raio divino já não terá condições de penetrar através daquele caos de paixões selvagens.

Cheios de fé, abaixaram-se os magos de joelhos, trazendo em seguida a oferenda usual.

– Vocês têm fé, humildade e conhecimentos – disse o hierofante, quando eles terminaram a oração –, por isso eu os acho dignos de se aproximarem do espírito excelso, iluminador dos primeiros séculos, preservado na memória dos homens sob o nome de Hermes Trismegisto.

Ao notar a alegria dos visitantes, o hierofante sorriu, colocou o cálice sobre o altar e, pegando-os pela mão, foi com eles atrás da estátua de Osíris e abriu uma cortina de fios de ouro. Eles se encontravam agora numa comprida galeria; ao alcançarem os fundos, contemplaram fascinados o recinto em que se achavam.

Seria aquilo uma sala ou uma gruta? Uma névoa que a tudo inundava impedia-lhes ver os detalhes. Mas, através dela, desenhava-se vagamente um grande sarcófago no centro. Supramati teve a sensação de que as nuvens, que aqui ou ali apareciam, ocultavam seres de contornos indefinidos, cujas belíssimas cabeças ora surgiam, ora sumiam rapidamente.

A IRA DIVINA

Do fundo da gruta, ou sala, deles se aproximou um outro sacerdote, e todos os quatro se prostraram na terra, enquanto o sumo hierofante entoou uma oração baixa e melódica.

Um minuto depois, algumas trípodes até então invisíveis se acenderam por si sós, começando a exalar um aroma suave, mas acentuado; uma luz jorrou em feixe largo e, no clarão trêmulo, surgiu um vulto humano de beleza incrível, porém sóbria. O ser parecia urdido de luz azulada com laivos dourados; na cabeça brilhava uma coroa de sete pontas de magos superiores.

Com tremor no coração, Dakhir e Supramati contemplavam aquele ser legendário, Hermes Trismegisto, iluminador do mundo antigo; aquele mundo que já havia desaparecido por completo e que só se preservara naquele cantinho humilde dos leais hierofantes com os seus discípulos. Olhando para aquela imagem humana, que nada mais era que um raio de luz, reconheceram, com angústia no coração, o abismo que os separava daquele adepto do saber superior. Que longo caminho eles ainda teriam de percorrer para alcançar uma beleza espiritual semelhante! A comparação parecia-lhes opressora. Mas, em suas almas puras, não havia nem sequer uma sombra de inveja; em seus rostos somente se estampava o sentimento de enlevo, reverência e gratidão pelas inúmeras e extraordinárias graças recebidas em seu estranho destino: um prêmio pelo fardo da vida eterna, uma graça de contemplar, face a face, aquele cujo livro de sete selos eles haviam aprendido a entender.

Hermes, lendo seus pensamentos, sorriu-lhes afetuosamente.

– Para o conhecimento não existe nem o passado, nem o presente, nem o futuro – pronunciou ele em voz melódica, que parecia vir de longe. – O saber absoluto é um mistério, que sempre existiu e sempre existirá, porque faz parte da própria essência da Deidade, sem o passado, sem o presente e sem o futuro; a onisciência, que jamais muda, diminui ou aumenta. Mas, através da criatura gerada por este Ser Eterno, os conhecimentos são assimilados átomo por átomo. A sabedoria adquirida é feito uma lâmpada: quanto mais perfeita for a sua construção, mais luz ela fornecerá. Os primeiros homens contentavam-se com um galho aceso; depois surgiram as tochas, em seguida as lâmpadas a óleo. O gás substituiu o óleo; a eletricidade, o gás. E o futuro prepara formas de luz ainda mais perfeitas. Assim é também a alma humana – uma lâmpada imortal, cujo destino é se acender com a luz da perfeição.

"Não se exasperem, filhos do saber, só porque a sua luz ainda não é completa; vocês já estão no caminho da verdade. Apiedem-se da humanidade infeliz que vagueia às escuras, carcomida por paixões animais, incapaz de apreender os raios da luz purificadora, de criar e de fortalecer os laços que unem o Criador e suas criaturas. Vocês entendem, sem dúvida, que eu falo da oração, desse arrebatamento da alma que a faz ascender além do corpo.

"Ai dos homens que derrubam os altares, que profanam os santuários e rompem a ligação com o lar eterno. A Divindade não precisa nem de altares, nem de preces; são os próprios homens que precisam da luz, vinda dos céus, que se infiltra e purifica a atmosfera contaminada por miasmas de toda a espécie de vícios.

"Vocês, meus irmãos, têm pela frente uma missão difícil, mas maravilhosa: a de salvar aqueles que podem ser salvos! Vocês, que já alcançaram a luz, levem-na aos incrédulos, entoem os hinos sagrados, reacendam o fogo nas trípodes extintas das aras, conclamem os homens para o arrependimento, pois se aproxima rapidamente a ira divina, e está próxima a hora da destruição desta terra exaurida. Será dura a retaliação que prepara para si esta turba insolente e miserável, entorpecida com a sede selvagem de prazeres; através de penosas provações e trabalho exaustivo, ela terá de conseguir para si aquela luz, à qual agora dá as costas com desprezo. Desta forma, vocês prestarão uma boa ação tríplice àqueles que salvarem das trevas.

"Repito, irmãos: sigam corajosamente adiante! Por mais longe que esteja o objetivo final, os primeiros passos já foram dados: a fera em vocês está imobilizada, impotente e, diante de vocês, estende-se um imenso campo de batalha: o novo mundo, em que vocês serão os senhores, os regentes e os iluminadores.

A IRA DIVINA

Lá vocês se utilizarão dos conhecimentos adquiridos, semearão uma nova civilização entre aquela humanidade infante e provarão de milhares de alegrias antes desconhecidas. Serão cercados por multidões de adeptos, discípulos, amigos verdadeiros, unidos pela luz que vocês lhes verterão na alma. Vocês não imaginam o amor que terão por aqueles cegos, aos quais darão visão; por aqueles surdos, que, graças a vocês, ouvirão a harmonia celestial; e por aqueles fracos, que vocês transformarão em gigantes da vontade! Este excelso objetivo é digno da luta! Por isso, meus irmãos, desçam sem medo nos sorvedouros lúgubres do mal e do pecado, arranquem dos demônios as suas vítimas, e nenhum contato impuro irá macular as suas alvas vestes. E, agora, aproximem-se e deem-me um beijo fraterno!"

Trêmulos de emoção, Supramati e Dakhir entraram no círculo ígneo que os separava do sumo hierofante. Quando Hermes os envolveu em seu límpido abraço, pareceu transformar-se numa coluna de chamas, engolindo os dois adeptos. Um canto suave e sonoro ouvia-se sob as arcadas.

As chamas subitamente se extinguiram, e Hermes desapareceu, enquanto no sarcófago aberto jaziam como mortos Dakhir e Supramati; uma nuvem dourada reluzente encobria-os feito mortalha. Eles dormiam o sono dos magos.

Abrindo os olhos, Supramati e Dakhir viram do lado do sarcófago dois iniciados jovens, que os ajudaram a levantar-se e deram a cada um uma taça de vinho quente, muito aromático; em seguida, fazendo uma mesura, convidaram-nos a irem a uma sala onde estavam sendo esperados por hierofantes.

Pensativamente caminhavam Supramati e o seu amigo atrás do guia, admirados de que seus corpos e, sobretudo, suas cabeças irradiavam uma luz intensa. Os pensamentos tomaram um novo rumo quando se viram numa grande sala subterrânea, onde estava preparado um banquete e achavam-se reunidos os membros da irmandade secreta. Num cenário semelhante haviam se banqueteado, provavelmente, os Tutmés e Ramsés, os soberbos faraós do antigo Egito.

As colunas que suportavam o teto bastante baixo eram decoradas por pinturas tão frescas, em ouro brilhante, que davam a impressão de que o artista havia concluído a sua obra um dia antes. Em volta da mesa, enfileiravam-se antigas cadeiras de cor púrpura com almofadas bordadas a ouro; aparelhos de jantar valiosíssimos deixariam de boca aberta o arqueólogo que tivesse a felicidade de contemplar aquele quadro.

O sumo sacerdote fez com que as visitas se sentassem em lugares de honra, junto de si, e durante a refeição, servida em pratos de ouro, ouvia-se uma estranha e desconhecida música; e essa suave e tenra melodia em volume baixo produzia um efeito extraordinário. Sob seus sons empolgantes, todo o Ser parecia ampliar-se, tremular e arrebatar-se ao espaço, para a esfera da paz e da luz, e o peso do corpo parecia não existir. Naquela atmosfera peculiar, que nada tinha em comum com o ar externo, um bem-estar estranho e indizível parecia tomar conta do Ser. A sensação de Supramati era de que bastava querer e poderia alçar-se ao espaço nas asas do sonho mágico, ninado pela melodia das esferas, haurindo novas forças sob a inspiração dos espíritos superiores.

"Outra vez sensações novas, outra vez forças desconhecidas!", pensava Supramati, e nele despertou uma ânsia de permanecer ali e mergulhar naquela atmosfera de paz e conhecimento.

– Mestre – dirigiu-se ele ao sumo hierofante –, quando eu retornar ao domínio da paz, deixe-me ficar aqui por algum tempo trabalhando sob sua orientação.

– Tanto você como o seu irmão serão visitas bem-vindas. A nossa porta sempre estará aberta para vocês.

Supramati agradeceu e acrescentou:

– Tenho dificuldade em expressar como anseio por este minuto. Jamais experimentei antes quão agradável é o encantamento da paz!

O hierofante sorriu.

– Uma paz total não existe, meu filho. Você a toma pela paz de sua alma, avessa aos desejos. No silêncio fictício que o cerca, descobre-se, entretanto, o mundo invisível, cheio de vida, atividade e movimento; no mesmo silêncio em que está aquele que procura a verdade, conversam as forças da natureza, e diante dele se abre o seu mecanismo complexo. Por todos os lugares em volta de nós, em tudo, há vida; cada átomo que cruza o espaço reserva em si o seu destino; por todos os cantos fervilha a semente imortal da criação; por todos os cantos se espalha o material para os mundos nascentes. Cada célula representa um mundo, cada mundo nada mais é que uma célula da grande unidade, e tudo aquilo, provido de inteligência, almeja a luz e enfrenta uma grande luta, obstinada e conturbada, da harmonia contra a desarmonia, das forças do bem, criadoras, contra as forças do caos, destruidoras.

"Cada ser é um mundo único, e, dependendo de seu pensamento e da orientação de seu trabalho, ele cria o germe do bem ou do mal, da beleza ou da monstruosidade. Ah! Conhecessem os homens os grandes princípios da formação da matéria, teriam mais cuidado com os seus atos e pensamentos!..."

Após o repasto, todos os adeptos se reuniram no terraço e iniciou-se uma animada conversa. Ainda quando estava sentado à mesa, Supramati havia reparado num jovem iniciado, magro e pálido, que o fitava com grandes olhos pensativos. Ao ver que o jovem estava parado humildemente à sombra do arbusto, prestando atenção na conversa dos iniciados superiores, Supramati aproximou-se dele, fê-lo sentar-se no banco e iniciou uma conversação sobre a ocupação, a vida e o trabalho dele. Entre outras coisas, perguntou por qual grau de iniciação ele havia passado e por que não portava a devida insígnia. Pentaur – como era chamado o jovem adepto – respondeu ter acabado de desenvolver os cinco sentidos e que receberia a insígnia de distinção após a demonstração prática de suas habilidades.

– E como é que vocês o fazem? – interessou-se Supramati, querendo saber se o método empregado era o mesmo que o de Ebramar. Pentaur respondeu:

– Passamos pelo seguinte processo: quando o hierofante responsável pela nossa iniciação achar que a hora chegou, ele deixa o seu discípulo num quarto. Este vive em isolamento por três anos e leva uma vida de preparação, purificando-se através de jejum, ablução e fumigação[4]. Além disso, durante esse

---

[4] *Fumigação*: aplicação de medicamentos a partes do corpo por meio de vapores e fumaças.

tempo, ele aprende a ler os manuscritos, as fórmulas mágicas e a desenhar os sinais cabalísticos para comandar as forças do mundo invisível. Quando o discípulo passar satisfatoriamente por todas essas provas, inicia-se o desenvolvimento do controle sobre os cinco sentidos. O hierofante subtrai de seu discípulo o dom da palavra para que este não desperdice as forças em sons inúteis, e aprenda a falar e expressar-se com os pensamentos da mesma forma que através da voz; de modo igual, com a força da mente, ele deverá desenhar no ar ou num objeto qualquer tudo o que deseja dizer com palavras.

"Terminado isso, do discípulo é subtraído o dom de audição, para que os sons de fora não o distraiam nem o perturbem. Então ele se habitua a apreender os sons do pensamento, a aproximação dos espíritos, o rumor das forças invisíveis, as oscilações da matéria e a música das esferas.

"Em seguida, o hierofante tira-lhe a capacidade do olfato, para que ele desenvolva a habilidade de reconhecer os odores – puros e impuros. Um olfato desenvolvido permite que ele distinga os aromas astrais, os miasmas do espaço, e, pelas emanações das plantas, reconheça as suas propriedades úteis ou nocivas. Através do sentido do gosto, o discípulo determina os preparados terapêuticos, e assim por diante, mas este sentido tem um papel menos importante.

"Por fim, subtraem-lhe a visão. Ao se tornar cego, o discípulo habitua-se a ver o invisível, aprimorando a visão espiritual, a tal ponto que consegue andar com toda a segurança em locais para ele desconhecidos e vencer quaisquer obstáculos. A luz interior deverá iluminar tudo, indicar-lhe as irradiações e as emanações de todos os três reinos, o mundo invisível, e assim por diante. Resumindo: quando este inválido tornar-se o senhor de todos os sentidos espirituais e não mais depender de seu organismo físico, todos os cinco sentidos, então, são-lhe devolvidos. Mas, falando sinceramente, a gente se acostuma tanto sem eles, que, no início, os olhos, os ouvidos e o nariz somente atrapalham" – concluiu sorrindo Pentaur.

Supramati ouvia-o com vivo interesse.

A IRA DIVINA

– A minha iniciação, neste caso, foi um tanto diferente. Ebramar, meu mago orientador, utiliza um outro método... Mas muitos caminhos levam a um mesmo objetivo – considerou ele.

– Sem dúvida, contanto que ele seja alcançado e, principalmente, que o tempo fique esquecido – este monstro que persegue os imortais – suspirou Pentaur.

– E ele os atemoriza? Pensei que para vocês que moram aqui o tempo seria uma palavra oca – observou sorrindo Supramati.

– É verdade! Não obstante, eu ainda sofro a sua influência devido, talvez, à minha atual imperfeição. Ora ele me parece voar por demais rápido, ora se arrasta demasiadamente lento. Às vezes, tento imaginar o que sente uma pessoa que não consegue esquecer o tempo, oprimido pelo passado e aflito com o futuro; pois lá, no fim, aguarda por ele o terrível enigma: a morte. Então me pergunto quem de nós é mais infeliz: ele, que faz, tomado de pânico, a contagem regressiva dos anos e dias de sua vida; ou nós, para quem o passado é insondável e o futuro é infinito...

– Somos mais afortunados, porque compreendemos melhor o objetivo da existência, não do corpo, é claro, mas da alma; some-se o fato de que para nós a morte não é nem enigma, nem motivo de medo – respondeu Supramati enfático, apertando em despedida a mão do jovem adepto.

Quando os amigos retornaram ao palácio de Narayana, este já os esperava impaciente.

– Bem, gostaram dos velhinhos? – perguntou ele com um sorriso finório.

– Sempre me lembrarei da importância desta noite e agradeço por ter nos levado lá – respondeu em tom sério Supramati.

– É, Narayana! Você tinha que parar no meio do caminho? Quantas alegrias você está perdendo... – observou lamentoso Dakhir.

– Por graça de Deus, o tempo é que não me falta! Tenho uma eternidade pela frente e ainda hei de recuperá-lo – respondeu Narayana.

CAPÍTULO XV

Passaram-se alguns dias, e os amigos iam vivendo calmamente no maravilhoso palácio às margens do Nilo, ora viajando pelos arredores, ora meditando no terraço. Mas, para a natureza agitada de Narayana, aquele ócio se tornou insuportável.

Certo dia, à tarde, Dakhir lia na varanda; Supramati, deitado na rede, contemplava em silêncio o rio, enquanto Narayana acabara de desenhar numa folha de cartolina a esfinge com o seu restaurante. Por várias vezes, ele olhou de soslaio para os amigos, mas, subitamente, atirou para longe o lápis.

– Com os diabos! Começo a achar que vocês estão querendo soltar raízes aqui. Ouçam, meus belos príncipes, vocês estão ficando preguiçosos! Dias inteiros ficam aí sonhando no terraço, esquecendo que vieram do Himalaia para viverem no seio da sociedade.

Ele se levantou e tocou Supramati no ombro.

– E daí? Minhas férias não têm prazo para terminar, e eu não corro o risco de envelhecer, descansando aqui. É você que não para quieto em nenhum lugar e agora lhe deu na veneta ir não sei aonde! – revidou Supramati, levantando-se.

– Sinceramente, estou cheio deste lugar, e, além do mais, vocês já viram aqui tudo o que é digno de atenção.

– Neste caso, vamos! Mas para onde?

– A Czargrado, suponho. A cidade é bela; tenho lá muitos amigos e passatempos alegres.

Ao notar que Supramati franzia o cenho, Narayana soltou uma gargalhada.

– Veja só, Dakhir, a preocupação de Supramati – disse Narayana, piscando maroto. – Eu acho que ele está com medo de voltar. Há-há-há!

Ao perceber que o amigo havia corado e em seu rosto estampara-se irritação, Narayana apressou-se a consolá-lo:

– Acalme-se, ó mais pudico dos imortais! Eu pensei em levá-los a um dos lugares menos perigosos. Não gostariam de conhecer a cidade de cientistas? Lá se realizam as mais diferentes experiências médicas, e você se sentirá em meio ao seu elemento.

– Verdade? Uma cidade de médicos? Não há nada mais interessante que isso! – exclamou Supramati pulando da rede.

– Além dos médicos há outros especialistas: químicos, astrônomos, arqueólogos – todo o gênero de cientistas. É uma cidade bem peculiar. Veja, os pesquisadores que se dedicam atualmente à ciência pura, e que não conseguem trabalhar numa atmosfera nervosa e barulhenta dos grandes centros populacionais, decidiram fundar sua própria cidade, adaptada às suas necessidades.

O assunto despertou um interesse tão vivo que se decidiu partir na mesma noite; mal a lua subiu, a aeronave de Supramati dirigiu-se para a parte extrema do antigo Saara, onde se haviam instalado os cientistas.

Com o levantar do sol, a nave começou a descer, e Supramati, que acabara de acordar, viu pela janela uma grande cidade envolta em verde. À medida que a nave baixava, viam-se mais nitidamente as largas e retas ruas, ladeadas por árvores frondosas; a vegetação fundia-se, formando uma espécie de abóbada.

Logo a nave estacionou junto a uma torre. Os amigos desembarcaram e desceram pela escada para uma sala com vista para um jardim com fontes.

– Vou levá-los até o meu amigo, professor Ivares, diretor de uma das maiores clínicas, sob cuja orientação trabalham cerca de dois mil estudantes – disse Narayana, tomando o rumo de uma das ruas laterais.

Dakhir e Supramati examinavam curiosos os imensos edifícios de estilo inédito e admiravam-se da enormidade das plantas. Por todos os cantos havia água em profusão; ao longo dos canais, em cada cruzamento e em todos os jardins havia fontes. O que mais impressionou os nossos viajantes foi o profundo silêncio que reinava em volta. A azáfama do dia a dia inexistia por completo. Não se viam nem lojas, nem carros; os raros pedestres que ora se cruzavam passavam calados e, feito sombras, desapareciam em algum jardim ou casa.

– Qual é a especialidade do professor Ivares? – perguntou Dakhir, quebrando primeiro o silêncio .

Narayana se virou para ele e sorriu sagaz.

– Vocês irão cair na gargalhada se eu disser a profissão do meu amigo. Como eu poderia dizer...? Bem, ele inventou um método de inocular a virtude...

– E funciona? – perguntou num esgar de riso Supramati.

Parece que sim! Ele afirma que pode transformar uma pessoa criminosa, de paixões vulgares, num ser honesto, cheio de virtudes.

– Simplesmente incrível! Lembro-me das injeções que se davam no século XX, mas eram contra doenças, não contra vícios. Francamente, isso nunca me passaria pela cabeça – riu Dakhir.

– Ivares contou-me que no fim do século XXI um cientista descobriu os micróbios de vício-virtude e convenceu-se de que num ser criminoso esses germens se caracterizam por odor nauseabundo e coloração escura; além disso, eles são privados

A IRA DIVINA

da capacidade de emitir radiações. Uma série de experiências demonstrou que esses micróbios, ao serem injetados no sangue de cães, cavalos e outras espécies de animais, antes tidos como tranquilos e submissos, faziam-nos ficarem selvagens e ferozes. Prosseguindo as experiências, notaram um outro fenômeno curioso, ou seja, que os micróbios do bem, sendo inoculados num organismo vicioso, ainda que transformassem por fim aquele sujeito malévolo, faziam-no no decurso de um prazo muito longo e em sucessivas repetições. Concluiu-se que os micróbios do mal absorviam os do bem e, para que o princípio ativo positivo triunfasse, era necessário repetir as inoculações. Daí os cientistas tiraram uma justa conclusão: a de que durante o combate os micróbios positivos eram bem mais fracos que os negativos. Bem, estamos chegando; o professor poderá explicar-lhes melhor.

A sala de recepções na clínica do professor Ivares verificou-se ser muito bonita; uma das laterais saía para o jardim, ornado por uma infinidade de flores raras e aromáticas. Logo chegou o próprio professor, que recebeu jovialmente as visitas. Era um homem de idade e estatura medianas, magro e calvo, de feições agradáveis, irradiando sinceridade; seus olhos cinzentos refletiam inteligência e ponderação.

Ao saber que as visitas se interessavam por seu trabalho, o professor animou-se e explicou com mais detalhes o que fora contado por Narayana.

– Fizemos enormes progressos – prosseguiu ele –, e, como pelos inúmeros fatos constatou-se que crianças e até jovens recuperaram-se por intermédio do meu método, o tratamento é bem difundido. Alguns séculos atrás seríamos tachados de loucos; aliás, mesmo hoje, há gente que julga estarmos exagerando e vê, com certa desconfiança, o nosso trabalho. Que pensem o que quiserem! Estamos fazendo progressos, e as demonstrações irrefutáveis da eficácia do método aumentam o círculo de nossos partidários.

"Uma descoberta feita por mim, de suma importância, é a constatação de que, para obter sucesso no tratamento de um sujeito com vícios – um alcoólatra ou um débil mental, por exemplo –, é necessário, antes de tudo, purificar a sua aura[1], onde se nidificam os micróbios nocivos – uma espécie de exército de reserva –, que devem ser previamente eliminados para se proceder à purificação do organismo corpóreo."

– Em vista da devassidão que campeia solta, a sua clínica, professor, deve estar abarrotada de clientes. Além disso, deve ser praticamente impossível tratar tantos milhões de pessoas sem que sejam instalados numerosos postos auxiliares – observou Supramati.

– Não, o meu instituto é o único existente, ainda que os doentes sejam muitos; mas ele atende, por enquanto, as necessidades dos pacientes. Eu já citei que há um grande número de céticos e, mais ainda, pessoas que não aceitam se tratar – como os luciferianos, por exemplo. É óbvio que se o tratamento fosse obrigatório – como era nos séculos idos a vacina contra a varíola – e todos fossem a ele submetidos, sem exceção, principalmente crianças, eu acredito que se poderia fazer voltar a humanidade aos princípios da pureza moral e física, mas... duvido de que algum dia nós cheguemos a isso. Fazemos o que dá, o resto está nas mãos de Deus. Devo acrescentar-lhe, príncipe, que tanto eu como os meus ajudantes e cooperadores somos todos pessoas crentes. Assim o somos porque a nossa ciência e as experiências nos levaram a isso.

"Bem, quanto à sua pergunta, devo salientar que, infelizmente, ao nosso instituto são trazidos os sujeitos considerados sem esperança – os irrecuperáveis, como diziam antigamente – ou aqueles de quem as famílias já não sabem o que fazer para ficarem livres: bêbados inveterados, loucos perigosos, encapetados, ladrões, ou seja, criminosos de toda espécie."

– E qual o método que o senhor emprega? Poderíamos ver a sua interessantíssima instituição? – perguntou Supramati.

– Sem dúvida, senhores! Assim que eu lhes explicar exatamente o sistema empregado, será mais fácil os senhores entenderem

---

[1] À semelhança da atmosfera que envolve o planeta, o ser humano é também envolto por sua atmosfera ou aura, sobre a qual ficam impressos os seus atos, desejos e pensamentos, que saturam a aura com irradiações e odores, de acordo com a pureza moral de sua vida espiritual. (Nota da editora russa.)

o que irão ver no hospital. Então, voltando ao tratamento. Para pesquisar a aura, é necessário que ela seja vista; significa que nós devemos iluminá-la, e para isso temos diversos aparelhos. Assim que forem estabelecidos o volume, a espessura, o grau da negritude e a composição daquela atmosfera do sujeito, ele é colocado numa cela própria: azul ou verde, dependendo do caso. A cela fica constantemente iluminada por uma luz especial e impregnada de aroma puro. Além disso, uma das paredes é provida de janela com grade, que dá numa sala redonda, iluminada por luz azul ou verde, de onde se ouve uma música suave e melodiosa ou um cântico religioso, estrondoso e pesado. As nossas salas são executadas em forma de teatro: as celas reproduzem os camarotes, e, a partir de cada um, pode-se ver uma cena em que um operador de filmes exibe vistas artísticas, ora cenas sublimes de autossacrifício, de êxtase, ora formas e agrupamentos de beleza ideal, ou seja, quadros que possam despertar no enfermo somente sensações agradáveis e tranquilas.

"Desta forma, os nossos pacientes são cercados por luz suavizante, sons harmônicos, aromas puros e vivificantes; e tudo isso, tomado junto, sacode a sua aura, mata e enfraquece os micro-organismos maléficos, que, para sobreviverem, necessitam de emanações acres e fétidas, barulho desarmônico, cheiro de sangue, excitação de mortes e carnificinas, luz púrpura das paixões e fúria, estímulos de vícios, comida forte e condimentada. Então ocorre um fenômeno duplo: no início a aura se esvazia; em seguida, algumas semanas depois, os micro-organismos do corpo, subtraídos do bem-estar habitual e nutrição apropriada, migram para a aura, onde acabam perecendo. No transcorrer desse tempo, a alimentação do doente é essencialmente de leite e legumes. Ao término de seis semanas, a aura já adquire uma forma totalmente diferente, e o paciente cai numa prolongada sonolência. Então, é chegada a hora de ministrar-lhe a injeção, repetida dia sim, dia não."

– E de onde é que vocês obtêm esta substância purificada? – interessou-se Supramati.

– Existem pessoas que praticam esses sacrifícios voluntariamente. Elas passam a vida em jejum e orações, e doam seu
sangue para o bem de seus irmãos, pela humanidade. Se quiserem, podem chamá-las de "missionárias" de nosso tempo,
que atendem às necessidades do momento. Em nossa instituição
há cerca de duzentos ascetas que vivem como verdadeiros ermitãos, em abstinência e preces exaltadas. Seu sangue, sendo
beatificado, parece com vapor prateado.

"Agora, senhores, se quiserem, eu lhes mostrarei o hospital
e outras seções, pois também tratamos doenças nervosas: preguiça, abulia, apatia... Todos estes males requerem um outro
tipo de tratamento."

Supramati e Dakhir agradeceram pela oportunidade de visitar
aquela clínica inovadora, admirando-se, no fundo da alma, pelo
fato de ainda existirem naquela época de devassidão milhares de
pessoas dispostas a se dedicarem à causa da caridade – o que
indicava um novo triunfo do espírito humano sobre os vícios e
paixões mundanas, possibilitando realizar verdadeiros milagres.

Acompanhados pelo diretor, eles iniciaram a inspeção da
clínica e, inicialmente, mostrou-se-lhes uma das salas, cercada
de celas. Era enorme, com três andares de camarotes. O palco
naquele momento estava vazio, não havia nenhuma represen-
tação; no centro brotava um chafariz espalhando água da cor
de safira; tudo era inundado por uma luz suave azul-celeste. O
ar estava impregnado de aroma forte – mistura de rosas e ládano
–, e a música, realmente celestial, fazia sacudir cada nervo com
seus poderosos acordes. Vez ou outra um coral melodioso en-
toava um canto de indizível beleza; os sons iam ora se avolu-
mando poderosos, ora se extinguindo num murmurar melódico.
Estimuladas por aquelas ondas harmônicas, a alma, de fato,
poderia ascender-se às esferas altaneiras, enquanto as amarras
carnais e paixões mesquinhas deveriam ruir por terra. Era com
grande respeito que Supramati e Dakhir olhavam para o cientista
humilde, que não apenas conseguira aprender, mas também
utilizar na prática, as leis da purificação astral, desconhecidas
de seus contemporâneos.

A IRA DIVINA

Feliz pelo vivo interesse das visitas, o professor contou que ele tinha oito salas daquele tipo: quatro azuis e quatro verdes; e, em seguida, levou-os às celas. Eles foram até o corredor ao longo do qual se enfileiravam várias portas, separadas por grande espaço. Uma das portas estava aberta naquele momento e junto a ela se comprimiam alguns jovens em longos aventais brancos; estavam eles ocupados em deitar sobre uma maca de rodinhas um corpo coberto em lençóis.

O professor se deteve por um instante, aparentemente transtornado, e correu junto dos alunos.

– Está morto? O nosso tratamento não ajudou?

– Não, professor, nada ajudou. Ele morreu há cerca de meia hora; o corpo já pretejou – respondeu um dos jovens, sacudindo solidário os ombros.

– Este foi o último que eu aceitei na clínica; daqui para a frente nenhum deles será aceito aqui – anunciou zangado o professor, juntando-se às visitas.

– Pelo visto um dos seus pacientes não suportou o tratamento de purificação? São frequentes estes casos? – indagou Dakhir.

– Oh, não! Esta morte não é o resultado do tratamento; é um caso específico e se refere a um dos fenômenos mais estranhos, e que deve ser profundamente investigado. O morto é um judeu e, acreditem se quiserem: nenhum membro deste enigmático povo cede à purificação; por mais que eu tente – tudo em vão. Ao iluminarmos as suas auras com os nossos aparelhos, verificamos que elas têm composição diferente e estão cheias de vibriões nocivos e mortíferos. A própria aura e o corpo astral têm um aspecto grudento e pretejado, difundem um odor nauseabundo e, ao mesmo tempo, contêm princípios entorpecentes muito fortes, que desencadeiam paixões caóticas, delírios de loucura e principalmente a luxúria, incluindo distúrbios sexuais. Pode-se dizer que ali há de tudo: beladona, clorofórmio, moscas-espanholas, toda a espécie de estimulantes sexuais; cerca de três quartos do que há no organismo é tudo fel. Ao serem submetidos ao nosso tratamento, começam a desprender um vapor escuro e fétido. Nossos preparados não têm efeito sobre eles, ou, pior, provocam reações contrárias, e o sujeito morre.

"Com aquele infeliz eu tentei empregar um método totalmente novo; mas, como veem, foi inútil. Não é sem fundamento que todos os povos odeiam essa obstinada e de fato misteriosa raça; evitam-na e não confiam nela. Já me ocorreu que os judeus são invulneráveis porque eles personificam na humanidade o princípio do mal. Mas chega de falar desta caterva[2], senhores, vamos ver outros pacientes!"

Ele abriu uma das portas e fez as visitas entrarem num quarto longo, bastante espaçoso. Junto à grade, num leito baixo, estava deitado um homem com uma camisola comprida. Pelo seu rosto corriam lágrimas; por vezes, ele se sacudia em prantos convulsivos e todo o corpo se contorcia; seu rosto ardia febrilmente. Aparentemente ele estava sofrendo; seus olhos estavam fechados, e ele não notou a chegada dos estranhos. Sobre uma mesinha baixa havia um jarro de água e um copo; no canto, via-se instalada uma ducha dentro de um cubículo de cristal.

– Este paciente está passando pela fase mais difícil do tratamento – explicou o professor. – As vibrações sonoras sacodem o corpo e expulsam os micro-organismos. Durante o processo, o enfermo encontra-se num estado febril e sofre muita sede; em intervalos curtos, ele começa a transpirar um suor gosmento e acre, que provoca uma forte coceira, o que exige ablações frequentes. Os nossos alunos e inspetores exercem uma vigilância constante. Agora vou levá-los à sala de ensaios, onde examinamos os pacientes; lugar em que também ficam os aparelhos de medição – disse Ivares, saindo da cela. – Vocês tiveram sorte. Hoje temos três sujeitos interessantes: um alcoólatra, um demente, cujo mal é oficialmente chamado de paralisia incurável do cérebro, e um endemoninhado.

Descendo ao andar de baixo, entraram numa ampla sala redonda, onde havia cerca de cinquenta jovens e dois homens de idade mediana, apresentados pelo professor como seus ajudantes.

---

[2] *Caterva*: grupo de vadios, desordeiros; pessoas de mau comportamento.

A IRA DIVINA

No centro do recinto, sobre uma espécie de rede metálica, jazia de olhos fechados um homem totalmente nu.

– O enfermo precisou ser adormecido; caso contrário, impossível examiná-lo – explicou o professor, conduzindo os visitantes até uma fileira de poltronas.

Eles tomaram os assentos. Um dos médicos acomodou-se ao lado deles, e o professor pediu que a operação fosse iniciada. Os jovens médicos praticantes apagaram a luz e tudo ficou às escuras. Alguns dos estudantes postaram-se perto de grandes aparelhos no fundo da sala.

Ouviu-se um leve crepitar; um facho largo de luz ofuscante soltou-se de súbito e se concentrou no corpo estendido, adquirindo uma forma oval. Naquele fundo alvo, desenhou-se uma fumaça rubra em coluna espiralada, polvilhada por pontos negros; o círculo claro começou a se alargar, dando origem ao surgimento de nuvens de micro-organismos, tal qual se vê uma gota de água sob o microscópio. Os infusórios eram dos mais variados: longos feito sanguessugas, outros em forma de fios ou parecidos com dragões, moscas, aranhas e escorpiões; e, entre aquelas massas a se remexerem, cruzavam-se pequenos seres com caudas de serpente e olhinhos fosforescentes, que pareciam brilhar com inteligência.

Os parasitas parecia cobrirem-lhe todo o corpo transparente, arrastando-se e grudando nele, sugando-lhe a seiva; e, pelo visto, tinham uma predileção por órgãos internos: roíam-nos cobrindo-os de chagas, nas quais se instalavam exércitos de monstros microscópicos.

– Que bela população oculta vive no corpo de um bêbado! – observou o professor.

Um minuto depois, as luzes foram acesas. Os estudantes levaram o homem que parecia morto e trouxeram uma outra pessoa, colocando-a na rede.

Novamente ficou escuro e sobreveio o círculo oval, mas o corpo e a aura tinham agora uma outra forma.

– Agora vocês veem um doente mental – explicou Ivares. – Sua aura é cinza empanada, e os diversos pontos negros, que fervilham feito abelhas na colmeia, envolvem-no como que por uma retícula. Prestem atenção nos órgãos internos, entremeados por listras pretas, no coração e, principalmente, no cérebro. Ele parece envolto numa névoa negra, que impede qualquer troca de substâncias com o mundo exterior; os glóbulos de sangue parecem contraídos, e aquela substância cinzenta, diáfana, oscilatória e impenetrável , dentro da qual se acha envolto o organismo, impede, feito casulo de lagarta, qualquer atividade do corpo astral. Antes de tudo é necessário eliminar aquela mortalha cinzenta, revitalizar as células e restabelecer a troca das substâncias cerebrais com o mundo exterior. Tudo isso nós conseguimos com o auxílio de três grandes aliados: o som, a luz e o aroma – concluiu enfático e satisfeito consigo o professor.

Em meio às explicações, os alunos substituíram o doente por um novo sujeito. Era uma pessoa ainda jovem e forte, mas a sua palidez cadavérica e a debilidade patente do corpo produziam a impressão de que ele estava morto.

No círculo reluzente desenhou-se uma aura verde-amarelada, mais volumosa do que nos dois primeiros casos e, pelo visto, mais compacta. Nos doentes anteriores, o corpo astral – pesado e inchado como o do alcoólatra, ou enrugado e ressequido como o do celerado – estava desativado, enquanto neste, pelo contrário. Sobre a cabeça do corpo físico assomava-se, até a cintura, o corpo astral – de cor cinza-esverdeado e salpicado de manchas negras cadavéricas; o rosto estava desfigurado, e os olhos esbugalhados fitavam estupidamente o espaço com expressão de raiva e terror. Ao corpo físico do paciente grudavam-se em volta seres estranhos, meio humanos, meio animais, que sugavam as forças vitais do possuído; as mesmas criaturas lançavam-se furiosamente sobre as larvas apegadas, tentando desalojá-las e se apossar de um naco melhor da artéria vital; uma furiosa e cruenta batalha travava-se entre eles.

Fora dos limites da aura, numa névoa vermelho-sanguínea, pairava um espírito asqueroso de feições puramente diabólicas; um fio fosforescente unia-o à vítima. O espírito, pelo visto, divertia-se com os sofrimentos do homem por ele possuído, a gemer e contorcer-se, enquanto o inimigo conclamava e a ele encaminhava as larvas, evocando em sua mente quadros de luxúria, jogos de azar, gula, etc. Por fim, um choque elétrico expulsou o corpo astral novamente para o interior do organismo, onde esse desapareceu junto com o seu carrasco.

– Aquele senhor é difícil de ser desalojado. Os endemoninhados não cedem facilmente ao tratamento – observou o professor. – Muito interessante também é a aura de um homicida – prosseguiu ele. – Infelizmente não disponho agora de nenhum indivíduo assim para mostrar-lhes. Mas, com base no que viram, vocês vão entender. Imaginem então a aura de um assassino: uma aura enorme, da cor vermelho-sanguínea! E, nesse fundo, vão-se projetando os quadros dos malefícios por ele cometidos. Fora dos limites da aura, paira a imagem da vítima ou das vítimas, unidas com o criminoso por sólidos fios fosforescentes; e, por esta espécie de comunicação, ao homicida corre uma massa esverdeada, densa e gosmenta de aspecto. Aparentemente, uma morte violenta arranca do organismo da vítima, também violentamente, diversos tipos de substâncias, que posteriormente penetram na aura do assassino e ali permanecem, reproduzindo as perturbações agônicas e as peripécias do homicídio. Notei também que, se as vítimas forem de mesmo nível moral do homicida, a hostilidade prende-os um ao outro; tal condição deve ser medonha. Estou convencido de que justamente estas circunstâncias é que são a causa real que leva os criminosos a se entregarem. Nestes casos, a cura é possível, desde que se consiga separar a vítima do homicida.

Dakhir e Supramati sabiam-no, indubitavelmente, melhor que o professor, tendo presenciado tudo aquilo por centenas de vezes com seus próprios olhos, capazes de penetrar através da cortina que cobria os mistérios do outro mundo. Eles estavam curiosos, entretanto, em conhecerem a que limites haviam chegado os cientistas na arte de revelar os números ocultos, cujos resultados tinham superado as expectativas.

Após agradeceram calorosamente ao professor Ivares, e já que o trabalho de cientistas em outras áreas não lhes interessava, os visitantes se despediram do gentil anfitrião e saíram caminhando pelas ruas desérticas em direção à torre, onde por eles esperava a aeronave.

– Mais uma prova de que o fim do mundo está próximo – observou Dakhir. – O oculto já se revela por aparelhos modernos e rende-se aos homens; diante do profano se abre o grande livro de sete selos, descortinando os mistérios do Além.

– De fato! Em vez de se desenvolverem e se purificarem em vista das descobertas dos terríveis mistérios, a humanidade está se degenerando. Selvagem e imoral, subtraída da fé e dos ideais, ela está se nivelando aos animais – completou suspirando Supramati.

– Para onde você vai levar-nos agora? – indagou Dakhir.

– Realmente não sei; Supramati não quer voltar a Czargrado – respondeu Narayana, piscando maroto.

– Eu não disse que não queria voltar.

– Eu sei, eu sei! Você simplesmente quer proteger a sua virtude.

– Se sabe, então por que é que me empurra para a tentação? – contrapôs calmamente Supramati.

– Absolutamente! É que, em vista da minha imperfeição, a sua virtude me incomoda; assim, eu vivo matutando uma forma de desencaminhá-lo.

– Que belo amigo! – exclamou Supramati, desatando a rir. – Mas por que justamente a minha virtude, e não a de Dakhir, o está incomodando?

– Porque não consigo aceitar que uma belíssima jovem se consuma de amor por este tronco insensível! Diga com sinceridade: você não gosta dela?

– Gosto. Ela é um encanto, sua adoração por mim é comovente, e a ingenuidade com nada se compara. Tomasse ela a mim por orientador, e não por amante, e tornar-me-ia seu servo fiel.

– Oh, meu Deus! Corresse eu o risco de me tornar um paspalho assim, rejeitaria para sempre a estrela de mago, apesar de todas as ponderações de Ebramar! – exclamou em arroubo cômico Narayana.

Os magos explodiram em gargalhada. Neste ínterim, eles se aproximaram da torre e retomaram a discussão sobre o objetivo da viagem.

A IRA DIVINA

– Vou levá-los ao Reino dos Judeus, aos luciferianos. Mas tomem cuidado; não tentem novamente destruir os seus templos. Poderá haver um escândalo, e o nosso "incógnito" será descoberto.

– E o que faremos então? Levaremos oferendas a Lúcifer? – indignou-se Dakhir num esgar de riso.

– Ouçam, amigos, a minha proposta! – interrompeu Supramati. – Está claro que não vamos lançar raízes naquele belíssimo país e sair por ali em procissão triunfal, anunciados ao rufar dos tambores; o "incógnito" mais seguro é sermos invisíveis. Não haverá nenhuma dificuldade em ficarmos ocultos aos luciferianos pesados e rudes, assim podendo, sem chamarmos a atenção, ver tudo o que nos interessa. Depois... basta que a gente faça uma boa purificação!

– A ideia é ótima – aquiesceu Narayana. – Poderemos pesquisar o que precisamos e ainda nos divertir à custa daqueles patifes. Na semana que vem eles planejam uma grande festa, com grande procissão em honra de Satanás, massacre dos cristãos, auto da fé dos símbolos religiosos, orgias, etc. Será o máximo se conseguirmos estragar a solenidade; em três, faremos um belíssimo escarcéu.

– Não tenha dúvida! Não obstante, antes de empreendermos tal aventura, sugiro que a gente consulte Ebramar. Se ele concordar, os satanistas que se segurem!

– Neste caso, voltemos à Escócia por alguns dias; temos tudo adaptado lá para as evocações – sugeriu Dakhir.

A sugestão foi aceita por unanimidade e, minutos após, a nave voava para o velho castelo sobre o oceano.

CAPÍTULO XVI

Alguns dias após a partida dos magos de Czargrado, Narayana visitara Olga e lhe passara os objetos para evocação de Ebramar.

A jovem estava visivelmente abatida. Quando a conversa tocou sobre a partida de Supramati, ela mal se conteve para não desabar em prantos. Narayana tentou consolá-la, afirmando que seu primo era um idiota esclarecido com aquela sua mania de se esconder; mas que o assunto era de fato importante e ele tivera de viajar para resolvê-lo. Após elevar-lhe um pouco o ânimo, ele passou para Olga algumas instruções e despediu-se de sua nova amiga.

No dia seguinte, Olga anunciou à tia que iria viajar por algumas semanas para uma de suas propriedades; em vista da total liberdade que a irmandade proporcionava a seus membros, ela não recebeu nenhuma objeção.

Ao chegar à propriedade que mencionara a Narayana, Olga iniciou imediatamente os devidos preparativos para a evocação. Ninguém a perturbava; o velho administrador e sua esposa, que tomavam conta do casario, eram gente boa e simples. No início, eles se surpreenderam com o capricho da bela senhorita em se enclausurar sozinha, mas não se permitiram fazer-lhe nenhuma pergunta.

Em meio ao silêncio e isolamento, Olga impôs para si um jejum rigoroso e orações exaustivas. A imagem de Supramati a perseguia dia e noite; ela deixou-se entregue à sua paixão e, naquele estado de nervosismo e excitação, nada lhe parecia penoso, contanto que pudesse conquistar o coração do homem adorado.

Aquela concentração obsessiva e passional da mente chegou, é claro, até Supramati, fazendo-o recordar a jovem e evocar a sua imagem, inspirando-lhe sentimentos dos mais vagos. Havia hora em que isso o deixava irritado ou até o divertia; mas havia vezes que no fundo da alma límpida do mago se remexia um resquício de homem mortal, e o amor infinito, a ele sugerido, comovia-o, despertando um sentimento carinhoso e conciliador em relação àquela ingênua moça.

Por fim passaram as três semanas de preparações iniciais, e Olga começou os preparativos para a invocação. Ela ficou muito mudada no período de jejum e meditação; tornou-se mais esbelta e magra, e no rostinho transparente exprimia-se ponderação.

À tardezinha, depois de despejar na banheira o conteúdo do frasco trazido por Narayana, ela tomou um banho: seu corpo parecia perpassado por picadas, mas não deu a isso nenhuma atenção. Vestiu uma túnica longa de tecido sedoso fosforescente, que lhe aderiu justo à pele, e soltou os maravilhosos cabelos dourados. Uma coroa de flores, até então desconhecidas para ela, adornava sua cabeça: não eram lírios nem narcisos – com grandes pétalas branco-prateadas, cálices fosforescentes e folhinhas em azul e vermelho, eram cobertas com pó reluzente feito diamante.

Terminada a toalete, Olga saiu para o grande terraço do jardim, para onde trouxera antes um baú de cedro, dado por Narayana. Nele havia um disco metálico, adornado por sinais cabalísticos, entalhado em vermelho, três trípodes e dois castiçais de prata maciça com as velas. Arrumando tudo de acordo com as instruções, ela acendeu as velas e as ervas aromáticas nas trípodes e borrifou em volta uma essência muito aromática. Postando-se dentro do disco, de joelhos, começou a pronunciar as fórmulas incompreensíveis, mas que sabia de cor e salteado.

Era uma maravilhosa noite meridional, quente e perfumada, e muito escura; reinava na natureza um silêncio grandioso e atemorizante, ora quebrado pela voz trêmula de nervosismo de Olga, que, no entanto, soava decidida. Subitamente uma espécie de estrela cadente cintilou no firmamento escuro, e numa velocidade incrível foi voando na direção do terraço. A estrela envolveu-se em nuvem e caiu a alguns passos de Olga, que, meio morta, meio viva, olhava para aquela coluna nebulosa, parecendo sair da terra salpicada de zigue-zagues ígneos. Instantes a seguir, o invólucro nevoento se dispersou e surgiu a figura alta e esbelta de um homem em branco. Sua cabeça vergava um turbante de musselina a brilhar feito neve ao sol; as feições brônzeas eram encantadoras, e o fitar cálido de seus grandes olhos negros parecia perfurá-la por inteiro.

– Insana!... O que está fazendo?... Ao desencadear forças que você ignora, poderia ser queimada viva, fulminada por um raio – ouviu-se uma voz sonora.

Braços fortes a ergueram e tiraram fora do círculo metálico.

Olga estava pasma e olhava com terror para o seu estranho visitante. Só então se conscientizou plenamente de ter mexido descuidosamente com os mistérios desconhecidos e terríveis. Tremendo toda, ajoelhou-se e estendeu em súplica as mãos em direção ao estranho.

– Perdoe, ó mago divino, a minha ousadia... Ao decidir perturbá-lo, eu, um ser impuro e ínfimo, não me dei conta da insolência do meu ato. Fui ensinada e instruída por Narayana... Agora, ao vê-lo, cheio de poder e mistério, tenho vergonha de confessar a razão que me moveu a invocá-lo.

Ela chorava convulsivamente, cobrindo o rosto com as mãos; todo o corpo se sacudia, e a graciosa cabeça se abaixava

A IRA DIVINA

cada vez mais e mais. Ela não reparou no sorriso que iluminara o rosto sombriamente belo de Ebramar e na bondade infinita que nele se refletia. Ele colocou a mão no ombro de Olga e levantou-a.

– Levante-se, minha criança, e acalme-se! Não existe um ser humano suficientemente ínfimo que não possa invocar-me, caso o seu clamor seja bastante sincero e poderoso para chegar aos meus ouvidos. O meu grau de purificação e conhecimento impõe-me servir a todos os que necessitam de minha ajuda e que consigam se comunicar comigo. Sendo você uma jovem pura de alma e corpo, por que então o seu apelo haveria de me ofender? Eu censuro a leviandade de Narayana, que a impeliu para uma experiência mágica perigosa, sem levar em conta as leis que lhe poderiam ter sido fatais.

Conversando, ele levou Olga até um banco de mármore no fundo do terraço, sentou-se e indicou-lhe o lugar para se acomodar.

– Sente-se, criança, e conversaremos.

Olga agarrou a mão afilada do mago e encostou-a aos seus lábios. Um rubor cobria-lhe o rosto, lágrimas graúdas pendiam, brilhando, nos cílios longos e densos, e nas feições irrequietas se refletia claramente a luta da consciência da vergonha e do anseio pela ajuda do mago. Ele sorriu novamente.

– Conheço as sua intenções, minha querida; caso contrário, que mago seria eu! Você ama Supramati, meu discípulo e amigo, e quer ser correspondida...

Olga levou as mãos ao peito.

– Sim, mestre, amo-o mais que a vida. A partir do momento em que o encontrei, sua imagem seduziu-me e escravizou a minha alma; não tenho outra vontade, senão vê-lo ao meu lado, ouvir-lhe a voz e ter o olhar dele pousado em mim. A radiação estranha e o calor que dele emanam, e que eu decididamente não consigo entender, pregam-me a ele.

– Acredito! Sua atração por aquele ser puro e elevado simplesmente comprova o seu anseio à luz e rejeição às trevas. Já que você teve a suficiente tenacidade de passar três semanas em silêncio, isolamento, jejum e prece, abstendo-se de qualquer entretenimento, isso prova que você é capaz de se sacrificar por um ideal e que o seu sentimento é profundo e verdadeiro. Nestas condições, é compreensível que você busque uma união com Supramati.

– Sim, anseio por isso; mas ele se mostra indiferente e parece desprezar o meu amor. Ele partiu sem me dirigir uma palavra de adeus. Ninguém sabe se volta ainda algum dia para cá... Aliás, o amor acabou por cegar-me; só agora entendo, com dor no coração, o quanto fui presunçosa ao querê-lo para mim como se ele fosse uma pessoa comum. Que interesse pode despertar uma moça ignorante em um mago como ele?

As lágrimas impediam que ela prosseguisse. Ebramar pensativo fitou-a demoradamente.

– Uma afeição profunda e pura é uma dádiva sem preço, tanto para um mago como para uma pessoa comum. Qual é a razão então da indiferença de Supramati? Provavelmente ele seja guiado por um outro sentimento. Ele sabe de algo que você desconhece: a união de um mago com uma simples mortal é paga com a vida. A chama do amor transcendental devora a flor delicada humana.

Um rubor vivo cobriu as feições encantadoras de Olga; seus olhos brilharam em êxtase e paixão.

– Oh, se fosse apenas isso, mestre! Pagar com a vida pela felicidade de pertencer-lhe seria o cúmulo da bem-aventurança. O que eu poderia querer mais do que morrer jovem, bela e amada, antes que o tempo me envelheça, sendo eu mortal, e ele, não. Que suplício teria eu de suportar, quando, velha e decrépita, estivesse ao seu lado; e ele sempre jovem, belo e invulnerável à ação do tempo que a tudo destrói. Que graça celestial seria evitar todos esses sofrimentos e morrer ao lado dele, gozando da felicidade suprema. Não está você brincando, estimado mestre? Será que tal bem-aventurança custa apenas o preço da morte? Oh! Estou disposta a morrer dez vezes, só para viver um ano no paraíso...

Ebramar meneou a cabeça.

A IRA DIVINA

– Não estará você se entusiasmando demais e não se arrependerá no futuro, ao descer à cova, tendo que se despedir da vida, cheia de encantos, e abandonar a pessoa amada e, talvez, um filho?...

Por alguns instantes o animado rostinho de Olga confrangeu-se numa nuvem de tristeza. Ela empalideceu estremecendo, mas logo sacudiu energicamente a fraqueza passageira que a dominara, e uma fé jubilante, repleta de humildade, acendeu-se em seus belos olhos radiantes.

O bafejar da paz junto de Supramati e o emanar de sua força aplacarão todas as tempestades da alma. Não foi você mesmo que falou do princípio segundo o qual a matéria inferior é devorada pela chama purificadora que emana do mago? Ousarei queixar-me da lei inexorável? Não! Se tiver a felicidade imerecida de ser amada por ele, aceitarei a morte sem pestanejar ou me queixar, pois ela também seria uma dádiva dele emanada.

O olhar profundo de Ebramar acendeu-se em meiguice; ele colocou a mão sobre a cabeça de Olga e, em seguida, levantou-se.

– Vejo que você é capaz de suportar com firmeza a provação, purificar-se na aura do mago e aceitar humildemente a morte. Devo acrescentar que a morte do corpo apagará em você as sombras da carne e a elevará às esferas superiores. Não posso mandar no coração de Supramati e não lhe prometo nada de concreto; mas irei falar com ele e, na medida do possível, tentarei ajudar na busca de sua felicidade.

Olga agarrou-lhe as mãos e encostou-as aos seus lábios em brasa. Pouco depois, uma névoa prateada encobriu a figura alta do mago; uma coluna nevoenta alçou-se ao espaço e desapareceu na escuridão.

Olga se levantou e guardou cambaleando os objetos que tinham lhe servido para a invocação. Ao se encontrar em seu quarto, caiu na cama, sem sentidos.

Naquela mesma noite, Narayana e seus amigos voltavam para a Escócia. O dia seguinte passou alegre em meio a conversas e planos quanto à visitação da capital luciferiana. Narayana estava impossível em maquinações, das mais requintadas e morda-zes, para armar umas peças contra os luciferianos, nos quais via seus inimigos pessoais. Decidiu-se que à noite convidariam Ebramar para jantar com eles, expor-lhe-iam as suas intenções e pediriam a sua opinião. A tarefa do convite ficou sob a respon-sabilidade de Supramati. Este se dirigiu à torre adaptada para as operações mágicas e sentou-se diante de um aparelho com tela, que se compunha de uma superfície oscilante, levemente gelatinosa, escura como o céu em dia de tempestade e pela qual parecia cruzarem nuvens azuladas. Todo aquele plano se agitava, tremia e mudava de aspecto, como se estivesse sob a força de fortes rajadas de vento.

Supramati mal acabava de se preparar para recitar a fór-mula, quando percebeu uma estrelinha brilhante que tremeluziu no fundo da escuridão nevoenta, a aproximar-se rapidamente, transformando-se por fim numa nuvem clara, saindo dos limites da tela. Dela bafejou uma brisa tépida e aromática, e, instantes depois, a nuvem se desfez e diante dele surgiu a figura esbelta de Ebramar, que lhe estendia sorridente a mão.

– Mestre, você ouviu o nosso pensamento e veio antes que eu pronunciasse a fórmula! – exclamou Supramati radiante e abraçou o mago.

– Sim, vim convidado para o jantar. Além disso, tenho um as-sunto sério a tratar com você e estou feliz em encontrá-lo sozinho.

– É alguma reprimenda? Eu fiz alguma coisa de errado? – alarmou-se Supramati.

Ebramar pôs-se a rir.

– Não, não! Se quiser eu lhe passo um atestado, dizendo que nenhum de meus discípulos me deu tantas alegrias e me causou menos dissabores do que você. Nada tenho a censurar, apenas quero lhe dar uns conselhos. Você é livre para aceitá-los ou não.

– O que você diz, mestre?! Seu conselho para mim é uma ordem – respondeu Supramati, corando pelos elogios do mago.

– Gostaria de falar-lhe sobre a vida que lhe cabe levar no mundo dos homens – disse Ebramar, sentando-se na cadeira oferecida.

A IRA DIVINA

– Oh, esta vida absurda faz com que eu anseie voltar ao mundo da ciência e da paz. Não escondo, mestre: às vezes tenho uma vontade enorme de sumir do seio desta sociedade torpe, deste meio de pessoas ignorantes e devassas, deste caos de interesses mesquinhos, intrigas sórdidas e instintos animalescos – concluiu em tom de repugnância Supramati.

Ebramar balançou a cabeça.

– Você está equivocado ao se entregar ao sentimento de aversão pelos homens, entre os quais deverá conviver um certo período de tempo. Acredite-me. Não é por acaso que a profunda e perspicaz sabedoria dos mentores superiores exige que nós nos relacionemos com as pessoas mortais, vivamos a vida deles e nos interessemos por aquilo que perturba as suas almas. Ainda que sejamos imortais, até certo ponto, permanecemos seres humanos, e por este fato não podemos quebrar os laços com a humanidade, mas sim lembrar que cada um de nós é um homem, e nada de humano pode ser alheio a ele. Não se esqueça de que o objetivo final da nossa longa e estranha peregrinação é o novo mundo, onde nos tornaremos novamente mortais, e para onde somos chamados para o trabalho, para que lá possamos empregar todos os nossos conhecimentos e semear a ciência de que dispõe o planeta moribundo.

"Futuros czares dos povos infantes, fundadores de religiões, legisladores e regentes daquela jovem terra, esbanjando vida e riquezas, não podemos nos esquecer de nada que aflige e enleva o coração humano. Para cumprir condignamente esta missão, fazer parte da composição daquela população inferior e lançar as bases da nova civilização, os exércitos de magos – esses trabalhadores do futuro – não podem ser apenas personalidades capazes de atuar somente no plano astral, mas devem ser gigantes ambivalentes, detentores de todas as habilidades físicas do homem e de todo o poderio espiritual. Um czar, um sacerdote e um legislador devem ser, impreterivelmente, personagens atuantes, e não simplesmente magos impassíveis, que apenas amam a ciência.

"É muito fácil você cair neste equívoco se se entregar aos sentimentos de aversão e desprezo que acabou de manifestar.

Tente evitar isso e não fuja daquilo que aflige o coração humano, para que, futuramente, você não seja censurado por ter-se alçado tão alto, que perdeu a capacidade de entender os seres humanos que dirige; também para que ninguém tome a luz límpida e a harmonia serena de sua existência por insensibilidade vulgar. Que jamais o acusem de ter ficado surdo às necessidades e lamentos dos menores, dos órfãos e dos humildes. Lembre-se de que o estarão olhando de baixo para o alto, e essas criaturas fracas e impotentes, de fé vacilante, talvez não consigam compreender a sua sabedoria e só enxergarão em você um carrasco, um executor desalmado das leis inclementes, a elas aplicando insuportáveis provações e empurrando-as diretamente ao inferno, e não aos longínquos e inacessíveis – segundo eles – portões do céu."

Supramati empalideceu.

– O que você acabou de me dizer é terrível. Deus me guarde de perder a capacidade de compreender os meus irmãos inferiores. Mas o que devo fazer para evitar isso?

– Nunca se afaste totalmente dos seres humanos, para que na impassividade de um mago imperturbável não se extingam todas as aflições da alma humana. Enquanto viver entre eles, mergulhe sem temor no turbilhão da vida; a verdadeira luz não pode brilhar e acalentar somente nos picos, ela também deverá iluminar os becos e os abismos. Um amor puro não envergonha o mago; o amor, como você mesmo sabe, é uma força da natureza, um sentimento divino dentro de uma criatura, por mais ínfima que seja. Um passarinho, ao zelar por seu ninho e se dedicar aos seus filhotes, já toca as cordas deste grandioso sentimento.

"Por que é que então, meu amigo, você não pode seguir o exemplo de uma ave e construir um ninho durante a sua permanência entre os mortais? Nós, os imortais, somos muito parecidos com as andorinhas de migração. Assim como elas, vimos de longínquos e desconhecidos países, e logo voejamos não se sabe para onde; feito elas, nós alçamos alturas etéreas, banhando-nos nos raios vivíficos do sol do conhecimento, e reingressamos no turbilhão da vida ao descermos na terra..."

A IRA DIVINA

– Mestre! Você quer casar-me?! – exclamou Supramati, que o ouvia com atenção crescente e de súbito ruborizado.

Ebramar desatou a rir.

– Poderia eu querer casá-lo, se isso lhe é aversivo? Deus me livre abusar de minha influência para fazê-lo assumir um relacionamento que só você poderia tomar. Mas não nego que, se você decidir desposar uma mulher digna, eu sem dúvida o aprovaria, e por muitos motivos.

"Primeiro, você de fato ingressaria no mundo que lhe é totalmente estranho, formando laços de família que o obrigariam a participar da vida social. Em outras palavras: você seria um membro efetivo da sociedade. Segundo, apesar da nossa relativa imortalidade, permanecemos sendo homens sujeitos às leis físicas e, em determinados momentos do tempo, o nosso organismo, saturado de matéria primeva – ou seja, de fogo líquido –, sente a necessidade de mergulhar dentro da esfera de substâncias mais materiais do que existe em nossos refúgios gnósticos, de atmosfera diferente. Por isso precisamos fundir-nos – até certo ponto, é claro – com os seres relativamente inferiores a nós, para liberar do nosso corpo os excessos de fogo astral e eletricidade.

"Você sabe de tudo isso, assim como é de seu conhecimento que os nossos *mahatmas*, após cento e oitenta a duzentos anos de vida ascética, contraem casamento. Assim, a você e a todos os imortais permite-se, durante a permanência no mundo, levar a vida de uma pessoa comum. Acrescento ainda que os filhos de magos serão ajudantes poderosos e excelentes trabalhadores no novo mundo que nós teremos de dirigir."

– A julgar tudo sob este prisma, Dakhir também deveria se casar? – observou visivelmente acabrunhado Supramati.

– Sem dúvida! Ainda hoje, sem falta, eu lhe darei o mesmo conselho! A lei é igual para todos. Assim foi, por exemplo, com Nara, que na época era superior a você, e que se tornou a sua esposa; da mesma forma que antes o foi minha, apesar da distância que nos separava. O ser de degrau mais baixo purifica-se e evolui em contato com o ser superior, à semelhança de uma vela que pode acender milhares de outras sem perder o seu brilho ou força. Assim, se nós podemos introduzir na nossa aura um outro ser para purificá-lo e elevá-lo, por que então não fazê-lo? Entendeu-me bem, meu discípulo e amigo?

– Sim, mestre! Tentarei seguir-lhe o conselho, cuja sabedoria profunda compreendo. Até conheço uma mulher que me ama... – ele vacilou. – Seu amor é risível de ingênuo, mas ela é a mais pura e honesta entre as que a cercam.

– Você está falando de Olga Bolótova – disse Ebramar sorrindo –, e eu devo confirmar que o seu amor, apesar de ingênuo, é puro, forte e capaz de sacrifícios.

E ele transmitiu-lhe a conversa que tivera com a moça que o havia invocado.

– Oh! Esse Narayana é impossível! Cada uma que ele inventa! – assombrou-se Supramati em meio a uma forte emoção. – Agora eu entendo por que me perseguia, com tanta insistência, a imagem daquela insensata. No entanto, como eu não queria permitir sua estranha influência sobre mim, sempre tentei – inutilmente, como vejo agora – espantar o seu pensamento, sem ao menos lê-lo.

Ele pensou por instantes.

– Mestre – começou ele indeciso –, sinto pena daquela moça; a nossa união reduzirá a vida dela, se eu não lhe der o elixir.

Ebramar meneou a cabeça.

– Não, Supramati, a união de vocês será uma provação, e, para você, Olga deverá morrer. Apesar de seu poder e dor da perda daquela criatura jovem, você deve se abster da tentação de dar-lhe a imortalidade. Acredito ser melhor para ela, e para você também, que ela retorne ao mundo invisível, que, entretanto, está ao alcance de seus olhos. Entenda, amigo: esta aparente crueldade inútil tem razão de ser!

– Entendo e me submeto a tudo o que disser. Eu sei que somente o amor e a suprema sapiência o guiam – disse Supramati.

– Seus olhos radiantes fitaram afetuosa e confiantemente os olhos profundos do mentor. Este abraçou-o e propôs jovialmente:

– Vamos até os nossos amigos! Terei prazer em jantar com vocês; depois preciso conversar com Dakhir.

Numa saleta ao lado da sala de jantar, os amigos jogavam xadrez; ambos saltaram dos seus lugares ao verem Ebramar. Um sentimento de vergonha e desconforto dominou Narayana; seus olhos negros baixaram ante o olhar severo e perscrutador do mago.

– Narayana, Narayana! Quando é que você vai tomar juízo? – disse esse balançando a cabeça em tom de desaprovação.

Obedecendo à veneração incondicional ao mago, Narayana baixou-se de joelhos e, agarrando a mão de Ebramar, encostou-a aos lábios.

– Perdoe-me, mestre, mentor e protetor. Goste de mim um pouquinho como sou – murmurou ele. – Eu sei que você não irá me abandonar; nas emanações límpidas de seu ser, eu ainda hei de purificar-me.

Ebramar abaixou-se, beijou Narayana na testa e, depois, levantou-o.

– É óbvio que jamais o abandonarei – disse ele sorrindo –, mas tenho pena de vê-lo sempre na mesma condição. Gostaria de que você evoluísse. Já não está farto de tantas bobagens? Você não pensa nas duras provações que o aguardam no novo planeta, onde, por fim, terá de domesticar a "fera" que o subjuga?

– Eh, mestre! Lá, entre aqueles animais imundos, será bem mais fácil, pois haverá menos tentações. E, enquanto for possível, deixe me divertir na nossa pobre mas refinada e aconchegante Terra.

Todos riram e passaram à sala de jantar, onde por eles aguardava a refeição, consistindo de leite, vinho, mel e biscoitos leves. À mesa a conversa versou sobre a viagem dos amigos à cidade de cientistas.

– Diga-me, Narayana, foi sua a ideia de pregar uma peça nos luciferianos? – perguntou de repente Ebramar. – Parece que Dakhir e Supramati já aprontaram uma brincadeira bastante cruel em Czargrado.

– Sim, mestre, mas isso foi pouco. Precisamos atingi-los onde eles mais sentem. Estão muito insolentes. Seus sacrilégios e despudor revoltam a gente. Já é hora de lhes mostrar a existência de forças superiores às diabólicas. Não queríamos agir sem a sua aprovação e conselho, mestre – concluiu Narayana com os olhos faiscantes.

– Não me oponho, desde que vocês tenham estômago para mexer naquela latrina.

– Ficaremos invisíveis, mestre!

– Por certo isso não os livrará de sentirem aquela atmosfera nociva e fétida – refutou Ebramar.

– Depois a gente se limpa; contanto que lhes estraguemos o banquete satânico, os sacrifícios nojentos e as cerimônias sacrílegas.

Ebramar não pôde conter um sorriso.

– Sim, se você for cuidar do programa, com toda a certeza a expedição será bem interessante.

– Interessante e divertida – completou alegre Narayana.

Após o jantar, Ebramar retirou-se com Dakhir para o quarto vizinho para uma conversa amigável, de onde eles voltaram depois de quinze minutos. O mago anunciou que estava na hora de sua partida.

Todos se dirigiram à torre-laboratório. Ebramar abraçou os discípulos, desejou-lhes sucesso na empreitada contra os luciferianos e aproximou-se da tela, cuja superfície se agitava e fervilhava como ondas de mar.

Uma rajada de vento quente e aromático percorreu o recinto. Arrastado por aquele vagalhão etéreo de quarta dimensão, Ebramar se achou dentro da tela. Fazendo um sinal de despedida com a mão, ele começou a desaparecer rapidamente no espaço. Agora já se podia divisar nitidamente uma espécie de feixe faiscante que arrastava o mago feito um tapete voador. A seguir, bem longe e num fundo azul, como em miragem, surgiu o maravilhoso palácio branco himalaio com suas colunatas vaporosas de entalhes finos, as fontes brotando e a vegetação exuberante dos jardins que o cercavam.

Os amigos contemplavam, como se estivessem enfeitiçados, aquele quadro maravilhoso; foram tomados subitamente por nostalgia e vontade incontrolável de seguir Ebramar,

A IRA DIVINA

refugiar-se naquela paz silenciosa da natureza, bem longe da nociva humanidade rastejante, que vive de inveja, ambição e hostilidade fratricida.

Respirando pesado, contemplava Supramati aquele longínquo palácio. Pareciam-lhe chegar aos ouvidos o som acariciante do murmurejar dos chafarizes, a melodiosa música das esferas e o aroma das flores crescendo abaixo da larga janela do seu gabinete de trabalho. Ele tinha a sensação de que sua alma se desprendia do corpo e voava para aquele refúgio remoto do saber puro, onde nada quebrava a harmonia límpida do pensamento, onde se esquecia o próprio tempo, onde os séculos corriam como dias. E a consciência de que ele novamente deveria mergulhar no caos humano, relacionar-se intimamente com a turba bestificada – vulgar e devassa –, encheu-o de tanta aversão, que o seu coração sustou momentaneamente as batidas, como se comprimido por tenazes.

Mas o quadro longínquo já embotava e em seguida desapareceu por completo; a superfície da tela readquiriu o seu aspecto liso e especular.

– Bem, amigos, chega de sonhar com as ilhas desérticas e com os novos fachos em suas coroas mágicas. Por vocês aguardam obrigações e tarefas bem mais modestas – declarou Narayana.

Sua voz jovial e marota fez os amigos voltarem à realidade.

– Humm! A tarefa é tão fácil que qualquer moleque dá conta dela. Não obstante, fertilizar uma ilha desértica talvez seja mais fácil – observou em tom jocoso Dakhir. – Ebramar quer que eu me case, mas ainda não encontrei ninguém que me agradasse. Supramati tem mais sorte; eu ainda não consegui gerar um amor tão flamejante, que pudesse tomar de assalto os portões do céu – acrescentou ele, olhando sorridente para o amigo, que se recostara pensativo na cadeira.

Este se endireitou e passou a mão pela testa, como se quisesse afugentar os pensamentos sombrios.

– Eu acho que para você basta querer e encontrará a felicidade que nada ficará devendo à minha – disse Supramati sorrindo.
– A um homem tão belo e sedutor só falta escolher...

– Não se preocupe, vou lhe achar uma esposa da família da princesa Supramati! – interpôs Narayana.

– Oh! Se ele for cuidar de sua felicidade conjugal, fique certo de que logo você se arruma! Ele guarda um plantel digno de heroísmo. É evidente que, por ser um homem que só se sente bem no seio conjugal, ele gostaria de propiciar a mesma felicidade também a outros – observou zombeteiro Supramati.

Suas palavras não são nada mais que o eco da conversa fiada de Nara, que me envenenou a vida com seus ciúmes – ajuntou Narayana meio zangado, meio chistoso.

– Bem, acalme-se! Todos sabem que você foi um marido exemplar. Ao se virem esgotadas todas as riquezas de Monte Rosa, você poderá abrir uma agência de matrimônios e fazer uma enorme fortuna, se é que até lá o nosso planeta sobreviva – disse Dakhir. – E agora, senhores, boa noite! Chega de agitação por hoje!

– Já dissemos que Supramati se instalara no mesmo quarto que antes era ocupado por Nara, durante a permanência deles na Escócia. Ao entrar no dormitório, ele se sentou no sofazinho, perto da cama, e mergulhou em seus devaneios.

Cada objeto ali o fazia recordar a mulher encantadora, ex-companheira dos primeiros anos de sua nova e estranha existência, que o ajudara e o orientara na primeira iniciação, sempre o apoiando nas horas de fraqueza e cansaço. Quantas vezes a voz amada soara em seus ouvidos; uma palavra, fosse ela séria ou espirituosa, afugentava a indecisão e elevava o seu ânimo; ou, então, um carinho fugaz da mão invisível que lhe recordava não estar sozinho e que o seu amor o protegia de longe. Sim, toda a sua alma pertencia a Nara; no entanto, ele teria de esposar uma inculta e insignificante menina, que não passava para ele de um brinquedo do sentimentalismo já superado e dominado... Era-lhe aversiva a simples ideia de se unir a uma mulher, conferir-lhe direitos sobre si e assumir as obrigações... "E Nara está muda; não dá um sinal de vida... Talvez ela esteja zangada comigo e não compartilhe das concepções de Ebramar..."

Neste instante, ele sentiu na testa o toque de dedos afilados, e a voz adorada sussurrou-lhe no ouvido:

– Para que essa inquietação, Supramati? Eu sei que o meu lugar em seu coração jamais será tomado por outra pessoa. O sentimento que nos une é um vínculo de almas, um amor puro e fiel, que nada pode destruir. Que importância terão para este sentimento eterno as aventuras passageiras da nossa longa existência? Como posso ter ciúme, se para o mundo vier mais um ser para amá-lo e se elevar, tornar-se melhor e purificar-se sob a sua proteção? Digo ainda mais: essa moça é digna de você; seu amor é puro e forte. Seja bom e condescendente com ela, pois sua adoração por você é tão grande quanto o medo. A bobinha pensa o mesmo de mim e está tão aflita que eu não lhe dê aquelas "férias conjugais"... – na voz de Nara ouviu-se um esgar de riso –, que eu não posso me opor. Já que eu sempre obedeço às leis, submeto-me, então, a elas e lhe concedo as férias, meu belo príncipe. Nunca se sabe; talvez algum dia eu tenha de lhe pedir o mesmo favor...!

– Nara, não brinque! Não permitirei que você olhe para outro! – gritou desatinado Supramati, corando como um pimentão.

O rolar de um riso brejeiro fê-lo imediatamente voltar a si.

– Ah, senhor mago! O senhor revela sentimentos egoístas totalmente indignos da sua perfeição. Mas acalme-se, seu ciumento! O grau da iniciação pelo qual estou agora passando absorve-me todo o tempo, e não estou a fim de atentar contra a fidelidade conjugal. Assim, goze de suas "férias" sem nenhum constrangimento e saiba que a minha afeição continua a protegê-lo. E, agora, até a sua volta à esfera da ciência e da paz!

Seguiu-se um apertar de mãos e depois o silêncio; Supramati, dominado de repente por uma sonolência, deitou-se e adormeceu imediatamente.

CAPÍTULO XVII

Ao despertar, Supramati readquirira o seu equilíbrio espiritual, e, durante o desjejum, os seus pensamentos voltavam-se exclusivamente para o plano de ataque contra os luciferianos, cujos detalhes estavam sendo discutidos pelos amigos.

– Devemos partir amanhã de manhã – anunciou animado Narayana. – Eu os levarei até um dos nossos homens, também imortal. É gente boa; mora nos arredores da cidade e terá muito prazer em nos ceder a casa, onde instalaremos o nosso quartel-general. Antes das operações militares, vocês terão que se familiarizar com a cidade e seus moradores, muito típicos, aliás, e que representam uma ilustração viva da torpeza à qual pode chegar uma nação inteira, subtraída do apoio da fé religiosa e disciplina moral.

O dia inteiro passou nos preparativos de tudo o que eles precisavam para dar uma boa lição nos satanistas e das medidas de prevenção contra os miasmas maléficos, com os quais, sem dúvida, teriam de entrar em contato. Ao alvorecer, a nave de Supramati voava rapidamente em direção à antiga terra francesa.

O amigo de Narayana residia a alguns quilômetros do centro da capital numa casa isolada, cercada de jardim sombroso. À semelhança de quase todos os membros da irmandade misteriosa, ele era jovem, circunspecto, com aquela expressão enigmática que caracteriza os imortais. Recepcionou jovialmente as visitas e até se fez amigo destas; ao saber que estavam se preparando para dar uma tunda nos luciferianos, ele se empolgou e prometeu ajudar na medida de suas possibilidades.

– Vocês não podem imaginar até que ponto o povo se tornou repugnante – disse ele com amargor. – Eu, como veem, sou de origem francesa e ainda peguei bons tempos, quando a minha pátria, gloriosa e florescente, era o centro de trabalho intelectual, requinte, patriotismo e coragem cavaleirosa; assim, me dói muito assistir à decadência atual.

"Vocês devem saber, é claro, que a degeneração teve início ainda antes da invasão dos amarelos no século XIX. A maçonaria francesa e as assim chamadas concepções 'liberais' e 'humanitárias' geraram um exército de ateístas, sacrílegos, renegadores de todo o gênero de religião e, ao mesmo tempo, fanáticos do luciferismo, com toda uma espécie de viciosidades. Liderando aquele movimento subversivo estava o judaísmo; sob a sua influência nefasta, nasceu uma geração batizada pela sabedoria popular com o nome de *shabegoio*s, cobiçosos por ouro e prazeres carnais, que se tornaram um instrumento cego nas mãos dos judeus. A venalidade atingiu a todos, desde o chefe do governo até o último dos funcionários; todos, sem exceção, negociavam com avidez jamais vista os interesses de seu país, espezinhavam na lama o sentimento de amor à pátria, investiam-se desdenhosos contra a Igreja e afundavam-se em seus próprios vícios.

"Os amarelos, com mão férrea, puseram um basta; assim, quando a raça branca tomou juízo e expulsou os tiranos, eu estava certo de que a minha querida pátria ressuscitaria a sua antiga glória. Infelizmente, nada disso ocorreu. É possível que o cancro moral tenha deixado sementes inextirpáveis no organismo nacional e que mais tarde germinaram num momento propício. Tal se deu com a invasão dos semitas.

"Essa raça indestrutível, apesar do massacre anterior, conseguiu se unir e, aos poucos, todos os judeus, ou pelo menos a sua maioria, instalaram-se na França e na Espanha. Com a vinda deles, brotaram todos os pendores para o mal, tal como era antes da invasão dos amarelos; o dinheiro começou a mandar em tudo, sufocando a voz da consciência, e o mais importante era vender-se o quanto mais caro ou realizar alguma vileza para agradar a judeus, a rirem de suas humilhações.

"A situação do momento é uma consequência de tudo aquilo. Na enorme cidade que vocês conhecerão mais tarde estão três quartos de todo o ouro do mundo; é o banco mundial e, ao mesmo tempo, o ninho da mais inaudita e inédita devassidão. Todas as artes decaíram até o nível do animalesco; os artistas competem entre si para ver quem leva o prêmio da obra mais sórdida; na literatura só se faz apologia ao vício e à libertinagem em seu aspecto mais repugnante; as pessoas, que se tornaram piores que animais, esforçam-se no refinamento do mal e da devassidão. Quanto à veneração a Satanás, feita publicamente, esta, por seu cinismo descarado, supera tudo o que se conheceu no passado..."

Ele se calou e baixou tristemente a cabeça; os magos tentaram animá-lo.

No dia seguinte, Supramati e Dakhir se prepararam para visitar a Sodoma contemporânea. Para reduzir os efeitos dos fluidos nocivos sobre os seus organismos sensíveis, eles vestiram malhas elétricas e capas com capuz, que cobria, feito máscara, todo o rosto, deixando apenas uma pequena abertura para os olhos. O traje era feito de um vidro macio e inquebrável, reverberando matizes de madrepérola. No peito eles penduraram as cruzes de magos; armaram-se de bastões de ouro, lembrando báculos episcopais, mas de tamanha força, que uma pessoa comum neles não podia encostar ou suportar o calor que deles

A IRA DIVINA

emanava; de tempos em tempos, dos báculos se soltavam torrentes de fogo. Narayana também, ainda que fosse um espírito densificado e, por esta razão, menos sujeito aos efeitos dos fluidos maléficos, vestiu o mesmo traje; seus olhos negros, feito dois carvões em brasa, cintilavam por entre as aberturas do capuz.

Fora isso, cada um deles levava atrás do cinto uma caixinha dourada com um pó nutritivo e um frasco de vinho, visto que na cidade satânica eles não poderiam tocar em nenhum outro alimento.

Assim armados e tornando-se invisíveis, eles foram à metrópole, capital do ouro e do vício.

A cidade era deslumbrante. Por extensões inimagináveis estendiam-se largas ruas com imensos palácios, decorados com esculturas, mosaicos e pinturas; por todos os cantos brilhava o ouro, o esmalte e o requinte da civilização. A visão daquela cidade em ouro e mármore produzia uma impressão repulsiva. As pinturas que guarneciam as fachadas eram indescritivelmente cínicas; os mosaicos representavam imagens obscenas; nas janelas das lojas expunham-se quadros abjetos legendados, que comprovavam a ausência de quaisquer valores de vergonha.

Havia um grande número de jardins públicos, em cujos quiosques, além de vinhos, frutas e refrigerantes, vendia-se sangue de animais, ali mesmo sacrificados à vista do cliente, para que não houvesse qualquer dúvida quanto ao frescor e à qualidade da bebida.

Os moradores que passeavam pelas ruas naquele dia bonito e quente – parcialmente vestidos, quando não totalmente nus – carregavam em todo o seu ser o selo da decadência. Os rostos magros e pálidos com os olhos afundados, sem nenhum sorriso franco a iluminá-los, transmitiam algo de animalesco. O aspecto geral de abatimento da multidão revelava uma vida desregrada e abusos de todo tipo de devassidão, enquanto os olhares raivosos, cheios de malícia, insistiam em pregar-se à terra ou eram lançados de soslaio.

O ar estava a tal ponto impregnado de miasmas de sangue e delitos, que as vestes vítreas dos magos se cobriram por uma camada escura, fétida e gosmenta, e eles sentiam dificuldade em respirar.

Narayana, que aparentemente conhecia bem a localidade, levou os amigos para mostrar os monumentos mais importantes da cidade. Praticamente todas as estátuas tinham um significado simbólico. A que representava a liberdade ao prazer era tão indecente e repulsiva, que os magos se recusaram a examiná-la melhor. Uma outra representava um códice[1] sendo espezinhado por um ex-presidiário; ao lado jaziam quebrados os seus grilhões, e ele, furioso, partia com um forcado de excrementos a folha do Código Penal. A inscrição na base dizia: "Avaliação merecida da justiça". Por fim, a terceira estátua, a mais imponente, representava um homem derrubado no chão, de boca amarrada com pano: jazia ele em cima de um monte de símbolos de glória e poder. Ali estavam reunidas todas as coroas imperiais, tiaras papais, estandartes, insígnias, emblemas, báculos, crucifixos, etc. Um velhinho decrépito pisoteava o homem caído e, com um martelo, quebrava aqueles símbolos de honraria. Uma inscrição explicava que o velho representava o "Tempo": o carrasco que triunfa sobre todos os preconceitos e privilégios.

Ao notar a repugnância que produziam nos amigos aquelas obras asquerosas da arte, Narayana observou:

– Sim, sim, os artistas satânicos têm seus próprios ideais, bem diferentes das concepções velhas e ultrapassadas de vocês. Hoje em dia, os pintores, os escultores e os literatos se esmeram em alcançar o cúmulo de cinismo e profanação, ou hediondez moral e física; e quem conseguir ridicularizar com maior requinte o céu e a natureza pode estar certo de seu triunfo, glória e riqueza. Agora, meus amigos, vocês precisam conhecer o teatro daqui, onde assistirão a algo com que nunca sonharam! Vocês ficaram chocados com a liberdade desaforada do repertório de Czargrado? Bem, aquilo eram peças de criança em comparação com o que se mostra neste lugar! Aqui, exige-se uma realidade virtual, pois os nervos abalados e embotados dos servidores do mal anseiam por emoções fortes, e não raro se assistem

---

[1] *Códice*: tábua, compilação de manuscritos.

A IRA DIVINA

nos palcos assassinatos reais, quando os artistas se empolgam e a cena dá aquele "efeito", de modo a suscitar um júbilo selvagem. Tais homicídios jamais são punidos, simplesmente pelo banimento de leis: cada um vive segundo a sua própria. Mais tarde vocês entenderão o alto significado que a morte traz na interpretação dos atores e a emoção disso tudo. Bem, estamos chegando! Aquele enorme edifício, cercado de belas colunatas , é justamente o teatro.

Permanecendo invisíveis, os amigos se instalaram num camarote vazio, examinando num misto de assombro e repugnância o ambiente. A sala não se assemelhava em nada àquelas que já tinham visto, nem à de Czargrado. O palco era enorme. Em cada camarote – também enorme – estava instalado no fundo um pequeno bufê com frutas, confeitos e bateria de garrafas com licores e vinhos fortes. Pelas laterais, os camarotes eram decorados com roseiras e plantas vivas de odor excitante, da cor vermelho-lilás , parecidas com heliotrópios gigantes. O ar no recinto era saturado por um aroma asfixiante e excitador; os rostos afogueados dos presentes, os olhos brilhando febrilmente e os movimentos bruscos revelavam, de forma nítida, o quanto aquele ambiente excitava todos. As mulheres, na maioria seminuas e despudoradas, tinham o aspecto das bacantes.

A peça apresentada – nem drama nem ópera – era admirável em seu aspecto decorativo; serviam de enredo as aventuras de um jovem atleta – vencedor de jogos célebres. Duas mulheres: a primeira, uma artista circense, e a outra, uma dama rica da alta-roda, disputavam o amor do atleta. As cenas de luta no circo eram grandiosas quanto ao cenário e à numerosidade dos participantes; no entanto, nojentas pelo seu realismo indecente, pois os atletas lutavam nus. A cena de clímax era um banquete que se seguia ao embate e se transformava em orgia. A competição entre as duas heroínas alcançava então o seu apogeu, e a dama da alta-roda se despedia levando triunfante o seu prêmio conquistado aos sons de um coro bacante, selvagem e díssono.

Uma exaltação febricitante ia-se apossando dos espectadores. Ouviam-se risadas histéricas, exclamações e gritos alucinados, entremeados de choro. Por fim, as cortinas se abriram para o último ato da trama, e a sala mergulhou no silêncio.

Via-se agora um aposento feérico, luxuosamente decorado, onde o atleta rendia as homenagens à sua nova amante, antes de recolher-se para dormir. Mas a rival que fora rejeitada estava em seu encalço. Ela conseguira penetrar furtiva no quarto e agora rastejava com um punhal na mão em direção à cama, onde estava deitado o homem pérfido em companhia de sua concorrente.

Aquela mulher de rosto cadavérico e olhos injetados parecia um animal selvagem em forma humana. Os espectadores prendiam a respiração, acompanhando febrilmente todos os seus movimentos. Mas eis que ela se reergueu, seu braço baixou e de repente um grito alucinante, seguido por um outro, fez tremer as paredes da sala: dois golpes acertaram seu alvo, e o sangue jorrava feito chafariz. Via-se a dama da alta-roda se contorcendo e gemendo em sofrimentos agônicos; enquanto o atleta, caído ao lado da cama com o punhal cravado no peito, contraía-se em convulsões em meio a uma poça de sangue a esparramar-se pelo chão.

Retumbaram palmas entusiásticas; flores e joias eram atiradas no palco. Mas, no momento em que a artista triunfante se curvou em agradecimento ao público, o atleta moribundo soergueu-se nos joelhos, agarrou por trás a sua assassina, derrubou-a no chão e começou a asfixiá-la. Num combate feroz, eles rolaram pelo piso ensanguentado; ela tentando desesperadamente se desvencilhar, mas as mãos enregeladas do agonizante, feito tenazes de ferro, cravavam-se em seu pescoço, e, algum tempo depois, ambos os corpos jaziam exânimes.

O que sucedeu depois na sala não pode ser descrito. Os espectadores foram tomados de loucura da sede insana de sangue e morte; erguendo as mãos para cima, eles uivavam feito uma matilha de lobos famintos; as mulheres, enlouquecidas, arrancaram de si, numa crise histérica, os trajes já parcos e contorceram-se em convulsões. Algumas pessoas, tomadas de loucura, rolaram no chão espumando pela boca. Por fim, a

A IRA DIVINA

turba subiu no palco e começou a sugar e a lamber o sangue dos ferimentos dos mortos.

– Fujamos daqui! – soltou-se do peito de Supramati.

Ele estava em pé, lívido feito cadáver, apertando as mãos contra o peito; Dakhir estava recostado na poltrona com os olhos fechados e parecia sufocar. Narayana sacou do cinto dois pedaços de pano, impregnados de vinho misturado com a substância primeva, e fez com eles compressas no rosto dos magos; quase imediatamente eles se recuperaram de sua fraqueza.

– Amigos! Em vez de desfalecer, destruam este ninho de podridão. Tivesse eu o poder de vocês, já o teria feito – resmungou Narayana.

Supramati e Dakhir empertigaram-se; em seus olhos relampejou indignação e um forte desejo de punir aqueles monstros. Arrancando do peito as cruzes de mago, eles se lançaram para frente pronunciando fórmulas poderosas às quais os elementos se submetiam.

Um instante depois, o ar foi rasgado por dois relâmpagos que tomaram a forma de crucifixos brilhantes; ao mesmo tempo, fortes rolares de trovão sacudiram o prédio. No início a turba petrificou-se de terror, depois as pessoas bestificadas se lançaram em direção às saídas, aos gritos desatinados; mas os raios se lhes projetavam de encontro e as obrigavam a voltar. Os trovões continuavam a retumbar, as paredes estalavam, e de repente elas vieram abaixo, esmagando a multidão que se comprimia na sala e nos camarotes.

Pela primeira vez, talvez, os magos não sentiam qualquer piedade pela hecatombe por eles invocada; já há muito tempo sua pura e harmônica alma não era abalada por tal sentimento de nojo, beirando o ódio.

Recuando de costas, eles deixaram a sala e o teatro, antes que este desmoronasse. Subiram até as nuvens e foram até a nave, que imediatamente os levou à casa do amigo, onde eles se purificaram e, em seguida, recuperaram as forças.

No dia seguinte, Renê de la Tur, como era chamado o imortal que abrigou os três amigos, partiu para a cidade atrás de notícias.

Ele voltou feliz e contou, aos risos, que todos os moradores da cidade satânica estavam totalmente desolados.

A destruição do teatro fora atribuída a um terremoto cujo abalo fora sentido longe; no entanto, a maior preocupação dos moradores era de que tal desgraça poderia prejudicar um dos mais belos festejos dali a um dia. Além disso, ninguém conseguia explicar por que os raios haviam tomado a forma de radiantes crucifixos: isso jamais tinha acontecido antes.

A inesperada catástrofe de fato estragou todos os preparativos para a festa. Muitas pessoas foram mortas, um número ainda maior ficou ferido ou aleijado por relâmpagos ou blocos caídos; por fim, as escavações e a limpeza dos escombros também atrapalhavam a festa. Ouviam-se, inclusive, algumas vozes que sugeriam adiar por algumas semanas os sacrifícios e a procissão; mas a massa principal, ávida por diversão, posicionou-se contra e, finalmente, decidiu-se realizar, primeiramente, o enterro solene e suntuoso das "vítimas" dos espectadores e dos "geniais" artistas que, com o seu sangue, tinham selado o "glorioso serviço à arte", interpretando ao vivo a grandiosa tragédia da vida.

Tal decisão acalmou e satisfez a todos. Era uma pena, é claro, que a catástrofe sobreviesse numa hora tão inconveniente. Mas tais imprevistos podiam ocorrer sempre: a morte era inevitável – cedo ou tarde –, e tudo o mais poderia ser recuperado e corrigido. Graças a Satanás havia muito ouro para construir um novo teatro, ainda mais belo que o anterior; falta de artistas também não existia. Desta forma, podiam-se enterrar tranquilamente os mortos e mais tarde reiniciar os preparativos para a festa.

Dakhir e Supramati decidiram esperar uma semana, pois estavam ansiosos para estragarem definitivamente o festejo luciferiano. Para matar o tempo, eles se dedicaram ao estudo de usos e costumes locais, muito peculiares.

Assim, vieram a descobrir que os judeus, antes de tudo, tinham banido o seu velho Yhwh, o qual tivera a infeliz ideia de criar os dez mandamentos – ao menos é o que lhe era atribuído. E, como as antigas escrituras da moral contrariavam visceralmente os princípios da vida moderna, constrangiam os senhores judeus em seu cotidiano, tolhiam-lhes as propensões de liberdade desenfreada, eles, então, revogaram-nas e mudaram a seu gosto aqueles dez mandamentos, os quais, na nova redação, mandavam justamente o contrário do que era prescrito nos tempos antigos.

Assim, por exemplo, o primeiro mandamento da lei modificada rezava: "E não terá você outro deus, senão Satanás". O outro: "Mate todo aquele que o constranger e beba o sangue daquele que ousar ser seu inimigo"; ou ainda: "Tome tudo o que possa satisfazer os seus desejos, pois, uma vez que algo possa servir-lhe, ou que você dele possa precisar, já lhe pertence pelo direito". O resto era tudo nesse gênero.

Este código de leis novas, cômodas e elásticas, podia ser visto em placas de bronze ou mármore nas principais esquinas da cidade, para atingir o maior número de cidadãos, e estes obedeciam ciosamente àquelas belas prescrições, sem se aterem a quaisquer outras leis ou obrigações, salvo o que era em prol de sua vontade e capricho.

Chegou, finalmente, o dia dos festejos luciferianos. Desde cedo a cidade já estava em pé, e todas as ruas estavam tomadas de gente. A solenidade iniciava-se com a filiação ao culto satânico de novos membros, e esta sacrílega e profana cerimônia era chamada jocosamente de batismo. Realizava-se ele numa gigantesca praça diante do principal templo de Satanás, e lá, publicamente, cumpriam-se os rituais infames já denunciados no processo dos Templários.

Desta vez, o número dos neófitos verificou-se acima do esperado, e a cerimônia atrasou-se; já era bastante tarde, quando um tiro forte deu sinal ao início das apresentações.

Imediatamente, de todos os templos satânicos partiram procissões em direção à grande praça principal no centro da cidade, cercada dos palácios mais bonitos. Ali fora erguida uma gigantesca fogueira com uma cruz invertida no alto, ladeada por figuras de cera que representavam os santos mais venerados do mundo cristão, assim como de objetos sacros de todos os povos; tudo aquilo mais tarde seria queimado.

Logo as procissões começaram a se juntar na praça. Uma levava, rodeada por uma infinidade de estandartes, a estátua de Satanás – o czar do Universo. O demônio era representado em pé, com imensas asas abertas, e na cabeça erguida ostentava orgulhosamente uma coroa de pontas; na mão estendida ele segurava o cetro; com um pé ele pisoteava violentamente a coroa de espinhos e o cálice derrubado. As procissões de outras "irmandades" eram do mesmo gênero e representavam todos os rituais do culto satânico: ali estavam as procissões picarescas dos Templários, carregando o seu Bafonete; dos maçons franceses, com a estátua de Lúcifer: todos os participantes estavam nus, tirante o peitilho de couro, onde se viam as insígnias que revelavam o grau de suas distinções. Atrás seguiam os adoradores dos demônios inferiores, os sacerdotes das larvas e dos demais espíritos impuros; seguiam-se-lhes os membros da "Sociedade de Sabá" com sua rainha e, por fim, os cantores e as cantoras que acompanhavam as vítimas. Numa alta biga vinham as vítimas a serem sacrificadas: algumas crianças e duas velhas. Estas queriam, por livre e espontânea vontade, sacrificar-se em glória de Satanás.

As multidões excitadas comprimiam-se nas ruas e principalmente na praça onde estava a fogueira. Todos aguardavam impacientes o início dos sacrifícios para depois irem aos banquetes públicos preparados para o povo em todos os locais públicos. Tais banquetes normalmente terminavam em verdadeiras orgias satânicas.

Quando as procissões se juntaram em volta da fogueira, os sacerdotes satânicos entoaram um hino em homenagem a seu "deus"; o povo repetia o estribilho no fim de cada estrofe. Aquele canto selvagem, desafinado, dava nos nervos, excitando ainda mais a turba, já sem isso exaltada.

Ao término do hino, em torno da fogueira começou uma dança. Sem nenhuma distinção, pulavam e giravam, segurando-se pelas mãos, homens, mulheres e crianças; e, à medida que se juntavam e se separavam aquelas enormes e frenéticas rodas, crescia a excitação da turba. Ouviam-se gritos selvagens e rompantes de gargalhadas histéricas; as pessoas, feito ende-moniadas, contorciam-se e uivavam como feras selvagens. Mas o delírio geral atingiu o seu clímax quando o sumo sacerdote de Satanás acendeu a fogueira, em cujos pés estavam amarradas as suas vítimas. Com longos punhais reluzentes nas mãos, a elas dirigiram-se os sacerdotes, para sacrificarem primeiro os animais e depois as vítimas humanas; o sangue tanto de uns como de outros deveria ser distribuído aos presentes, trêmulos de impaciência.

O povo selvagem, ávido de sangue, estava tão absorto na cerimônia, seus nervos estavam tão tensos, que nenhum dos presentes percebeu que no horizonte surgiram nuvens plúmbeas, e que uma brisa levantou colunas de areia e agitou as chamas da fogueira.

Na hora em que sucumbiram sob os punhais os primeiros condenados, o céu escureceu, a terra tremeu sob o rolar de um trovão, e uma rajada tempestuosa de vento atravessou a praça, derrubando ao chão alguns dos presentes. Ouviram-se gritos de terror, pois o céu, neste ínterim, ficou negro, e os relâmpagos vermelho-ígneos sulcavam-no em todas as direções. Os abalos dos trovões sucediam-se sem parar, e, finalmente, desabou uma chuva torrencial em meio à queda de enormes granizos.

A turba aturdida desembestou a correr por todos os lados, mas o turbilhão assoviava, levantava colunas de poeira e arre-messava para longe os sacrílegos, a se esmagarem e pisotea-rem-se uns aos outros. Como que encerrados num círculo mágico, tentavam inutilmente se refugiar em seus palácios próximos.

Por uma razão desconhecida, apesar da chuva torrencial, a fogueira continuava a queimar; mas o crucifixo tombado en-direitou-se, suspendeu-se por uma corrente de vento e pairava solene, como se amparado por mãos invisíveis, iluminando a escuridão com uma luz estranha fosforescente, que parecia se irradiar dele em feixes de fagulhas.

O terror e a confusão na praça eram indescritíveis. Os urros e os gritos agonizantes dos esmagados pelas estátuas desa-badas, dos feridos pelo granizo, dos pisoteados e mutilados –

tudo isso se misturava ao uivo da tempestade, cuja fúria crescia a cada minuto. O pânico também se transmitiu à parte restante da cidade, pois o terremoto havia abalado os edifícios e alguns deles tinham desabado com estrondo, enterrando sob os escombros numerosas vítimas, enquanto paus em chamas, que se desprendiam da fogueira, eram espalhados pelo vento e causavam incêndios por toda a parte.

Mas, se a destruição e a morte faziam justiça no mundo visível, no espaço, apenas visível aos olhos imortais, travava-se um furioso combate entre as forças claras e as negras, golpeadas no centro de seu poder. Feito nuvens negras, lançavam-se os demônios sobre os magos, atirando flechas venenosas, sufocando-os com miasmas fétidos e cobrindo suas vestes alvas com cuspe grudento e malcheiroso.

Mas os três amigos lutavam valorosamente, e os contra-golpes eram tão fortes, que os projéteis fulminavam os próprios atiradores, derrubando-os e atravessando os seus corpos intumescidos e artificiais, que explodiam com barulho sinistro espalhando no ar seu contágio. Em consequência disso, mais tarde aquilo provocaria no país grandes epidemias, pois liberava bacilos mortíferos de diversas moléstias.

Aos poucos o inferno recuava ante a luz límpida. Os seres demoníacos, desistindo da luta, retornavam às suas ocupações favoritas: lançavam-se sobre os mortos ou moribundos, sugavam-lhes os restos da força vital, ou alimentavam-se de outros com os fluidos da decomposição. Nos campos de batalha e nos locais das catástrofes, em todo o lugar onde ocorre uma destruição ou morte física, sempre se reúne tal escória de seres do Além. A putrefação e a decomposição servem de alimento para larvas e demônios.

Quando os magos e Narayana, que os ajudara como podia, viram-se finalmente na casa do anfitrião e amigo, estavam tão cobertos por névoa negra e fétida, que o outro quase se sufocou e, nos primeiros instantes, até tomou-os pelos próprios demônios.

Narayana, no melhor de seu humor, riu muito dele e, em seguida, todos os três se dirigiram a um riacho de água mineral

A IRA DIVINA

que passava no jardim. Ao colocarem na água uma gota de substância primeva, esta adquiriu uma cor azulada e fosforescente. Depois de se banharem e se tornarem purificados, os amigos se sentiram revitalizados e entraram na casa, onde um lauto jantar esperava por eles.

– Oh! Que banquete de Lúculo[2] ! Vinho, frutas, mel, ovos, pastéis, leite e até queijo! – exclamou alegre Supramati, sentando-se à mesa. – O senhor está nos mimando, mas farei as honras a este manjar, pois estou faminto feito um lobo.

– Pelo visto a fome o faz falar anacronismos – observou Dakhir, rindo. – "Faminto feito um lobo", quando lobos já não existem mais há longo tempo.

– Ressuscitemos a sua lembrança! – retorquiu Supramati, passando manteiga no pão e colocando sobre ele um pedaço de queijo.

Debruçado na mesa, Renê de la Tur observava com visível satisfação o apetite das visitas, comendo de tudo e elogiando os pratos. Dakhir notou isso.

– Vejo, meu amigo, que você não esperava que comêssemos com tanto gosto. Você acha que sobrevivemos só de saber e aromas?

De la Tur corou.

– Absolutamente! Estou feliz que fazem honra à minha humilde comida, mas pensei... – pelo visto ele procurava as palavras certas –, eu achava que os magos eram desabituados de nosso vulgar alimento e não o suportavam. Nos primeiros dias, vocês mal encostaram na comida, e eu, confesso, só contava basicamente com o apetite de Narayana.

Todos riram.

– Devo explicar-lhe o que o intriga, pois você esquece, meu caro Renê, que nós, os imortais – magos ou não –, permanecemos sendo humanos – respondeu jovialmente Supramati. – Enquanto a gente estuda e trabalha em nossos misteriosos abrigos, longe das pessoas, numa atmosfera especial, as nossas

---

[2] *Lúculo*: brilhante orador, político e general romano, célebre por sair dos combates com saques e exigências proveitosas.

necessidades carnais são levadas ao mínimo. Um gole de vinho, uma colher do pó nutritivo e a luz astral que nos cerca são suficientes para a nossa sobrevivência, pois a mente ocupada com trabalhos abstratos e complexos, não havendo um esforço físico, deve ser libertada do peso do corpo. Mas o corpo continua a existir, e chega o momento em que a carne começa a reclamar os seus direitos, quando se torna necessária a troca de substâncias novas. Aí, então, somos obrigados a voltar para o mundo, conviver com as pessoas comuns e nos alimentar mais substancialmente. Nos últimos dias comíamos pouco, porque nos preparávamos para ações mágicas que exigiam toda a força de nossa vontade, que não podia sobrecarregar o peso do corpo. Agora, ao contrário, esgotado por tensão espiritual e contato com miasmas tão impuros, o corpo exige que nos alimentemos. É daí que vem o nosso apetite ao nos comprazermos de sua deliciosa comida.

– Oh, sim! Eles mergulham de cabeça na vida real. Eles não só comem sanduíches a quilo, mas também pretendem se casar – ajuntou Narayana.

De la Tur soergueu-se na cadeira, e em seu rosto refletiu-se uma expressão de tal perplexidade e descrédito, que todos desataram a rir.

– Ouça, meu amigo Renê, você está nos ofendendo. Por que é que não podemos casar e ser homens de verdade? – exclamou Dakhir, fingindo-se de ofendido.

– Meu Deus! Absolutamente! Mas... mas imaginar duas pessoas tão extraordinárias, gigantes de sabedoria e poder, como sendo esposos de mulheres comuns pareceu-me um tanto estranho! É como nas lendas mitológicas, quando os deuses desciam à terra para proporcionar a felicidade a algumas mortais – balbuciou De la Tur confuso.

Quando silenciou uma nova explosão de risos, Supramati disse em tom sincero:

– A sua comparação, amigo Renê, peca, é claro, pelo exagero; entretanto, apesar de tudo, o que você disse é justo, de maneira geral. Aos olhos de pessoas comuns e ignorantes, nós

A IRA DIVINA

podemos passar, se não pelos deuses, por pessoas extraordinárias. As lendas e as narrativas populares conservaram inúmeras histórias sobre heróis misteriosos, por exemplo, Lohengrin[3]. Eles vêm não se sabe de onde, começam a relacionar-se com a sociedade, casam-se com as mortais comuns e depois desaparecem sem deixar vestígios. Da mesma forma, surgem mulheres misteriosas: as fadas, que se apaixonam pelos mortais. A imaginação popular enfeitou e, sem dúvida, exagerou nessas lendas, mas as histórias sempre têm algum fundo de verdade.

"A cegueira e a prepotência do semiconhecimento induz as pessoas a não darem valor aos mistérios curiosos, ocultos em lendas, narrativas populares e contos de fadas. No entanto, aquilo que ontem parecia uma fantasia inverossímil de um conto de fadas é hoje ofuscado diante das descobertas da ciência, cujas novidades os homens contemporâneos imputam a si. O dito: 'Não há nada de novo sob a lua' é bem atual. Tudo o que já foi ou será descoberto no futuro não é nenhuma novidade; isso não é nada mais que a utilização, desde que o mundo é mundo, das forças existentes, daquilo que fora adquirido por escola superior e conhecido pelos primeiros mestres – naquela época um mundo novo, no qual agora vivemos e cujo fim está se aproximando.

"Sobre os vales verdejantes desta jovem terra já desceu certa vez o sábio areópago[4] dos tutores das riquezas do conhecimento do mundo extinto. Aqueles conhecimentos e descobertas, aquela intimidade com as leis cósmicas, transferidas como um legado sagrado para o mundo novo, tudo foi escondido em templos e grutas, criptografado numa língua simbólica nos livros sagrados, cerrados com os sete selos do mistério. Lentamente, através do trabalho duro e da mortificação da carne, os novos

---

[3] *Lohengrin*: herói de uma lenda germânica ligada aos ciclos de romances de cavalaria, de origem francesa, sobre a busca do Santo Graal. Lohengrin, filho de Parzival, desposa Elsa, princesa brabante, depois de libertá-la de seus vassalos, mas deixa-a, quando esta quer conhecer o segredo de seu nascimento. (*Enciclopédia Delta Larousse.*) (N. T.)

[4] *Areópago*: tribunal de justiça ou conselho, célebre pela honestidade e retidão no juízo, que funcionava a céu aberto no outeiro de Marte, antiga Atenas, desempenhando papel importante em política e assuntos religiosos.

adeptos do mundo infante iam escalando aquela ciência oculta e proibida para os profanos. A entrada naquele mundo enigmático do conhecimento é guardada pelo dragão, que deve ser vencido antes que o umbral seja atravessado. Este dragão não é nada mais que o corpo, com as suas paixões desordenadas e desejos insaciáveis. Só aquele que domar a fera no homem e triunfar sobre a carne rebelde poderá decifrar os símbolos criptografados, que lentamente se vão desdobrando no plano astral, de séculos em séculos, à medida que o planeta vive... As riquezas do conhecimento, das quais se jactam os humanos modernos, foram extraídas dos acervos do mundo extinto, em cujo sol ficou impresso tudo aquilo que os seus raios iluminaram..."

Ele se calou e sobreveio o silêncio; a todos dominou a estranha e misteriosa grandiosidade daquele passado e futuro. O mais abalado era Renê de la Tur, que ouvia emocionado as palavras inspiradoras do mago. Após o repasto, ele pediu licença para se retirar, a fim de meditar sobre tudo o que tinha ouvido e preparar algumas perguntas que queria fazer aos magos.

No dia seguinte, depois do almoço, Narayana anunciou que, na opinião dele, já era hora de partir, pois a justiça tinha sido consumada. Não havia mais nada de interessante pela frente e ficar ali aspirando o fedor contagioso e nocivo não tinha nenhum sentido.

– E para onde iremos? – indagou Dakhir. – Ainda não fizemos o nosso périplo pelo mundo.

– É verdade, mas o mais interessante eu já lhes mostrei e acho sensato agora retornarmos a Czargrado, se Supramati não tiver nada contra.

– Por que teria? Eu também acho que está na hora de voltarmos para lá e que já viajamos o bastante – replicou em tom calmo Supramati, fingindo não perceber o sorriso maroto de Narayana.

Este soltou uma gargalhada.

– Meu Deus, que homem arrazoado! Temos de aproveitar essa sua boa disposição. À noite já podemos partir.

CAPÍTULO XVIII

À tardezinha do dia seguinte, a aeronave de Supramati pousava junto da torre do palácio, e ambos os príncipes se retiraram aos seus aposentos.

Depois de jantar sozinho, Supramati foi ao seu gabinete e, sentado junto à janela, mergulhou em pensamentos pouco agradáveis.

Já durante a viagem ele estava circunspecto e calado; agora, sozinho naquele silêncio do maravilhoso anoitecer, a provação que ele teria de enfrentar parecia-lhe duplamente penosa e quase indigna.

O mago – um asceta imortal – habituado no transcorrer dos séculos a viver como um ermitão só com os seus estudos, totalmente dedicado ao trabalho abstrato e à ascensão às esferas espirituais superiores, agora deveria interpretar um papel torpe de noivo apaixonado, um marido comum, ainda que de uma bela moça, ingênua, aliás, mas da qual era separado por um abismo de ignorância, sendo que a moça nutria por ele um sentimento totalmente terreno. O que ele conseguiria fazer dela em sua vida conjugal? Elevá-la até a sua condição não havia meios, pois em alguns poucos anos ele não conseguiria ensinar-lhe algo cujo sentido ela não seria capaz nem de compreender; por outro lado, era preciso ocupar-se dela, já que ela teria as suas prerrogativas, direito à sua companhia, troca de opiniões, direito de seus sentimentos... Como ele poderia representar uma comédia de amor infame depois de ter dominado, e até destruído, os seus sentimentos, só conhecendo o arrebatamento e a afeição espirituais? Pois ele até esquecera a língua dos apaixonados, a língua de um noivo, de um marido jovem; os problemas científicos, as fórmulas complexas, que comandavam os elementos, entupiam-lhe totalmente a cabeça.

Até Nara, uma mulher muito querida, não representava mais na vida dele o papel que tinha nos primeiros dias de sua união. Cedê-la a um outro, ele não gostaria, é óbvio, mas cortejar... A ideia disso fez com que ele sorrisse. Ela era igual a ele pela evolução e por conhecimentos; mas as empolgações carnais, as fraquezas do dia a dia já não existiam para eles; não havia divergências que porventura teriam de ser solucionadas, não havia equívocos nem ressentimentos, nada havia que se ensinar um ao outro. Conservara-se apenas uma troca recíproca de afeição pura e espiritual; entre eles tudo se restringia à beleza e à harmonia – as emoções terrenas não transpunham o círculo mágico da serenidade límpida de seus espíritos equilibrados.

Enquanto na união vindoura tudo seria diferente. Ele teria de enfrentar os caprichos, as exigências e os ciúmes, e – quem sabe – brigas conjugais, pois a moça não iria querer levar em conta a sua alta dignidade de mago e apenas veria nele um homem, que lhe pertencia e do qual ela gostava.

Tal porvir provocou nele amargura e inquietação. Ele se via na situação de um homem enérgico e sóbrio que, ao encontrar um bêbado, não conseguia atinar como ele próprio teria chegado até aquele estado.

A IRA DIVINA

Supramati levantou-se bruscamente e começou a andar pelo quarto. Há muito tempo que não se rebelava pela retidão de sua alma, mas mesmo esta tempestade durou pouco e amainou-se sob o esforço de sua poderosa vontade. Oh, como estava certo Ebramar, quando dissera que ao vencer as próprias paixões seria difícil guiar os menores e os mais fracos; era fácil ser insensível e muito rigoroso, quando se esquecem os erros, as falhas e as fraquezas de sua própria infância! E, mais tarde, que tipo de regente do povo infante a ele confiado seria ele, se, apesar de todo o seu saber, não conseguisse ensinar-lhe ao menos o abecedário?

Não, não! O abismo entre ele e os espíritos ainda imperfeitos não podia aumentar; pelo contrário, ele devia se aproximar daquele mundo esquecido, submeter-se à lei sábia e, sem deixar de ser mago, tornar-se uma pessoa comum, um noivo apaixonado e marido exemplar.

Supramati suspirou com peito cheio e repuxou com as mãos os cachos de seus cabelos escuros.

– Ufa! Temo que a minha "iniciação" para trás seja mais difícil que desencadear tempestades ou terremotos – resmungou ele, meio preocupado. – Bem, de qualquer forma, é preciso assumir com coragem este compromisso e achar nele o seu lado positivo.

Toda a manhã do dia seguinte Supramati ficou ocupado, tratando com os administradores, que tinham vindo de diversas propriedades e esperavam impacientes pela sua volta.

Durante o desjejum, Dakhir disse-lhe sorrindo:

– Narayana passou por aqui, mas ao saber que você estava ocupado deixou-lhe um recado, dizendo que Olga Bolótova continua morando na propriedade de onde ela invocou Ebramar, e, que se você quiser vê-la, deverá ir para lá.

– Mais um que está louquinho para pôr uma corda no meu pescoço! – observou Supramati. – De qualquer forma, eu mesmo decidi acabar com tudo isso. E hoje, depois do almoço, irei visitar a mocinha. Mas, daqui para a frente, espero que Narayana dirija a você o seu ímpeto casamenteiro – concluiu ele zombeteiro.

Após o almoço, ao término de sua toalete, mais meticulosa que o de costume, ele se aproximou do espelho e, pela primeira vez após um longo período, começou a se examinar atentamente. De seu peito soltou-se um suspiro.

Quem acreditaria que os séculos pudessem pesar no homem jovem e belo que o espelho refletia: esguio e esbelto, enormes olhos brilhantes; apenas a expressão enigmática e impenetrável traía o segredo de sua existência de muitos séculos, enquanto o aspecto geral respirava força, beleza e juventude florescente. Sim, tal como ele era, não era de estranhar que muitas mulheres se apaixonassem por ele, incendiadas de paixão, como o coração da jovem mocinha. E, afinal, que mal havia em ser amado?

Sorrindo por dentro com este argumento convincente, para amenizar a provação, Supramati abriu uma gaveta e de lá tirou um talismã em forma de medalhão. Era executado em um diamante valioso e representava um cálice, dentro do qual, na própria gema, reluzia uma gotícula vermelha que irradiava feixes de luzes; o medalhão era encimado por um crucifixo de ouro. Essa joia era um presente que os cavaleiros do Graal costumavam dar às suas noivas mortais durante os esponsais. Se a explicação definitiva se concretizasse, Supramati entregaria o presente. Pegando ainda um buquê de flores raras, ele embarcou numa pequena aeronave que dirigia sozinho e encaminhou-se à pequena vila onde morava Olga.

Após a conversa com Ebramar, a jovem não mais abandonou o seu refúgio, apesar das inúmeras cartas de sua tia, que estranhava e se inquietava com o repentino isolamento da sobrinha. Mas Olga não tinha a menor intenção de voltar ao mundo barulhento e azafamado das amazonas; ela continuava a jejuar e orar, pensando em Supramati e tentando se iluminar com o estudo dos livros da ciência oculta, dados por Narayana.

Supramati parou sua nave junto da entrada do jardim e, em passos lentos, dirigiu-se à casa. No terraço, onde se efetuara a invocação, estava sentada Olga. Ao lado dela, sobre a mesa, achava-se um livro aberto; ela, porém, não o estava lendo; com

A IRA DIVINA

a cabeça encostada no espaldar da cadeira e o olhar vagando no espaço, meditava.

Supramati deteve-se e olhou pensativo para ela. Mais magra e mais pálida desde as últimas semanas que ele não a via, agora ela lhe parecia mais bela. A expressão circunspecta e triste ia bem a seus traços finos; em sua graciosa e impotente pose, ela estava divina. Um vestido simples, branco e leve, de mangas curtas, fazia antever o pescoço e os braços de brancura de madrepérola; os densos cabelos estavam presos em tranças, e uma delas pendia ao chão. Mas a atenção de Supramati foi chamada para uma névoa esbranquiçada que envolvia a cabeça da moça, a fundir-se com uma faixa larga azulada e fosforescente de luz que se irradiava de seus olhos, fixos no espaço. Naquele facho límpido se refletia nitidamente a imagem querida de Supramati, que lhe escravizara todo o ser.

"Eis um amor verdadeiro, que invade a alma, domina todos os sentimentos e mentaliza a imagem da pessoa amada; em sua aura não há lugar para outro; ele é alfa e ômega de seus desejos e esperanças. Coitada! A felicidade e a dúvida fazem oscilar as ondas atmosféricas de sua aura", pensou Supramati. "Infelizmente, eu já não posso amar tanto!", suspirou ele. "No entanto, tentarei proporcionar-lhe aquela felicidade passageira da qual pode gozar a esposa de um mago."

Ele caminhou decidido ao terraço, subiu os degraus e disse em tom alegre:

– Boa tarde, senhorita Olga!

Olga saltou da cadeira, como se picada por uma abelha, ora empalidecendo, ora corando.

– Não estou sonhando? O senhor está aqui, príncipe Supramati? – balbuciou ela.

– Eu mesmo, e seus pensamentos permitem concluir que a senhorita está feliz em me ver – disse ele sorrindo e beijando a sua mãozinha.

Um rubor cobriu-lhe o rosto.

– Ah, o senhor lê os meus pensamentos! Que vergonha que sinto!

– O que o senhor irá pensar de mim? – disse ela acabrunhada.

– Estou muito feliz por ter-lhe inspirado um sentimento tão puro e profundo. Eu também a amo, Olga; a força de seu amor trouxe-me aqui para perguntar-lhe se a senhorita quer ser minha esposa – disse ele jovial.

Olga ficou branca como seu vestido e, de emoção, apertou as duas mãos contra o peito. Não seria um sonho? Ou ela realmente estava ouvindo as palavras que lhe abriam os portões do paraíso terrestre? Cedendo a um ímpeto repentino, ela se pôs de joelhos.

– Ah, Supramati! Para que perguntar se eu quero ser sua esposa? O que me atormenta é se eu mereço tanta felicidade, e me pergunto como o senhor irá tolerar em sua vida um ser tão mísero, ignorante e vulgar!

– O que está dizendo, Olga? A senhorita me deixa sem jeito! – disse Supramati, levantando-a apressadamente e fazendo-a se sentar no banco.

Ele também se sentou a seu lado e prosseguiu sorrindo:

– Eu a amo como a senhorita é, sua louquinha; a ignorância é um mal corrigível.

Ela levantou para ele os olhos úmidos de lágrimas.

– Não pense que não tenho consciência do abismo que me separa do senhor, um mago poderoso, um sábio, uma pessoa extraordinária, cuja grandiosidade o meu pobre cérebro é incapaz de alcançar.

– Será que a senhorita só ama em mim o mago? – perguntou ele com sorriso maroto.

– Oh, não! Para que eu possa amar um mago por seus méritos, falta-me entendê-lo. Apenas sei que sou uma nulidade perante o senhor, no entanto, amo-o mais que a vida. Oh, Supramati, estou pronta a ficar sempre muda e obedecer-lhe em tudo; a felicidade de ficar ao seu lado é o coroamento de todos os meus anseios e, se gostar de mim tanto quanto gosta daquele cachorro que eu vi no palácio, ficarei feliz e reconhecida.

Sua voz tremia de emoção e pelas faces pálidas escorriam lágrimas. Também emocionado, Supramati atraiu-a junto de si e a beijou nos lábios.

A IRA DIVINA

– Não seja tão despretensiosa, minha encantadora noiva! Não tenho a intenção de amar a minha esposa como a um cachorro; eu a amarei como um bom anjo do meu lar, como uma amiga. É equívoco seu achar que só a senhorita irá ganhar com isso; eu também ganharei muito. Antes de tudo quero aprender a ser tolerante, e muito tolerante, pois me afastei de gente, entregue à ciência em rigoroso isolamento. Seu amor deve fazer com que eu reingresse no círculo de meus irmãos terrestres; fazer com que eu aprenda a entender os seus sentimentos, os desejos e as amarguras. Ensine-me, sobretudo, a não julgar severamente os que não conseguiram dominar as suas fraquezas. Em outras palavras, minha querida, quero pôr de lado a ciência de mago e ser apenas um humano, com todas as suas alegrias e anseios. Tentarei fazê-la feliz, minha Olga, e, se por um acaso eu for mais mago que um bom marido, você tem direito de me corrigir! – concluiu ele em tom de brincadeira.

– Oh, como eu gostaria de esquecer o mago e enxergar apenas a pessoa encantadora! – disse exaltada Olga. – Mas corrigi-lo, acho que jamais ousarei – ajuntou ela melancolicamente.

– Vamos esperar que a senhorita busque tal ousadia – observou Supramati rindo. – E agora, minha querida, permita-me oferecer-lhe um presente. Este talismã irá protegê-la dos inimigos, dos quais o mais perigoso é Chiram; ele nutre pela senhorita uma paixão das mais impuras e irá persegui-la. Haveremos de lutar contra as suas ciladas. Eu lhe ensinarei como se deve agir.

– Sob a sua proteção não temo nem o inferno – sustentou a jovem, com ardor nos olhos, examinando curiosa o caro presente. – Que objeto estranho! O que ele faz? O senhor disse que é um talismã?

– Sou membro de uma irmandade de sábios, e cada um de nós pode presentear a sua noiva com este valioso talismã, que tem a capacidade de lhe desenvolver as habilidades espirituais e protegê-la das forças impuras.

– Meu Deus, que interessante! Não seria a irmandade dos cavaleiros do Graal? – indagou Olga em tom maroto.

– É possível – respondeu sorrindo Supramati. – Mas, minha querida, a primeira virtude da esposa de um mago é nunca perguntar o que e por que, ou, por outra, reprimir as duas maiores fraquezas femininas: a curiosidade e a tagarelice.

Olga ficou vermelha, fez uma careta e disse:

– Oh, meu Deus! Como é difícil representar condignamente a esposa de um mago. É claro que não vou esquecer que não devo ser curiosa. Pior que isso: terei de ser dissimulada ou muda feito um peixe, mas, mas... – Ela descansou a cabecinha no ombro do noivo. – Mas adianta ficar muda, se o senhor lê os meus pensamentos? De qualquer forma, querido Supramati, ser-me-á difícil esconder das amazonas que estou desposando não apenas um mero príncipe – belo como deus, rico como Creso, um verdadeiro príncipe de conto de fadas –, mas ainda um mago.

Supramati desatou a rir.

– Minha querida, você, em poucas palavras, desfiou um rosário de sentimentos impuros: ostentação fútil, apego latente aos prazeres terrenos e ainda vaidade mesquinha diante de suas amigas amazonas.

– Não, não, ninguém saberá de nada; serei submissa! Mas estou tão feliz, que gostaria de propalar a minha alegria, gritar a minha felicidade por todos os cantos do mundo! – exclamou Olga, e em seus belos olhos marejados brilhou uma felicidade tão límpida e sincera, que Supramati, mais uma vez emocionado e feliz, atraiu-a junto de si e a beijou.

– De qualquer forma, nada impede que seja anunciado o nosso noivado. Volte amanhã à casa de sua tia e anuncie-lhe o casamento; eu também irei até lá para marcarmos a data da cerimônia. E, para satisfazer o seu coração vaidoso, realizaremos um belo casamento em sua igreja, já que a senhorita é ortodoxa. Eu, ainda que seja um cristão ferrenho, não professo nenhuma religião específica.

– E, depois da cerimônia, que tal a gente dar uma festa ou jantar em seu belo palácio, que todos estão curiosos em conhecer? – perguntou Olga, agitada por sentimentos de modéstia, embaraço e ansiedade.

– Não vejo nenhum impedimento. Daremos um grande baile, com almoço – respondeu Supramati paciente, ainda que com certa ironia, despercebida pela felicíssima jovem.

A IRA DIVINA

Após conversarem mais um pouco e jantarem no terraço, Supramati se despediu e foi embora.

Já em casa, ele refletiu sobre o encontro e achou que, graças à natureza delicada e reservada da noiva, ele se encaixava bastante bem no papel de noivo, com muita chance de mudar mais tarde aquela paixão por uma afeição bonita e tranquila.

Em seu gabinete, ele encontrou Dakhir, que o aguardava debruçado sobre um livro.

– Então, meu amigo, devo lhe dar parabéns ou pêsames? – indagou este rindo e apertando-lhe a mão.

– Ambos – saiu-se Supramati, num esgar de riso. – Já sou um noivo feliz e pretendo comemorar o casamento com um grande almoço e baile. Vê quantas diversões me aguardam, sem contar as outras alegrias, tais como: visitas, cumprimentos, abraços dos parentes e ciúmes do nobre Chiram.

– Juro pela minha barba: não me ameaçasse a mesma felicidade no futuro, teria inveja de você! Ebramar, aparentemente, resolveu recasar todo o colégio de magos. Você ao menos conseguiu encontrar uma mulher que o adora, enquanto eu não tenho esta sorte; de todas que conheci, nenhuma é de meu agrado.

– Você é muito exigente, Dakhir, e revela demasiada indiferença ao sexo frágil. Para punir Ebramar por suas tramas, deixemos que ele escolha para você uma esposa adequada – brincou Supramati. – Ou melhor, transforme-se novamente em "holandês voador", pegue o seu navio-fantasma e vá procurar por todos os mares uma beldade digna de você.

Ambos riram.

– Não brinque assim, irmão! – admoestou Dakhir, suspirando. – Tudo isso não tem graça. Com a idade de Matusalém, casar-me com uma ventoinha é um trabalho forçado. Talvez a intenção do nosso mestre Ebramar possa até ser boa – a de amarrar o nosso espírito à Terra –, mas o método em si é bastante penoso, quando a gente se desabitua do papel de um apaixonado. Ebramar é que deveria dar o exemplo, casando ele mesmo!

– Espere por isso sentado no novo planeta! Lá, nós todos criaremos a raça de semideuses; enquanto isso, ele tem a obrigação de lhe encontrar uma esposa. É a pena mais branda por ele fazer incorrerem no pecado da lascívia os seus discípulos – concluiu rindo Supramati.

Continuando a conversar, os jovens saíram para o terraço predileto e se deitaram nas redes.

Subitamente Supramati soergueu-se. Até a sua audição aguçada chegou uma vibração harmônica, suave como um acorde da harpa de Éolo; no fundo escuro do firmamento – pois já havia descido uma noite meridional escura – reluziram feixes de faíscas.

– Ebramar! – exclamou Dakhir, saltando da rede e apontando para uma nuvem esbranquiçada que ia cruzando o céu com a rapidez de uma estrela cadente.

Instantes depois, a nuvem desceu no terraço, a música cessou, o vapor se dissipou e surgiu Ebramar – belo e sorridente, como sempre jovial e envolto por aura límpida. Os amigos cumprimentaram-no alegremente.

– É só falar em sol, que ele já vem brilhando! – exclamou Supramati.

– Bajulador! – retrucou Ebramar sorrindo. – Devo dizer-lhes, meus amigos, que ouvi as suas críticas a meu respeito; por isso vim para conversar. Bem, de fato não há motivos para elogiar-me. Infelizmente! A "perfeição" egoísta de vocês deu frutos. Aquilo que outrora seria o cúmulo da felicidade, por exemplo, a posse de uma mulher pura e apaixonada, parece-lhes agora um fardo insuportável. O compromisso de educar e aperfeiçoar uma alma jovem, reaprender com ela a compreensão dos sentimentos e das necessidades dos seres humanos com menos domínio sobre si, parece-lhes um trabalho enfadonho e nojento. Os senhores magos – vejam só! – receiam sair da rotina e sofrer interferência em sua contemplação; só querem dar um giro pelo mundo moderno como simples turistas curiosos, imbuídos da conscientização presunçosa de que possam dar-lhe as costas assim que desejarem. Além disso, eles se acham invulneráveis: nem as forças da natureza, nem o ódio, nem as paixões humanas podem atingi-los; a ambição não os aflige, e a conquista das riquezas lhes é indiferente! Em outras palavras: vocês gostariam de parar no tempo, gozando de paz e bem-estar desanuviado! Isso, meus amigos e discípulos, seria um equívoco imperdoável e uma infelicidade para aqueles que vocês irão governar no futuro.

"Não, não, meus filhos! Queiram ou não, chegou o momento de sua tranquilidade imutável ser perturbada e de seu orgulho ser sacudido. Da mesma forma que os pais devem conhecer os corações de seus filhos, para compreenderem e saberem perdoar os erros contra a letra das leis cotidianas, consumados devido às fraquezas da carne – das quais a alma não tem muita culpa –, de maneira idêntica um legislador tem a obrigação de saber e compreender todos os meandros do coração humano, para poder avaliar as leis por ele instituídas, buscando alcançar com o entendimento aqueles a quem elas se aplicam. Quanto mais evoluídas forem as pessoas, mais serão complexas e numerosas essas leis; quanto mais simples for o indivíduo, tanto mais simples e precisa deverá ser a lei, a fim de que o homem consiga entendê-la e possa ser feita a justiça. Evitem, principalmente, esconder-se sob a couraça da indiferença esnobe; os autênticos filhos de Deus, os mensageiros celestiais que vieram ao mundo professar a verdade, sempre se misturaram aos seres humanos e compartilharam de seus infortúnios. Assim, Krishna[1], por exemplo, abandonou as riquezas e a nobreza para viver junto aos pobres, humildes e deserdados; em sua magnânima caridade, ele assumiu todos os seus sofrimentos, conheceu a fome e a sede, o cansaço, a humilhação e a perseguição dos fortes; suportou tudo sem rancor, até sucumbir nas mãos dos inimigos. Jamais ele apelou para aquele terrível poder que detinha, para evitar as dificuldades em seu caminho; ele – cuja vontade poderia abrir a terra abaixo dos pés dos inimigos e lançá-los no abismo feito um monte de formigas – suportou pacientemente todas as perseguições injustas e deixou-se crucificar. No entanto, bastava a ele querer, para ascender-se às alturas e com isso evitar todas as crueldades e fulminá-los com a morte. Seus

---

[1] *Krishna*: filósofo espiritual-moral e reformador da Índia (cerca de 3 mil anos a.C.). Segundo as crenças hindus, era uma reencarnação na terra do deus Vishnu, o segundo semblante de Trimurti (tríade hindu). (Nota da editora russa.)

milagres eram para outros; nunca para si. E, mesmo em relação aos seus perseguidores, ele nutria tão somente comiseração e caridade; ele chorava pelas desgraças que aguardavam a humanidade, e, naquele total esquecimento de si mesmo, reside a sua verdadeira grandiosidade divina... Bem, e vocês, já derramaram ao menos uma lágrima sincera pelas desgraças e sofrimentos terríveis que irão desabar sobre o mundo? Não, porque vocês se acham totalmente seguros até no caso da morte do planeta, tudo graças ao destino misericordioso que os salvaguarda para o novo mundo. Pensem sobre isso, meus amigos; ao alcançarem o saber da mente, trabalhem também sobre o saber do coração."

À medida que Ebramar falava, um rubor de vergonha cobria o rosto dos dois sábios; eles baixaram as cabeças. Sim, o mestre tinha razão. Jamais eles se haviam conscientizado, com tanta lucidez como naquele minuto, da superioridade deles em termos de conhecimento e da inferioridade em outros aspectos. De chofre, como se movidos por um mesmo pensamento, ambos se aproximaram de Ebramar e pegaram-no pela mão.

– Obrigado, mestre, por suas palavras severas, mas justas: nós merecemos isso – disse em voz baixa Supramati. – Apesar da estrela de mago, não passamos de egoístas vaidosos que precisam ser educados antes de reeducarmos outros. Mas eu prometo-lhe envidar todos os esforços para dominar o meu egoísmo e tornar-me digno da tarefa imposta por Deus.

– Acredito, meus queridos discípulos, e não temo pelo futuro, pois, quando se conhece a ameaça, ela já está meio evitada. Assim, vocês pararão de se lamuriar e aceitarão a provação imposta, não de todo desagradável.

– Sim, sim, mestre! Aceitamos tudo de bom grado e nos tornaremos humanos modernos, sem esquecermos da estrela de mago que nos ilumina o caminho – anunciou alegre Dakhir. – E, mestre, se você me ajudasse na minha escolha? Nenhuma das mulheres que eu conheço me inspira simpatia ou parece se encaixar no papel de minha esposa. Elas são materialistas, ao passo que a minha companheira deverá ser pura de alma e corpo, para não me sobrecarregar com suas emanações.

A IRA DIVINA

– Você está certo, Dakhir. Já que Supramati, para pagar a língua de vocês dois, outorgou-me a tarefa de achar uma esposa para você, vou arrumar-lhe uma moça que, espero, seja de seu gosto, pois a acho capacitada para ajudá-lo no estudo dos corações e das tormentas humanas – anunciou Ebramar em tom de troça.

– Ah! Agradeço-lhe, mestre! Quando irei conhecê-la? Ela vive em Czargrado? – indagou Dakhir.

– Não, meu amigo, um pouco mais longe; mas que diferença isso faz? Eu mesmo o levarei para lá; cuidando, é claro, que ela não o veja. Mais tarde você me dirá, usando de toda a franqueza, se a minha escolha foi acertada.

Quinze minutos depois, a leve carruagem aérea os levava ao destino; Ebramar estava de piloto. Viajando com a rapidez de um pássaro, logo diante deles se estendeu a superfície do mar e depois a margem elevada, ora rochosa e pelada, ora coberta de vegetação exuberante.

– Acho que estou reconhecendo o lugar. Não muito longe daqui há uma gruta subterrânea onde vive um irmão da irmandade do Graal. Já estive lá algumas vezes – gritou Dakhir.

– Você está certo! Fico feliz por você ter reconhecido o local – ajuntou Ebramar sorrindo. – Bem, estamos chegando!

Ele ergueu a mão, desenhou com ela no ar um sinal cabalístico, pronunciou uma fórmula, e a nave se fez invisível para os olhos de profanos, começando a aterrissar rapidamente.

Naquele local a margem formava uma enseada. Na extremidade de um alto rochedo erguia-se uma construção, cercada por jardim. Era uma maravilhosa vila com torres aeroportuárias, galerias e colunatas . Por trás da vegetação densa, à luz do luar, reluziam respingos e jatos de chafariz, e entreviam-se estátuas brancas. A uma das galerias ligava-se um grande terraço ladeado por corrimão entalhado; uma escada larga descia até a margem do mar.

A nave pairou no nível do terraço, e Dakhir teve a atenção chamada para um sofá perto do corrimão.

Lá, sobre as almofadas vermelhas de seda, estava deitada uma jovem com cerca de dezessete anos de idade. Trajava um capuz largo de seda, adornado de rendas e bordados. Era uma criatura encantadora, frágil e airosa feito uma borboleta: os densos cabelos castanho-claros com laivos dourados enquadravam o rostinho pálido e magro; nos grandes olhos cor de safira, escuros, com o olhar dirigido para a lua, congelara-se uma expressão desanimada.

– Ela é bela como um sonho, mas está morrendo – murmurou Dakhir vacilante, contemplando a moça.

– É verdade! Mas por acaso você não consegue curá-la? Só é impotente a ciência cega oficial, porque não consegue encontrar o motivo da enfermidade. Dê uma olhada na pureza cristalina dos fluidos que a envolvem! A alma daquela moça é um diamante bruto que aguarda por um joalheiro habilidoso; então ela brilhará com todo o esplendor. Ainda agora se pode ver como aquela luz atravessa a pele; sua alma, ainda que não seja iluminada por conhecimento, já possui a força e a fé com que se crescem as asas. Olhe agora os reflexos de seu passado.

– Ah! Circo, feras... ela foi mártir? – balbuciou Dakhir nervoso.

– Sim, ela morreu pela fé. É uma alma exaltada, ávida por conhecimento superior, ainda que não se dê conta disso por ter se encarnado numa família ateia, em que o único deus é o ouro. Ela busca algo que não sabe direito: feito um músico que em vão tenta reconstituir na mente uma melodia que ouvira em algum lugar. As chamas internas devoram-lhe o invólucro frágil.

"Agora, se você aprova a minha escolha, cure aquela criatura jovem, devolva-lhe Deus, que dela ocultaram. A moça irá amá-lo; e, se você optar por ser uma pessoa incógnita, um amigo dos pobres, ela poderá ajudá-lo a minorar os sofrimentos humanos, pois a ira divina está próxima! Neste trabalho de caridade, que o reconciliará com os seres humanos, você esquecerá a sua túnica reluzente de mago, tendo ao lado uma maravilhosa flor revitalizada, por você salva, instruída e educada."

Os belos e límpidos olhos de Dakhir brilharam alegres, e ele apertou com força a mão de Ebramar.

– Obrigado, mestre! Compreendo a importância e a grandiosidade desta nova forma de provação que devo assumir, e aceito-a agradecido. Já basta de conhecimentos e poderes mágicos; está na hora de dar um trabalho para o coração e tornar-me um homem, no sentido melhor da palavra.

– Então você aceita desposar aquela moça?

– Sim, mestre!

– Excelente! De que maneira você irá curá-la, como irá conhecê-la dependerá totalmente de você. E, se imprimir um pouco de romantismo, também não fará mal – concluiu sorrindo Ebramar.

CAPÍTULO XIX

Conforme ficou estabelecido, Olga Bolótova retornou no dia seguinte à casa da tia, e a notícia de seu casamento com o interessantíssimo príncipe Supramati causou um enorme rebuliço entre as belas amazonas, gerando não poucas invejas, algumas francas, outras dissimuladas.

A czarina das amazonas recebeu de braços abertos o futuro parente e, no dia da anunciação oficial do noivado, preparou uma festa pomposa. O casamento foi marcado para dali a três semanas.

Naquele dia, Narayana viera de manhã com os presentes para a sua futura prima. Entre eles, uma caixinha com um colar de brilhantes e safiras de beleza extraordinária, presente de Supramati: de valor incalculável, provocou uma tempestade de admiração e inveja entre as amigas de Olga, que estavam participando do desjejum em sua casa. Quando serenou a primeira excitação, a atenção das moças concentrou-se em Narayana; tendo anunciado que estava faminto, ele sentou-se à mesa, cercado pelas formosas amazonas, que lhe serviam pãezinhos e geleia.

– Ah, príncipe! Por que o senhor também não se casa? Por que não fazer a felicidade de uma mulher? – insistia uma amazona bonita e fogosa, lançando-lhe um olhar flamejante.

– Não caso porque justamente não quero a sua desgraça. Saibam, minhas damas: eu sou uma mariposa. Alguém já viu uma mariposa casada? Ela só sabe voejar de uma flor a outra – concluiu Narayana, sorrindo maliciosamente.

Todos riram. Quando depois as moças se dispersaram para cuidarem de seus afazeres, e Narayana ficou sozinho com Olga, ele começou a observá-la, calado.

Rosada e radiante de felicidade, ela relia pela vigésima vez o bilhete que viera junto do presente. Vendo-a bela, animada e feliz, Narayana sentiu pena dela. Em pouco tempo, o fogo do mago consumiria aquela flor delicada; sua cabecinha tombaria, fulminada com a morte. Ele suspirou. Neste minuto, Olga dobrou a carta e disse:

– Como ele é bom e magnânimo, e como eu sou feliz!

Nos lábios de Narayana percorreu um sorriso alegre e zombeteiro.

– Ele também não se pode queixar da falta de sorte, tendo ao seu lado essa beleza; mas, minha bela Olga, não se entusiasme tanto com os sonhos. Apesar de todas as qualidades espirituais e intelectuais, meu querido irmão possui um único defeito, ainda que grande: ele é santo. Pode-se admirá-lo, adorá-lo, rezar para ele, e tudo isso ele irá aceitar benevolente, mas amar como amamos nós, os pecadores, ele não sabe. E eu sei que não será apenas uma lágrima que você derramará na ara do "santo", que, contudo, não irá entendê-la.

– Silêncio, seu malvado! Eu sei perfeitamente o quanto sou indigna dele, mas ele é bom comigo e estarei sempre a seu lado; não quero outra coisa para mim.

– Está bem, está bem! Enquanto noivas, as mulheres são sempre despretensiosas; depois que casam, aí começam a exigir os seus direitos – observou irônico Narayana.

Olga corou e, inclinando-se sobre ele, disse em tom contrafeito:

– Sim, quando isso não é com os magos, mas com os maridos ordinários, como o senhor, por exemplo: basta a esposa virar as costas, que ele a trai. Por mais que o senhor seja bonito, eu não o desposaria por nada neste mundo. Além do mais, o senhor é "imortal". Um marido imortal e ainda infiel é uma desgraça para uma mulher que ama. Eu fico com o santo.

Narayana explodiu numa gargalhada.

– Agradeço a franqueza! Entretanto seja mais prudente, futura maguinha: não propale em voz alta os segredos de estado. E agora fiquemos de bem e continuemos bons amigos; ninguém além de mim lhe deseja tanta felicidade com o seu "santo".

Seguiram-se dias que para Olga foram de fato uma felicidade sem nuvens. Todos os dias ela via o seu noivo, e a bondade e os maravilhosos presentes com que ele gostava de cobri-la parecia confirmarem os seus sentimentos.

Só uma gota de fel caiu em sua taça de felicidade. Foi um encontro com Chiram. Este cruzou com ela quando ela voltava para casa após um passeio com Supramati; um tremor gélido dela se apoderou quando ela interceptou o seu olhar, ardente de paixão e hostilidade irreconciliável. Quando relatou a Supramati a impressão daquele encontro, este aconselhou-a a não se separar do talismã dado por ele, e ensinou-lhe como utilizá-lo para se defender, caso o satanista ousasse atacá-la abertamente.

Olga tranquilizou-se, pois acreditava cegamente na força do talismã, e notou que os seus sentidos haviam se desenvolvido de forma estranha a partir do momento em que começara a usá-lo. Ao se aproximarem dela diversos tipos de pessoas, ela sentia ora um odor agradável, ora fétido; seu corpo era percorrido ou por uma corrente quente, ou, em outras vezes – gélida. Ela percebeu também que a aproximação de Supramati era acompanhada por uma brisa tépida, um aroma maravilhoso e uma música harmônica, parecida com um canto suave. Ao se encontrar com algum satanista, então, a glacial torrente de ar que dele se desprendia a fazia tremer; sua respiração sustava, e a cabeça girava devido aos sons bruscos e desordenados que faziam abalar cada nervo seu.

A IRA DIVINA

Uns dez dias após o noivado, houve um concerto e recepção no palácio das amazonas. Olga, no entanto, retirou-se aos seus aposentos. A festa lhe era indiferente, já que Supramati não estava lá; ele viera de manhã, pois à noite tinha assuntos para resolver. Olga preferia ficar sozinha. Sua entrega a ele era tão completa, que ela evitava barulho e multidão.

No palácio, ela ocupava acomodações que consistiam de um dormitório e uma sala com terraço decorado por flores raras; uma grade alta de bronze dourado, coberta de plantas trepadeiras, separava o terraço do jardim. A mobília leve que parecia feita de coral, espalhada em meio às plantas, predispunha ao descanso. A sala, decorada em tons de rosa e prata, era graciosa; uma lâmpada rosa iluminava por cima, com meia-luz suave, o retrato de Supramati, trazido na véspera. Olga lhe pedira o retrato para – como ela dizia – ter a imagem dele sempre com ela, nos dias em que ele estava ausente, e este lhe mandara uma foto de quando era "bem mais jovem".

Acomodada na macia poltrona diante do retrato, Olga olhava fixamente a imagem querida; parecia-lhe que os traços expressivos de Supramati ganhavam vida, enquanto os grandes olhos a fitavam como se reais.

Subitamente pelo quarto percorreu uma rajada de vento glacial, que fez Olga estremecer em seu vestido leve de noite, de pescoço e braços desnudados. Ao mesmo tempo ouviu-se um estalo, acompanhado por um gemido, semelhante a urro de um animal.

Assustada, ela se endireitou, procurando com os olhos a causa do barulho, enquanto a ventania gélida continuava pelo recinto. De repente, o cortinado rosa, bordado em ouro, que separava a sala do terraço, foi atirado para trás e na soleira surgiu Chiram.

Estava pálido feito cadáver, seus traços deformados, e nos olhos negros como carvão se refletia paixão desvairada.

– O que significa o seu aparecimento, senhor Richville? Será que o senhor não sabe que a entrada em meus aposentos é vedada a homens, sem autorização expressa de nossa presidenta? – indagou Olga, medindo-o com um olhar gelado.

– Queria ver a senhora – respondeu em tom lúgubre Chiram.

– Quem quiser falar comigo deverá fazê-lo na sala de recepção. O senhor não tem nada que fazer aqui e não tem o direito de me perturbar. Queira sair imediatamente!

Um sorriso de escárnio maldoso deformou o rosto de Chiram.

– Eu vim para cá reclamar o meu direito de amor e não sairei antes de me explicar com a senhora. A senhora sabe que eu a amo e, enquanto viver, a senhora não pertencerá a outro. Quero saber se é verdade o que diz toda a cidade a respeito de seu casamento com aquele forasteiro hindu, que não passa de... de um feiticeiro miserável e...

– Basta! – interrompeu-o Olga afogueada, dando um passo na direção dele. – É muita impertinência de sua parte. O senhor não é meu tutor nem meu pai para vir admoestar-me e criticar-me. Sou livre para casar-me com quem quiser. Tome cuidado por afrontar e denegrir uma pessoa que pode, simplesmente, esmagá-lo feito um verme. Sim, eu sou noiva do príncipe Supramati, ao qual amo com toda a minha alma e de quem logo serei esposa; a sua paixão, ao contrário, só me sugere repugnância, e eu o odeio. Entende?! E, agora que o senhor ouviu isso pessoalmente de mim, fora daqui!

Chiram explodiu numa sonora gargalhada.

– A senhora está me expulsando, minha belezoca, e ainda de maneira tão rude? Mas eu, como vê, não me considero derrotado e ainda medirei forças com o seu forasteiro. Primeiro a gente se enfrenta e depois veremos quem irá ganhar o prêmio – a belíssima noiva – : ele ou eu.

Tirando agilmente do bolso uma esfera brilhante, ele começou a girá-la diante dos olhos de Olga; esta se jogou para trás como se golpeada na cabeça. O odor fétido que se espalhou repentinamente no quarto sufocava-a, entretanto ela não perdeu a consciência e, lembrando-se do presente de Supramati, arrancou-o do pescoço e ergueu a mão com o talismã misterioso.

A gotícula púrpura dentro do cálice inflamou-se subitamente. Do talismã jorrou uma torrente de fagulhas douradas, e o quarto encheu-se de um aroma suave e vivificante.

A IRA DIVINA

Chiram urrou furioso e começou a se contorcer sob a chuva de respingos dourados que caíam sobre ele, como se estes o queimassem. Sua esfera extinguiu-se na coluna de fumaça negra e, em seguida, partiu-se em centenas de esferinhas pretas, a explodirem imediatamente, desprendendo nuvens de animais asquerosos: sapos, cobras, ratos, etc. Toda essa imundície rodopiou por instantes no ar e, aos gritos e pios, foi caindo no chão, arremessando-se em seguida sobre Chiram. Aos gemidos desesperadores e ameaças a Olga, defendia-se Chiram do bando asqueroso que o atacava ferozmente.

Neste instante, num dos cantos escuros da sala, acendeu-se uma luz vermelha que se tornava cada vez mais brilhante; logo se ouviu um estalido sinistro e, naquele fundo vermelho-sanguíneo, desenhou-se subitamente a figura baixa de um homem em negro com um tridente na mão. Sem notar, aparentemente, a presença de Olga, ele ergueu o tridente, desenhou no ar um triângulo ígneo, e o bando demoníaco desapareceu. Chiram tombou, mas o desconhecido fê-lo levantar-se de imediato.

Se ele era um demônio ou simplesmente um irmão satanista de nível superior, que viera em auxílio do presidente da loja de Lúcifer, Olga não tinha condições de saber, pois ela estava totalmente exausta. Sua cabeça girava, o chão fugia-lhe dos pés e, finalmente, perdeu os sentidos, apertando convulsivamente o talismã contra o peito.

Ao abrir os olhos, viu-se deitada na cama; uma luz que caía de uma grande lâmpada no teto iluminava a figura alta de Supramati, inclinado sobre ela, com a mão em sua cabeça.

– Oh, que horror! Chiram queria me matar ou enfeitiçar – exclamou Olga, levantando-se bruscamente.

– Ora! Bastou você resistir como se deve, e ele se pôs em fuga disse o príncipe sorrindo. – Parabéns, minha querida noiva, você lutou bravamente! Eu até poderia avisá-la do ataque do patife e vir antes em seu auxílio, mas eu queria que você aprendesse a se defender por conta própria, pois os ataques de Chiram mal estão começando. Ele não irá recuar com a primeira derrota, e o inferno é bem inventivo. Agora, acalme-se e durma, mas antes tome isto!

Ele lhe estendeu um minúsculo frasco de cristal com rolha de ouro, cheio de um líquido rosado; Olga tomou o conteúdo sem se opor. Ainda por alguns instantes, ela sentia o contato dos dedos delgados do mago sobre a sua testa, mas logo adormeceu em um sono profundo e revitalizador.

O fim da tarde de outono era maravilhoso e quente; o sol estava se pondo, e uma brisa suave açoitava do mar um frescor agradável. No terraço da vila há alguns dias visitada por Ebramar e Dakhir, no mesmo sofá, estava deitada a jovem enferma. Ainda mais pálida que antes, suas mãos reviravam agitadamente a fita que lhe cingia a cintura. Profundamente nervosa: não se sabia se uma angústia opressiva ou o desespero se estampavam no seu rosto encantador. A poucos passos dela, sentava-se uma velha senhora magra e severa, que lia em tom desanimado a descrição de uma viagem.

– A senhora não está me ouvindo, miss Edith. Está cansada? – a acompanhante parou de repente, e o seu rosto magro não fez a menor questão de dissimular o desapontamento.

– Sim, querida *missis* Elliot. Estou com dor cabeça e vou tentar dormir; de qualquer forma, a paz e o silêncio me fazem bem. Vá fazer um passeio, a senhora está livre esta tarde. Se eu precisar de algo, chamarei Mery.

Após a saída da acompanhante, a moça levantou-se bruscamente e deu algumas voltas pelo terraço; mas, aparentemente cansada, sentou-se de novo, cobriu os olhos com as mãos, e em seus dedos afilados reluziram algumas lágrimas.

Edith era americana, filha única do milionário Daniel Dickson; ela perdera a mãe logo após o nascimento e crescera sob os cuidados das governantas. Dickson não havia se casado de novo, totalmente absorto em negócios e bens; não tinha tempo nem de se ocupar da criança, ainda que a amasse muito e gastasse rios de dinheiro para a sua educação e divertimentos. A menina crescia entre luxo imperial, mimada e adorada por todos que a cercavam; fora necessária toda a bondade e pureza de Edith para não se estragar em adulações, prodigalizadas abundantemente, mais a liberdade praticamente total. Até os quinze

A IRA DIVINA

anos, a menina tinha boa saúde; ainda que fosse frágil e de índole nervosa, nada havia que preocupasse.

De um modo totalmente inesperado, uma doença misteriosa ganhou força, e teve início então um lento, é verdade, mas insistente definhamento, complicado por ataques de coração e tosse extenuante. Não era ainda tísica, mas na opinião dos médicos acabaria sendo, se aquela estranha doença, que não cedia com nenhum remédio, não a levasse para o outro mundo antes do aparecimento da tuberculose. Completamente desesperado, Dickson aconselhava-se com os maiores astros da ciência, mas todos os esforços tinham sido inúteis. Edith extinguia-se feito cera ao sol, e era evidente que a morte já estendia a mão gelada à sua jovem vítima.

Vindo para a Europa a negócios e, sobretudo, para o tratamento de Edith, Dickson casualmente encontrara aquela vila, e, como a enferma havia gostado dela, ele se apressara em comprá-la e a dera de presente para a filha.

Naquela manhã ela recebera a visita de um médico famoso. Ele examinara demoradamente Edith e, alegre, pressagiara-lhe um rápido restabelecimento; mas esta, que já perdera qualquer esperança, postara-se junto da janela do gabinete do pai e começara a ouvir a conversa dele com o médico.

– Então o senhor quer que eu seja franco, *mister* Dickson? Neste caso, devo-lhe dizer que não há uma mínima esperança de salvar sua filha. Já tentamos de tudo, mas o mal que a consome não está cedendo: a vida se extingue no organismo jovem com rapidez incrível, e somos totalmente impotentes. É inútil, agora, torturá-la com remédios e toda sorte de proibições. Deixe que ela faça o que quiser.

– Não é possível! A ciência deve encontrar uma forma de salvar esta jovem criatura. Prometo-lhe, doutor, dou-lhe um milhão por ano de sobrevida de Edith, desde que a salve! – exclamou em desespero o banqueiro.

– Só um milagre poderá salvá-la – respondeu em tom triste e desanimado o médico.

Ao ouvi-los se levantarem, Edith retirou-se. Seu coração se comprimiu de dor, e ela se fechou no quarto. Então já estava condenada, deveria morrer caso nenhum milagre a salvasse. Morrer? Não, não, ela não queria morrer; jamais a vida lhe parecera tão bela... E o que significa um milagre? Que força estranha e misteriosa seria capaz de realizar aquilo que nem ouro nem ciência podiam fazer?

Ela lera alguns relatos de milagres antigos, mas não lhes dava nenhuma importância, pois faltava-lhe fé. Seu pai – ateu e materialista – não acreditava em nada, só venerava o ouro; e ninguém jamais tinha falado à moça de Deus, daquela fé vivificadora que cria um elo entre o Criador e a sua criatura. Mas agora o pavor da morte fixara sua atenção na palavra "milagre". Talvez ele realmente existisse! Como, entretanto, achar esta força desconhecida; como obrigá-la a manifestar-se?

Durante o almoço, ela perguntou de chofre a *mister* Dickson:

– Quem faz os milagres, papai, e de que forma?

O banqueiro lançou-lhe um olhar surpreso e desconfiado.

– Milagres não existem, minha filha. São contos de fada. Antigamente, quando os homens eram ignorantes e limitados, eles sempre enxergavam milagres por todos os cantos, sem entenderem que o "milagre", sendo uma violação das leis da natureza, já por si só é impossível. O único milagreiro hoje em dia é o dólar – concluiu ele com um sorriso.

A resposta não satisfez Edith. Mas a excitação febril que dela se apoderou desde a manhã provocou uma forte palpitação; uma angústia indescritível tomou conta dela, e um suor gelado cobriu-lhe o rosto. Não seria a morte que se aproximava? E como encontrar o "milagre" que poderia salvá-la, ela não sabia...

Sua cabecinha trabalhava febrilmente e, de súbito, recordou-se da velha babá religiosa que dela cuidava quando criança. Aquela mulher amava e tinha pena da criança que possuía muito ouro, mas não tinha nada que lhe pudesse fortalecer o coração. Ela até havia ensinado para a menina: "Pai nosso que estais no Céu...". Edith não esquecera aquela oração e às vezes a lia em voz baixa, para não ser alvo de risos. Neste minuto de dor espiritual, ela se lembrou da velha Jenny e do seu hábito de recorrer à consulta do Evangelho, o qual – segundo ela – tirava sempre as

A IRA DIVINA

suas dúvidas. Antes de falecer, esta deixara o Evangelho para Edith, que guardara o velho livro como uma cara lembrança de sua babá muito amada.

Mery, que veio perguntar se ela não queria deitar-se por causa do avançar das horas, interrompeu os devaneios de Edith; mas esta liberou a camareira, instruindo-a para não ser perturbada até que a chamasse. Ordenou que fosse acesa a lâmpada de mesa e lhe fosse trazido um escrínio indicado.

Nele estava o Evangelho de Jenny. Com as mãos trêmulas, ela abriu o livro, e seus dedos deram nos versículos que falavam da cura dos cegos. "Então parou Jesus e mandou que lho trouxessem. E, tendo ele chegado, perguntou-lhe: Que queres que te faça? Respondeu ele: Senhor, que eu torne a ver. Então Jesus lhe disse: Recupere a tua vista; a tua fé te salvou. Imediatamente tornou a ver, e seguiu glorificando a Deus" (Lucas, 18:35-43 ou Mateus 20:30-34).

Pálida, Edith estremeceu, fechou os olhos e deixou cair o livro. O pensamento, feito um raio de sol, atravessava-lhe a cabeça com clareza quase dolorida. Eis então o caminho para o milagre: a fé, da qual falava Jesus! Ela era a única que poderia evocar aquela força curativa e renovadora, que não dependia nem de ouro nem da ciência, mas exclusivamente do Pai Celestial, o qual por sopro seu animava também as suas criaturas, que o negavam ou injuriavam...

Edith levantou o Evangelho e começou a folheá-lo. Com a fé desperta e comoção extasiada leu o relato dos últimos dias de Cristo, sua morte e ressurreição. Algo surpreendente se processava em sua alma. O relato do evangelista pareceu-lhe muito familiar; um sentimento indescritível de amor e gratidão em relação ao Salvador encheu-lhe a alma, e ela estava disposta a morrer por Ele.

Ao beijar e fechar o livro, apagou a luz e mergulhou em seus pensamentos; depois, pôs-se de repente de joelhos e, cruzando as mãos em prece, levantou os olhos para o céu estrelado, murmurando num ímpeto de fé jubilosa:

– Eu quero crer, quero orar!

Jorrou em seguida a única oração que ela conhecia: "Pai nosso que estais no Céu..."

Lágrimas rolavam pelas suas faces, um calor intenso se espalhava pelo corpo, e surgiu uma vontade incontrolável de comungar. Mas como fazê-lo? O pai só zombaria e não a deixaria...

Jesus misericordioso, ajude-me a fortalecer a nova fé com o seu sangue divino – sussurrava ela extasiada.

Neste instante, ela ouviu passos na escada. Saltou assustada, olhando com os olhos esbugalhados para um homem que surgiu no terraço.

A lua alta iluminava claramente a portentosa e esbelta figura do estranho em capa alva. Um elmo alado de prata cobria-lhe a cabeça, o rosto pálido, sereno e sério, era iluminado por grandes olhos escuros, cujo brilho era difícil de se suportar. O desconhecido parou a dois passos de Edith.

– O seu clamor foi ouvido – pronunciou ele numa voz harmônica e surda. – Você tomará do sangue de Cristo, se confiar em mim e me seguir.

Como enfeitiçada, Edith olhava para ele fixamente; parecia-lhe jamais ter visto um homem tão belo.

– Você é um mensageiro do céu que veio com a resposta ao meu chamado a Deus? – perguntou ela trêmula. – Para onde devo segui-lo?

Um sorriso quase imperceptível percorreu os lábios do estranho. Sem responder, ele abriu uma capa branca, parecida com a sua, enrolou nela a moça, pôs-lhe sobre a cabeça um capuz, pegou-a pela mão e a levou pela escada. Embaixo, por eles aguardava um barco parecido com uma gôndola comprida, pintado em cor branca e que tinha um brilho fosforescente; sua proa empinada guarnecia-se de um cálice de ouro envolto em feixes luminosos. Quatro remadores em vestes brancas, bordadas a ouro, sentavam-se junto aos remos. Como num sonho, Olga entrou no barco; o desconhecido acomodou-se ao seu lado, e a estranha embarcação voou pelas ondas.

No início eles seguiram ao longo da margem rochosa, depois o barco entrou numa funda enseada, deslizou numa fenda que se abriu como por encanto, e pelos corredores longos, baixos e abobadados, através de um pequeno lago, entrou num outro canal ainda mais comprido e suntuoso, indo dar em ampla gruta, iluminada não se sabia por onde. No fundo, degraus esculpidos na rocha levavam a uma galeria com colunas.

O desconhecido ajudou Edith a sair do barco e a levou para uma gruta redonda com cúpula, inundada por luz azul; uma cortina púrpura com um imenso cálice radioso, bordado a ouro, cobria uma parte daquela igreja ou capela. A alguns passos da cortina, sobre o chão, havia uma almofada de veludo; o estranho levou Edith até ela e mandou que ela ficasse de joelhos.

– Prepare sua alma para o grande momento de receber a verdadeira fé e o sangue de Cristo! – ordenou ele em tom severo, e se retirou.

A luz azul extinguiu-se e somente o cálice de ouro cintilava no escuro com a luz fosforescente. Tremendo como se estivesse febril, Edith permaneceu de joelhos, com as mãos cruzadas no peito, sussurrando a única oração que conhecia.

Subitamente a cortina se abriu, deixando entrever o santuário inundado de luz ofuscante. No centro, sobre alguns degraus, erguia-se um altar de pedra e, sobre ele, um grande cálice de ouro, encimado por um crucifixo e envolto por feixes luminosos; de seu interior saía uma chama que ora se erguia, ora se baixava, espalhando em volta de si milhares de fagulhas. Ao redor do altar postavam-se imóveis doze cavaleiros em túnicas prateadas, elmos alados, segurando grandes espadas cintilantes nas mãos; entre os cavaleiros encontrava-se também aquele que trouxera Edith.

Na frente de todos, estava postado um ancião alto de barba branca e de casula[1] alva. No seu peito pendia uma insígnia de ouro, representando um símbolo místico, coroado da cruz do cálice; sobre a cabeça luzia uma coroa antiga de sete pontas, e em cada ponta brilhavam pedras preciosas. O belo e sério rosto expressava majestosa tranquilidade e nos grandes olhos

---

[1] *Casula*: paramento eclesiástico, de seda, damasco, etc., guarnecido de galões cujas cores variam conforme o rito, e que o sacerdote veste sobre a alva e a estola para celebrar missa.

límpidos refletia-se uma poderosa força de vontade, capaz de perscrutar os menores meandros da alma humana. Por cerca de um minuto, o olhar meditativo do respeitável ancião pousou no rosto de Edith.

– O seu arrebatado pedido à Divindade foi ouvido, minha filha – disse ele em voz sonora e melódica. – Toda oração sincera tem direito de ser atendida; mas, antes de provê-la de fé e de vida, devo lhe dizer algumas palavras.

"Você se considera rica só porque o seu pai acumulou montanhas de ouro? Do ouro ele criou para si um deus e, mergulhando de alma e corpo em interesses materiais, com isso sufocou em si o sopro do astral, rompendo qualquer elo entre os mundos: o visível e o invisível. Você vem para cá pobre de espírito, pois nada adquiriu dos bens espirituais, os únicos que fazem a riqueza da alma. O mundo do qual você saiu é pior que o inferno; lá imperam, autoritários, a maldade, o vício e o sacrilégio. Cega de orgulho e devassidão, a humanidade dança despreocupada à beira do vulcão e não ouve o rolar surdo da ira divina. Pobres desses pigmeus que são incapazes de antever a destruição; quando a terra sob os seus pés estremecer, o ouro ajuntado nos seus palácios não os salvará, e o Satanás adorado, que os empurra para a morte, nada fará para ajudar, pois ele próprio é uma criatura do Todo-Poderoso."

– Ensine-me, servidor celestial, a ser digna da graça do meu Criador – murmurou Edith emocionada. – Ninguém jamais me ensinou a amar a Deus e procurar o caminho para Ele; mas, se você puder instruir-me, eu renunciarei ao maldito ouro, que empedernece o coração e o arrasta para o pecado.

O ancião se aproximou, colocou-lhe a mão sobre a cabeça, e Edith sentiu um calor percorrer-lhe todo o corpo.

– É uma provação muito penosa que você assume ao desistir do ouro e de todos os prazeres que ele proporciona; a sociedade que a cerca fará com que esta prova fique ainda mais dura. Para o vício não existe nada mais odioso que a pureza; nada mais irrita um egoísta e um devasso que a caridade e a abstinência. Repito: você será odiada, coberta de injúrias, pois

A IRA DIVINA

não irão compreendê-la. Você não teme atacar abertamente o mal? A sua fé será suficientemente firme para torná-la invulnerável às flechas venenosas que lhe serão dirigidas, e não ouvir nada mais além da voz de sua consciência, em vez de homens diabólicos que a cercam?

Os belos olhos de Edith brilharam em fé exaltada.

– Irei lutar e orar para que Deus me ampare e me dê forças para ir em direção à luz, amar os pobres e empregar o ouro só para o bem. Isso se Deus me prolongar a vida, pois a ciência já me condenou à morte.

O velho cavaleiro sorriu.

– A ciência cega condenou-a, mas o límpido sangue de Cristo irá curá-la.

Ele fez um sinal com a mão. O cavaleiro jovem que a trouxera aproximou-se dela e a levou até o altar; depois, pegou-a pelas mãos e as segurou abaixo da enxurrada de gotículas ígneas que espargiam do cálice.

– Receba o batismo através da luz! Que se restabeleça a sua saúde: a do corpo e a da alma! – pronunciou ele em voz sonora.

Parecia-lhe que ela estava sendo queimada na fogueira. Aterrorizada, Edith via que de seu corpo saíam colunas de fumaça negra. Sua cabeça rodopiava, e ela sentia estar perdendo os sentidos; mas, neste instante, o cavaleiro ajudou-a novamente a se pôr em pé e a tontura cessou.

Então o ancião de barba branca aproximou-se dela. Na mão ele carregava o cálice com o líquido ígneo, que levou aos lábios da jovem, dizendo:

– Receba a vida eterna da sabedoria divina; tome dos bens celestiais, que a farão capaz de caminhar à perfeição. Cega antes, recupere a visão agora; impotente, torne-se forte para domesticar a "fera" que dilacera e devora os seus irmãos. Tome e será digna da grande graça que lhe cabe obter.

Edith tomou inconsciente o líquido e quase de imediato sentiu pelo seu corpo espalhar-se uma corrente cálida a se partir em milhões de átomos. O que aconteceu depois, ela já não lembrava...

Um barulho vago trouxe-a à realidade. Estava deitada em seu sofá no terraço, enquanto a camareira Mery, pálida e alarmada, e *missis* Elliot achavam-se ao seu lado e friccionavam-lhe as mãos e as têmporas.

– Meu Deus, como pode ser tão descuidada? – censurava-a a acompanhante assim que Edith abriu os olhos. – Com sua doença, passar toda a noite no terraço?! Veja só o seu vestido, úmido de sereno; e esta tola da Mery dormindo em vez de cuidar e vir buscá-la! O que dirá seu pai se souber disso?

Edith sorriu e empertigou-se.

– Acalme-se, querida *missis* Elliot, Mery não tem nenhuma culpa: fui eu que a proibi de me perturbar. O papai não saberá de nada, pois eu não estou mais doente. Dormi muito bem e me sinto forte como nunca.

– De fato, a senhora está com bom aspecto, se é que o rubor brilhante em suas faces não é devido à febre – retorquiu a acompanhante, fitando-a perscrutadamente.

Edith deu uma risada e anunciou que ainda queria dormir mais um pouco, pois o sol ainda não se havia levantado; ela correu para o quarto e se trancou. Atirando-se na primeira cadeira, agarrou a cabeça com as mãos.

– Não seria tudo um sonho? – murmurou.

Edith respirava de peito cheio, e o costumeiro peso e a dor no coração haviam desaparecido. Um novo pensamento veio-lhe à mente, e ela, aproximando-se do espelho, começou a se examinar, admirada com a mudança ocorrida. Para onde tinha ido aquela palidez doentia, as sombras azuladas debaixo dos olhos e o olhar embaçado? A tez rosada refletia frescor; os olhos brilhavam, enquanto a pequena boca – ainda pálida na véspera – estava corada e sorria alegremente. O jovem organismo de fato respirava vida e saúde.

Subitamente, Edith estremeceu ao ver no pescoço uma corrente fina de ouro que nunca tinha visto antes. Surpresa, ela agarrou a corrente e puxou do vestido um grande medalhão; nele pendia um cálice lapidado em enorme diamante e, dentro dele, luzia uma gotícula vermelha; em volta, num aro de ouro, estava gravado: "Ele saciará os sedentos de luz. O milagre ocorre para os crentes e através de sua fé você realizará os milagres em prol dos humildes e pobres, enquanto o cálice se encherá da graça divina..."

Trêmula de emoção, contemplava Edith aquela joia, uma prova de que os acontecimentos da noite passada não haviam sido um sonho, mas maravilhosa realidade. Num arrebatamento de gratidão, ela se pôs de joelhos, agradecendo a Deus por sua cura milagrosa; depois beijou o medalhão e sussurrou em tom de comoção:

– Meu querido presente, jamais me separarei de você, pois você foi dado por aquele que me salvou a vida! Haveremos de levar pelos casebres a graça de Deus. A partir de hoje eu largo os prazeres fúteis, e o ouro acumulado por meu pai será empregado para minorar o sofrimento humano.

Indescritível foi a surpresa de *mister* Dickson ao ver a filha à mesa do almoço; moribunda na véspera, ela agora estava vendendo saúde. Não acreditando em "milagres" e temendo que a cura não passasse de uma falsa reação, o banqueiro marcou para dali a dois dias a vinda de uma junta dos médicos mais proeminentes. Estes também, com surpresa autêntica, só puderam confirmar que a moça estava totalmente curada.

– Que fenômeno incrível ocorreu com você, minha criança! – disse o banqueiro beijando-a.

– Não é um fenômeno, papai, foi um milagre. O próprio médico não lhe disse que só um milagre poderia me salvar? Eu rezei para Deus, e Ele fez o que a ciência não conseguiu.

Feliz que estava em vê-la em perfeita saúde, Dickson não quis discutir e se contentou com uma risadinha. Logo depois, ele partia numa viagem de negócios, várias vezes adiada devido à doença da filha.

Ao ficar sozinha, a vida de Edith mudou totalmente, causando espanto nos que a rodeavam. Seus caros vestidos sequer eram retirados da gaveta; ela vestia-se de branco, com simplicidade puritana. Deixou de usar qualquer tipo de joias e evitava festas barulhentas. Paralelamente, passou a visitar incansavelmente os pobres e os doentes nos arredores da cidade, gastando em caridade grande soma de dinheiro. A alta-roda, aparentemente, tornou-se-lhe repulsiva; ela a evitava e vivia meditando horas a fio no terraço.

Não conseguia esquecer a misteriosa gruta, onde lograra a saúde e onde os seus olhos haviam adquirido a visão da verdade; mas o que mais marcara sua mente era aquele homem estranho. Seu belo rosto a perseguia como uma aparição celestial. De onde ele teria vindo? Quem era ele? Como seria o seu nome? Muitas vezes, ela o via em sonhos, e, às vezes, sobretudo depois da oração matinal, parecia-lhe que ele estava por perto. Um acontecimento, no entanto, causou-lhe uma impressão profunda e a deixou perturbada.

Não muito longe da vila, morava uma pobre mulher, viúva de um operário morto num incêndio. Por causa da desgraça que se abatera, a infeliz adoecera seriamente; entretanto ela tinha se recuperado, ainda que passasse por muitas necessidades com a filhinha de cinco anos. Foi quando Edith se interessou pelo seu destino e contribuiu com um certo bem-estar em sua casa. Porém, uma nova infelicidade desabou sobre a pobre mulher: sua única filha adoeceu de pneumonia e logo a doença adquiriu tal forma, que o médico anunciou que a menina estava desenganada. O desespero da pobre mãe suscitou em Edith uma profunda pena.

– Será que o doutor não consegue fazer nada? Eu pagarei o tratamento, por mais caro que ele possa ser – dirigiu-se ela ao médico.

– Só um milagre poderá salvá-la, e, se isso não ocorrer, ela não passa desta noite – respondeu este, erguendo os ombros e despedindo-se.

Edith estremeceu. Ela fora salva por um milagre, por que então a cega ciência humana não poderia render-se à humilhação da ciência divina? Agarrando decidida a mão da viúva, ela a levou até o crucifixo pendurado na parede: presente de Edith, pois, em qualquer lugar que ela fosse prestar um auxílio, levava a reprodução do Salvador.

– Oremos – disse ela – para que Deus misericordioso cure a sua filha. É Ele o verdadeiro médico e, dependendo da sua fé, poderá atender ao seu pedido.

Na voz da moça soava tanta firmeza, que a pobre mulher, enlevada por ela, caiu de joelhos, e a sua alma sofrida ascendeu-se em fervorosa prece.

Edith também orava. De súbito, uma voz sonora, já por ela ouvida e que ela reconheceria no meio de milhares, disse-lhe no ouvido:

– Pegue o medalhão e ore!

Edith trêmula tirou o medalhão, apertou-o na mão e... ó, milagre!... Poucos minutos depois, no cálice acendeu-se uma chama e em seguida surgiram três gotículas vermelhas, as quais Edith colocou cuidadosamente na boquinha semiaberta da doente. Neste instante, pareceu-lhe que junto da cabeceira da cama surgiu a figura alta do cavaleiro misterioso. Ele lhe sorriu e a saudou com a mão.

No dia seguinte, a criança já estava recuperada; Edith, contudo, estava intrigada e um pouco amedrontada. Quem seria aquele homem estranho que lhe parecia real e, entretanto, surgia como uma aparição e lhe falava como um espírito? Mas que importância tinha se ele era um homem ou anjo; ela o amava e estava disposta a dedicar-lhe a vida e praticar a caridade em seu nome.

O retorno de *mister* Dickson trouxe à jovem uma série de dissabores e escândalos com o pai.

Feliz pela cura da filha, o banqueiro começou a organizar bailes e almoços, receber numerosas visitas e encorajar abertamente dois pretendentes à mão de sua filha, visivelmente apaixonados por ela. Impressionava-o, no entanto, a aversão não dissimulada de Edith aos prazeres mundanos e sua simplicidade puritana, vindo inclusive a se zangar quando lhe chegaram aos ouvidos suas andanças suspeitas. Certa manhã, ele chamou a filha ao seu gabinete e a submeteu a um severo interrogatório.

– O que significa toda essa tolice? Você anda vestida como mendiga pelos casebres da periferia e dá as costas a todas as pessoas decentes que nos visitam. Sabe o que estão falando de você? Que, depois de sua cura, você perdeu o juízo; e o seu comportamento ridículo reforça estes rumores. Está na hora de acabar com isso e tomar juízo.

Edith ficou profundamente desgostosa. Jamais vira o pai tão bravo, mas não podia nem queria desistir do prazer espiritual que lhe proporcionavam suas visitas aos pobres e sofridos.

Quando alguns dias depois ela recusou categoricamente seus dois pretendentes, Dickson ficou uma fera e anunciou que ele já estava cheio da Europa e por isso iria voltar para a América, na esperança de que em sua pátria, num ambiente usual, a sua filha tomasse, enfim, juízo.

– Aliás, eu tomarei medidas para acabar com suas esquisitices e fantasias vergonhosas.

Tal decisão foi um duro golpe para a pobre Edith. Ela teria de abandonar a casa nas cercanias da qual se localizava a misteriosa gruta, palco do acontecimento mais estranho de sua vida. O mais penoso era que se veria separada daquele lugar pelo oceano, ficaria longe daquele ser enigmático, talvez um gênio das esferas, mas, ao mesmo tempo, uma das pessoas mais encantadoras que ela já encontrara, a quem amava com todas as forças da alma.

Nem súplicas, nem lágrimas para ficar na vila ajudaram; apenas reforçaram em *mister* Dickson as suspeitas de algum caso secreto de sua filha excêntrica. No dia marcado, a aeronave do banqueiro levava-os à América.

A IRA DIVINA

CAPÍTULO XX

Após o ataque do satanista, sobreveio um tempo de paz para Olga. Chiram não aparecia nem na sociedade. Viajara a negócios – diziam. O relacionamento com o noivo tornava-se cada vez mais amistoso. Supramati passava algumas horas diariamente com ela e, em conversas longas, tentava transmitir-lhe conhecimentos, aumentar o seu horizonte intelectual e prepará-la para o papel de esposa de um mago. Uma vez que Olga tinha uma inteligência nata, e o amor inspirava-lhe o desejo de se elevar até a pessoa adorada, ela ouvia sem demonstrar cansaço tudo o que ele lhe passava, sempre de forma bem interessante. As conversas, é claro, abordavam os conceitos gerais; não obstante, Olga entendia que o seu futuro marido era um homem extraordinário e que, sem dúvida, por ela aguardavam várias surpresas.

Alguns dias antes do casamento, Supramati entregou à sua noiva os presentes de Ebramar: um escrínio antigo em ouro maciço que continha uma grinalda de flores com pétalas branco-prateadas e cálices fosforescentes. Sem dúvida, um objeto magnífico e de valor inestimável. O segundo presente era uma caixinha com frasco de líquido incolor e algumas pílulas brancas e cheirosas. Supramati explicou-lhe que ela deveria engolir uma pílula daquelas todos os dias pela manhã e, no dia da cerimônia, todo o conteúdo do frasco – sem mencionar, entretanto, que o presente de Ebramar tinha por objetivo fortalecê-la antes da união e prepará-la para o papel de esposa do mago.

Veio finalmente o dia do casamento. Acompanhada por um cortejo suntuoso das amigas amazonas, Olga dirigiu-se à grande catedral onde se celebraria a cerimônia.

Estava encantadora. O vestido de noiva – um presente de Supramati – despertou fascinação e inveja de toda a comunidade. Era todo feito de rendas, dessas que já não se fabricavam mais, pois o próprio segredo da tecedura mágica das antigas rendeiras se perdera durante a difícil época da invasão dos amarelos. E quem se prestaria agora a tentar um ofício assim, quando a redução de trabalho era a meta da época? A grinalda, enviada por Ebramar, adornava-lhe os cabelos e caía-lhe maravilhosamente bem, ainda que estivesse muito nervosa e pálida. O fato é que já fazia alguns dias que ela sofria de um estranho calor a percorrer-lhe o corpo, aliado à sensibilidade acentuada pelas desagradáveis impressões que lhe causavam algumas de suas amigas.

Sentia-se mal também durante a cerimônia; o calor que emanava de Supramati parecia-lhe insuportável. Tinha a sensação de estar numa espécie de círculo ígneo; rajadas de ar causticante dificultavam-lhe a respiração. Quando o noivo lhe colocou a aliança, esta pareceu queimá-la. Somente a presença de Supramati lhe fornecia um novo ânimo, e ela corajosamente enfrentou a fraqueza que a dominara. Após a cerimônia, vieram os cumprimentos, e todas as sensações incômodas desapareceram por encanto, substituídas pela conscientização da força e um extraordinário bem-estar. Ela estava feliz por ter o destino a unido a uma pessoa tão maravilhosa.

A IRA DIVINA

Havia muito tempo que o casamento do príncipe hindu, extremamente rico e interessante, era o tema preferido das fofocas das comadres e da curiosidade ociosa da multidão; por isso, a praça e as ruas diante da catedral estavam tomadas de gente, e uma massa compacta espremia-se em torno do automóvel entalhado, cheio de incrustações, dos recém-casados.

Uma multidão não menos numerosa cercava o palácio de Supramati, magicamente iluminado. Grinaldas luminosas de variadas flores contornavam em linhas ígneas os chafarizes e as torres, perdendo-se nas alamedas do jardim, jorrando em volta correntes de luzes brilhantes.

Nos salões do palácio reuniu-se toda a nata da capital; o vinho, tomado à saúde do jovem casal, era alvo de deslumbre dos entendidos. Jamais eles haviam experimentado um néctar tão delicioso, o que, por sinal, não tinha nada de extraordinário, pois os vinhos nos porões dos palácios de Supramati tinham a mesma idade que o seu proprietário.

O banquete estava em seu auge, quando Supramati com a jovem esposa se retiraram sem serem vistos, deixando Dakhir e Narayana cuidarem dos convidados.

Através de uma galeria de vidro, eles foram pela escada acarpetada e enfeitada por flores até os cômodos da jovem princesa; depois, atravessando um *boudoir* pequeno e gracioso, entraram no dormitório, mobiliado com luxo imperial. Era patente que Supramati, desde que o quisesse, sabia ser um sucessor digno de Narayana e de seu gosto refinado.

Pálida e nervosa, entrou Olga no quarto, de cabeça baixa. Supramati atraiu-a carinhosamente junto a si e a beijou; mas, de súbito, ele estremeceu e virou-se rapidamente. Seus grandes olhosfaiscaram, e ele ergueu a mão em ameaça. Surpresa, Olga olhou na direção da mão do esposo e soltou um grito de terror.

A dois passos dela, quase encostando na cauda de seu vestido, erguia-se sobre a cauda uma enorme serpente; seu corpo escamoso estorcia-se, e os olhos verdes fitavam fosforescentes a jovem mulher com um olhar diabolicamente cruel. Sua repulsiva cabeça assemelhava-se a um crânio de esqueleto e era envolta numa espécie de clarão sanguinolento; de sua goela escancarada gotejava espuma fétida. Luzidia como uma lanceta de aço, sua língua descomunalmente comprida se esticava, tentando alcançar a jovem.

Sufocando-se com o bafo fétido que lhe batia no rosto, Supramati recuou abraçando a esposa; de sua mão erguida fulgurou uma labareda, a pedra de seu anel mágico no dedo inflamou-se numa luz ofuscante, e o rolar de um trovão longínquo fez estremecer as paredes do quarto.

– Como você ousa aproximar-se de um mago, sua criatura diabólica? Pagará caro por isso! – gritou ameaçador Supramati, sacando um punhal de lâmina lisa, que oscilava feito uma chama.

Sob a chuva das faíscas ígneas, a serpente começou a se contorcer chiando e sibilando forte; mas, subitamente, empertigou-se lépida, tentando se lançar para frente e alcançar Olga com o ferrão. Neste meio-tempo , Supramati pronunciou a fórmula mágica e lançou o punhal, que se cravou no crânio do réptil. O monstro soltou um urro horripilante, enegreceu, inchou e em seguida explodiu, envolto numa fumaça negra que encheu o recinto com odor putrefato e sufocante.

Durante esta cena – longa para ser descrita, mas que durou apenas um minuto –, Olga ficou agarrada à mão do marido, e depois deixou-se levar para o sofá.

– Está terminado, minha querida! O embaixador de Chiram voltou ao seu senhor. Entretanto, o canalha é mais forte do que eu imaginava. Ele que ouse investir contra você novamente. Eu acabo com ele! – disse Supramati cerrando o cenho.

Aproximando-se do armário, ele tirou um frasco e, com o seu conteúdo, borrifou todo o quarto. O odor fétido se dissipou imediatamente, dando lugar a um aroma suave e vivífico.

– Assustou-se? – perguntou ele, sentando ao lado da jovem esposa, ainda lívida pelo acontecido.

– Sim, fui tão tola, que de fato me assustei. O que eu haveria de temer, estando ao seu lado?! – volveu ela, erguendo os olhos marejados e cheios de amor.

Sensibilizado com as palavras, Supramati beijou-a carinhosamente.

A IRA DIVINA

– O que aconteceu aqui, tal como foi na primeira investida de Chiram, vem a comprovar, minha querida, que no mundo invisível que nos rodeia há muitos mistérios estranhos e terríveis. Entende que o homem a quem você se uniu não é um homem comum? Com o tempo, você assistirá e passará por muita coisa incrível, jamais vista; mas nos seus lábios deverá estar selado o silêncio, e tudo o que testemunhar ou descobrir como esposa de um mago deverá permanecer como segredo para os outros.

– Seu desejo é uma ordem. Não tenho outra vontade além da sua, e ficarei muda, creia-me! O que senti durante a cerimônia do casamento me fez entender que eu desposei um homem incomum. Isto me fascina e me enche de orgulho, no entanto... eu nem posso apregoar isso – concluiu ela com tal pesadume ingênuo e franco, que Supramati se pôs a rir.

Os dias que se seguiram ao casamento passavam em alegria para Olga. Supramati, ainda que se entretivesse bem menos que a esposa, submetia-se, com paciência inesgotável, às exigências mundanas. No início eram aquelas visitas incontáveis; depois, a sua apresentação à corte e as infinitas solenidades em sua homenagem; por fim, realizaram-se o banquete e o baile prometidos, superando, em sua magnificência e originalidade, tudo até então visto.

Não raro, aquela balbúrdia, corre-corre e emanações impuras da sociedade em degeneração oprimiam Supramati; ele tinha ímpetos de largar tudo e se retirar para o silêncio de seu palácio no Himalaia; mas dominava valorosamente aquele estado de espírito e, com fervor maior ainda, mergulhava na vida social, relacionando-se com as pessoas que vinha a conhecer, estudando minuciosamente os seus atos e pensamentos. Por vezes, ao ver a naturalidade com que se divertia Olga, o entusiasmo com que ela dançava e se inebriava ingenuamente, a felicidade em vestir as luxuosas toaletes ou joias ricas, ele era assomado por uma profunda tristeza; nesses minutos, ele pensava em como era bela a juventude autêntica, não como a dele: falsa, ponderada pela experiência e pelas recordações dos séculos idos.

Frequentemente, no auge de uma festa barulhenta, o anfitrião enigmático daquele palácio mágico se escondia na vegetação densa do jardim ou se embrenhava em algum vão para, de lá, observar com seus olhos penetrantes a multidão irrequieta, fulgindo em ouro e brilhantes, que enchia os salões e os jardins. Como eram malévolos, maliciosos e invejosos os pensamentos e sentimentos da maioria daquelas pessoas; quantos delitos, atos desonestos e lubricidade incontrolável intentavam as mentes daquela turba ociosa, vazia e cega, vivendo só do presente, esquecida das lições do passado e surda aos avisos do futuro.

Arrogantes e bestificadas, aquelas pessoas não enxergavam nem pressentiam que no céu, exposto às suas profanações, juntavam-se as nuvens lúgubres; já estrondeava surdamente o furacão, aproximando-se, tendo perdido o controle por parte da natureza. E ante os olhos do mago desdobravam-se nitidamente os sinais funestos das catástrofes iminentes. Ele via que as irradiações puras estavam tão rarefeitas, que eram incapazes de deter as lavas dos elementos caóticos; e que estas, não mais contidas pela força disciplinada e firme, poderiam a qualquer momento abrir uma brecha e, feito um ciclone devastador, arrasar tudo em seu caminho. A audição desenvolvida do mago já podia ouvir o alarido desconexo dos elementos desenfreados, prestes a se desencadearem, já a se manifestarem através da temperatura fora do normal, de tempestades terríveis e oscilações no solo. Ele tinha vontade de gritar para aqueles cegos:

– Arrependam-se, homens! Parem com as farras, derrubem as mesas, tirem as vestes luxuosas e – ao invés de orgias – orem, jejuem e clamem por seus protetores invisíveis. Através da humildade, arrependimento, fé e cânticos sagrados, tentem gerar fluidos astrais puros e límpidos que possam dispersar o caos e salvá-los das desgraças, prestes a resvalarem-se em suas cabeças.

Supramati sofria ao visionar o terrível porvir e se torturava com a sua impotência de evitá-lo ou detê-lo. A turba humana, entretanto, não dava a mínima atenção para algumas anormalidades: tudo era festa, pecado e blasfêmia sem escrúpulos, a gerarem poderosas forças negativas com as quais ela apressava as catástrofes.

A vida particular de Supramati ia às mil maravilhas, num ambiente de concórdia; a dócil, carinhosa e reservada esposa imprimia mais animação à sua vida em meio à inocência e amor; assim, ele nunca ficava entediado. O instinto infalível da mulher que o amava sinceramente guiava Olga e a fazia entender o quanto era enorme a distância que a separava de Supramati.

Sem a permissão do marido, ela jamais transpunha a soleira de seu gabinete, nunca se aproximava sem que ele a chamasse e, nas conversas com ele, tentava evitar aquilo que, a seu ver, pudesse parecer-lhe enfadonho ou sem graça. Supramati, por sua vez, afeiçoava-se cada vez mais à jovem esposa e fazia de tudo para que ela fosse feliz. E Olga era feliz, enquanto, graças à bondade e à transigência do marido, desaparecia também, pouco a pouco, o medo supersticioso que ela por ele nutria no fundo de sua alma.

Ao ver a sua boa vontade em atender as exigências da sociedade, como ele era sempre um anfitrião gentil e um interlocutor agradável, ela deixava de enxergar nele um mago. No entanto, Olga ignorava que Supramati se dedicava todas as noites a um regime especial de adepto, à meditação e à depuração dos fluidos maléficos que o infestavam durante o dia. Ele exercitava-se também com a solução dos problemas mágicos ou ensaiava fórmulas complexas. À semelhança de um pianista que se prepara constantemente para não perder a flexibilidade dos dedos, Supramati retirava-se ao mundo astral para não esquecer os conhecimentos por ele adquiridos.

Passaram cerca de três meses desde o casamento de Supramati, e Olga começou a se acostumar às delícias da vida no palácio mais magnífico de Czargrado; habituou-se ao uso de roupas ricas e joias valiosas; mas, vez ou outra, ficava acometida da vontade de ver alguma coisa da ciência misteriosa do marido, e este desejo aumentou ainda mais em virtude de diversos relatos que corriam pela cidade sobre alguns fenômenos curiosos e divertidos, realizados por adeptos do satanismo.

Retornando certo dia de uma reunião com as amazonas, onde só se falava sobre os "milagres" apresentados por um dos satanistas, ela relatou a conversa ao marido; este parecia não lhe ter dado nenhuma atenção.

Na mesma noite daquele dia, o casal estava sozinho em casa – coisa difícil de acontecer –, sentados numa saleta ao lado do gabinete de Supramati. Ele fazia o esboço de um asilo que queria construir para deficientes mentais, enquanto Olga, instalada no sofá em frente do marido, segurava nas mãos um bordado. Em vez de trabalhar, ela meditava sobre o que lhe tinham contado de manhã, desgostosa do fato de que seu marido, ainda que fosse um verdadeiro mago, jamais lhe demonstrara nada do campo de seus poderosos conhecimentos, que deveriam superar em milhares de vezes tudo o que os satanistas faziam. Provavelmente ele a menosprezava por sua ignorância, permanecendo sempre para ele uma mortal comum .

Ela estava tão absorta em seus pensamentos, que não notou um sorriso maroto nos lábios de Supramati.

– Você tem razão, minha querida – disse ele com sinceridade, pondo de lado o lápis. – Realmente, qual é a vantagem de ter um mago como marido se ele não apresenta para a esposa nenhuma amostra interessante de seus conhecimentos!

Olga estremeceu, ruborizou-se e olhou temerosa para o marido.

– Perdoe-me os pensamentos tolos. Eu simplesmente esqueci que você os escuta como se eu pensasse em voz alta – murmurou ela.

– Eu não estou zangado, querida. Pelo contrário, acho que você está certa. Já que hoje estamos sozinhos, vou aproveitar para lhe mostrar algo que espero ser tão interessante como os "milagres" do adorador do diabo.

Feliz, mas envergonhada, Olga atirou-se em seus braços.

Ordenando ao criado para não serem incomodados enquanto ele não o chamasse, Supramati levou a esposa ao gabinete de trabalho e pediu para esperar, enquanto ele ia ao laboratório.

A IRA DIVINA

Pouco depois, ele retornava envolto da cabeça aos pés numa grande capa branca de um tecido incrivelmente macio e sedoso, que reverberava cores do arco-íris. Um capuz cobria-lhe a cabeça e o rosto; pela abertura só se viam os olhos. Na mão, ele segurava uma espada cuja lâmina larga era coberta por sinais cabalísticos gravados, que emitiam luz fosforescente.

Colocando Olga ao seu lado, ele fez um círculo em volta, encerrou a esposa na capa e começou a entoar um canto estranho numa língua desconhecida para Olga. Instantes após, ela sentiu que o chão lhe fugia dos pés e que, amparada pelo marido, pairava sobre um precipício profundo. Agarrada por uma rajada de vento, ela perdeu os sentidos...

Ao abrir os olhos, Olga pensou, no primeiro momento, que estava sonhando. Ela se viu num grande pátio sombreado. Junto a uma piscina de mármore com chafariz passeava um elefante branco; no fundo, sob a colunata de mármore com arcos, via-se a entrada do palácio. O elefante aproximou-se de Supramati e acariciou-o com a tromba; este o afagou e lhe deu uns tapinhas leves com a mão. Em seguida, ele levou Olga, emudecida de estupefação, para o palácio.

Eles cruzaram uma infinidade de salas luxuosas e saíram para um enorme terraço, de onde se abria uma vista feérica para um vasto jardim florescente com chafarizes. Um sofá, revestido de tecido vermelho com desenhos em ouro, era um convite para descansar.

– Meu Deus! – exclamou Olga, pálida e emocionada. – Onde estamos?

– Estamos em casa, no meu palácio do Himalaia, e aqui passaremos o dia – respondeu alegre Supramati.

À chamada da campainha, vieram dois hindus. Estes, pelo visto, não estranharam o aparecimento inesperado do príncipe; curvaram-se em saudação e, atendendo à sua ordem, trouxeram um desjejum de frutas.

Pouco depois, Supramati levou a esposa para examinar o palácio e os jardins. Olga parecia estar sonhando; sua cabeça se recusava a entender como eles tinham ido parar na Índia. Ela colheu flores, apalpou pesados cortinados, acariciou pássaros e outros animais: todos eles eram domesticados e se aproximavam sem medo. A admiração exaltada e a alegria inocente da esposa divertiam Supramati.

Com a chegada da noite, voltaram ao terraço, e Supramati disse alegre:

– Antes de voltarmos a Czargrado, quero lhe mostrar o exército que comando. Só receio que você fique assustada com essas criaturas invisíveis aos seres humanos comuns.

– Assustar-me, quando estou com você?! Ainda mais que elas lhe são submissas! – arrematou Olga, em tom de orgulho cômico na voz.

– Neste caso, vou-lhe apresentar os espíritos dos quatro elementos da natureza – disse Supramati, contendo-se para não rir.

Ele se postou com Olga no meio do terraço e, erguendo a mão, desenhou no ar alguns sinais cabalísticos, que imediatamente se inflamaram em luz fosforescente. Pouco depois surgiu uma névoa suave que tudo cobriu; sobreveio um barulho estranho com estalidos em meio a bater de pés, de asas e rumor de ondas; finalmente, abriu-se um espetáculo incrível.

O chão parecia se afastar e da terra saíram milhares de pequenas criaturas escuras e atarracadas, que lembravam gnomos de contos de fadas. Atrás deles vieram seres transparentes azul-celeste, alados e de contornos vagos; apenas se lhe destacavam os rostos inteligentes e expressivos. Seguindo-os, em meio a estalidos, apareceram figuras ágeis, rubras como metal em brasa; enquanto dos chafarizes, lagos e fontes subterrâneas foram surgindo sombras prateadas e nevoentas. Todo esse ajuntamento de incríveis seres foi cercando Supramati, fazendo-lhe mesuras e homenagens, enquanto este lhes respondia numa língua incompreensível. Mas eis que ele fez um novo sinal e tudo desapareceu, como se derretido no ar.

Olga, como enfeitiçada, contemplava aquele quadro mágico, e, quando o marido a levou até o sofá, ela subitamente se pôs de joelhos e agarrou-lhe a mão.

– Oh, Supramati! – sussurrou ela. – Só agora entendo como deve ter sido difícil para você abandonar este cantinho de paraíso

A IRA DIVINA

e viver no meio daquela turba ignorante e viciosa; agora eu sei o quanto você é poderoso. Não quero voltar para Czargrado! Ficaremos aqui; viva para a sua ciência e ficarei feliz.

Supramati colocou a mão sobre a cabeça abaixada, depois ergueu a esposa e a beijou.

– Os meus conhecimentos, que lhe parecem tão grandes, não são nada diante dos de Ebramar, e, comparados aos dos gênios do espaço, eu sou um ignorante. Agradeço-lhe pela disposição de deixar o seu lar e os seus costumes para viver aqui comigo, mas não posso ficar na Índia. Sou obrigado a viver no mundo dos homens, e você me ajudará a aprender a amá-los como eles são. Não é tão ruim assim em Czargrado. Até que você não tem se queixado da solidão, não é verdade? – ajuntou em tom de malícia Supramati.

Depois daquela viagem astral, Olga ficou alguns dias pensativa e preocupada. Não conseguia esquecer o que havia visto, e a obrigação de não revelar a ninguém aquela aventura maravilhosa e a força misteriosa de seu marido foi para ela uma enorme provação, que ela suportava condignamente. Entretanto, a juventude e os entretenimentos foram sobrepujando e apagando as impressões vividas. Às vezes, ela ainda se recordava de Chiram, que, segundo os rumores, havia saído da cidade; no entanto, ela tinha a impressão de que ele estava perto, ainda que invisível; por duas ocasiões até ela haviam chegado odores fétidos. Mas esses casos só ocorriam quando Supramati estava ausente.

Cerca de seis meses depois do casamento, chegou o dia de aniversário de Olga, e, para agradá-la, Supramati quis dar uma festa.

O baile estava em pleno apogeu; uma multidão festiva e barulhenta enchia os salões. Afogueada e exausta com as danças, Olga saiu para o terraço e desceu ao jardim magicamente iluminado, para respirar o ar fresco e dar uma volta perto do chafariz cintilante em feixes de rubi. Ao voltar, quando se aproximava lentamente do terraço, ela estacou, e um grito de pavor soltou-se de seu peito. O cortinado que fechava a saída do terraço estava em chamas, e as línguas ígneas com rapidez incrível corriam por todos os lados, lambiam as paredes, as cornijas e escapavam das janelas. O incêndio parecia atingir todo o palácio.

Assombrada, Olga olhava para aquele espetáculo horripilante, mas ao ver Supramati, que descia correndo pelos degraus da escada, ela se atirou em sua direção.

Do interior do palácio ouviam-se gritos de pavor, acompanhados pelo crepitar do incêndio.

Em alguns saltos, Supramati estava ao seu lado; mas, no instante em que este lhe estendia as mãos, Olga sentiu uma forte dor no pescoço. A corrente do seu talismã se rompeu, como se cortada, e o medalhão rolou para longe; Olga sentiu um forte golpe na cabeça. Ela perdeu os sentidos e teria caído, se não fosse amparada por um Supramati fictício. Erguendo-a nos braços feito uma criança de colo, este começou a correr e logo desapareceu na alameda escura. Não longe, numa plataforma coberta de areia, havia uma aeronave com um homem. O desconhecido passou Olga para o comparsa e também embarcou; um minuto depois, o aparelho alçou voo assobiando e desapareceu na escuridão da noite.

Assim que a primeira labareda lambera os cortinados, Supramati sentiu uma forte sacudida . Ao ver o palácio se enchendo de seres demoníacos, espalhando fogo por todos os cantos, ele rapidamente concluiu que aquilo era obra de Chiram. Um instante depois, a sensação de queimação no peito o fez deduzir que Olga havia perdido o talismã.

Tirando agilmente o bastão mágico, do qual nunca se separava, desenhou no ar os símbolos mágicos e pronunciou fórmulas que chamavam os espíritos dos quatro elementos a ele submissos. Seus olhos lançavam chispas, as narinas tremiam, e sob sua poderosa força de vontade começaram a aparecer os servidores do mago para enfrentar as chamas do incêndio evocado pelos demônios.

Iniciou-se então uma sangrenta luta; mas logo as falanges nevoentas, comandadas pelo mago, começaram a levar a melhor. As sombras escuras desapareceram, e o fogo se extinguiu como se por mágica; dez minutos depois, somente algumas

A IRA DIVINA

paredes chamuscadas, trapos queimados das cortinas e alguns móveis derrubados, durante o pânico, testemunhavam o perigo que passara por perto.

Uma parte dos convidados tinha fugido. Outros, que ficaram, estavam assustados com o que acontecera, sem entenderem as razões do incêndio e muito menos a rapidez surpreendente com que ele se apagara.

Olga havia desaparecido, e Supramati não tinha a menor dúvida de que fora raptada por Chiram. Externamente, ele estava calmo e insistiu em que os convidados ficassem para o jantar. Alegando que precisava conversar com sua esposa, abalada devido ao incêndio, Supramati desculpou-se por sua saída involuntária.

Nu m dos inóspitos e remotos desfiladeiros rochosos da Palestina, erguia-se uma velha construção enegrecida pela ação do tempo. No início era um castelo romano; tornou-se depois uma fortaleza sarracena e permaneceu por muito tempo em escombros; mais tarde, homens desconhecidos recuperaram as paredes destruídas, as torres rachadas, o muro caído, e o velho ninho de falcão transformou-se num castelo fortificado do mal. Os moradores locais, assim como os eventuais viajantes, evitavam passar perto daquele local funesto, sempre encoberto por nuvens negras e, à noite, iluminado com luzes avermelhadas. Não era sem fundamento que as pessoas fugiam daquele foco dos miasmas maléficos, capazes de fazerem recuar até as forças mais poderosas do bem. Ali, assim como em inúmeras fortificações luciferianas, o local era o centro dos horrores mais impressionantes; ali se praticavam vilanias imagináveis e inimagináveis, todos os crimes possíveis contra Deus e a natureza, e diversos tipos de sacrilégio que só o ódio do inferno poderia engendrar contra o céu. Ali, as orgias de sabá alcançavam o ápice da torpeza, em que os cadáveres revividos participavam dos banquetes satânicos. Ali se praticava também o culto de vampirismo requintado; para a sua realização, crianças e moças eram raptadas, e as larvas densificadas e os vampiros satânicos lhes sugavam o sangue até a última gota; enfim, ali se concentravam os íncubos[1] e os súcubos[2].

Foi para aquele ninho de todos os horrores e torpezas que Chiram levou Olga, a dormir num profundo sono letárgico sob efeito de narcótico. Lívida feito um cadáver, sem as vestes – queimadas logo no início –, ela jazia numa das torres, aguardando pela imolação, pois o ódio feroz de Chiram só poderia ser saciado com a morte de Olga. Sim, ela deveria ser desonrada e mais tarde morta para punir Supramati, atingindo-se, de uma vez, o marido e o mago.

Naquela noite, realizava-se uma grande missa negra, acompanhada por um banquete vampírico; e Chiram resolveu, ele mesmo, sugar todo o sangue de Olga. Se este se revelasse muito impregnado com as radiações do mago, ela seria levada em sacrifício a Satanás. De qualquer forma, ele queria possuí-la, não de outra forma, senão morta. E para tanto, a fim de que a jovem não os constrangesse e não atrapalhasse, protegendo-se com as orações ou quaisquer outros expedientes da magia branca que o marido lhe tivesse ensinado, decidiu-se que a vítima permaneceria sem sentidos até o minuto supremo. Ele não temia a interferência de Supramati naquele santuário do mal, onde nem mesmo o mago ousaria penetrar. Chiram se imaginava invulnerável.

De fato, naquele minuto, Supramati experimentava uma luta moral atroz. Um suor gelado cobriu-lhe o corpo quando, através de seu espelho mágico, ele verificou em que fortificação satânica estava Olga. Para salvar a jovem, era necessário descer ao próprio inferno e entrar numa luta que lhe parecia acima de suas forças. Teria ele forças suficientes para vencer tanto mal junto? De qualquer forma, ele tinha de tentar.

Apressado, foi até o laboratório e chamou por Nivara. Ajudado por ele, vestiu-se na armadura brilhante do cavaleiro do

---

[1] *Íncubo*: pesadelo que, segundo a crença popular, seria provocado pelo demônio, que assume a forma masculina e se apodera das mulheres adormecidas, levando-as ao pecado da carne.

[2] *Súcubo*: demônio ou fantasma maligno que supostamente toma a forma de mulher e vem perturbar o sono dos homens, premindo-lhes o peito até tolher-lhes a respiração, e não raro mantendo com eles conjunção carnal.

A IRA DIVINA

Graal e cingiu-se da espada ígnea; no peito cintilava em luzes multicolores a insígnia de mago. Pálido e preocupado, Nivara envolveu-o numa capa branca com cruz fosforescente bordada a ouro.

– Mestre, permita-me acompanhá-lo! – pediu Nivara.

– Não, meu amigo, você seria uma vítima desnecessária, pois se prejudicaria sem poder me ajudar. Mas, já que quer me apoiar neste terrível embate, fique aqui; ore, queime os incensos diante do altar e leia as fórmulas que atraem as forças do bem para triunfar sobre o mal – propôs Supramati, apertando a mão do jovem e depois dirigindo-se rápido à porta que levava à nave à espera dele.

No mesmo instante, o reposteiro se abriu e na soleira surgiu Dakhir, trajado como Supramati.

– Você, Dakhir? – exclamou Supramati alegre e surpreso.

– Como você poderia achar que eu o deixaria ir sozinho? – censurou-o Dakhir.

Subitamente, no quarto ressoou um acorde sonoro e ouviu-se a voz estentórea de Ebramar:

– Avante, sem medo, meus filhos; estarei com vocês. E você, Supramati, como pôde pensar que as trevas poderiam ser mais fortes que a luz?

Sem perderem um segundo, Supramati e Dakhir correram até a torre onde estava a aeronave. Antes de embarcarem, Supramati levou até os lábios uma pequena corneta de marfim, pendurada na cintura. Ouviu-se um estranho som trêmulo e demorado. Dakhir repetiu o sinal, ambos entraram na nave, e esta partiu numa velocidade estonteante.

A fortaleza luciferiana estava naquela noite envolta numa luz vermelha; em seu interior, finalizavam-se os últimos preparativos para os rituais asquerosos.

Num imenso salão com altar a Satanás, erigido nos fundos, apinhavam-se os membros da comunidade demoníaca. Sobre os leitos, guarnecidos por luxuosos tecidos vermelhos, jaziam os corpos nus de mulheres e homens; em volta deles voejavam seres repulsivos esperando por festejo e orgias, de rostos cadavéricos, olhos afundados apavorantes e lábios vermelho-sanguíneos.

Sobre o altar, estendia-se Olga exânime. Chiram anunciou estar ela totalmente contaminada por fluidos puros e só servir para o sacrifício. Junto de grandes tinas de metal, comprimiam-se os sacerdotes satânicos; eles sacrificavam os animais e enchiam os recipientes com sangue, que mais tarde serviria para a materialização de íncubos, larvas e outros representantes da população lúgubre do mundo do Além. Sobre as altas trípodes ardiam as ervas, misturadas às entranhas dos cadáveres, espalhando um fedor nauseabundo; uma estranha orquestra de anões, monstros, aleijados e corcundas, cujos instrumentos de corda eram tendões humanos, executava melodias selvagens e desconexas a estremecerem o ar. Perto do altar postavam-se em guarda pares de tigres, hienas e lobos de tamanhos enormes; eles pareciam dispostos a defenderem a vítima condenada para imolação e atacar o primeiro inimigo que se aproximasse. Aqueles predadores só possuíam o aspecto de animais, enquanto na realidade eram seres humanos transformados em feras por luciferianos, como punição por apostasia, traição ou covardia[3].

Na parte restante do salão, comprimia-se a turba de luciferianos nus. Seus rostos pálidos e medonhos, com os olhos injetados de sangue, tinham uma expressão animalesca repulsiva.

Após o término da imolação dos animais, o sumo sacerdote satânico galgou o degrau do altar com um punhal reluzente na mão; mas, de súbito, recuou soltando um grito desatinado; as feras deitadas no chão fugiram urrando.

Acima do corpo imóvel de Olga surgiu uma grande cruz cintilante, irradiando luz azul-celeste que parecia formar uma esfera fosforescente em torno dela. Ao mesmo tempo, ouviu-se o ribombar de um trovão e, de um forte abalo, as paredes tremeram. Fúria e pavor tomaram conta dos luciferianos. Eles compreenderam que as forças do bem intencionavam disputar os despojos, e então se prepararam para se defender deles.

---

[3] As lendas sobre os lobisomens não são tão absurdas como julgam alguns céticos pretensiosos, que escarnecem tola e abertamente daquilo que não entendem. (N. A.)

Após terem alcançado o santuário luciferiano, Dakhir e Supramati viram chegando de todos os lados as reluzentes aeronaves com os cavaleiros do Graal, vindos em auxílio de seus irmãos. O superior da irmandade, de coroa de sete pontas em seu elmo, postou-se entre os dois magos, e o exército translúcido perfilou-se em volta.

A porta principal da fortaleza estava trancada; mas os cavaleiros, então, iniciaram um hino sonoro e melodioso, desenharam no ar os sinais ígneos, e os pesados portões se descerraram com estrondo sinistro, possibilitando-lhes o acesso para o interior.

E os cavaleiros da luz foram avançando, empalidecidos ao contato com as nuvens densas dos miasmas torturantes e malévolos que os envolviam. Suas vestes alvas cobriam-se de placas negras, mas eles prosseguiam corajosos, liderados pelo superior da irmandade e por dois magos, cujas espadas faiscantes e crucifixos luzidios faziam os demônios retrocederem.

A sangrenta e decisiva batalha deu-se, entretanto, no salão principal. O terrível chefe dos luciferianos surgiu para defender os seus seguidores. A figura alta e negra do repulsivo ser – semi-homem, semidemônio – erguia-se diante do altar, iluminada por aura púrpura, na qual se desenhavam nitidamente enormes asas dentadas; na testa, entre os chifres encurvados, ardia uma chama. Ele lutava contra os magos com muita coragem e fúria, decidido a vender caro uma derrota. Lampejos flamejantes e sinais cabalísticos se cruzavam no ar; a vitória, aparentemente, pendia para o lado dos servidores do bem, e o exército das larvas esvaecia-se. Toda vez que um raio límpido e ofuscante fulminava algum dos monstros vampíricos, este tombava decompondo-se em massa putrefata, enquanto as flechas vermelho-ígneas dos luciferianos se voltavam contra os próprios atiradores.

Os cavaleiros avançavam de dois lados, tentando formar um círculo no salão; quando ambas as colunas se encontraram junto do altar, dois dos cavaleiros apossaram-se do corpo de Olga, enrolaram-no numa capa branca e levaram-no para fora do castelo. Neste minuto, o superior dos demônios soltou um grito exasperado e pronunciou uma fórmula; o rolar de um trovão fez as paredes se sacudirem, e a terra parecia ter-se aberto, enquanto o líder das trevas, juntamente com o seu bando do inferno, desapareceu em meio ao turbilhão de chamas e fumaça.

Em volta do altar sobrou apenas um grupo de luciferianos, liderados por Chiram; este, alucinado de fúria, lutava desesperadamente. Supramati partiu para cima dele. De todo o seu corpo irradiavam torrentes de luz; numa das mãos ele segurava a cruz dos magos, com a outra ele ergueu a espada ígnea, e uma luz brilhante rasgou o ar. Chiram tombou fulminado. Seu corpo chamuscado inchou; aos urros e gemidos ele rolou pelo chão até ficar inerte.

– Todos aqui são nossos prisioneiros! – ordenou em voz alta o superior dos cavaleiros. – Levemos todos para a piscina de ablução.

Então os cavaleiros puseram-se a irradiar correntes de luz que varriam e purificavam a atmosfera; aterrorizados, os luciferianos caíam, sufocando-se no chão, impossibilitados de se moverem.

– Aproximem-se, presas infelizes do mal que vocês mesmos geraram, e arrependam-se! – prosseguia o superior da irmandade do Graal. – Curvem-se a Cristo, e nós os livraremos de suas condições de animais!

De todos os lados ouviram-se gemidos, lamentos e urros. Algumas espécies de animais começaram a se arrastar em direção à capa alva com a cruz dourada, estendida no chão por um dos cavaleiros. O primeiro a prostrar-se sobre a capa foi um dos tigres. O mago pronunciou uma fórmula e perfurou com a espada a pele do animal; esta estourou com um silvo sinistro e de dentro saiu um homem magro e pálido feito cadáver. Ele foi banhado com a água purificadora, tendo que repetir, tremendo com todo o corpo, uma oração que lhe era ditada. Assim foram libertadas cerca de sessenta vítimas, mais tarde levadas até o lago do jardim, onde foram mergulhadas, não sem antes se instalar sob a sua superfície uma cruz. Muitos deles morreram sem condições de suportar o contato com a força purificadora.

Ao término da operação, os guerreiros do bem foram abandonando o maldito castelo; os magos, entretanto, resolveram destruir por completo o santuário luciferiano. Uma chuva de raios desabou sobre a construção, dando início a um terrível incêndio; a terra tremia, as paredes ruíam sob a força das fórmulas mágicas, e entre as chamas logo apenas sobraram alguns montes de lixo enegrecido.

Após agradecerem calorosamente os irmãos pela ajuda, Supramati e Dakhir pegaram Olga, ainda desfalecida, e a levaram de aeronave ao palácio; lá, eles a purificaram e a fizeram voltar a si, pois, desde que perdera os sentidos, de nada se lembrava.

CAPÍTULO XXI

O caso que acabamos de descrever produziu uma forte impressão sobre Olga. Inquirido por ela, Supramati relatou parcialmente sobre o ocorrido e informou-a da morte de Chiram, não entrando, contudo, em detalhes. Olga interessou-se vivamente pelo mundo oculto e pediu que o marido lhe transmitisse seus conhecimentos, o que ele se prontificou a fazer de bom grado.

Foi com grande fervor que ela começou a estudar. À medida que lhe eram explicados os inúmeros assuntos de cuja existência ela nem suspeitava, e tornando-se a cada dia que passava mais sensível às impressões externas, ela compreendeu com maior clareza quanto era difícil para o mago o contato com o mundo agitado e cheio de vícios onde ele vivia. Ela começou a sentir a atmosfera carregada das emanações da turba humana, das brigas, intrigas, altercações com que se defrontava no seio de seus familiares, e a sociedade tornava-se-lhe asquerosa. Por vezes, ela tinha uma vontade incontrolável de fugir daquela matilha humana e esconder-se em algum lugar onde reinassem paz, silêncio e harmonia.

Certa vez, quando tal desejo despertou com mais força que de costume, ela começou a suplicar ao marido para eles partirem de Czargrado e irem ao palácio na Índia, onde ela já havia estado, para descansarem naquela tranquila harmonia de verdadeira felicidade. Supramati a atraiu carinhosamente junto a si e em seus olhos brilharam o amor e a tristeza; a inquietação, que há muito tempo não dominava a alma do mago, foi surgindo desde que ele começou a perceber uma mudança em sua jovem esposa.

Ela ficou ainda mais bela, e a expressão de seu rosto espiritualizou-se; por outro lado, tornou-se tão diáfana, frágil e etérea, que se poderia conceber, com toda a certeza, que aquela flor encantadora não iria durar muito tempo. Sim, o poderoso fogo que se desprendia do mago consumia o delicado e jovem organismo. Uma nuvem de tristeza sombreou o olhar límpido de Supramati; mas, dominando imediatamente aquela emoção opressiva, ele a beijou e disse em tom jovial:

– Sim, minha querida, começaremos uma vida nova, só que não aquela que você sonha. Chegou a hora de colocá-la a par sobre o futuro, sobre as desgraças que se aproximam, e fazê-la entender que agora não é hora de descansar na paz contemplativa, pois chegou o momento de um grandioso e árduo trabalho, para o qual eu gostaria de arregimentá-la.

Um rubor brilhante cobriu as faces diáfanas de Olga.

– Arregimentar-me para o seu trabalho? Será que eu sou digna e capaz de tanta honra? – exclamou ela, e uma alegria extasiada fulgiu em seus olhos.

– Cada um de nós trabalhará à medida de suas forças para despertar os homens, encardidos de vícios e imoralidade, para lembrá-los de Deus e de suas leis espezinhadas. Logo virão tempos terríveis, quando a arrogância humana será despedaçada, quando esses cegos entenderão o quanto são medíocres e frágeis, e então eles tremerão sob o trovão da ira divina.

– Então se desencadearão as calamidades previstas pelo padre Filaretos? – indagou Olga empalidecendo.

– É a própria humanidade que desencadeia as calamidades e as catástrofes, aviltando todas as leis divinas e humanas. Calcadas, as forças da natureza desabarão sobre esses pigmeus que ousaram provocá-las. A terra se abrirá e engolirá os arrogantes; o furacão devastará a superfície terrestre; o fogo do céu aniquilará os monumentos e as fortunas dos malfeitores ambiciosos, enquanto a água inundará tudo o que ainda sobrar, e em suas ondas retaliativas perecerão os povos que se rebelaram contra o seu Criador, subtraídos do auxílio das forças puras e benfazejas capazes de conter os elementos enfurecidos...

A voz de Supramati foi-se alteando; o olhar atento e inspirado parecia penetrar no futuro e enxergar as horrendas catástrofes descritas. Olga tremia assustada; não tirava os olhos dele, sem condições de pronunciar uma palavra.

Um minuto depois, Supramati pareceu despertar de sua vidência. Seu olhar deteve-se sobre a jovem esposa e, notando-lhe no semblante uma aflição angustiosa, ele se inclinou sobre ela e disse em tom carinhoso:

– Não tema, querida! Nós seremos amparados e salvos pela fé e oração; mas da Terra, infelizmente, não sobrará nada mais que uma fortaleza abandonada, desprovida das forças físicas e espirituais que poderiam protegê-la contra o caos e a invasão dos espíritos do mal. Assim, devemos juntar os restos de sua guarnição para tentar protegê-la ou, talvez, salvá-la. Punida severamente, talvez ela se ajuíze; e os homens veneradores de seus vícios e de sua carne, que ousaram renegar Deus, pedirão por clemência...

– Então eu devo ajudá-lo a despertar a consciência humana? – perguntou em voz baixinha Olga.

– Justamente! Eu pretendo realizar palestras, abrir uma escola esotérica para pessoas interessadas, iniciando-as para enfrentarem os tempos difíceis. Nesse ínterim, você se dedicará a desenvolver as mulheres capazes de entendê-la; falar-lhes-á da verdade suprema, podendo mais tarde tentar persuadi-las a se arrependerem. Faça isso, para começar, junto às amazonas!

Já tranquilizada e sorridente, Olga atirou-se no pescoço do marido, quase o sufocando em seus braços.

A IRA DIVINA

– Meu Deus, como você é bom; estou muito grata a você! Acho isso muito interessante e útil. Mas você me dará instruções detalhadas, não é verdade?

– Sem dúvida, darei as instruções necessárias.

Ele tirou da gaveta algumas folhas impressas e as deu a Olga.

– Estes são os textos dos primeiros discursos que você deverá fazer. Estude-os bem e preocupe-se, principalmente, com as inflexões da voz. Na hora de você proferir um deles, eu lhe darei instruções especiais, pois a voz é uma enorme aliada que pode hipnotizar e subjugar os ouvintes.

Depois de fornecer a Olga – esta já impaciente em começar as atividades – mais algumas explicações, Supramati a deixou sozinha para estudar um dos textos e retirou-se ao seu gabinete.

Preocupado, sentou-se e mergulhou em pensamentos amargurantes. Aproximava-se a hora de iniciar a missão social que lhe fora imposta pelos magos superiores, mas que lhe era opressiva. Sendo um sábio eremita, ele sentia uma aversão profunda por ter necessidade de abandonar sua vida reclusa e apresentar-se no palco diante de um público ignaro, imbecil, achincalhador e descrente. Até então ele trabalhava apenas para si, aperfeiçoava o seu próprio "eu", estudava as ciências superiores para desenvolver para si uma força poderosa. Na paz e no isolamento de seu palácio mágico, aprendera a comandar os elementos e dirigir as forças da natureza; agora, teria de aprender a comandar as multidões e subjugá-las. Tendo contemplado as terríveis forças da natureza e aprendido a lidar com elas, seu intelecto refinara-se; seu espírito adquirira força e vontade férreas, mas a luta que ele tinha pela frente parecia-lhe humilhante e até ridícula. Ele – um mago iniciado – deveria descer até o vulgo, tentar provar-lhe fatos tão claros como o dia, explicar as leis que aquela gente não tinha como entender; e, no final das contas, ele acabaria permanecendo, aos olhos da vil e raivosa turba de enganadores, nada mais que um palhaço que tentara abusar de sua confiança. Ele seria objeto de chacota, seria coberto do ódio sórdido que todo ser inferior nutre por aquele que lhe é superior; não obstante, teria de agir, falar e provar para aquela turba desconfiada e hostil os grandiosos fenômenos do outro mundo; professar a fé e o arrependimento, totalmente contrários aos seus gostos, convicções e atos. Oh, esta provação seria a mais difícil de todas! Supramati fechou os olhos e suspirou pesadamente.

Uma suave vibração harmônica e uma brisa aromática e tépida bafejaram-lhe o rosto, fazendo com que Supramati voltasse à realidade. Estremeceu e abriu os olhos.

A alguns passos dele pairava na penumbra uma nuvem esbranquiçada; em seguida, uma luz azulada inundou o quarto, a nuvem ampliou-se, densificou-se, e subitamente surgiu Nara, trajando túnica branca, simples e esvoaçante. Nos cabelos soltos havia uma coroa de flores mágicas, azuis como safira, cujos cálices tremeluziam.

– Supramati, Supramati! Para que lhe serve a coroa de mago se já se desespera antes de iniciar a missão? – ouviu-se a voz amada.

– Finalmente você veio me visitar, sua mulher cruel! – soltou-se do peito dele, e ele saltou alegre de seu lugar.

– Poderia eu ficar longe quando você sofre; quando vejo que chegou a hora de partir para a luta inglória contra a dúvida e a desilusão? – alegou ela, fixando-o com olhar carinhoso. – Seja forte, Supramati! Você domou o dragão, guardando a entrada, venceu os espíritos do inferno, mas se desespera ante a necessidade de aproximar-se de pessoas! Elas não passam de larvas que devem ser domadas.

Supramati agarrou-lhe as mãos.

– Você tem razão. Eu sofro e com isso perco a minha harmonia espiritual. Sou um senhor dos seres e dos elementos, no entanto, sou dilacerado por angústia e aversão. Ah, Nara, se nós pudéssemos trabalhar juntos!...

E ele arrebatou-a junto de si.

– Você sabe muito bem como me é penoso o contato com a turba inculta, submeter-me às suas chacotas, apregoar àqueles imbecis insolentes aquilo que eles nem desejam entender!

Nara desvencilhou-se devagar e puxou para si uma cadeira.

– Será que a minha presença aqui já não é uma prova de que temos trabalhado juntos e de que a minha alma sente cada movimento seu? E, agora, espante a fraqueza indigna de um mago. Não estamos acostumados a enfrentar os seres inferiores? Basta você se convencer de sua superioridade. Pense também um pouquinho naqueles que você irá alcançar, nos que serão capazes de entendê-lo e avaliar a importância de seus bons atos. Você é como um caçador de pérolas que busca, no sorvedouro oceânico do mal e das trevas, uma concha de aspecto horroroso; dentro dela, entretanto, espreita-se uma valiosa pérola – a alma –, que, à semelhança da sua, é capaz de ser um agente da luz, uma aliada do bem. O trabalho de arrancar esta joia da concha não lhe pode parecer coisa insignificante. É o que você tem feito agora. A pequena Olga também é uma pérola que encontrou o seu joalheiro para ser aparelhada numa armação de ouro. Esteja certo de que mesmo entre essa turba devassa você descobrirá uma pérola; encontrará almas empreendedoras, dispostas a se espiritualizarem, de quem você se orgulhará, com o tempo, tal como Ebramar se orgulha de nós.

– Tem razão, Nara! Este minuto é indigno da fraqueza. Eu não posso esquecer que nada se obtém sem sacrifícios. Só que sair em busca de almas seja talvez mais difícil que conseguir uma coroa de mago – sustentou Supramati desalentado.

Aconchegando-se a Nara, ele disse, olhando para ela cheio de gratidão:

– Agradeço-lhe do fundo do coração por ter vindo me visitar, minha fiel amiga! Nos momentos difíceis, a sua ajuda é sempre muito importante.

– Eu me sinto feliz ao saber que minha presença restabelece o seu equilíbrio emocional. Graças a Deus, o objetivo foi alcançado, e o meu mago voltou a si! E agora – prosseguiu ela em tom maroto – vá consolar a sua esposa. Ela estava a ponto de entrar aqui, mas, ao ouvir a minha voz, não conseguiu resistir à tentação de levantar o reposteiro; quando me viu, seu coração ciumento inflamou-se em suspeita. Ela me considera uma rival perigosa. Feliz é esta criança que ainda consegue ter ciúmes; enquanto nós, pobres velhuscos, somos incapazes disso!

E Nara rompeu em riso, divertindo-se aparentemente com o espanto de Supramati, que logo se recompôs.

– E, agora, adeus!

Ela se aproximou, puxou a cabeça de Supramati com as mãos e o beijou na testa.

– Um beijo fraterno – sussurrou ela no ouvido.

No mesmo instante, ela encerrou-se numa nuvem de vapor azulado, dentro da qual parecia se derreter; no recinto, ouviu-se, como em sinal de despedida, um suave acorde harmônico.

Por alguns minutos, Supramati ficou em pé sem conseguir juntar as ideias. Em sua alma reinava uma límpida e profunda tranquilidade; uma expressão de extraordinária felicidade iluminou-lhe o semblante. "Sim, realmente, como é bela esta harmonia pura que permite amar sem dúvidas nem ciúmes; a pobre Olga está longe disso... Seu coração imperfeito ainda é perturbado pelas paixões terrenas e preciso ir acalmá-la."

De fato, a alma da jovem era palco de uma verdadeira tempestade de ciúmes e desespero. Tendo relido por diversas vezes um dos textos que ela iria discursar, antes de decorá-lo, ela topou com alguns trechos incompreensíveis e decidiu então pedir explicações ao marido. Mas perto do seu gabinete ela estacou: uma voz argêntea chegou aos seus ouvidos falando numa língua estranha. Supramati tinha uma mulher!... E ele lhe respondia na mesma língua; em sua voz podiam ser distintos tons profundamente sentimentais, jamais ouvidos por ela e que exprimiam, inegavelmente, uma afeição calorosa. O coração de Olga acelerou de angústia. Com quem ele poderia estar falando daquele jeito? Sem forças para resistir à tentação, levantou devagarzinho o reposteiro e ficou pasma.

Ao lado de Supramati estava em pé uma mulher de beleza realmente celestial. Uma simples túnica branca delineava o seu porte esbelto; os cabelos loiro-dourados, cujas melenas sedosas desciam praticamente até o chão, envolviam-na feito uma capa luzidia; um clarão azul-celeste envolvia-lhe a cabeça aderecada de incríveis flores fosforescentes. Os grandes olhos escuros da feiticeira fitavam Supramati com expressão de amor; até mesmo o olhar dele para a desconhecida revelava admiração. E, de repente, ele a abraçou...

A IRA DIVINA

O que aconteceu depois, Olga já não quis ver... Como se perseguida por fúrias, ela irrompeu no seu quarto e, caindo de joelhos junto da janela, cobriu o rosto com a almofada que estava no peitoril. Em seu coração tempestuava um verdadeiro furacão. Aquela era, de fato, a rainha do seu coração! Aquela mulher de beleza divina era-lhe um par em conhecimentos e harmonia; ele, sem dúvida, deveria amá-la com outro sentimento, diferente da sua afeição tranquila e protetora a ela, Olga – o que seria até natural. Quão feia e insignificante ela deveria parecer ao lado daquela maga, que pertencia, sem sombra de dúvida, à irmandade de adeptos, vinda no intuito de revigorar o formoso ser imortal, tal como ela, e que se sentia eremítico ou banido entre eles – os mortais. Sim, sim, Supramati poderia tolerar, é claro, o amor daquele ser insignificante como ela; por outro lado, ela também não podia ser tão pretensiosa e cega a ponto de imaginar ter-lhe conquistado o coração. Não! É preferível a morte a este sofrimento; só de pensar que aquele homem seria capaz de enganar, ocultando-lhe as visitas da bela jovem desconhecida para descansar com ela conversando, ao se entediar em companhia de uma esposa estúpida e ignorante!

As lágrimas a sufocavam. Subitamente uma ideia lhe aflorou à mente, e ela agarrou a cabeça com as mãos.

– Como não deixar que ele perceba o que me fervilhava na cabeça? Assim que ele entrar, acabará lendo o que tenho na alma... E se ele se ofender e, além do mais, começar a desprezar-me?

Ela não notou quando o reposteiro foi erguido e Supramati parou na soleira, olhando para ela alegre e indulgente. Ele se aproximou, puxou uma cadeira e sentou-se ao seu lado. Totalmente absorvida com a tempestade que se desencadeava em sua alma, Olga nada via nem ouvia. Ele lhe pegou a mão e disse em tom carinhoso, fingindo não saber o que a atormentava:

– Meu Deus, Olga, você parece inconsolada! O que a aflige tanto?

Ao ouvir a sua voz, Olga saltou bruscamente e em seus belos olhos marejados refletiam-se claramente os sentimentos tempestuosos que a afligiam.

– Perdoe... Eu sei perfeitamente que você já leu os meus pensamentos sujos, dos quais me envergonho; mas estou tão infeliz! É insuportável sentir-me indigna de você.

Lágrimas jorraram de seus olhos, e ela beijou a mão do marido, que lhe segurava as suas. Supramati rompeu em riso e puxou-a para perto de si.

– Bobinha! Você não se envergonha de ser tão ciumenta? Seu coração está a ponto de explodir, suspeitando da minha infidelidade e encontros secretos. E tal sentimento impuro espreita-se na alma da esposa do mago?!

– Supramati, seja bom e não me expulse por causa destes pensamentos criminosos! Eu quero superar este sentimento ruim e angustiante, pois sei que não posso competir com aquela mulher – bela como uma visão celestial – que esteve com você. Comparada a ela, eu sou um espantalho e, ainda mais, ignorante; jamais o entenderei como ela o entende. Mas convenhamos: é duro saber que é a ela que pertence o seu amor, enquanto você só me tolera. E eu, estúpida, achava que apesar da minha nulidade você me amava...

As lágrimas impediam-na de prosseguir.

– E achava corretamente – respondeu Supramati em tom firme e sério. – Sim, eu a amo por seu amor submisso e obstinado, e amo-a com o amor terreno. Você para mim é como um reflexo do passado longínquo, quando eu conseguia amar como um simples mortal; seus temores agora são infundados. Aquela que você viu é Nara, e os vínculos puros que unem as nossas almas não têm nada a ver com as paixões terrenas. Ela é uma amiga experimentada, que raramente me visita; e, sempre que o faz – como vê –, eu me encontro diante de alguma nova provação, tal como tenho agora. Nara não é sua rival. E o seu ciúme, minha querida, não me magoa: é um sentimento natural. Mas haverá de chegar a hora em que o seu amor por mim não será nada mais além de paz e harmonia. Acalme-se, então, e me ame incondicionalmente, pois também a amo muito. Para você restabelecer a tranquilidade, posso chamar Nara? Ela virá de bom grado e lhe dará um beijo de irmã.

A IRA DIVINA

Olga abraçou-se impetuosa ao marido e murmurou:

– Sim, eu quero falar com ela e pedir-lhe perdão.

Supramati se levantou, com a mão em que usava o anel do Graal fez um sinal cabalístico e depois pronunciou uma fórmula. Da gema mágica desprendeu-se um feixe de luz tão brilhante, que Olga fechou os olhos e sentiu tontura. Um suave toque de mão a fez voltar a si. Ela viu Nara a fixá-la, estendendo-lhe a mão. Por alguns instantes, Olga, como que enfeitiçada, ficou parada olhando em silêncio. Jamais ela vira uma beleza tão divina, e a ideia da rivalidade parecia-lhe absurda.

– Perdoe-me a ingratidão e os pensamentos ruins, duplamente indignos, pois vocês dois são tão bons comigo! – sussurrou ela, pondo-se de joelhos e encostando aos lábios as mãos de Nara.

Esta apressou-se em levantá-la e depois a abraçou.

– Nada tenho a perdoar-lhe, querida criança. Ao contrário, eu é que peço que me dê uma partícula de seu amor. Ame-o com toda a sua alma e adoce-lhe a vida entre os humanos; reconforte-o com seu amor nas horas em que a ingrata turba hostil e maldosa começar a vilipendiá-lo e atirar-lhe pedras pelo pão de cada dia recebido. É dura a tarefa que ele tem pela frente, e ajudá-lo nisso é uma missão divina, que deverá preencher toda a sua vida. E agora adeus, querida Olga, e fique com isto como uma lembrança minha!

Nara tirou da cinta um feixe de flores mágicas, semelhantes às que formavam a sua coroa, e deu-as a Olga. Em seguida um vapor azulado envolveu a figura formosa da maga e ela desapareceu, como se diluída no ar.

Feliz e grata, Olga começou a examinar as flores, e depois as colocou dentro de uma caixinha de cristal por cima de uma camada de musgo.

– São flores imortais, não é verdade? Veja só como cintilam em brilho fosforescente, enquanto os cálices emitem uma luz cor de safira!

Supramati tirou do armário um frasco e borrifou as flores com um líquido transparente.

– Agora elas permanecerão sempre frescas e jamais murcharão – acrescentou ele. "Elas sobreviverão a você, pobre criança", pensou ele, e seu coração comprimiu-se dolorosamente. – Você não tem mais ciúmes de mim? – gracejou ele.

– Não! Eu entendi que em sua vida sou uma violeta que cresce em seu caminho, que deve florescer, aromática, junto aos seus pés; e eu me contento com este papel – adicionou a jovem, fitando-o, triste.

Algumas semanas depois do caso descrito, na alta-roda correu uma notícia curiosa: o príncipe Supramati planejava realizar em seu palácio um grande pronunciamento e fazer uma demonstração de alguns "milagres da magia indiana". Em todos os salões de Czargrado só se falava da ideia extravagante do príncipe, interpretada de todas as maneiras para se buscarem a causa e o objetivo daquela intenção. A opinião predominante era que, farto de todos os prazeres e não sabendo o que mais inventar, o milionário queria se recrear no papel de orador; ou que, enfastiado de ouro, palácios e banquetes, ele ansiava por glória e aplausos na qualidade de um mágico. Alguns, que tomavam Supramati por uma pessoa séria e sábia, intuíam, é verdade, que alguma outra razão convincente o movia a se apresentar como orador; mas, como sempre, o número de tais pessoas reflexivas era escasso.

A curiosidade geral aumentou ainda mais, quando na cidade se soube dos preparativos no palácio. O enorme salão de baile no andar térreo estava sendo transformado num auditório; a sala de jantar iria abrigar bufês. Noticiava-se ainda que seriam feitas algumas palestras em que o príncipe realizaria previsões de catástrofes e reviravoltas que estariam por acontecer; faria demonstrações com espelho mágico e materializaria os espíritos usando um método inédito. Mas, além de proporcionar aquele divertido espetáculo, o que mais cativava era que os ingressos e as comidas seriam grátis; este pormenor deixou o público exultante. A multidão selvagem disputava as entradas a ferro e fogo; os retardatários, que não tinham conseguido arrumar os ingressos, estavam fora de si de raiva.

Chegou, finalmente, o dia do evento. Bem antes da hora marcada, o auditório estava com todas as cadeiras tomadas; olhares impacientes eram lançados em direção aos bufês. Supramati, conhecendo o público, preparara as iguarias mais requintadas, separara os melhores vinhos, e até charutos, costumeiramente servidos só em sua casa. Não com menos curiosidade eram examinadas as instalações do salão. No fundo deste, num estrado, fora montada uma gruta iluminada com intensa luz azul; dentro havia uma mesa com cadeira de mármore e um estranho aparelho em forma de tela.

O público era bem variado. Pelo visto, o secretário do príncipe tinha distribuído as entradas aleatoriamente; as damas – todas adereçadas e cobertas de brilhantes – e os cavalheiros – com os peitos cheios de medalhas – compunham a maioria. Aquela turba ataviada e ilustre – a nata da alta-roda – fingia interesse; mas, em meio ao burburinho, opiniões maledicentes e zombeteiras dardejavam em direção ao anfitrião, gastando rios de dinheiro para mostrar alguns absurdos, se é que por trás daquilo tudo não se escondiam outros propósitos. As fisionomias fartas, estioladas, cheias de autossuficiência, daqueles representantes de vícios "apurados", antigos e atuais, estampavam risos maldosos de escárnio. Poucos, contudo, tinham ideia de que para eles seriam feitas grandes revelações ou dados conselhos de suma importância quanto ao perigo que se avizinhava; assim, a maioria ridicularizava levianamente os simplórios que ousavam não compartilhar da opinião geral e que não conseguiam entender que tudo aquilo era um "charlatanismo" e nada mais – um capricho do ricaço enfadado.

O sinal do início pôs termo à balbúrdia. As lâmpadas foram apagadas; apenas uma luz misteriosa azul-celeste, que saía do estrado, iluminava o salão. Nivara levantou no fundo da gruta uma cortina azul com franja em ouro, e surgiu Supramati.

Ele estava vestido em traje hindu, portando turbante branco de musselina, de cujas pregas sob a fronte cintilava em luzes multicolores uma estrela de brilhantes; na corrente de ouro, pendia do pescoço um grande medalhão, provavelmente salpicado de pedraria valiosa, a julgar pelos feixes luminosos que dela se irradiavam. O belo rosto de Supramati estava pálido, e somente os olhos pareciam vivos; mas o seu porte alto e esbelto, envolto em trajes brancos, produzia uma impressão encantadora no fundo de safira escuro.

Uma salva de palmas recepcionou o aparecimento do príncipe e fez com que ele corasse levemente. A ele, um mago, era humilhante receber, feito a um prestidigitador, as saudações da turba vil; mas ele se dominou imediatamente. Aquelas centenas de cabeças, variegando sob os seus pés, eram a própria "hidra humana", da qual lhe haviam falado os iluminados, que ele deveria vencer.

Profunda e comovente soava a sua voz, e as palavras empolgadas foram desenhando o quadro predominante dos costumes da época, dos abusos e crimes que contaminavam o ar e abalavam as forças vitais do planeta. Ele explicou a importância das forças puras e das emanações do bem para conter e rechaçar a pressão das forças enfurecidas do caos, prestes a explodirem em terríveis hecatombes. Era com ardor que ele apelava aos homens para se voltarem a Deus, orarem, avocarem as forças puras, para evitar uma morte terrível, pois que os seus organismos ainda estavam cheios de vitalidade e os seus cadáveres seriam presas dos espíritos larvais, espreitando avidamente cada corpo a ser abandonado, para dele se saciarem...

Ao mencionar as larvas, pelo salão percorreu uma risada reprimida; dezenas de lenços tremularam para sufocar gargalhadas inoportunas. Aqui ou acolá, entretanto, podiam se notar os rostos perturbados daqueles que, sérios e atentos, ouviam o discurso.

Supramati não deixou transparecer que notava a impressão produzida por suas palavras e passou tranquilamente às experiências, mostrando o efeito dos fluidos viciosos sobre o corpo astral do homem.

O intervalo concentrou-se no assalto aos bufês e numa troca animada de impressões. Muitos gracejavam com os dilúvios prognosticados e riam, principalmente do meio sugerido para

A IRA DIVINA

evitar todas aquelas desgraças: orar, ter fé em Deus e reintro-duzir os "tolos" ritos eclesiásticos. O caridoso príncipe queria simplesmente fazer o mundo voltar alguns séculos para trás e mergulhá-lo novamente nas trevas das superstições e crendi-ces; mas, felizmente, as pessoas já não eram tão imbecis! Os satanistas, por sua vez, ficaram melindrados com a infeliz defi-nição que "aquele hindu" dera às larvas – seres encantadores e intrigantes, bem mais divertidos que os mortais ordinários. De qualquer forma, todos estavam curiosíssimos em dar uma es-piada no espelho mágico para saber de seu futuro, já que o do planeta pouco lhes interessava.

A segunda parte da palestra, quando Supramati fez algumas experiências curiosas com a aura humana e apresentou algu-mas aparições do "outro" mundo, divertiu muito o público, ainda que o último número, de extraordinário realismo, deixasse uma impressão desagradável. Da tela saiu uma fumaça negra co-brindo toda a gruta e a figura do mago; subitamente apareceu a imagem de um bairro de Czargrado. Relâmpagos cintilantes recortavam o céu escuro; rajadas de vento sacudiam as pare-des dos edifícios, enquanto, açoitados por furacão, os escuros vagalhões encrespados inundavam ruidosamente a cidade. A ilusão completa: parecia que as águas revoltosas estavam prestes a alagarem os espectadores, e no salão ouviram-se gritos de pânico. Quando a aparição sumiu, muitas das mulheres esta-vam desfalecidas, enquanto alguns homens, com os nervos abalados, sofreram crise de histeria, e outros prorromperam em choro desvairado.

Ligadas as luzes, todos se acalmaram; persistiu apenas na mente o deslumbre geral da "experiência cinematográfica", ainda inédita, que superou todas as expectativas.

No dia seguinte, Nivara informou a Supramati que várias pessoas haviam pedido para serem recebidas e queriam algumas explicações sobre as questões levantadas na palestra; todos tinham expressado o desejo de aprenderem mais.

– Os simplesmente curiosos eu mandei embora; mas para cerca de dez pessoas, de fato crentes, eu marquei o dia para virem, conforme o senhor me instruiu, mestre.

– Muito bem, Nivara! Quando o número chegar a uns cinquenta, você me avisa.

E Supramati deu as instruções necessárias para a instalação da escola esotérica a ser fundada, com acomodação para dois jovens adeptos, que logo viriam para ajudá-lo no ensino.

Mal o secretário se havia retirado, apareceu Narayana , no melhor do seu estado de humor, cantarolando uma cançoneta.

– Sabe o que fiz? Acabei de transformar em porcos dez dos seus ouvintes de ontem – anunciou ele satisfeito. – Não acredita? Estou falando sério!

– Você não tem vergonha de abusar de seus poderes?

– Nem um pouco. Não entendi como você tinha que deitar tantas pérolas aos porcos ontem. Bem, foi assim: estava eu passeando no parque do palácio teatral e cruzo com um grupo de jovens, rindo de você, das tragédias iminentes e, sobretudo, de seus conselhos para orar. Você não imagina quantas bobagens e ultrajes eles falavam; mas, a certa altura, um deles anunciou que, já que você tem esperanças de encontrar os ouvintes dentro de templos e igrejas, deveria então domesticar uns porcos e levá-los lá. Eu fingi gostar da ideia e disse-lhes que eu era um mestre na domesticação de animais e, se eles estivessem dispostos a irem comigo até a minha vila, ali ao lado do palácio dos artistas, eu poderia mostrar-lhes muita coisa interessante nesse sentido.

"Eles foram. E lá, por um método que você já conhece, eu os transformei em porcos e depois os enxotei para a rua. Você nem pode imaginar como eles ficaram ao compreenderem o seu estado! Grunhindo desesperadamente, desembestaram em desabalada carreira pelas ruas, gritando em vozes humanas que o príncipe Narayana os havia enfeitiçado. Juntou-se, obviamente, uma enorme multidão, que acabou por acompanhar os digníssimos mamíferos correndo para as suas casas. Ali, aquela tragicomédia teve um desfecho ainda mais cômico: os de casa não quiseram aceitar os estranhos parentes e, apesar dos gritos dos pobres leitõezinhos, chutaram-nos para fora sem qualquer cerimônia. A multidão indignada se voltou contra mim e, aos gritos e ameaças, investiu contra o meu palácio."

A IRA DIVINA

– Meu Deus! Como é que você se arrisca tanto, Narayana? Devemos, entretanto, libertar aqueles infelizes! – exclamou Supramati.

– Acalme-se! Ebramar já lhes devolveu a beleza natural, e você, que me conhece, sabe que costumo tomar as minhas precauções; assim, preparei um álibi irrefutável. Durante o tempo daquele episódio, eu me encontrava no teatro com seis dos meus amigos – altos dignitários –, que já confirmaram isso. Amanhã, em todos os jornais sairá uma carta minha anunciando que um patife ignóbil se fez passar por mim para intentar um transformismo diabólico, já que eu estava sentado no camarote com os meus amigos. E ninguém poderá duvidar da minha probidade! – concluiu satisfeito Narayana.

– Você se duplicou, seu trapaceiro! Não seria melhor você nos ajudar do que se dedicar a essas bobagens? – observou Supramati balançando a cabeça.

– Ajudar na salvação desses animais bípedes? Não há nenhuma esperança de que sejam salvos...

– Se de uma centena pudermos salvar pelo menos um, já vai valer o esforço.

Narayana fez uma careta.

– Se você assim quiser, vou ajudar, só para lhe dar o prazer. Mas o que terei de fazer?

– Primeiramente, tente excitar um movimento na aura densa daquelas pessoas, tornando-a mais sensível e receptiva. Nota-se que a pegajosa massa escura, a envolver-lhes a cabeça, impede que sintam as correntes puras, obstruindo a transmissão de seus pensamentos. A atmosfera que os cerca e as pessoas com as quais eles têm contato impregnaram seus cérebros com conceitos materialistas estreitos e baniram a compreensão de Deus. A atração inconsciente por algo desconhecido, cuja existência eles pressentem, espreita-se enclausurada no fundo de suas almas; a aura densa e pegajosa não permite, entretanto, que o pássaro espiritual desdobre as suas asas.

"Possibilitar aos cegos compreenderem o mecanismo do Universo, eis um trabalho digno de nós! Por que é que nós podemos enxergar o horizonte infinito do mundo astral, ler através da matéria os mistérios da criação e as leis ocultas? É porque nós descerramos a nossa visão espiritual; mesmo assim, ela ainda é extremamente limitada em comparação ao grande intelecto de nossos mestres. Quanta luz teremos de adquirir ainda para transpor o limiar do mistério supremo? Em nós, a chama livre e submissa brilha através do corpo e ilumina o nosso caminho no labirinto dos mistérios da criação; naqueles que queremos salvar, a força astral está enclausurada, sem condições de sair dos limites da atmosfera carregada que a envolve, e os pensamentos permanecem estreitos e limitados, enquanto a razão superior não consegue se manifestar.

"Eles não percebem a corrente poderosa, não enxergam a brilhante luz astral que emana do ser superior, ainda que sintam aquela irradiação da luz e do calor que se precipita, feito enxurrada de centelhas, sobre a massa escura que impede ao cérebro funcionar livremente. Mas a chuva dourada acaba perfurando a atmosfera densa, vai formando rombos através dos quais, aos poucos, começa a escapar a luz astral do indivíduo, e esta se torna mais leve e os pensamentos, mais flexíveis. Começam a despertar as aspirações morais e investigativas, restabelece-se a troca, e a luz interior infiltra-se para fora e inicia o trabalho. Não é à toa que um velho e sábio provérbio diz: *Du choc des opinions jaillit la vérité*[1].

"Você sabe tudo isso tanto quanto eu; mas só lhe falo estas coisas para imprimir uma forma mais nítida ao programa do seu trabalho. A obrigação de cada ser superior é libertar esses cérebros vulgares, sob o córtex dos quais tremula o divino legado – a indestrutível centelha psíquica que pede por trabalho e alimentação para se inflamar em calor e força, quebrar os grilhões da carne e escapar para a liberdade."

– Sim, o primeiro esforço inato de derrotar a carne, que impede o caminho para a liberdade, é a aspiração a Deus. É a concepção mais compreensível a qualquer criatura. Ah, o que eu não daria para compreender o princípio misterioso pelo qual a centelha perfeita povoa a matéria inferior, para depois se tornar

---

[1] "Do choque de opiniões surge a verdade."

A IRA DIVINA

novamente perfeita, mas a custo de milhares de sofrimentos! – exclamou em voz surda Narayana.

– Compreenderemos isso quando atravessarmos o muro flamejante que esconde o mistério superior da criação. Mas que caminho longo, quase infinito, temos ainda que andar! – considerou em tom triste Supramati.

Narayana pensou um pouco, olhando para o espaço, estremeceu nervosamente e em seu rosto irrequieto estampou-se uma expressão de desilusão e cansaço.

– Temos pela frente um trabalho infindo e um tempo ilimitado para alcançarmos este objetivo desconhecido; já deixamos para trás um abismo desnorteante, por nós percorrido através dos três reinos, até nos tornarmos o que somos – disse ele como se falasse sozinho.

– Sim, é árdua a ascensão do espírito, do protoplasma até o mago. Mas não fomos ajudados, orientados e apoiados neste caminho espinhoso? Veja até onde você chegou!

E Supramati levou o amigo até um grande espelho.

– Olhe! Em seus olhos brilha uma grande inteligência; a ampla irradiação do cérebro torna-o capaz de alcançar a grandeza do Criador, que lhe inseriu o seu sopro divino no corpo, gerando criaturas magníficas que lentamente se reencarnam pela força de atração a Ele.

Narayana sorriu, mas, ao olhar para Supramati, cuja aura brilhava feito uma manta de prata salpicada de faíscas, pegou-lhe a mão e apertou-a fortemente.

– Estou pronto para trabalhar! Agradeço, meu irmão e amigo! Você me fez um grande bem ao lembrar-me do meu dever em relação aos meus irmãos inferiores. Sou obrigado a retribuir o que recebi de outros.

Supramati abraçou o amigo e deu-lhe um beijo fraterno. Neste instante, ouviu-se um acorde harmônico e sobre o piso de mosaico incidiu um feixe azulado de luz, no qual os amigos reconheceram o terraço do palácio do Himalaia com Ebramar nele postado. Tendo participado de longe daquela conversa, ele saudou os discípulos com um gesto e um sorriso, acompanhando-os agora com a sua irradiação astral.

CAPÍTULO XXII

Cheia de tristeza, mas decidida a seguir o caminho escolhido, Edith retornou à América e, apesar da crescente insatisfação do pai, continuou a visitar os pobres e os doentes, enquanto nos serões e nas recepções que Dickson realizava constantemente sua participação era forçada e com evidente aversão.

O banqueiro tomou firme decisão de casar a filha, custasse o que custasse. Queria por futuro genro um parente longínquo, apaixonado por Edith e que sabia granjear as simpatias do seu genitor. Indignado com a indiferença da mocinha, o pretendente decidiu influir por intermédio do pai sobre a filha, para lhe quebrar a resistência. Graças a seus esforços, rumores ofensivos corre-ram sobre Edith e, por fim, tomaram tal dimensão, que um dos amigos do banqueiro julgou por bem preveni-lo.

– Você deveria dar um basta a essas fofocas maldosas – con-cluiu este. – É óbvio que sua filha não é uma pessoa normal. Que moça, bonita e rica, em são juízo, iria esquivar-se de divertimentos normais para a sua idade e embrenhar-se pelos casebres, relacionando-se com a plebe? Que será de seu patrimônio, se você não encontrar para ele um administrador sensato? Sem dúvida, ela o dissipará em dois tempos.

Incandescido com aquela conversa, o banqueiro ralhou com sua filha, como jamais havia feito, e anunciou que, se ela não tomasse juízo, ele a internaria num hospital psiquiátrico.

– Já estou cheio de todas essas fofocas endereçadas a nós. Tente ser sensata e escolha um marido do rol de seus pretendentes; do seu primo Sidney eu gosto mais do que de todos. Aconteça o que acontecer, eu vou achar, enquanto estou vivo, um homem sensato que evite desperdiçar os meus bens com pobres. Se você resistir, eu a julgarei por incapacitada, precisando de tutela. Dou-lhe uma semana para as reflexões e a decisão. Sidney, *mister* Hampdon e *mister* Lorris querem a sua mão; se você quiser evitar grandes dissabores, fique noiva de um deles dentro de uma semana.

Sem esperar pela resposta, ele se retirou do quarto. Edith, ao ficar sozinha, desatou em pranto. Em função da enorme liberdade que as mulheres usufruíam, a filha, é claro, poderia lutar contra o pai, mas o preço seria um escândalo, pois ela era menor de idade. Por outro lado, ela o amava; ele sempre fora bom para ela e desejava-lhe, sem dúvida, apenas o bem; estava em jogo o seu orgulho ferido, por causa dos torpes boatos dirigidos à sua pessoa. Mas não seria com nenhum daqueles senhores que ela iria se casar; todos os três eram ateístas e perdulários notórios, enquanto Sidney era conhecido inclusive como satanista.

Somente uma imagem reinava dominadora no coração da jovem: a do cavaleiro misterioso que lhe salvara a vida. Não saberia dizer se ele era um homem ou um anjo, mas no momento do desespero ela apelou para ele. De joelhos em seu quarto, mal reprimindo as lágrimas, orava a Deus para lhe enviar aquele libertador, para aconselhá-la e confortá-la.

No dia seguinte, Edith ficou em casa devido a uma dor de cabeça; a janela estava aberta, e ela observava distraída o movimento da rua. Subitamente estremeceu e ficou pálida. Naquele momento por sua casa passava um belíssimo carro, dirigido por seu cavaleiro, ou então um sósia, agora em trajes modernos. O desconhecido levantou a cabeça, e seus olhares se cruzaram; ele sorriu.

No dia seguinte haveria um grande baile na mansão do embaixador de uma grande potência europeia. Edith deveria ir lá pela vontade do pai. Para grande surpresa dele, a filha não fez nenhuma objeção. Ela tinha a sensação de que algo de bom estava por acontecer; talvez ela encontrasse o estranho do dia anterior, e só de pensar nisso o seu coração palpitava fortemente.

Seu pressentimento estava correto. Por entre a multidão ela divisou o jovem: um retrato vivo de seu ideal. Mais tarde, o próprio pai apresentou-o como o príncipe Dakhir. Um rubor vivo, que cobriu instantaneamente o rosto da filha, fê-lo suspeitar de que ela tivesse conhecido casualmente o belo hindu na Europa, estivesse apaixonada por ele, e que aquele amor seria a causa de suas estranhas atitudes. Quando o príncipe pediu permissão para visitar a casa deles, as suspeitas de Dickson cresceram, mas isso o animou. Ele havia visto Dakhir e Supramati em Czargrado e sabia que eram muito ricos; e, caso o hindu conhecesse Edith, vindo ao seu encontro na América, então as coisas estavam se ajeitando para o melhor.

Nesse ínterim, Edith atravessava momentos de vaga inquietação. A felicidade e o medo confrontavam-se nela. O príncipe em suas conversas cortejava-a abertamente, porém nenhuma palavra ou olhar alvitrava o encontro anterior. A dúvida "é ele ou um outro, parecido com ele" a tiranizava e a absorvia a tal ponto, que ela por vezes não respondia às perguntas de seu interlocutor e não notava o sorriso fugaz que ora se estampava em seu rosto.

No dia seguinte, Dakhir foi à casa de Dickson; este o recebeu cordialmente e convidou-o para almoçar. Depois, Edith começou a se encontrar com o príncipe quase todos os dias e, para o grande desgosto de seus outros pretendentes, a jovem não via ninguém além do belo estrangeiro.

A IRA DIVINA

Não raro eles conversavam longamente: na ponta da sua língua insistia em ficar engatilhada a pergunta sobre o passado dele e a sua misteriosa cura, mas a timidez insuperável sempre a detinha. Apesar dessas dúvidas, ela se perguntava o que iria responder caso ele lhe pedisse a mão.

– Sim, sim! Seja ele quem for, eu o amo e pertencer-lhe será a maior ventura – sussurrava ela, tremendo de felicidade e esperança.

E assim, certa noite, Dakhir perguntou-lhe se ela aceitava pertencer-lhe. Edith respondeu baixinho, com os olhos úmidos de felicidade:

– Oh, eu sou sua há muito tempo.

No dia seguinte, de manhã, *mister* Dickson veio aos aposentos da filha e transmitiu contente o pedido de Dakhir.

– Devo informar ao príncipe a sua recusa ou você se emendou? – indagou ele em tom maroto.

– Emendei-me! – devolveu Edith, corando feito pimentão e escondendo o rosto no peito do pai. – Diga ao príncipe que eu aceito.

Os esponsais foram comemorados pomposamente. O primo Sidney não estava presente e arquitetava um plano de vingança. Um acontecimento inesperado atrapalhou, contudo, os seus intentos danosos. Durante a viagem, a sua aeronave deu pane e caiu; ele quebrou a perna e ficou alguns meses hospitalizado.

O casamento de Dakhir e Edith não foi menos magnífico que o noivado, e realizou-se sem qualquer ritual religioso, para grande desgosto da noiva. *Mister* Dickson, sendo ateísta e materialista ferrenho, não reconhecia nenhuma religião. Ao término de um espetacular almoço, os recém-casados embarcaram na aeronave do príncipe e partiram numa viagem de núpcias que findaria em Czargrado.

Quando finalmente eles se encontravam sozinhos na sala, Dakhir fez Edith sentar-se no sofá e disse em tom alegre:

– Bem, querida, agora que nós somos marido e esposa, você fará finalmente a pergunta que a atormenta: "é ele ou um outro, parecido com ele"?

Ruborizada e confusa, Edith olhou para ele boquiaberta.

– Você já sabe? Você adivinhou o meu pensamento? Verdade, eu vi o homem misterioso apenas uma vez – seu retrato vivo – e até hoje não estou certa, mas...

Ela vacilou e recostou a cabeça no ombro do marido.

– Eu queria que você fosse o "outro", mas não anjo.

Dakhir riu com gosto.

– Acalme-se, querida, não sou anjo, ainda que não seja uma pessoa comum. Mas a minha esposa tem de saber de tudo. Sou membro de uma irmandade secreta de sábios, com conhecimento de comandar as forças desconhecidas aos profanos. Eu a vi, amei-a e quis lhe devolver a saúde; com o auxílio de meus irmãos, consegui fazê-lo. Quero informá-la de que este saber oculto, para que seja utilizado na prática, exige certas condições. Prepare-se, então, na qualidade de minha esposa, para assistir a muita coisa que pode lhe parecer fora do comum ou inconcebível. Poderá você me prometer não ser curiosa e, principalmente, não tagarelar e não revelar jamais a seu pai ou a quem quer que seja aquilo que vier a saber, ou suspeitar, quanto aos mistérios da minha vida?

Dominada por um medo supersticioso, Edith estremeceu e ficou calada por cerca de um minuto. Em seguida, em seus olhos cintilou um amor infinito e, apertando forte a mão de Dakhir, ela respondeu enfática:

– Você me ama, e eu sou sua; o que mais eu poderia desejar? Você me salvou e isso só faz aumentar o meu amor e a minha gratidão. E o que tenho a ver com tudo o mais? Não tema da minha parte nem indiscrição, nem curiosidade.

Dakhir a atraiu perto de si e a beijou carinhosamente.

– Agradeço-lhe, querida, pelo amor e confiança, mas deixe-me avisar que a partir de agora é que começa a sua maravilhosa vida. Estamos indo à Índia encontrar o meu mestre e guia, um dos sábios a quem você deve a vida, a quem você pedirá para abençoar a nossa união, que não recebeu a consagração do Alto.

Finalmente a aeronave parou diante do terraço do palácio de Ebramar. Os jovens cônjuges saltaram e, depois de atravessarem

A IRA DIVINA

algumas magníficas salas, entraram no gabinete do sábio. Na parede de fundo estava aberto um profundo nicho semicircular, iluminado por luz azul-celeste, e lá estava em pé o mago. Um feixe de luz ofuscante envolvia-o numa auréola, e as vestes alvas brilhavam feito a neve sob o sol.

Trêmula, Edith baixou-se de joelhos ao lado de Dakhir. Ebramar ergueu sobre eles os braços e sob as palmas de suas mãos saíram chispando duas esferas luminosas que pairaram, no início, sobre os recém-casados e, em seguida, neles penetraram. Ebramar pronunciou uma oração, abençoou-os, levantou-os, beijou-os e depois os felicitou.

Em seguida, todos foram ao refeitório, onde por Dakhir esperava uma agradável surpresa. Supramati com a esposa tinham vindo cumprimentá-los. Olga contou animada que ela já se estava preparando para dormir, quando entrou de repente o marido e lhe propôs viajarem para felicitar Dakhir.

– "Ebramar está nos convidando", disse ele. No mesmo instante, surgiu um largo facho de luz e no chão formou-se um triângulo vermelho. Nós entramos nele, Supramati me envolveu em sua capa branca e... não sei como, nós viemos parar aqui. Que viagem maravilhosa, não é verdade? Que sorte a nossa estarmos casadas com estes sábios! – acrescentou ela beijando Edith.

O jantar passou em animada conversa. Ebramar foi um anfitrião solícito e tratou paternalmente as jovens mulheres; para lembrar aquele dia, ele deu de presente, para cada uma, um antigo medalhão decorado por esmeraldas.

Após o jantar, Supramati preparou-se para partir, mas, quando Dakhir também quis lhe seguir o exemplo, Ebramar interveio:

– Você não gostaria de ficar e passar aqui a sua lua de mel? Eu lhes preparei umas acomodações. Quanto a mim, irei até uns amigos que moram numa ilha, outrora desértica e inabitável – ele sorriu maroto –, onde nós pretendemos realizar algumas experiências interessantes. Depois vocês se juntarão a Supramati para ajudá-lo, até que se ache um trabalho útil para você, Dakhir.

Edith ficou empolgada e agradeceu calorosamente a Ebramar, que os levou aos aposentos luxuosamente guarnecidos, com uma vista maravilhosa das janelas para o jardim e montanhas. Inundado pelo luar, o panorama era feérico.

No silêncio profundo do palácio mágico, Dakhir e Edith passaram algumas semanas de felicidade despreocupada.

Apesar de sua longa vida, Dakhir nunca havia desfrutado as alegrias de um lar, da felicidade silenciosa de um amor verdadeiro. A paixão impetuosa e ilimitada de Edith acalorou e amoleceu o coração do sábio – tão jovem de corpo e tão velho de alma. Ele se afeiçoou fortemente à delicada e encantadora mulher; lia nos olhos dela os menores desejos e, ao mesmo tempo, ela trabalhava energicamente sobre o desenvolvimento da mente e a aquisição de conhecimentos, para que dele se aproximasse espiritualmente. Foi contra a vontade que eles abandonaram a Índia e foram fixar residência em Czargrado, numa mansão preparada para eles por Supramati.

Após se instalarem, Dakhir começou a ajudar Supramati nas palestras, que continuavam a atrair público, e na direção da escola esotérica, que já contava com cerca de trezentos alunos.

– É pouco para uma população de alguns milhões; mas, pelo menos, são pessoas sérias, com as quais se pode contar.

As reuniões de Olga também deram seus frutos. No início, é claro, a amazona recém-convertida era ridicularizada por professar "virtudes familiares", "superstições" e "crendices" do passado, supostamente eliminadas e tão impossíveis nos tempos modernos quanto um retorno ao passado. Entretanto, apesar de todas aquelas chacotas, verificou-se haver não poucas mulheres nas quais os princípios morais, preconizados pela princesa Supramati, encontraram um eco. Formou-se um círculo estreito de partidárias de Olga, que aos poucos se foi ampliando; Edith começou também a participar ativamente do trabalho das adeptas. Era mais enérgica e mais prática que Olga, e, sob a sua influência, o movimento ampliou-se. Suas seguidoras, pondo de lado a injustificada vergonha, tornaram a acreditar em Deus e se voltaram às obrigações de esposas e mães, não se rendendo ao escárnio dos maridos, descrentes da firmeza das novas convicções de suas caras-metades inconsequentes.

A IRA DIVINA

Passou cerca de um ano. Certa noite, Edith estava sozinha no dormitório, aguardando a volta do marido da casa de Supramati.

Era uma noite esplêndida. Sentada junto à janela aberta, ela sonhava contemplando o céu azul-escuro, pontilhado de bilhões de estrelas, e aspirando o aroma das rosas que vinha do jardim.

Os passos do marido no quarto vizinho tiraram-na da reflexão; ao entrar, este se aproximou dela apressado. Ele estava pálido, e seu belo rosto expressava uma seriedade incomum.

– Como você demorou! – disse ela.

– Tive de me atrasar – respondeu Dakhir, sentando-se ao seu lado depois de beijá-la. – Preciso lhe falar de uma coisa muito importante e pedir-lhe um pequeno sacrifício – prosseguiu ele, curvando-se e fitando perscrutadamente os olhos azuis, que o olhavam com um amor infinito.

– Fale! Não há nada que eu não possa lhe fazer com alegria, a não ser... – ela empalideceu e silenciou –, a não ser que seja para nos separarmos...

– Não, não, Edith! Não se trata de um sacrifício que seria difícil até para mim. Não é isso! Veja, os meus guias incumbiram-me de uma tarefa. Você não ignora que num futuro próximo se desencadearão terríveis hecatombes e que, para o bem da humanidade, com o objetivo de salvar aqueles que desejam ser salvos, precisamos ensinar o povo a rezar, infundir o arrependimento nos corações empedernidos, expor às pessoas que o único caminho à salvação é a misericórdia do Criador. A missão de Supramati é com a camada de classes mais ricas; a minha é entre o povo humilde, mas, para conquistar a confiança de um pobre e fazê-lo me ouvir, devo ser pobre e humilde como ele. Nenhum deles acreditaria num nobre milionário. E assim, minha querida, você abraçaria comigo esta causa difícil? Abandonaria o palácio com o seu luxo habitual, passando a viver comigo num casebre pobre, assistindo aos deserdados e enfermos, consolando os moribundos e amparando os pobres de espírito? Teria você coragem suficiente de descer comigo às furnas da miséria, vícios e descrença, para socorrer a repelente turba miserável pela palavra e por ações? O nosso ouro apenas servirá para mitigar as necessidades alheias; não teremos sequer os empregados. Eu vou promover curas e doutrinar, enquanto você me ajudará nisso. Só receio que essas mãos acetinadas não deem conta do serviço.

Edith abraçou-se extasiada ao pescoço do marido.

– Oh, Dakhir! Como estou grata por você me incluir nesta missão de caridade! Ajudar os pobres, orar a Deus, ficar ao seu lado e fazer tudo por você é a verdadeira felicidade!

Profundamente emocionado, Dakhir abraçou-a efusivamente.

– Obrigado por sua resposta, minha valorosa amiga! A sua disposição em repartir comigo o trabalho me faz imensamente feliz.

No outro dia, à noite, trajada num vestido cinza simples de lã e envolta numa capa escura com capuz, Edith embarcava com o marido na aeronave. Duas cestas compunham toda a bagagem dos viajantes. Eles eram acompanhados por Nebo, secretário de Dakhir, que estava a par da missão do mestre, devendo manter um contato constante com eles.

Estava amanhecendo quando a nave desceu sobre uma pequena plataforma. Lá, encostada à montanha arborizada, erguia-se uma casinha humilde, cujo luxo se limitava a um grande terraço tomado por parreiras; no interior havia dois quartos modestamente mobiliados e uma pequena cozinha; além da cerca, pastavam duas ovelhas. Do terraço abria-se uma esplêndida vista; aos pés da montanha, no vale, divisava-se uma cidadezinha, serpenteada por uma vereda.

Ao se despedir do secretário, Dakhir com a esposa examinaram detalhadamente a nova moradia e acharam-na fascinante. Em seguida, com a ajuda do marido, Edith dispôs no armário o conteúdo das cestas e correu toda feliz para o terraço para preparar o desjejum. Num pequeno bufê de madeira branca, ela encontrou uma toalha de mesa, louça e provisões, que consistiam de mel, pão, manteiga, queijo e uma jarra de leite de cabra.

Ao término do desjejum frugal, Dakhir cobriu de beijos as mãos da esposa e anunciou que jamais havia experimentado

A IRA DIVINA

comida tão gostosa; em seguida, chamou Edith para mostrar-lhe mais um cantinho de sua habitação.

Na encosta da montanha, junto à qual se abrigava a casinha, havia uma fenda, praticamente escondida por heras e parreiras densas; acima destas, por entre as árvores verdejantes, ante-via-se uma torre pontiaguda. Surpresa, Edith entrou para uma gruta espaçosa executada em forma de capela. No fundo pen-dia na parede um Crucifixo de tamanho natural; de cima, de um lugar ignorado, jorrava uma luz azul-celeste que, ao incidir sobre a cabeça de Cristo, conferia-lhe uma incrível vivacidade, iluminando toda a gruta com uma suave meia-luz. Aos pés da cruz havia um altar de mármore branco, coberto por uma toalha dourada, e sobre ele encontrava-se um grande cálice da irman-dade dos cavaleiros do Graal, encimado por cruz. No centro da gruta, num pequeno reservatório, brotava uma fonte, espargindo para bem alto um jato prateado e límpido como cristal.

– Para que é isso? – perguntou Edith.

– É que teremos de batizar essa turba esquálida, caso con-trário ela não cederá às curas e não será capaz de arrepen-dimento. Só depois de um banho e uma pequena limpeza é possível sugerir-lhe a palavra de Deus – explicou Dakhir, abai-xando-se de joelhos diante do altar. Edith seguiu-lhe o exemplo. Depois de orarem por algum tempo, Dakhir acionou um meca-nismo numa depressão da rocha e fez entrar a esposa numa outra gruta, onde acendeu as luzes. O local estava apinhado de estantes com frascos, feixes de ervas e diversos aparelhos estranhos, de forma desconhecida.

– É seu laboratório? Você também é um mago? – indagou corando Edith.

– Um pouco – respondeu Dakhir em tom de humildade.

Depois eles se sentaram num banco ao lado da casa e con-templaram, conversando, a vista alegre que se abria diante deles. Ao longe, embaixo, serpenteava em faixa prateada um rio; em fita sinuosa, o caminho descia da montanha para o vale, passando perto da casa. Dakhir apontou para ele com a mão.

– Vamos esperar que esse caminho leve até nós os enfermos de corpo e alma. Amanhã, ao alvorecer, precisaremos benzer a capela.

No dia seguinte, Dakhir vestiu uma longa túnica branca de lã, pendurou no pescoço a cruz de ouro e, acompanhado de Edith, também de vestes brancas, foi para a capela. Enquanto o mago lia a oração, aspergindo o altar, as paredes e o reservatório, Edith acendeu sete trípodes, jogou nelas as ervas e os pós aromáticos – uma mistura de óleo de rosas, sândalo, mirra, bálsamo peruano e outras substâncias; o aroma invadiu a gruta e no mesmo instante tilintou um sininho, cujo som apelativo se propagou em volta, para longe.

Neste ínterim, pelo caminho da montanha subia vagarosamente uma velha com uma criança no colo, acompanhada por um homem ainda jovem, mas magro e curvado, aparentemente tísico. Ele se apoiava num pau, e um forte acesso de tosse o estava sufocando; ofegante, era obrigado a parar a toda hora. A criança de uns três anos de idade parecia moribunda e seu corpinho magro estremecia convulsivamente.

Já próximo da casa de Dakhir, o homem parou e enxugou o suor que lhe escorria da testa.

– Não posso mais... estou cansado – disse ele.

– Olhe um banco perto da casa. Descanse! – sugeriu a velha, e ambos se sentaram, tentando distinguir de onde vinha o tilintar do sino.

– De onde vem esse som? Não vejo nenhuma igreja ou capela – observou o homem.

– E esta casa eu também nunca vi. Quando nós fomos à clínica pela última vez, pelo que eu me lembre, ela não estava aqui. Provavelmente acabaram de construí-la – aventou a mulher. – Olhe lá saindo um homem com uma mulher. Deve ser algum sacerdote; ele tem uma cruz no pescoço.

– A mulher parece ser boa. Vou-lhe pedir um pouco de água para beber – disse em meia-voz o homem.

Mas, antes que ele pudesse se levantar, Dakhir e Edith, que saíam da capela, aproximaram-se do banco. Ao verem os dois

A IRA DIVINA

doentes com o selo da morte no rosto, o mago e a esposa entreolharam-se significativamente.

– Vou trazer leite para todos, minha querida – disse Edith, solícita, e correu para a casa.

Neste instante Dakhir se inclinou sobre a criança.

– O coitadinho está muito doente.

– Está morrendo, senhor, e o meu pobre filho também está mal. Em casa ele tem ainda uma esposa e quatro filhos. O que será de nós se ele morrer? Ainda há pouco estávamos tão felizes...! Ele é eletrotécnico, ganhava bem, mas depois apanhou um resfriado e pegou essa terrível doença. Ela o está matando, aos vinte e sete anos...!

As lágrimas a sufocavam. Dominando-se, ela acrescentou:

– Estamos indo à policlínica da cidade pedir algum remédio para aliviar o sofrimento dos pobrezinhos, mas a ciência nada pode fazer para eles.

– Sim, a ciência dos homens é impotente. Mas por que vocês não se dirigem ao verdadeiro curador do corpo e da alma – Deus?

– Ah, meu bom senhor, será que Ele existe? Ninguém mais acredita Nele; Ele nunca se manifesta. Antigamente ainda acreditavam e muitos oravam, mas Ele nunca ajudou ninguém.

– É que os homens não possuíam uma fé genuína; seus crimes o afastavam, e Ele deixou de ajudá-los. Venham, aqui há uma capela! Prostrem-se, supliquem a Deus e tenham fé em sua ajuda! – disse Dakhir em tom sério e convicto.

Enquanto conversavam, Edith trouxe leite e deu de beber para os três. O homem aparentemente se sentiu melhor e disse após um minuto de indecisão:

– O que você acha, mãe? Já que não acreditamos, não custa nada dar uma passada na capela.

Dakhir sorriu.

– Só vai custar uma aspiração sincera ao Criador de todo o existente.

Os aromas fortes e penetrantes do santuário tiveram tal efeito sobre a velha e o seu filho, que eles cambalearam e teriam caído, se não fossem amparados por Dakhir e Edith. Assim que eles se restabeleceram, o mago levou-os até o altar e ordenou que se ajoelhassem. Nesse instante, ouviu-se um canto suave; vinha de um aparelho instalado no fundo da rocha. A música, aliada aos aromas, produziu uma forte impressão sobre os nervos daqueles pobrezinhos. Ambos começaram a tremer e chorar, balbuciando que nunca tinham rezado antes e perguntando como se fazia isso.

– Repitam comigo! – disse Dakhir, pondo-se de joelhos e levantando as mãos em prece: – Deus todo-poderoso e clemente, Pai de todas as criaturas suas, não nos deixe desafortunados sem a sua graça. Ninguém nos ensinou a orar, usufruir desta grande dádiva, desta aspiração da alma que nos une com o Pai Celeste. Dissipe as trevas em que estamos atolados.

Enquanto ele falava, a criança soergueu-se nos braços da avó. Seus olhos, antes embaçados, arregalaram-se e brilharam surpresos. Subitamente, ela esticou os bracinhos magros em direção à imagem do Redentor e exclamou em voz alta:

– Olhe, que bonito!...

– Vejam, o reino de Deus está aberto às crianças! Ela enxerga a beleza celestial – disse Dakhir.

Atônitos e emocionados, a mãe com o filho começaram a orar ardorosamente, repetindo:

– Tenha piedade de nós, oh, Deus, por sua graça, por sua generosidade!

Dakhir pegou a criança, despiu-a e mergulhou-a no reservatório. Tirada da água, esta parecia sem sentidos; mas, sem dar atenção ao fato, o mago passou-a a Edith e impôs as mãos sobre sua cabecinha e o peito. Depois pegou o cálice, enquanto Edith, ajoelhada, ergueu-a. Dakhir colocou em sua boca algumas gotas de um líquido púrpuro do cálice, depois a cobriu com o manto dourado que pegou do altar e mergulhou numa prece fervorosa. Iniciou-se um profundo silêncio, apenas quebrado por uma leve vibração harmônica.

O pai e a avó emudeceram impressionados, sem acreditarem no que viam. Um rubor suave substituiu a palidez cadavérica da

A IRA DIVINA

criança, a cabecinha que antes pendia de fraqueza se endireitou, e a boca semiaberta sorria alegremente, tendo se tornado rósea e viçosa. A criança estendeu as mãos em direção à avó e disse:

– Estou com fome, quero comer.

Edith a beijou e devolveu-a à sua avó.

– Vamos, querida, colocaremos nele uma roupinha limpa e depois o alimentaremos – disse ela alegre.

Dakhir abençoou a criança e colocou-lhe no pescoço uma corrente com uma cruz de ouro.

Quando as duas mulheres saíram, o homem jogou-se de repente aos pés de Dakhir.

– O senhor deve ser um santo; agora eu sei que Deus existe e o Seu poder é imensurável. Oh, salve-me também! – suplicou ele em prantos.

– Não passo de um pecador, apenas sirvo de intermediador do Pai Celestial; o salvamento parte dele. Ponha-se de joelhos ali – ele apontou para a cruz – e confesse em voz alta os seus pecados e faltas; arrependa-se e tome uma decisão firme de começar uma vida nova. Só assim você será digno de obter a graça divina.

Em meio à forte emoção espiritual, ele prostrou-se de joelhos e em voz trêmula iniciou a confissão. Apesar da pouca idade, tinha praticado muitos atos sórdidos e desonestos. Quando silenciou, Dakhir lhe pôs a mão sobre a cabeça e disse:

– O seu arrependimento é sincero, assim como a vontade de viver segundo a lei de Deus; receba, pois, a saúde do corpo para manter a saúde espiritual. Agora, mergulhe por três vezes nesta água, tão inesgotável quanto a graça divina que acabou de descer sobre você.

Assim que o enfermo entrou na água, acima deste cintilou a cruz e de seu corpo começou a se desprender, em colunas densas, um vapor negro, dissipando-se no alto. Depois, Dakhir deu-lhe roupas limpas, colocou-lhe no pescoço um crucifixo, deu-lhe de beber do cálice, instruindo-lhe a viver honestamente e a orar a Deus, caso não quisesse que a doença voltasse.

Chorando de felicidade, este anunciou que estava se sentindo renascido. Ele respirava livremente; a dor no peito cessara, uma nova força de vida corria por suas veias, e as costas encurvadas se endireitaram.

– Oh, Deus misericordioso, Você existe!... E nós não o sabíamos.

– Terei fé em Você, venerando-O até o fim dos meus dias...

Humildemente ele agradeceu a Dakhir e pediu-lhe a permissão de visitar a capela para instruir-se na prece.

– Não só pode como deve! Sua alma precisa ser fortalecida neste local sagrado – respondeu o mago.

O mago deu-lhe um livro sobre os bons preceitos e ensinou-lhe a antiga oração, sempre atual, graças à força misteriosa que ela inseria: "Pai-nosso".

Ao ver a mudança maravilhosa ocorrida com o filho, a velha mal se continha de felicidade e suplicou a Dakhir para indicar o caminho ao Ser infinito, o verdadeiro Provedor da vida. Dakhir realizou-lhe o desejo. Ele a benzeu com água benta, colocou-lhe uma cruz no pescoço e deu-lhe de beber do cálice. A seguir, fizeram a última oração de agradecimento, e os três afortunados dirigiram-se de volta para casa, decididos a transmitir a todos os sofredores que existia o bom Deus, todo-poderoso, para aqueles que com piedade e fé a Ele se dirigiam.

Dakhir e Edith sentaram-se no banco e acompanharam com os olhos os recém-convertidos.

– O primeiro passo foi feito – observou sorrindo Dakhir. – Agora vêm avalanches de multidões, pois os infortúnios e sofrimentos são os melhores meios de levar os homens para o verdadeiro caminho da fé.

A IRA DIVINA

CAPÍTULO XXIII

As previsões de Dakhir logo se confirmaram. De todos os cantos começaram a confluir doentes, inválidos, cegos; mal rompia o dia, o povo se arrastava em fila pelo caminho de sua casa.

A tarefa tornava-se pesada, entretanto Dakhir com a esposa pareciam incansáveis, trabalhando com fervor e entusiasmo para a multiplicação do exército de Cristo. Dakhir curava não só o corpo, mas também a alma; Edith consolava, apoiava, assistia os enfermos, estendendo suas atividades para outras regiões. Nenhum tipo de miséria ou doença, por mais repugnante que fosse, a assustava; ao contrário, mais caros para ela eram justamente os mais infortunados e os mais enraizados nos vícios. Quando um desses partia curado, com a alma renovada, o coração da divina Edith se enchia de grande alegria.

À tardezinha as portas da casa finalmente se cerravam, e Dakhir, exausto pelo esforço da concentração durante longas horas, deixava-se cair na cadeira. Edith lhe servia um jantar apetitoso e, com a sua conversa, bom humor e frequentes observações espirituosas, elevava-lhe o ânimo, talvez melhor que os preparados mágicos enviados para ele por Ebramar. Certa noite, sensibilizado com aquela devoção, ele a abraçou reconhecido.

– Não sei como agradecer a Deus por esta dádiva maravilhosa que é você, minha dócil e valorosa amiga – disse Dakhir, beijando a esposa. – Nunca a vejo desanimar, ficar descontente ou triste; você está sempre sorrindo e disposta a apoiar-me com uma palavra amiga. Você é de fato a minha alegria e esteio.

– Suas palavras são a melhor recompensa pelo pouco que faço – devolveu Edith, corando de felicidade e beijando-o carinhosamente.

Certo dia, quando a afluência de doentes foi menor que de costume e o casal terminava o jantar frugal, Dakhir disse todo feliz:

– Sabe, Edith, precisamos ir felicitar Supramati com o nascimento de seu filho. Você não gostaria de ver o maguinho?

É claro que sim! Gosto muito de seu irmão e de Olga. Mas será que podemos nos ausentar? Disseram que amanhã virá muita gente.

– Não precisamos sair, podemos cumprimentá-los daqui.

Ao notar o espanto de Edith, ele acrescentou rindo:

– Vamos ao meu laboratório! Eu não lhe disse que também sou um pouco mago?

Dakhir se pôs diante do espelho, descortinou-o e ergueu o bastão pronunciando a devida fórmula. A superfície especular tornou-se cinzenta e um vapor denso desprendeu-se do quadro, por trás do qual parecia fervilharem ondas espumosas; subitamente um raio brilhante recortou em zigue-zague a massa brumosa, como que rasgando uma cortina nevoenta, e diante deles se divisou o dormitório de Olga.

A jovem mãe dormia profundamente. À sombra do cortinado de renda, o seu encantador rostinho parecia extremamente pálido. Aos pés da cama estava um berço – vazio naquele minuto –, e um pouco adiante, junto da mesa, estava Supramati, pálido

A IRA DIVINA

e compenetrado; do escrínio que acabara de abrir, ele retirou um pequeno frasco com rolha de ouro e dele transferiu para a colher uma gota de líquido. Ao seu lado estava uma mulher de feições graves, segurando no travesseiro uma criança dormindo, envolta em luz azul-celeste.

Dakhir reconheceu naquela mulher um membro da irmandade, também uma imortal, só que de grau mais baixo; provavelmente ela fora enviada para cuidar do filho do mago, que não podia ser confiado a uma babá comum. Dakhir compreendeu que Supramati estava dando ao filho o elixir da longa vida; mal o pequerrucho engoliu o conteúdo da colher, seu corpinho sacudiu-se convulsivamente e se esticou.

"Pobre criança imortal", pensou Supramati, observando pensativamente enquanto a mulher colocava a criança no berço e a cobria.

Neste instante, Supramati levantou a cabeça e viu Edith com o marido.

– Aceite os nossos cumprimentos, irmão – disse Dakhir –, e transmita à sua esposa os nossos melhores votos!

– Obrigado, irmãos. Este presente de Deus é uma grande alegria para mim – disse Supramati. – Espero logo chegar a hora de felicitá-los também – ajuntou ele sorrindo.

Seu desejo logo se confirmou. Alguns meses mais tarde, na humilde casinha, surgiu à luz de Deus uma menina de olhos azuis. Ao lado de seu berço, ocupou o lugar uma irmã da comunidade para cuidar da criança e ajudar a jovem mãe nos afazeres de casa.

Na noite daquele feliz acontecimento, Dakhir recepcionou no laboratório as suas visitas: Ebramar e Supramati tinham vindo para cumprimentá-lo. Jamais os amigos o haviam visto tão radioso e feliz; apenas no momento em que Ebramar colocou na boquinha da criança uma gota da substância primeva, o rosto de Dakhir cobriu-se momentaneamente por uma nuvem de tristeza. Mas logo Dakhir se recompôs, voltando-lhe alegria e animação. Ele e Supramati contaram ao seu protetor alguns casos de sua difícil missão e dele receberam conselhos e instruções.

Dakhir e Ebramar notaram que Supramati estava aflito, como se algo o oprimisse, e vieram a descobrir que estava inconsolado com a iminente separação de Olga; era patente o seu esforço em dominar aquela fraqueza.

Após o nascimento da filha, a iluminar-lhes a humilde moradia, Dakhir e Edith recomeçaram com novo ardor o trabalho coroado por crescentes êxitos. Os convertidos já se contavam às centenas; enérgicos e motivados, os seguidores cerraram fileiras em torno do missionário, e as perdas no "exército do mal" já eram tão sentidas, que os satanistas se inquietaram. Tinha-se a impressão de que o Céu, há muito tempo mudo e indiferente, começara a reagir e disputar-lhes as suas presas; no entanto, os adoradores de Satanás não eram daqueles que entregariam sem luta o campo de batalha, onde eles se consideravam imbatíveis.

Para motivar a reação de seus partidários, os satanistas programavam festejos noturnos, com sabás dos mais desavergonhados, onde se distribuía, a rodo, muito ouro, vinho e demais regalos: todos os instintos vis dos homens eram excitados até o frenesi. Nas ruas acendiam-se trípodes com defumações maléficas; os luciferianos andavam nus, difundindo aromas que estimulavam a concupiscência, ou arrastavam as pessoas aos covis satânicos, onde se materializavam as larvas e outros espíritos impuros, e realizavam-se orgias inéditas. Os luciferianos, não sem motivo, esperavam que tudo o que fosse fraco de espírito caísse em suas redes.

Houve até casos de fanáticos que em seu ódio a Dakhir tentaram assassiná-lo. Tais intentos, contudo, malogravam-se tão logo os assassinos transpunham a porta do mago: eles caíam fulminados por apoplexia. A repetição destas mortes desestimulou outros atentados e aumentou ainda mais o ódio dos satanistas...

Não muito longe da casa de Dakhir, na confluência de dois grandes rios, localizava-se uma grande cidade densamente povoada onde havia uma antiga catedral há muito tempo vazia, que se preservara somente devido à sua curiosidade histórica. A partir do momento em que na província houve uma virada para a religião, uma pequena comunidade de cristãos adquiriu

A IRA DIVINA

junto ao governo o monumento da antiga fé e nele restabeleceu a realização de ofícios. Isso enfureceu os satanistas, e eles decidiram destruir a velha edificação, não sem antes profaná-la com a realização de um ritual satânico. Para esse fascinante empreendimento se juntaram os sequazes das diferentes seitas que professavam o mal; e, certa noite, uma turba de milhares de fanáticos cercou a catedral. Como antes já tivesse havido algumas tentativas de incendiar a igreja, os fiéis vinham-na protegendo ciosamente, e alguns sacerdotes se revezavam na sua vigilância vinte e quatro horas por dia. Mas o número dos defensores era por demais pequeno para opor resistência àquele agrupamento; a igreja foi tomada, os seus guardiões mortos, e os inimigos de Deus invadiram o local sagrado. Sobre o altar profanado entronizou-se o ídolo Bafonete, e o local, onde antes se ouviam cânticos religiosos e orações fervorosas, encheu-se de alarido e gritos despudorados de orgia sobre os fragmentos dos ícones, estátuas sagradas quebradas e lápides sepulcrais. Entorpecido de luxúria e cheio de ódio ao Criador, um dos chefes dos luciferianos galgou o púlpito e, soltando torrentes de blasfêmias, dirigiu-se sacrílego a Deus:

– Se Você existir, mostre-nos então a Sua força – vociferava ele em tom de desafio. – Mas eu sei que Você permanecerá calado como sempre, pois não passa de um personagem de conto de carochinha, inventado para enganar crédulos imbecis. Chegou a hora de libertar a humanidade dessa grande empulhação!

O sacrílego não contava com que desta vez as forças celestiais aceitassem o desafio satânico. O dia que sobreveio àquela terrível noite amanheceu cinzento. Nuvens escuras cobriram o céu; o ar estava pesado, denso, e algo de sinistro pairava no ar. Consternados pela profanação do templo, alguns fiéis correram até a casa de Dakhir para lhe narrar o ocorrido. Este não pareceu ficar surpreso e ordenou que todos os fiéis, sem exceção, se reunissem à noite junto a uma velha igrejinha nos arredores da cidade, para onde ele iria mais tarde com Edith.

– Precisaremos orar muito hoje – acrescentou ele.

Enebriados com a vitória, os satanistas prosseguiram suas orgias por todo o dia; para a noite, eles marcaram uma solenidade ainda mais grandiosa que a anterior. A asquerosa turba ébria, de pessoas nuas, encheu o enorme templo; gritos e cantos obscenos ouviam-se até nas ruas. Ninguém, entretanto, atentou para a mortalha negra, como fuligem, que começava a cobrir o céu, nem para um barulho ensurdecedor que prenunciava uma tempestade.

E, subitamente, com fúria inaudita, um furacão desencadeou-se. Os rolares de trovões sucediam-se sem cessar; a terra tremia e os relâmpagos cintilantes sulcavam o céu em todas as direções, enquanto sobre o templo profanado parecia subir uma coluna ígnea. Finalmente, desabou uma chuva torrencial. Rajadas tempestuosas de vento derrubavam postes elétricos, arrancavam árvores com as raízes, as águas de ambos os rios saíram dos leitos e inundaram a cidade dos dois lados.

Aos urros, rolavam pelas ruas as ondas espumosas e crespas, destruindo tudo em seu caminho; a escuridão absoluta aumentava ainda mais o terror causado pelos elementos desencadeados. Somente uma coluna de fogo acima da catedral, e que aos poucos foi tomando a forma de uma cruz, iluminava em púrpura o quadro sinistro da destruição.

O pânico assomou toda a população. Pessoas corriam desenfreadas pelas ruas; uns tentando fugir para locais altos, mas o furacão arremessava-os de volta para a água, onde eles iam se afogando; outros subiam nos telhados, de onde eram varridos feito serragem.

Quando a água começou a se aproximar da catedral, avolumando-se com rapidez medonha, os satanistas fecharam as pesadas portas do templo; no interior de suas paredes indestrutíveis, construídas para durarem séculos, eles se consideravam a salvo. A tempestade, entretanto, enfurecia-se mais; os relâmpagos em forma de esferas perfuravam zunindo o ar e explodiam com o barulho de canhões; o urro do vento abafava os gritos da turba em desespero.

Junto da antiga igrejinha, construída no morro alto, onde Dakhir ordenara que se reunissem os fiéis, estes se comprimiam alarmados. Mas eis que de dentro do local sagrado surgiu o mago, trajando longas vestes alvas. Ao lado dele estava Edith,

A IRA DIVINA

também de branco; nas mãos ela segurava a estátua de Nossa Senhora – objeto sacro antigo, considerado milagroso e muito venerado.

Em voz sonora que encobria o barulho da tempestade, Dakhir pronunciou um breve discurso, conclamando os fiéis à oração, para que a ira divina os poupasse. Todos se prostraram de joelhos e, sob a influência do pavor, o seu clamor foi ainda mais veemente. O furacão, neste ínterim, alcançou o seu apogeu; as ondas batiam ameaçadoramente aos pés do morro. Então Dakhir voltou-se para a multidão genuflexa, os cânticos sagrados silenciaram, e a voz do mago chegou até as últimas fileiras. Em palavras enérgicas, ele anunciou que chegara a hora de todos se dirigirem à catedral para purificar o santuário; pois assim, talvez, a ira celestial se aplacasse.

– Que me sigam os mais corajosos, que nutrem uma fé inabalável na graça de Deus, pois os covardes, os que duvidam e os fracos de espírito que pereçam!

Mas na multidão eletrizada não houve quem quisesse ficar para trás, e todos gritaram em uníssono:

– Iremos todos com você, mestre!

Os discípulos de Dakhir distribuíram agilmente aos presentes velas acesas, e a multidão de homens, mulheres e crianças pôs-se a caminho entoando cânticos sagrados. Liderando ia um homem com o crucifixo, seguido de Dakhir e Edith com a estátua da Virgem. Eles caminhavam intrépidos, apesar da tempestade e da água a cobrir-lhes os joelhos; a multidão estava tão exaltada, movida por fé inabalável e com tanto destemor, que – oh, milagre! – a água começou a baixar, parecendo abrir-se para os lados e dando passagem à procissão, que sem qualquer dificuldade alcançou a catedral.

Lá, o dilúvio tinha provocado estragos terríveis. Tudo estava destruído ou arrastado; os portões do templo verificaram-se quebrados com a pressão da água; as ondas enfurecidas haviam devorado e arrastado todos os que ali se encontravam, varrendo o santuário de toda a imundície que o aviltara. Logo a água baixou e as ondas murmurejavam suavemente sobre os degraus inferiores do templo.

Cada vez mais inspirada com a fé inquebrantável, a procissão adentrou o templo e, a mando de Dakhir, todos começaram a pôr as coisas em ordem. O mago estendeu sobre o altar uma toalha dourada e nele colocou a estátua da Virgem e o Crucifixo; os castiçais espalhados foram recolocados em seus lugares, depois que as velas negras foram substituídas por brancas. Quando todos se puseram de joelhos, Dakhir entoou com sua bela e sonora voz o cântico: "Louvamo-no, Senhor"; um velho órgão abandonado começou a tocar sozinho, secundado por acordes majestosos, o hino de ação de graças.

A tempestade amainou e ao alvorecer ambos os rios foram retornando a seus leitos, enquanto os raios do sol ascendente iluminavam o quadro desolador daquela terrível noite. Nas ruas e, sobretudo, nos andares baixos amontoavam-se cadáveres; muitos dos moradores que tinham sobrevivido à catástrofe ficaram loucos.

Apesar de todo o seu poder, Dakhir se sentia extenuado ao voltar para casa; Edith estava totalmente pálida de cansaço, mas mesmo assim o seu rosto brilhava de felicidade celestial.

– Oh, Dakhir, como foi maravilhosa esta noite terrível! – exclamou ela, abraçando-se ao seu pescoço. – Jamais senti tão forte a presença de Deus e a força do bem a triunfar sobre o mal. E você, então, meu querido! Eu estava prestes a orar-lhe de joelhos ao ver os fachos de luz que de você se desprendiam, a vinda dos exércitos de espíritos a você submissos, ao contemplar como você comandava as forças da natureza e como sua vontade fazia dardejar milhares de faíscas ígneas sobre aquela multidão, sugerindo-lhes a coragem de segui-lo. Que espetáculo divino ver a luz absorvendo as trevas! Agradeço a Deus por essa graça inédita que a mim foi concedida – a de ficar ao seu lado.

Dakhir abraçou-a carinhosamente.

– Não superestime os meus parcos conhecimentos, nem diminua o seu próprio valor. Agradeço-lhe por sua coragem, que me deu liberdade de ação. Eu senti que não estava sozinho naqueles minutos angustiantes e que um coração que me ama compartilhava comigo o triunfo alcançado.

A terrível desgraça que se abateu sobre a cidade e as circunvizinhanças chocou a todos; um efeito não menos eficaz foi alcançado pela predição de Dakhir, feita alguns dias depois na catedral. Analisando o acontecimento, ele anunciou que aquilo era apenas o começo da punição do Céu, que, afrontado com o acúmulo do mal, infligia-o a seus difamadores, por ousarem desafiar o Senhor do Universo.

Estas palavras causaram um grande rebuliço entre a população. Foi com ímpeto frenético que se deu o início da busca de antigos objetos de veneração; pessoas se reuniam em orações conjuntas, e não poucos ateístas, lutando no leito da morte, revelavam um obstinado esforço em guarnecer a casa com crucifixo, benzê-la e acender velas diante de um velho ícone. As hecatombes previstas por Dakhir e Supramati desabaram bem antes do que poderiam imaginar os incrédulos que haviam zombado dos "falsos profetas".

A primeira dessas terríveis catástrofes feriu cruelmente a própria Edith. Nas proximidades da cidade portuária onde vivia o seu pai, um enorme vulcão entrou em atividade. Certa manhã, os surdos abalos subterrâneos e a monumental agitação do oceano assustaram os moradores. Depois, subitamente, o fundo do oceano se levantou, e a terra assentou-se ruidosamente, fazendo desabar os edifícios e os imponentes arranha-céus de concreto armado, sepultando sob os escombros tudo o que era vivo. Simultaneamente, sobre essas ruínas caiu uma chuva de pedras e cinzas, e uma enxurrada de água fervente inundou tudo. Por fim, um derradeiro abalo abriu um abismo, e tudo o que ainda sobrara da malfadada cidade desapareceu nas ondas borbulhantes, soterrando em sua mortalha mais de um milhão de pessoas. Entre aquelas vítimas estava também *mister* Dickson, e sua terrível morte levou Edith ao desespero. Sua afeição ao marido e à filha acentuou-se; tão logo diminuiu a primeira dor da perda, ela retomou com fervor a sua missão beneficente.

Além das curas e predições, Dakhir organizou, para os discípulos e os fiéis mais desenvolvidos e ativos, sessões de palestra em que eram discutidas as futuras calamidades, as formas com que eles poderiam salvaguardar os seus bens e os acervos artísticos ou científicos. Ele ensinou-lhes também os locais nas montanhas onde poderiam encontrar um abrigo seguro para suas famílias.

Calamidades isoladas ocorriam em todas as partes do mundo. As chuvas torrenciais formavam dilúvios; as tempestades com granizo infligiam enormes devastações; gases mortíferos desconhecidos contaminavam o ar e as pessoas se asfixiavam; por fim, doenças inéditas dizimavam populações inteiras. Mas todos aqueles avisos e mostras da realidade insustentável não produziam o devido efeito. A turba descrente e egoísta, degenerada em consequência do ateísmo e da viciosidade, permanecia surda e cega; e, uma vez que as desgraças até aquele momento não haviam chegado a atingir Czargrado, e não se observavam quaisquer indícios reais que pudessem quebrar a tranquilidade de seus moradores, o gozo dos prazeres, os sacrilégios e a adoração a Lúcifer seguiam o seu ritmo em meio à zombaria a Supramati e seus partidários.

Houve até quem se dispusesse a matá-lo na esperança de que o seu fim terminasse com o movimento da renovação que tanto os constrangia. Sem entenderem a missão do mago, intrigava-os, sobretudo, por que o hindu tentava restabelecer uma velha doutrina "ultrapassada" como o cristianismo. Houve muitos atentados contra a sua vida, naturalmente sem nenhum êxito, e Supramati não lhes dava qualquer atenção.

Outras ideias e sentimentos ocupavam a mente do mago. Nele havia despertado o homem – não com aquelas paixões tempestivas e desordenadas, não; em seu coração, que batia com tranquilidade imperturbável, revivia o mais penoso dos sentimentos que martirizam a alma humana: o medo de perder a criatura amada.

Para seu olho iluminado, o fim próximo de Olga estava por demais evidente. Ela se tornava cada dia mais diáfana e vaporosa, era acometida de debilidade inesperada e somente a poderosa vontade de Supramati e os seus conhecimentos conseguiam prorrogar-lhe por algum tempo a vida, ainda que o frágil organismo definhasse a olhos vistos. Um sentimento angustiante e opressor cravava garras em seu coração, quando ele se convencia da rapidez com que se processava a extinção. Ele havia se afeiçoado à encantadora mulher, discreta e meiga, que o amava irrestritamente; habituara-se à sua proximidade, gostava de ouvir os seus gorjeios, ora alegres e ingênuos, ora sérios e impregnados de desejo de entendê-lo. A felicidade que se lia em seus olhos, quando ela brincava com o filho, despertava nele um indescritível sentimento de júbilo e ventura.

E em breve tudo aquilo deveria acabar... Novamente ele ficaria sozinho e, em alguma gruta subterrânea, remota e isolada, retomaria o trabalho penoso da busca da luz; pesquisaria o infinito, desvendaria os novos mistérios e adquiriria novas forças poderosas. E, com tudo isso, viveria... viveria sem fim, sem contar os séculos, sem um interesse particular, tendo por única companheira a ciência, que não dava descanso nem paz.

"Avante! Avante ao objetivo final!", ordenava a lei inexorável que o impelia para a frente. Seu corpo imortal não conhecia cansaço, e o cérebro jamais fraquejava; entretanto, no fundo da alma, algo se agitava e suplicava: "Apiede-se! Devolva-me as faculdades humanas, com as suas fraquezas, alegrias e tristezas!..." E nestes minutos ele sentia subitamente um vazio, semelhante a um sorvedouro sombrio.

Certa noite Supramati estava sozinho, soturno e preocupado, em seu gabinete. Ele relembrava o acesso matutino de fraqueza de Olga, mais prolongado que de costume; os pensamentos sombrios dilaceravam-no. De repente, até ele chegou uma voz longínqua:

– Não procure o que é impossível de achar; não chore por aquilo que desapareceu para sempre. A alma do mago deve aspirar somente à luz da perfeição, e o seu coração deve permitir acesso a todos os sentimentos, menos ao da fraqueza.

Supramati passou a mão pela testa e empertigou-se. De fato, para ele já não havia retorno. Ele era ligado à humanidade apenas pelo sofrimento, para lembrar-lhe de que, no fim das contas, permanecia sendo um humano.

Levantou-se e foi para o *boudoir* de Olga. O quarto estava vazio; mas, levantando o reposteiro do dormitório, Supramati se deteve na soleira e, com o olhar anuviado de tristeza, olhou para a esposa, parada de joelhos junto ao berço.

Ela parecia ter a mesma cor que o seu *peignoir* branco rendado; sua cabeça pendia baixo sobre a criança adormecida; seus olhos, expressando um indescritível amor, estavam pregados a ela, e lágrimas graúdas rolavam-lhe pelas faces, caindo sobre o cobertor de seda. Os pensamentos que vagavam na cabeça expressavam o pavor da morte se aproximando e da angústia da separação da pessoa amada e do filho.

Dó e compaixão comprimiram o coração de Supramati. Seu olhar passeou distraído pelo luxuoso quarto e deteve-se na porta escancarada do terraço. A lua tinha acabado de subir e inundava o recinto com luar prateado; do jardim vinha o aroma de rosas e jasmins. Diante dele estava um panorama de profunda paz e felicidade límpida, maravilhosa. A ideia de separar-se de tudo aquilo podia realmente despertar um sentimento de agonia, de pena até, na alma límpida do mago, mas Supramati não queria ser fraco.

Aproximando-se da jovem esposa, ele a levantou e a levou para o terraço, onde a fez sentar ao seu lado num pequeno sofá macio. Daquela altura, diante deles se abria um panorama feérico, iluminado pelo luar misterioso. Aos pés deles, avistavam-se os jardins com os chafarizes cintilantes, estátuas, arbustos florescentes; ao longe reverberava o Chifre de Ouro.

– Meu Deus! Como tudo é maravilhoso, como sou feliz e... entretanto, deverei morrer... Eu sei, Ebramar me antecipou que, por uma bem-aventurança, tão breve como um segundo, eu deveria pagar com a vida. Mas como é cruel esta terrível condição!

Caindo subitamente de joelhos, ela se abraçou a Supramati.

– Eu não quero me separar de você e de nosso filhinho! A vida é tão maravilhosa que eu quero viver e viver. Tenha piedade, Supramati, deixe-me viver!

Supramati se sentia o próprio carrasco, e uma dilacerante angústia comprimiu-lhe o coração. Dispondo da fonte de longa vida e tendo recompensado com ela muitas pessoas, a ele indiferentes, ele era obrigado a negá-la ao ser amado, que lhe suplicava a sua jovem vida. Jamais antes, como naquele minuto, ele sentira em si o peso da provação assumida e todo o seu profundo significado. Os sofrimentos daquele minuto eram uma paga por sua vida no mundo, por seu contato com os homens.

Todos aqueles bilhões de seres que cruzaram de relance a Terra depositaram no altar da morte tudo o que lhes era caro e próximo. Tiveram de sofrer tanto por eles mesmos, como por seus entes queridos, a terrível lei da destruição; então por que ele, chamado para ser regente e mestre dos povos infantes, teria direito a uma exceção? Por quê? Por que a lei, que existe equitativamente para todos, deveria ser revogada só porque ele estava amando? Não, apesar de seu poder, ele deveria suportar a provação e se igualar, no sentido amplo da palavra, a todos os seres humanos. E seria a imortalidade realmente uma dádiva para a jovem mulher, na alma da qual não havia espaço para nada mais além do amor por ele? Ela ainda não estava preparada para a iluminação – isso ele não ignorava –, e o que aconteceria a ela, sem ele, naquela vida infinita, tal qual uma flor sem água? Ela teria de suportar milhares de mortes. Tais pensamentos perpassaram sua mente. Curvando-se sobre Olga, ele a levantou e novamente a fez sentar-se ao seu lado.

– Este momento, minha querida, é o mais difícil em minha vida – iniciou ele perturbado –, mas chegou a hora de uma explicação séria. Como você sabe, estou fazendo uma rápida visita neste mundo. Eu vivo em função da ciência, e as condições da minha existência obrigam-me a ficar na paz e no isolamento, distante dos homens. Eu não posso modificar este meu estado essencial de existência; sendo assim, a nossa separação é inevitável. Além disso, eu encaro a morte sob um outro ponto de vista; não a temo, porque conheço os seus mistérios.

"Somente um criminoso pode tremer diante da morte, pois com a destruição da vida acaba a sua impunidade; para você, entretanto, inocente e pura, a morte nada mais é que uma passagem a um estado mais elevado, e nem a nossa separação será total, já que os meus olhos enxergam o invisível, e a sua alma, feito uma borboleta, irá adejar perto de mim. Mas você é tão jovem, que a separação da vida é um sacrifício por demais duro; então ouça o que eu vou dizer e depois faça a sua escolha. De meus mentores eu posso obter uma permissão para lhe dar uma vida muito longa, mas sem mim, pois o que a faz se consumir é justamente a sua união comigo. Além disso, está chegando a hora em que devo voltar ao isolamento para dedicar-me à ciência. Entretanto, o seu futuro será mais que garantido, pois lhe legarei riquezas imperiais, e à viúva de Supramati bastará apenas levantar um dedo para formar uma nova família. Você poderá casar-se de novo e ter seus filhos, enquanto o nosso ficará com você até sete anos; depois ele terá de ser educado entre os adeptos."

Olga o ouvia, pálida e com os olhos arregalados. De súbito, ela ruborizou.

– Será que eu o entendi bem? – disse ela em voz trêmula. – Você me dá, feito uma esmola, uma vida longa, uma velhice desditosa sem você e sem o nosso filho, e ainda, como recompensa, entrega as suas riquezas, que me são repugnantes ao ter que usufruir delas sozinha. Por quem me toma? Você, que lê nos corações humanos e sabe os seus pensamentos, será que não enxerga o meu amor? O que eu fiz para merecer uma proposta tão ofensiva? Como você pôde, ainda que por um instante, achar que eu aceitaria uma vida parecida com um deserto, sem mais ouvir a sua voz e sem mais vê-lo ao meu lado? Não, não! – gritou ela fora de si. – Se eu for condenada a viver sem você, então aceito a morte como uma esmola e só quero uma coisa: morrer em seus braços. Que seja por sua vontade que se rompa o fio da minha vida! Oh, que louca eu fui! Eu não tinha a consciência de que a morte era muito mais caridosa que os sábios himalaios. Tudo o que eles têm lá é a ordem, a harmonia, a ascensão à luz... Que importância tem um coração humano esmagado com o pé do mago?!...

Ela cobriu o rosto com as mãos e recostou-se no espaldar do banco. Pálido e perturbado, Supramati atraiu-a junto de si, separou as suas mãos do rosto e beijou-a forte.

A IRA DIVINA

– A infelicidade a torna ingrata, Olga, mas eu lhe agradeço por ter suportado dignamente esta prova, expressa em minhas palavras. Seu sentimento em relação a mim cria entre nós um elo inquebrantável, o que me permite no futuro ser seu protetor e esteio. Saiba, pois, que você irá viver enquanto eu estiver no mundo dos homens e não a abandonarei até que você retorne ao mundo dos espíritos, para onde o meu amor a seguirá.

Enquanto ele falava, o rosto de Olga desanuviava-se, e os belos olhos marejados brilharam de novo. Com ímpeto inerente a crianças, ela subiu pulando no sofá; depois, abraçou-se ao pescoço de Supramati e apertou-se a ele com a sua face aveludada.

– Perdoe-me a ingratidão! Eu esqueci que cada hora que passo junto a você vale, pelo menos, um ano inteiro de vida comum. Não mais me lamentarei da morte, porque você não irá abandonar-me até o meu fim, podendo a minha alma aparecer para você. Você vai deixar que o visite frequentemente, não é verdade?

– Sem dúvida... Serão os momentos mais felizes da minha vida solitária, querida. Mas agora chega de tristeza. Enxugue as lágrimas e não vamos anuviar com pensamentos sombrios a felicidade do presente. Vamos usufruir das horas de ventura e paz – dádiva de Deus –, e, para que você se acalme, que tal dar uma volta no jardim? A noite está maravilhosa, e o ar fresco lhe fará bem.

CAPÍTULO XXIV

A partir daquele dia, Olga já não falava mais da morte. Ela se sentia melhor e, além do mais, outros acontecimentos ocupavam a atenção de todos.

Algo de anormal ocorria com a natureza. O ar tornava-se incrivelmente pesado, todos respiravam com dificuldade, sofriam de dores terríveis de cabeça, e houve muitos casos de morte repentina. Até os satanistas ficaram alarmados, apesar das declarações tranquilizadoras de seus lúgubres líderes; o inferno – ladino como sempre –, mesmo agora, antegozava as hecatombes prestes a se desencadearem. Não foi em vão que as emanações funestas dos malefícios, vícios, abusos, e os miasmas contagiosos de sabás impregnaram o ar e romperam com o equilíbrio fluídico.

À semelhança da facilidade com que um inimigo se infiltra numa fortaleza através de brechas, a desequilibrada e profanada atmosfera do planeta fora tomada de assalto por nuvens monstruosas e mortíferas de seres ávidos em saciar-se dos fluidos vitais das massas dos moribundos e de corpos em decomposição. A cada minuto as forças caóticas desenfreadas, movidas por elementais, poderiam aniquilar com o último obstáculo que os detinha e desencadear catástrofes terríveis.

Debalde Supramati professava o retorno à forma decente de vida, explanava o mecanismo das leis fluídicas infringidas pelos homens e vaticinava as calamidades medonhas como uma consequência daquilo. O número de convertidos era reduzido e só os ensinamentos em sua escola esotérica apresentavam bons resultados. Lá se formou um número significativo de seguidores enérgicos e convictos, e Supramati delegou-lhes a tarefa de circular pelo país, transmitir os conhecimentos à população e salvar aqueles que podiam ser convencidos, ensinando-lhes os abrigos seguros durante as hecatombes.

O trabalho de Dakhir e Edith teve melhores resultados, pois que os pobres e deserdados eram mais receptivos ao chamado de arrependimento e conhecimento de Deus do que os ricos e os poderosos; enterrados em ouro e embriagados de orgulho, eles consideravam-se acima de qualquer lei ou credo.

Certo dia, para grande desespero dos moradores e admiradores do mestre e benfeitor, Dakhir e a esposa desapareceram subitamente. Eles retornavam ao seu palácio em Czargrado, levando a criança que nascera durante a longa ausência daquela cidade. A volta inesperada agitou a sociedade por alguns dias; mas, aparentemente, o grande interesse que outrora despertavam os ricos hindus havia arrefecido consideravelmente; os amantes das diversões prazerosas e orgias odiavam-nos, chamavam-nos de "charlatães", "profetas de desgraças" ou agentes enviados por tolos que acreditavam em Deus para apavorar as pessoas. Entretanto, os acontecimentos confirmando as predições do profeta indesejável começaram a suceder, bem antes que imaginassem.

Um furacão devastador estrondeou pelo planeta; mal conseguiam se recuperar de uma desgraça, sucedia-lhes outra. Os vulcões que tinham permanecido quietos por séculos inteiros exibiram a sua atividade sinistra; terremotos rasgavam o solo. Não foi uma única "Messina"[1] que sucumbiu à chuva de fogo, às torrentes de água e granizo, soterrando sob seus escombros centenas de milhares de sacrílegos arrogantes que se insurgiram contra o seu Criador, achando-se gigantes, e que agora rolavam agonizantes, mais impotentes que míseros insetos.

De chofre, sob o açoite férreo das forças enfurecidas, reviveu a fé, ao se perder qualquer esperança no auxílio e poder da ciência humana; as pessoas começaram a suplicar clemência e a chamar por Deus. Como que por encanto, ressurgiram os símbolos sagrados, as estátuas e os ícones dos santos outrora venerados e esquecidos; procissões infindáveis descalças, portando velas e entoando hinos, percorriam cidades e aldeias; ou, postadas de joelhos, as multidões oravam noite afora em alguma igreja abandonada. De seus lábios transmitiam-se relatos de que o Céu se apiedara, de que Deus se compadecera; contavam que em muitos locais as orações tinham tanta força, que sobre as multidões pairavam figuras límpidas, envoltas em largo clarão: a elas os elementos se submetiam, por elas as correntes de lavas recuavam e as águas revoltosas retornavam aos seus leitos, salvando-se assim muitas cidades.

Não era sem razão que, por séculos, os homens eram levados a perderem o hábito de qualquer princípio moral condicionante; toda a crueldade da turba despertou com o pavor da morte impendente e voltou-se contra aqueles que ela considerava os culpados da ira divina. Os covis satânicos entregaram-se, então, à destruição selvagem, e a seguir sobreveio a vez dos próprios luciferianos: qualquer um que fosse capturado. Ao imaginarem que o sacrifício dos criminosos dissolutos aplacasse a Divindade enfurecida, as turbas acendiam fogueiras e queimavam vivos todos aqueles malfeitores. A crueldade tresloucada das turbas enraivecidas não conhecia limites; por toda parte ardiam autos de fé, e o odor nauseabundo da carne queimada contagiava o ar.

---

[1] Provavelmente, uma alusão à cidade italiana de Messina, destruída por terremotos em 1783 e 1908. (N. T.)

Por fim, a vez das calamidades públicas chegou a Czargrado. De manhã o sol sequer apareceu; o céu estava lúgubre e quase negro, o ar – pesado e sufocante. Após dois dias de angustiante calor abrasador, desabou uma chuva, cada vez mais forte, e logo já não era uma chuva, mas uma enxurrada de água torrencial como um dilúvio profetizado. Em poucas horas, as ruas da capital se transformaram em rios; as ondas espumosas arrastavam urrando os cadáveres e os destroços, enquanto a feroz ventania vinda do mar levantava montanhas de água e as açoitava sobre a infeliz cidade.

Supramati, Dakhir, Olga, Edith, as crianças e os empregados todos se transferiram para uma torre alta, construída por ordem de Supramati. Aliás, os elementos poupavam, aparentemente, a morada do mago; sofreram apenas os jardins e os andares inferiores inundados. Do alto da torre, porém, divisava-se um quadro terrível de devastação e de natureza descontrolada; a tempestade aumentava e a inundação parecia não ter fim.

Estes dias terríficos tiveram um efeito malsão sobre Olga. Sua fraqueza aumentara repentinamente um pouco antes das calamidades trágicas, e, agora, a excitação nervosa e a visão dos acontecimentos nas ruas dilaceravam sua alma, causavam--lhe desmaios prolongados e muita fraqueza.

Na noite em que a tempestade parecia mais feroz e os rolares dos trovões abafavam, de tempos em tempos, até os uivos do vento e o barulho das ondas, Olga não conseguia pegar no sono. De repente, ela se levantou e agarrou a mão do marido que estava sentado na cama.

– Eu tenho um grande pedido para você, Supramati – sussurrou em voz suplicante.

– Atenderei antecipadamente a qualquer um, minha pobre pequenina. Você gostaria de ir embora daqui, não é verdade?

– Sim! – respondeu ela com os olhos brilhando. – Sinto que o meu fim está próximo, e eu gostaria de morrer em paz absoluta no palácio do Himalaia, para onde você me levou certa vez no começo de nossa união e onde você me mostrou tanta coisa maravilhosa. Eu queria rever aquelas magníficas salas envoltas em silêncio; os jardins com os chafarizes murmurejando suavemente e as floreiras aromáticas; o grande pátio com o elefante branco passeando – o Orion. Queria estar longe deste terrível caos; contemplar aquela divina e calma natureza com você ao meu lado, onde a sua voz não fosse abafada pelos urros dos elementos enfurecidos. É horrível morrer aqui, em meio a estes silvos, trovões e todo o terror da morte e destruição...

Com os olhos marejados, Supramati inclinou-se sobre ela e a beijou.

– Seu desejo será atendido imediatamente. Espere um minuto!

Ele saiu e logo retornou com uma taça cheia de um líquido vermelho e tépido, que Olga tomou e sentiu um bem-estar indescritível. Alguns minutos depois ela adormeceu.

Ao abrir os olhos, no início ela pensou estar sonhando ou que a terrível passagem para o outro mundo havia se consumado. Não se ouvia nenhum barulho da tempestade, não se via o céu sulcado de raios, as ondas revoltosas não batiam mais nos muros das torres, até os seus ouvidos não chegavam os gritos de desespero. Estava deitada num leito de seda na sala redonda com colunas de jaspe e lápis-lazúli; através de um grande arco, abria-se uma vista para o terraço e mais adiante se divisava a vegetação densa do vasto jardim. Lá, a vegetação tropical abrilhantava-se em toda a sua exuberante grandeza, e apenas um leve murmurejar do chafariz e o tilintar das risadas argênteas do filhinho quebravam o majestoso silêncio. No tapete do terraço, seu filho e a filha de Dakhir brincavam com o cachorro de Supramati, vigiados por irmãs da comunidade; a alguns passos deles, o elefante branco parecia acompanhar, com seus olhos inteligentes, as brincadeiras das crianças. Olga contemplava fascinada aquela cena de paz, beleza e felicidade; mas o súbito pensamento de que ela deveria abandonar tudo aquilo e partir para o mundo desconhecido comprimiu-lhe o coração.

Aliás, ela não teve muito tempo de se entregar aos pensamentos tristes. Supramati, Dakhir e Edith entraram na sala, sentaram-se ao seu lado e iniciou-se uma animada conversação.

Durante alguns dias, Olga esteve em doce tranquilidade e, não fosse uma enorme fraqueza, ela se sentia bem. Mas, certo dia,

A IRA DIVINA

após o almoço, ela foi acometida de uma forte inquietação sucedida de desmaio. Assustado, Supramati a carregou ao dormitório.

Ao abrir os olhos, Olga viu que estava sozinha; sentia um enorme cansaço, e seus olhos vagavam angustiantes pelo quarto. Onde estaria Supramati? Neste instante, a cortina se levantou e entrou o marido. Ele estava em traje hindu e em seu peito fulgia em milhares de luzes a insígnia de mago.

Ele estava pálido e em seu belo rosto estampara-se uma expressão triste de sofrimento. Sentando-se ao lado da moribunda e ao ver que esta tentava levantar-se, ele a ergueu e beijou. Olga se apertou imóvel a ele.

– Supramati, você não vai incinerar o meu corpo? – sussurrou ela. – Eu tenho medo de fogo...

– Não, minha querida, não tema! Nada será feito que possa entristecer a sua alma. Você descansará aqui, no túmulo que eu preparei para você entre a exuberante vegetação que você tanto adora; lá você ficará em paz até a sua ressurreição, para depois me acompanhar ao novo mundo. Trabalhe, minha alma adorada, para ficar pronta para o grande dia.

Neste ínterim chegou a babá trazendo o filho. O pequeno mago já contava cerca de dois anos; era uma criança encantadora, de inteligência acima da das crianças de sua idade, a fulgir-lhe nos grandes olhos a expressão de brilho dos imortais.

– Dê um beijo em nosso filho e o abençoe! – disse Supramati perturbado.

Como se entendendo as palavras do pai, o menino estendeu as mãozinhas em direção à mãe, abraçou-a, e algumas lágrimas rolaram em suas faces. Aquilo era uma manifestação da alma consciente no corpo da criança, e Olga entendeu isso.

– Oh, Deus todo-poderoso! – murmurou ela, tremendo de perturbação. – Ele sabe e entende que está se despedindo da mãe moribunda. Que mistérios me cercam!

Visivelmente exausta, ela se inclinou sobre o peito do marido, enquanto a babá se retirava com a criança. Iniciou-se um solene silêncio. Uma paz profunda dominou Olga; ela se deliciava da bem-aventurança de ainda estar com Supramati e sentir o aperto cálido de suas mãos. Ela não havia entendido o sentido enigmático do que lhe dissera o marido, mas acreditava piamente em cada palavra sua: a sua alma o seguiria até o novo mundo, e isso era suficiente!

Neste ínterim, lágrimas quentes caíram-lhe no rosto; ela estremeceu e abriu os olhos. Suas faces brancas purpurearam levemente e um raio de alegria límpida fulgiu em seus olhos.

– Supramati? Você, um mago, lamenta e chora por mim?! Oh! Poderia eu lastimar-me da morte que me entrega todo o seu amor?!

– Sim, Olga, choro porque sou um homem apesar da estrela do mago, e assim deverá ser: devo conhecer o gosto amargo das lágrimas e a dor lancinante da separação. Por acaso não chorou com lágrimas humanas a Virgem Maria, postada sob os pés do crucifixo? O coração, minha querida, é a taça em que o Criador alojou o seu sopro divino; o coração é um bem de todas as criaturas, desde o átomo até o arcanjo... Nele se encerra a essência divina do amor, da piedade, do perdão e de todas as virtudes; ele é justamente aquele santuário assediado pelo inferno. Quanto maiores forem as chamas inflamadas pelo coração, mais rápido será a sua ascensão no caminho da perfeição... Gostaria de ver Dakhir, minha querida? – acrescentou ele. – Ele quer lhe dar uma palavra de consolo celestial.

Olga apertou-lhe a mão.

– É claro que quero entrar no mundo dos espíritos armada com toda a sua luz. Que fim maravilhoso você preparou para mim, indigna, e como lhe sou grata, quando comparo com o fim de outros.

Neste minuto entrou Dakhir. Ele trazia um cálice encimado por uma cruz. Após Olga beber dele, Dakhir a beijou e saiu, deixando os cônjuges sozinhos naquele minuto solene.

Exausta, Olga adormeceu apoiada por Supramati; este inseriu o leito num círculo mágico para que os espíritos vagantes não pudessem se aproximar da moribunda nos últimos instantes e assustá-la com seu aspecto repugnante.

Um silêncio profundo pairava em volta. Era uma daquelas noites feéricas, quente e odorante, iluminada com luar suave. Com lágrimas nos olhos e coração oprimido, Supramati não

A IRA DIVINA

desviava o olhar daquela que agora partia; uma respiração mal visível soerguia o seu peito.

Subitamente, Olga endireitou-se com tal força, que dela não se suspeitaria.

– Supramati, eu estou com medo... O que está acontecendo comigo? Tudo parece se abrir em minha frente e estou sendo arrastada por uma rajada de vento...

Seu olhar entristecido deteve-se no rosto do marido. Supramati ergueu a mão e, no mesmo instante, ouviu-se um canto suave e majestoso, enquanto sopros de vento aromático enchiam o quarto.

– É o canto das esferas! Como é maravilhoso! – sussurrava a moribunda, enquanto ele a ajeitava no leito e colocava no peito dela a sua insígnia luzidia.

Feito isso, Supramati se levantou, ergueu ambas as mãos e pronunciou uma fórmula. Instantaneamente, do leito de Olga fulgiu, perdendo-se no espaço, um largo feixe de luz; dos dois lados daquela límpida trilha se ergueram vultos alados, brancos e diáfanos; atrás dos guardiões da luz apinhavam-se, envoltos em fumaça negra, seres monstruosos com caras deformadas e olhos que ardiam de ódio e hostilidade – eram os espíritos atormentadores, que normalmente se reúnem junto ao leito de morte.

Os acordes harmônicos tornavam-se cada vez mais audíveis; parecia que centenas de vozes se fundiam num coro maravilhoso e, neste minuto, bem no fim daquele caminho claro, surgiu um espírito iluminado num fulgor ofuscante.

Supramati colocou a mão na testa de Olga e pronunciou em voz autoritária:

– Espírito imortal, desvencilhe-se de seu invólucro perecível e volte ao nosso lar eterno!

Imediatamente na fronte e no peito de Olga inflamaram-se duas chamas tremeluzentes e de todo o corpo começaram a desprender- se colunas de faíscas. A névoa reluzente densificou-se lentamente e tomou o aspecto de Olga, ainda mais bela na aparição celestial. Seu olhar vago deteve-se em Supramati, que com os fachos ígneos cortava rapidamente os últimos fios que a uniam à carne.

Jamais, talvez, Supramati pareceu tão belo como naquele minuto, quando ele, sereno e autoritário, cumpria os seus sublimes desígnios de mago, prestando à sua amada o último apoio supremo.

O espírito de Olga ascendeu, vacilando por uns instantes sobre o leito de morte, e, lançando um derradeiro olhar de amor infinito para Supramati, voou feito um floco de neve para as alturas, pela luz límpida que, em direção ao se endireitou, a boca envolvê-lo em seu manto alvo . Depois, a aparição anuviou-se e sumiu.

Os braços de Supramati se soltaram e o seu olhar deteve-se no corpo exânime. Branca como alabastro, Olga jazia tranquila como uma criança adormecida. Supramati ajoelhou-se junto ao leito e mergulhou numa prece extasiada, que levou a sua alma longe da Terra, de suas desgraças, até o Ser infinito, que prodigaliza todas as venturas.

Enquanto ele orava, do espaço começaram a cair flores brancas cintilantes, pairando silenciosamente feito flocos de neve; o corpo de Olga cobriu-se por mortalha aromática, ficando descoberta apenas a cabeça em meio a uma névoa azul-celeste.

Quando Supramati se levantou, abriu-se a cortina e entraram as sete irmãs da Ordem e Edith, trazendo uma coroa de flores fosforescentes sobre a almofada. As mulheres esfregaram o corpo com substâncias aromáticas e o vestiram numa túnica larga de um tecido prateado, fino como gaze, que reverberava as cores do arco-íris; em seguida, Edith colocou uma coroa na cabeça de Olga.

Quando a falecida ficou pronta, entrou Dakhir com sete cavaleiros do Graal trazendo velas acesas, seguidos de Nebo e Nivara, que carregavam um caixão de sândalo revestido por dentro com cetim branco. Supramati ergueu o corpo, colocou-o com o auxílio de Dakhir no caixão e jogou em seu interior as flores do espaço. Dakhir realizou a turibulação[2], pronunciou uma prece

---

[2] *Turibulação*: ato de queimar incenso em honra de alguém.

A IRA DIVINA

e uma fórmula mágica, e a procissão partiu. Todos carregavam velas e entoavam um hino.

Saindo do palácio, atravessaram os jardins e foram em direção às montanhas. Ali, numa rocha fora esculpida uma entrada, lembrando um pilar egípcio; atrás dela, estendia-se um corredor estreito que terminava numa gruta alta e com arcos, inundada em luz azul-clara. O caixão foi deixado num nicho fundo de três degraus. Embaixo destes havia quatro trípodes de bronze, onde ardiam crepitando substâncias resinosas, espalhando uma fragrância vivificante. Todos os presentes se postaram de joelhos e entoaram uma oração; em seguida, um a um, levantaram-se em silêncio sobre os degraus, despediram-se da morta e saíram. Supramati ficou só.

Cruzando os braços, ele se recostou à coluna e o seu olhar fixou-se no belo rosto daquela mulher, única que o amara . Olga parecia estar dormindo.

Ele mergulhou em suas reflexões tão profundamente, que não ouviu um leve ruído harmônico, e só o encostar da mão de alguém o fez voltar a si. Ao seu lado estava Ebramar. Em sua mão reluzia a espada mágica e nos lábios vagava um sorriso bondoso.

– Querido discípulo, eu vim para dizer que você suportou com dignidade a tarefa imposta. Você foi homem em pleno sentido da palavra, sem deixar de ser mago. Misturou-se à turba humana e amou as pessoas, apesar dos vícios que lhe provocavam aversão; enfrentou corajosamente a dura luta interior. Para o altar do mago você trouxe em sacrifício o seu coração; resignado, como um simples mortal, ofereceu à grande lei o que lhe era mais caro. Por esse grande triunfo sobre si, receba agora o segundo facho de mago. Tanto você como Dakhir trabalharam corretamente, e ele terá a mesma recompensa.

Muito emocionado, Supramati se pôs de joelhos; Ebramar apoiou sobre ele a espada mágica e da sua fronte inflamou-se o segundo facho. Depois de erguê-lo, abraçou-o e cumprimentou-o.

– E agora vamos conversar sobre os seus futuros estudos – acrescentou ele. – Eu sei que vocês dois gostariam de passar algum tempo junto aos hierofantes da pirâmide. Aprovo tal ideia.

Lá encontrarão muita coisa para seu aprendizado. Irei visitá-los com frequência; além disso, um novo lugar não irá incitar recordações penosas.

– Agradeço, mestre. Gostaria de fazê-lo o mais rápido possível. Sinto grande necessidade de ficar sozinho; nada mais me une ao mundo exterior. Meu filho, eu sei, está em boas mãos, e o meu coração ainda sofre da dura perda; assim, o trabalho irá restabelecer o meu equilíbrio espiritual – concluiu Supramati em tom triste.

Pela derradeira vez ele se despediu da amada e orou. Cobrindo o caixão com um grande manto de gaze, borrifou o nicho e as paredes com o líquido do frasco, e ambos saíram da gruta. Supramati fechou com o seu selo a porta de entrada e pronunciou uma fórmula mágica; um minuto depois, uma névoa cinzenta cobriu a entrada ao túmulo. A pilastra pareceu se embutir à montanha, e, quando a cortina nevoenta se espalhou, a rocha parecia intacta. Em passadas lentas, eles se dirigiram ao palácio.

Ao retornarem da gruta, Dakhir sentou-se no sofá e fez um sinal para que Edith se sentasse ao seu lado. A jovem esposa olhou para ele alarmada e fixamente: ela não se lembrava de tê-lo visto assim, tão pálido e preocupado.

– O que há com você? – indagou.

Dakhir puxou-a com ímpeto para si e a beijou.

– Minha querida, tenho uma coisa importante para lhe contar. Sei que será tão difícil para mim como para você, mas você sempre foi tão forte e valorosa, que acho que será também agora: devo dizer-lhe que chegou a hora de nossa separação.

Edith empalideceu feito cadáver.

– Separar-nos?! Será que devo morrer da mesma forma que Olga? – balbuciou ela, apertando as mãos contra o coração disparado.

– Oh, não! Você não vai morrer. Acho que está na hora de explicar-lhe tudo. Você nunca me perguntou do passado, quem sou eu e de onde vim. Agora saberá de tudo.

Ele relatou-lhe resumidamente as aventuras de sua misteriosa existência.

– E, assim, sou um cavaleiro do Graal – da Távola Redonda da Imortalidade –, o que significa que sou imortal. Depois de conhecê-la e ter-me apaixonado por você, eu lhe dei a substância primeva, e assim você é tão imortal como eu. Se errei, impondo sobre você uma carga por demais pesada, perdoe-me, querida – o mal está feito, mas creio que a sua alma valorosa suportará a provação. Sou obrigado a retornar ao silêncio e isolamento para continuar na busca do conhecimento perfeito, enquanto você deverá ingressar na comunidade de nossas irmãs imortais, onde, sob a direção das magas, conhecerá os mistérios dos seres e das coisas. É grandioso e rico o campo desse trabalho, pois as belezas da criação são infinitas. Não tema o tempo, pois ele só amedronta pessoas ociosas, que contam assustadas as horas de sua vida inútil, angustiadas com o pavor da morte. Para um iluminado, o tempo não existe. Entregue-se ao trabalho: ele veleja incansável pelo mar do conhecimento, tão rico em descobrimentos. Se eu não estivesse convencido de sua capacidade de atravessar os degraus da iluminação, eu não lhe teria dado o elixir da longa vida. Se você souber suportar condignamente as inevitáveis provações, nós nos encontraremos no grandioso minuto da morte do planeta, quando iremos nos juntar pela última vez com os homens.

Edith ouvia atenta e trêmula. Pelas suas faces escorriam lágrimas amargas. Abraçando-se, de súbito, ao pescoço do marido, ela apertou-se ao seu peito e começou a chorar convulsivamente.

– Chore, pobre Edith, solte as lágrimas; elas fazem parte da nossa fraqueza humana – disse emocionado Dakhir. – Para mim esta hora é também muito dura e o meu coração esvai-se em sangue só de pensar na separação; mas nada posso fazer para deter o destino que me impele para frente.

Edith aprumou-se. Caindo de joelhos, encostou os lábios à mão de Dakhir e ergueu para ele os olhos azuis, brilhando em êxtase.

– Não, eu não quero ser fraca, muito menos tornar ainda mais difícil esta hora; não quero ser ingrata por tudo o que você já me fez. Você é o senhor da minha vida e, assim, ordene: eu obedecerei, pois quero estar digna de você naquele minuto de que você me falou. Devo estar pronta para lutar ao seu lado. Nada no mundo irá nos separar. Eu conheço o poder do pensamento; a minha alma voará para perto de você e o verei no arrebatamento do êxtase, tal qual eu vi socorrendo os santos e puros espíritos. Então, vá em paz ao seu retiro e trabalhe, meu querido cavaleiro do Graal! Quanto maior for a sua luz e mais perfeito for o seu conhecimento, tanto mais orgulhosa ficarei de você. E agora me diga quando deverei ingressar na comunidade.

Dakhir ouviu-a em silêncio e seus olhos brilharam de amor e gratidão.

– Obrigado por sua resposta corajosa! – exclamou, abraçando-a.

– Devo confessar que tinha medo de enfrentar esta explicação e o seu desespero; ao passo que, com sua firmeza, você diminuiu pela metade a angústia da separação. Vamos agora falar com Ebramar e Supramati para decidirmos juntos os detalhes.

– Estou pronta. Permita-me apenas mais uma pergunta. O que será de nossa filha? Deixarão que eu cuide dela?

– Sem dúvida! Posso garantir que você manterá todos os seus direitos de mãe sobre ela.

– Eu gostaria que também me confiassem o filho de Supramati. Serei a mãe de ambos – assegurou ela emocionada.

Ebramar e Supramati andavam pela sala conversando, quando entraram Edith e o marido. Dakhir caminhou até Ebramar e colocou em suas mãos a mãozinha da esposa.

– Mestre, eu lhe trago a noviça e confio-a à sua proteção. Tenho certeza de que ela será digna de você – acrescentou, mal contendo a emoção.

– Ela será bem-vinda, e cuidarei como um pai deste tesouro que você me confia – declarou Ebramar, impondo a mão sobre a cabeça de Edith.

Depois de discutirem o futuro, decidiram que os amigos partiriam naquele mesmo dia, e, já no outro, Ebramar levaria Edith com as crianças para uma das escolas da comunidade secreta.

Dois dias depois da emocionante despedida de Edith, das crianças e de Ebramar, a aeronave de Supramati levava os magos para Czargrado, onde eles tinham de acertar ainda alguns assuntos antes de desaparecerem da arena mundial.

A enorme cidade, que em algumas semanas anteriores ainda era alegre, rica e cheia de vida e animação, apresentava-se agora como uma imensa e melancólica ruína. O furacão, é verdade, havia amainado, as águas borbulhantes haviam retornado a seus leitos e o sol brilhava intensamente, como se nada houvesse acontecido, inundando com os raios vivíficos a terra devastada e a população, tão cruelmente punida pela ira divina.

Os vales que cercavam a capital eram um pântano só de água parada, que a terra ainda não conseguira absorver; a maioria das estufas estava destruída; e uma parte substancial de casas estava em ruínas, outras, com as portas e as janelas quebradas, pareciam enormes esqueletos. As vítimas se contavam em milhares; não obstante, os que tinham sobrevivido às hecatombes, com a teimosia própria dos humanos, retornavam aos seus lugares de assentamento para consertar, reconstruir e recuperar aquilo que fora danificado ou destruído pelas forças da natureza.

Acabrunhados, entraram Dakhir e Supramati em seus palácios, que por uma estranha casualidade muito pouco haviam sofrido devido à inundação. Mas, para ambos, as maravilhosas edificações eram tão monótonas como um deserto desabitado, pois tudo nelas os fazia lembrarem-se de duas jovens e belas mulheres cuja presença lhes animara a vida e que para lá nunca retornariam.

Os seus corações ainda se esvaíam depois da separação de Olga e Edith; eles não viam a hora de se entregarem ao trabalho árduo e difícil, que lhes restabeleceria o equilíbrio emocional.

Foi com muita energia que começaram a resolver os assuntos pendentes. Ambos os palácios deveriam ser adaptados para abrigos: um para órfãos, outro para os idosos que tinham ficado sem teto depois das tragédias. Foram separados recursos monetários para a manutenção e até para a ampliação de ambas as instituições; a administração dos bens e dos abrigos ficou a cargo de Nebo e Nivara.

Era uma noite calma e clara. Feito uma cúpula azul, pontilhada de estrelas, a velha terra do Egito abraçava o céu. Tal como nos velhos tempos, erguia-se o enigmático testemunho do passado impenetrável: a Esfinge. O velho colosso resistira às tempestades, da mesma forma como sobrevivera há milhares de séculos. Em seu redor, o furacão recolocara tudo no lugar: lavara a tinta e o ouropel; varrera da cabeça honorável o chapéu de palhaço e o restaurante; destroçara as instituições bancárias e as casas de diversão; arrancara com raiz e tudo os bosques de palmeiras. Tal como antes, até onde podia enxergar o olho humano, em volta se estendia o deserto; nem música barulhenta, nem canções festivas quebravam o majestoso silêncio da natureza adormecida.

A aeronave desceu silenciosamente perto da grande pirâmide. De lá saíram quatro homens, dois dos quais estavam em quítons alvos de cavaleiros do Graal; por baixo dos seus elmos alados reluziam chamas douradas. Eram Dakhir e Supramati; o terceiro era Narayana.

Ele ficara de bem com a irmandade e novamente fora aceito em seu meio, tendo expressado o desejo de trabalhar na sede da comunidade, enquanto a ordem não fosse restabelecida no planeta – sobretudo nas capitais, visto ele ser avesso à vida sem as devidas comodidades. Ele quisera acompanhar os seus amigos até o novo local de permanência deles.

O quarto viajante era Nivara, que muito se afeiçoara a Supramati. Chorando copiosamente, ele caiu de joelhos e dele se despediu. Supramati o abençoou, desejou-lhe muita força e coragem para as provações do futuro, depois o ergueu e o beijou.

– Agradeço, meu filho, pela fidelidade e dedicação! Venha logo para ser meu discípulo; você sempre encontrará em mim um amigo e conselheiro.

Depois, Supramati e Dakhir abraçaram Narayana, muito emocionados. Apertando pela última vez as mãos dos amigos, os magos dirigiram-se à entrada da pirâmide; Narayana e Nivara embarcaram na nave.

Uma ascensão mísera ao objetivo desconhecido – resmungou Narayana. E lágrimas ardentes brilharam em suas faces.

Nesse ínterim, Dakhir e Supramati entravam nas galerias secretas, cuja soleira jamais fora traspassada por um profano. Junto aos degraus do canal subterrâneo, por eles aguardava um velho barco com dois remadores egípcios, que os saudaram com reverência.

Os magos ficaram em pé abraçados e olhando pensativos para o longo canal, em cujas águas lisas deslizava silenciosamente o barco a levá-los para um novo trabalho e outras descobertas no campo desconhecido do conhecimento infinito e perfeito...

São Petersburgo
1909